ハンナ・ピトキン［著］
早川 誠 Makoto Hayakawa［訳］

代表の概念

The Concept of Representation

Hanna Fenichel Pitkin

名古屋大学出版会

代表の概念——目　次

凡例

一、小見出しは原書にはないが、読者の便宜のために訳者が挿入したものである。

一、翻訳に際して必要と思われる箇所には、［ ］を用いて原語・原文を挿入した。その際、訳語に傍点が付されている場合は原語・原文がイタリック体で強調されていたことを、訳語に「 」が付されている場合は原語・原文が引用符で括られていたことを示している。ただし、原語・原文で英語以外の外来語にイタリック体が用いられていた場合については傍点を用いず、訳語を「 」で括っている。

一、訳者による補足・追加・言い換えで、本文の流れに即したものについては［ ］を用いて表記し、本文の流れから外れた注については［〜。訳者注］という形で挿入している。

一、引用内の中略については、……を用いて表記した。

一、他の著者を引用する際に、ピトキンは引用内で補足をするための記号として［ ］を用いているが、本訳書ではこれを〔 〕で置き換えている。

いくつかの訳語について

訳語については、以下のような考慮に基づいて選択している。

authorization

日本語として自然に訳すとすれば、「権限授与」などとなるが、authorityが一般的に「権威」と訳されることが多く、その訳語を用いた研究が蓄積されている点、また日本語の「授与」には上位者から下位者へと授けるようなニュアンスが付随してしまうことなどを考え、やや不自然ではあるが「権威付与」と訳した。ただし、文脈や読みやすさを考えて、権利の問題として論じられる場合などにはauthorityを「権限」と訳したり、またauthorizeを「権威を付与する」ではなく「権威づける」と訳したりしているところもある。

descriptive

政治学では、「記述的」代表と訳されるのが一般的かと思われる。たとえば『広辞苑第六版』(岩波書店)における「記述」の項目では「対象や過程の特質を理論的先入見なしにありのままに秩序正しく記載すること」という意味が挙げられているが、それからすれば、「ありのままに秩序正しく」という点で反映や類似と意味はつながるので、妥当な訳語だと言える。しかし少なくとも本書の文脈では、ピトキンの説明は鏡や絵画、地図などの例に見られるように視覚上の正確さを主たるテーマとしており、文章による記述の正確さや論理的な説明の正確さに重点がおかれているわけではない。そのため、本としての読みやすさも考え、「描写的」と訳した。専門の学術研究者には、他の研究と対照する必要がある場合、「描写的」を「記述的」と読み替えて対応していただきたい。

stand for

「表す」という一般的な訳語では、representなどとの差を明確化できないため、「写し出す」という訳語を用いた。『広辞苑第六版』に記載がある「元の事物をまねてつくる」という「写る」の意味に依拠し、実物の代わりに、しかしある意味では実物と同等のものとして実際に「立っている」[stand]ことを表現するという趣旨である。他方で、単に映り込んで反射していることだけを示す場合には「映す」「映し出す」という言葉を使っており、これはmirrorの訳語にあてられている。

substantive

「実質的」[vitrual]と区別して「実体的」と訳している。政治学において、実質的代表という言葉は、本書にも見られるように特にバークの議論に関連して、選挙権をもたない有権者や、議員を送ることができない選挙区が、それにもかかわらず実際にはその利害を十分に代表される場合がある、という文脈で用いられる。これに対して本書で実体的代表が持ち出されるのは、代表が権威を付与されるか説明責任を問われるという形で成立しているだけで、代表の活動としてどのような内容が求められるかについては関知しない、という形式主義的代表観と対照される場合、さらに情報の提供以外の活動が含まれていない限りで、あるいは含まれる活動が情報の提供でしかない限りで、「写し出す」代表観と対照される場合である。そのため、実質的代表と実体的代表とでは、登場する文脈がまったく異なっている。ただし広い意味では、両者とも代表の内容・中身にかかわるという点で共通点をもっており、実際にピトキンが両者を併記している箇所も見られる。

will

「意思」と訳すか「意志」と訳すかについては、引用されている各思想家の邦訳書ごとに違いがあるという事情もあり、各分野の研究の成果を尊重する趣旨からも、統一はしなかった。地の文章については、人間と無生物が対比される場合などその有無が問題になる場合などには「意思」を用い、他方で何か特定の方針に沿って目的実現のために行動していくという含意が読み取れそうな場合などには「意志」を用いている。

第1章　序　論

この本は代表[representation]について論じるものだが、取り組むのは代表の観念や概念、そして代表という言葉である。つまり、主に概念の分析であって、代表制統治がどのように発展してきたかを歴史的に研究するものではないし、また現代における代議士の行動を経験的に調査しようとするのでもない。有権者が代議士に対して何を期待するかを経験的に調べるわけでもない。とはいえ、言葉に関する本だからといって、単なる言葉を論じているというわけでもなければ、言葉を単に論じているわけでもない。社会哲学者や社会科学者にとって、言葉は「単なる」や「単に」では片づけられないものだ。言葉こそ商売道具であり、これらの分野で扱う主題のきわめて重要な部分なのである。人間はただ単に政治的動物であるというだけではなく、言語を用いる動物でもあるのだから、その行動は観念によって左右される。何をするのか、そしてどのようにするのかは、人びとが自分自身と周囲の世界をどのように見るかによって変わるし、さらに自分や世界の見え方は、用いる概念によって変わる。「代表」が何を意味しているかを知ることと、実際にどのように代表するかを知ることは、密接に結びついている。しかもさらに言えば、社会理論家は、諸概念からなる網の目を通じて世界を見る。私たちの世界は私たちが使う言葉によって決定的に定義され、枠づけされるのだが、それは人間や社会的な事柄にかかわる世界ではとりわけそうなのだ。動物学者であれば、珍しい標本を手に入れてただそれを観察すればよいだろうが、代表の具体例を（権力の具体例や利益の具体例も）手に入れることができる人などいるだろうか。そうしたものもまた、観察はできるかもしれない。しかし観察ができるためには、少なくとも、代表とは何である[is]か、代表と見なされる[counts as]のはどのような事柄か、代表とそれ以外の現象の境界線がどこにあるのか、を示す初期段階の概念が、必ず前提されていなければならない。代表とは何か、どのようなものか、という問いを、「代表」という概念が何を意味するかという問いと完全に切り離すことはできないのである。本書は、後者の疑問に答えることで、前者の疑問に取り組もうとするものである。

そうはいっても、あらゆる社会的概念や政治的概念を、本一冊分の長さをかけて分析した方がよいと勧める人はまずいないだろう。代表についてのみそうした扱いをする理由としては、まずそれが重要で広く用いられているという点を一つ挙げなければならない。他方、長い歴史をもつ理論的な混乱と論争の中で、複雑な意味をもつ代表概念がそれゆえに果たしてきた役割がある、という点も挙げておかなければならない。混乱には説明が必要とされる。代表概念の重要性を考えれば、説明する価値は十分にあると言えるだろう。

代表という概念が今現在重要で広く用いられているということに、ほとんど議論の余地はない。現代では、ほぼすべての人が代表者によって統治されることを望むし（といっても、必ずしも従来通りの代表制政府によってというわけではないが）、あらゆる政治的なグループや運動が代表されることを望み、どの政府も人びとを代表していると主張する。ただ同時に、私たちはにせ物の代表制度と本物の代表制度の違いや、代表が多くの異なった方法で制度化されうることにも悩まされる。代表に関する問題全般は、ベーカー対カー事件における合衆国最高裁判所の判決［一九六二年、一票の格差をめぐるテネシー州の事例について、どのような基準で選挙区割りがおこなわれるべきか、有権者のみが代表されるべきかそれとも行政区画やコミュニティーの利益なども代表されるべきか、等の課題が浮上した。中村良隆「一人一票原則の歴史的再検討」『比較法学』三六（一）、一七-六〇頁、早稲田大学、二〇〇二年、を参照。訳者注］と、そこから生じた議会の議席割当てへの関心によって、近ごろ再び白日の下にさらされたところだ。[1]

代表の概念が現代において広く用いられていることについては、それが民主主義という観念や、同じく自由、正義などという観念と結びつけられるようになってきたという事情が間違いなく大きくかかわっている。けれどもこれら観念の歴史を振り返ると、代表の概念や実践が民主主義や自由と深くかかわっていた時期は長くはない。代表といっても、それが代表制統治を意味するとはかぎらない。国王が国を代表することもあれば、大使が代表することもある。公職に就いている人なら誰でも国家を代表する場合がありうる。何らかの形で代表を組み込んだ制度や実践は、規模が大きくてさまざまな機能が分化した社会ならばどこでも必要になるのであって、人民による自己統治と結びつかなければならないというわけではないのである。

代表という概念、特にある人間が他の人間を代表するという考え方は、基本的には近代以降のものである。古代ギリシア人も、公職者を選挙することはあったし、時に使節を送ったりもしていた。こうした活動について、私たちならば[we]代表の要素が含まれると言うかもしれない。けれども、古代ギリシア人たちは代表に相当するような言葉をもっていなかった。[2] ローマ人は *repraesentare* という言葉を使っていた。私たちが用いる「代表」[representation]という言葉も、古フランス語経由でそこから派生してきたものだ。だが、ローマ人がその言葉で意味していたのは、それ以前には存在していなかった何かを文字通り存在させるようにすることであるとか、抽象的な概念を物体の中に具現化することであった（たとえば、勇気という概念が人間の表情に実際に現れたり、一体の彫刻に表現されたりするように）。人間が他人のために行為することや政治制度などに関して、代表という言葉が使われることはなかったのである。そのような用法が現れ始めたのは一三世紀から一四世紀のラテン語においてであった。英語ではさらに遅れて、教会会議や英国議会に派遣される参加者たちが、しだいに代表者だと考えられるようになっていった。[3] 最初のうちは、代表の概念も、代表概念が適用される制度も、選挙や民主主義とは結びつけられておらず、代表が権利の問題だと考えられることもなかった。

よく引かれる例を挙げてみよう。イングランドで州選出者や都市選出者が国王評議会と会するために呼ばれるようになったのは、国王の便宜や必要に配慮してのことだったようだ。[4] 議会への出席は、特権や権利などとはまったく考えられておらず、むしろ雑用や義務であり、しぶしぶ実行される類のものだった。[5] 議会における代表が、地方利益を促進するための道具や国王権力を統制するための手段として使われるようになるには、まだ時代の経過を待たなければならなかったのである。一七世紀にもなると、まだ多くの反対はあったものの、「イングランドでもっとも貧しい者」でさえ、議会の構成員を選ぶ権利を要求できるようになった。[6] この伝統から今度は、「代表のない課税は暴政である」というアメリカ独立革命のスローガンが生まれてくることになる。[7] 今や代表は、神聖で伝統ある「イングランド人の権利」のひとつであり、戦い取るに値するものとなっていた。さらにアメリカ独立革命とフランス革命を経て、代表は「人間の権利」のひとつにまでなった。[8] こうして代表とは人民の代表を意味するようになり、自己統治の観念や、すべての人が自分自身にかかわる事柄について発言する権利をもつという考えと結びつけられるようになった。これが、私たちが用いている制度の中に代表が組み込まれるようになった歴史的経緯である。

この概念の重要性に加え、政治について論じる人びとがこの概念を頻繁に用いているという点も合わせて考えると、その意味について議論や分析がほとんどおこなわれてきていないのは驚くべきことである。おそらくそれは、代表概念が、綿密な精査の必要もないほど当然視されるような基本的諸観念の中に含まれているからだろう。あるいは、概念が複雑すぎて分析に手をつけるのがためらわれたということなのかもしれない。ホッブズは、この概念の意味について十分に高度で体系的な説明をおこなっているただ一人の主要な政治理論家である。他の理論家たちの見解については、それぞれの文章の中での何気ない記述から意味を汲み取ったり、行間から読み取ったりしなければならない。ジョン・スチュアート・ミルでさえ、一冊まるまる代議制統治を論じる本を書いたにもかかわらず、代表とは何であり、どのような意味なのかについては、説明が必要だと考えていない。[9]

それにもかかわらず、代表の意味について明らかに見解を違える文献は満ち溢れている。ある理論家の定義は、他の理論家による定義と真っ向から衝突しており、（さらに悪いことに）両者の定義が無関係だということもある。混乱を招くこのような食い違いの理由を説明しようとする試みはほとんどなく、その結果、解決を拒むかのような長く執拗に続く論争が、代表をめぐる議論の特徴となっている。たとえばホッブズは、臣民を代表しているからには、いかなる政府も代表制政府であると主張する。ホッブズ以降の論者たちの多くも、この見解に同意している。ところがもう一方で、今世紀になると、人びとがいわゆる間接民主主義によって代表されているという見方が、神話や架空の話のようなものだとして低く評価されるようになってきた。それによれば、すべての政府は被統治者をプロパガンダによって操作するし、またそれを逆方向から言えば、全体主義的な独裁者でさえ人民の支持を得ている（得なければならない）ではないか、と指摘される。よって、本当に人びとを代表している政府などなく、したがって真の代表制政府など存在しないと論じられるのである。それにもかかわらず、政治科学者も科学者以外の人びとも、代表制統治と他の形の統治とが異なるものであるように語る。どんな政府も代表制なのか、どれも代表制ではないのか、代表制であるものもないものもあるのか。いったいどれが正しいのだろうか。こうしてみると、説明の必要があることに間違いはない。

もうひとつ、悩ましくて見たところ出口のない論争があるのだが、それは代表者と有権者の適切な関係とはどのようなものか、という点にかかわる。ホッブズは、（少なくとも自分の選挙区民との関係においては）代表者は自身の望むまま自由に行動してよいと主張している。他方で、理論家の多数は、代表者は、面倒を見ている選挙区の人たちにとってもっとも良いことをおこなわなければならない、と主張する。ただし、代表者は選挙区民のために（すなわち選挙区民の代わりに）決定をするように選ばれたのだから、代表者自身の判断力と知恵を駆使して、有権者にとってもっとも良いと代表者が考えることをおこなわなければならない、というのである。ところが、これ以外に非常に強い主張を持った少数派もいて、それによれば代表者の義務とは代表される人びとの要望や意見を正確に反映することだという。それ以外は、真の代表ではなくまがい物だと見なされる。これらのうちどれが真理かと言えば、それは中間のどこかにあると言えるかもしれない。しかし、もしそうであるならば、それは中間のどのあたりにあるのだろうか、そしてその位置をどのように決めればよいのだろうか。

こうした見解の相違に直面すると、もしかしたら、ある特定の立場を選択し、それを正しいものとして擁護して、それ以外の立場は退ける、という人も出てくるかもしれない。または、すべての立場を否定して、新たにもっと良い立場を提案するという人もいるかもしれない。しかしそうなると、多くの優れた思慮深い思想家たちがひどく間違った議論をしてきたことになってしまうが、その説明がつかなくなるだろう。もっと言えば、なぜこれまでの思想家たちの見解が私たちの目にもっともらしく映るのか、つまり、なぜ思想家たちの議論を追うことができて、それぞれの代表の定義がもっともだと納得させられそうになるのか、という点も説明することができないだろう。思想家たちの中の誰かの議論をそれだけで読んでいると、私たちはその見解を受け入れそうになる。ただ、他の見解へと読み進めると、問題が明らかになる。なぜなら、そちらもまた同じように妥当でありながら、両立が不可能な議論だからである。最後に、唯一の正しい定義を選び出そうという主張からは、理論家たちの論争がなぜ時代を超えて続けられているのか、という点の説明が出てこない。どういうわけで、その論争が根強く続き、解決のないまま繰り返されているのか、が説明できないのである。

そこで、代わりに私たちは、代表には唯一の定まった意味はない、さまざまな理論家が意見を違えるのは実のところそれぞれが異なる事柄について議論しているからなのだ、と結論づけることもできるかもしれない。思うに、代表の概念は時とともに進化していて、だからこそ最初の頃の論者たちは後の論者たちと異なる意見をもつのではないだろうか。あるいはおそらく、もし意味が定まっていないのだとしたら、個々の論者は概念を自分の思うがままに自由に使い、自分自身でこれが良いと選んだ意味を当てはめている、とも言える。さて、もちろんこうした考え方に一片の真実はあって、いかなる論者も自分の望むまま自由に用語を定義し、使用してかまわない。けれども、言葉を自分の望むように使いながら、なおかつ心に思い浮かべている状況を他の人に正確に伝えて理解し合うことなどできない。[10] また、政治哲学者は、自分が言葉を再定義したり、言葉に新たな意味を加えたりしているとは通常考えておらず、むしろすでに言葉に備わっている意味について解説していると考える。それに、再定義をしてみたところで、やはり難しい問題は生じてしまう。書き手にしても読み手にしても、言葉が再定義されていることを忘れ、古い意味で考え始めてしまいがちだ。そして、再定義してみたとしても、その定義が理解されるためには、よく知られた意味をもつ言葉によって表現されなければならない。書き手は、実際に術語を再定義することがあるかもしれない。その言葉が普通意味するところとは異なる意味をもたせたいと思えば、そうせざるをえない。けれども、代表について論じてきた書き手たちの多くは、そのようにしてきたわけではないのである。

さらにもう一つの可能性として、代表という言葉それ自体がこの問題を難しくしている原因だと結論づけることもできるかもしれない。最近の論者の中には、「代表」という言葉が曖昧で「定義の定まらない」ものであり、「時によって、あるものであったり別のものであったりすることがある」と、また「いろいろな文脈にはめ込まれる中でさまざまな意味で使われる」と主張している者もいる。[11] そうした判断の下、その人たちは踏み込んだ検討をあきらめるか、他の人たちによる定義を列挙することで満足する。[12] H・B・メイヨは、「代表の諸理論は泥沼のようなものだ」と述べた後に、代表という言葉は複雑なのだからきっぱり放棄して使用をあきらめるように、と勧めてさえいる。[13] ところがそれにもかかわらず、まるで代表という言葉の意味を完璧に知っているかのように、彼はその言葉を使い続けている。この例からも明らかなように、私たちが用いている概念枠組みの一部分だけをただ捨ててしまえばよい、というほど話は簡単ではないようだ。

哲学における最近の業績に依拠するならば、ある言葉の用法を完璧に理解して躊躇なく正確に用い、さらに他の人びとがどのように用いているかを理解していたとしても、私たちはまだそれを完全かつ明確に定義することはできない、つまり私たちが理解していることを言葉にする[say]ことはできないのかもしれない。ただ、そうした考え方が代表概念について当てはまるとしても、言葉の泥沼にどっぷりとはまり込んで絶望的になる必要はないだろう。なぜなら、哲学はこうした事例に対応するための手段や技術を生み出してきているからである。私たちの言語について、私たち皆がもっている不明瞭ではあるが実用的な知識を明確にする方法を。

そのため、私は「日常言語哲学」や「オックスフォード哲学」、あるいは「言語分析」などの呼び名で知られる現代哲学の一派、特にJ・L・オースティンが後期の業績で用いたいくつかの方法を利用している。[14] どういうことかというと、第一に、私は、言葉が日常的にどのように用いられるか、つまり言葉の意味について哲学的に考察したり思いをあれこれとめぐらしたりしない場合の用法について、注意深く観察している。さらに、「代表」[representation]という言葉それ自体だけを観察するのではなくて、「代表〜」[represent-]という語根を含む語の一群全体にも注意を向けている。そこには、「代表者」[representative]と「代表的な」[representative]（同じスペルだが名詞でもあり形容詞でもある）、「代表する」[represent]、「誤って伝える」[misrepresent]、「虚偽の陳述」[misrepresentation]［法律用語では「不実表示」と訳される。本書第4章参照。訳者注］、そして「具象の」[representational]などが含まれる。その上、これらの言葉と、近い関係にある類義語とを、細かく区別するよう気をつけてもいる。たとえば、代表することと象徴する[symbolize]ことの違いや、代表者と代理人[agent]の違いなどだ。なぜこうしたことに気をつけるかと言えば、「代表」という言葉が何を意味するかの境界線は、少なくとも重要な局面においては、私たちが代表という言葉の代わりに使ってもおかしくはなかったにもかかわらず実際には使わなかった言葉——利用可能であった他の選択肢——によって設定されるからである。

最後に、この方法は次のような意味をもつ。この研究は政治理論の分野に属するものであり、私の関心も（本書内で扱われる理論家の大多数と同じく）主に政治的代表にある。だが、私は政治にかかわる状況にとどまることなく、代表に関連した一群の言葉が用いられるあらゆる人間生活の領域に目を配った。この研究方法の背後には、一つの語群がさまざまに用いられるとしても、それら用法の間には関連性がある、という想定がある。新しい使い方であっても、話し手にとってはその言葉が意味をなしていなければならない。つまり、そ、こ、にあるそ、れ、[that]は代表概念の一つの適用例である、と話し手が見なす理由がなければならない。したがって、私たちは、代表とは何かを代表制統治の歴史だけから学ぶのではない。具象芸術[representational art]や、［統計における］代表標本[representative example]の選び方、役者が舞台でどのように役を演ずる[represents a character]のか、さらには契約法がどのように表示行為[making of representations]を扱うのか、等々について知識を得ることからも、代表とは何かを学ぶのである。

代表の研究において、政治にかかわらない文脈にも注意を向けるのは、決して目新しいことではない。多くの理論家は、何らかの類比を引き合いに出し、その類比をもとにして議論を展開している。それどころか、文献を読めば、不適切な類比を見境なく用いることがあらゆる混乱の原因となっているように思われなくもない。そのため、政治的代表の説明に非政治的な例を用いることに対して警鐘を鳴らすような論評も、今ではいくらか見られるようになった。「似ているのは主として字面だけだ」、ということである。[15] しかし、ある言葉の類比や非政治的な文脈での使用が誤解を招くのは、それが濫用された場合、とりわけ特定の類比や文脈が決定的なものと見なされ他の可能性が排除される場合のみである、と私は想定している。そうなると、その言葉が使われる用法と、そうした用法が可能となる文脈をすべて体系的に検討し明らかにすることが必要になる。そのような体系的研究は、私の知る限り、これまでおこなわれたことがない。

しかしながら、この本は単なる概念分析や言語哲学の実践にとどまるものではない。それと同時に、政治思想史の研究でもあろうとしており、主要な政治理論家がどのように代表を論じているかをたどってもいる。なぜなら、非政治的な用法には十分に注意を払うとしても、「代表」がある程度までは政治にかかわる専門的な言葉であることに変わりはないからだ。そして、政治理論家は今でも、代表に関してもっとも根気強くもっとも重要な「議論提供者」[talkers about]の一角をなす。言語哲学が代表概念について明らかにできることすべてが政治理論家の抱く見解や直面する問題に応用されてはじめて、政治理論にとって意味のある議論が可能となるであろう。

哲学の分野に限って言えば、概念の言語分析の役割は、普通の言葉を濫用することから生じる一定の特徴的な

「混乱状態」[muddles]、哲学的な疑似問題を整理整頓して解決することだと、しばしば受け取られている。したがって、哲学者たちは、もしすべての用語が適切かつ完全に分析されたならば、哲学は消滅することになるのだろうかと議論してきた。こうした議論にどのような意味があるのかは何とも言えないが、政治理論の分野になると状況はいくらか異なる。というのも、政治理論では、哲学的問題だけを扱っていればよいということにはならないからだ。政治理論が扱う問題は、哲学的で概念的な側面をもつというだけのことであり、またそうした側面を見せることも時にはあるというだけのことである。あるいは、そのような問題は、政治理論家の研究の実体を構成しているのではなく、研究途中に紛れ込んできて混乱をもたらしているものだとさえ言えるかもしれない。それゆえ、これらの問題を取り除けば、他の研究が進捗する助けとなることもあるだろう。いずれにしても、私がこうした手法を取り入れた目的は、「濫用」[misuses]を突き止めて不必要な困難を取り除くことに限られているわけではない。それどころか、言語―哲学的な分析手法と想定は本書の至るところで広く用いられており、異なる論点においていろいろな目的のために役立てられているのである。

代表理論が混乱状態にあるからといって、私にはそれが検討をあきらめる理由になるとは思えない。また、代表概念を放棄してしまえばいいとも思わないし、代表概念が確定的な意味をもたず、曖昧で、その点で他の概念とは異質であるとも思わない。「文脈の違いによってさまざまな意味で使われ」ているのは確か[is]だが、だからといって、どんな文脈においても好き勝手な意味で代表という言葉を（正しく）使うことができる、ということにはならない。ある特定の文脈では、代表という言葉の適切な用法が一意的に決まるかもしれない。「用法がさまざまであるということと、用法が曖昧であるということとは、同じではない」。そう、まったく逆なのだ。「分類が必要であるということは、分類が不十分であることから生じる曖昧さのちょうど対極に位置する」[16]。ただ、この場合に課題とされるのは、言葉の正しい意味を示すことではなく、さまざまな文脈における言葉の多彩な用いられ方を余すところなく識別することなのである。

したがって、私の最初の作業仮説は、代表概念は特定可能な意味を間違いなくもっており、その意味は文脈に応じて用いられ方こそ違ってくるが、それでもなお制御し理解することが可能である、というものである。代表は曖昧でうつろいやすい概念ではなく、まとまりをもつ高度に複雑な概念であり、一七世紀以来基本的な意味が大きく変わることはなかった。実のところ、さまざまな文脈を通じて利用できる十分な包括性をもった一文からなる定義を、この基本的な意味について定式化することはさほど難しくはない。研究者の中には実際にそうした者もいるし、その意味では一つの正しい定義を選り抜いて示すことは可能である。それは、次のようなものになるだろう。代表とは、語源学的な起源が示すように、*re-presentation*、すなわち、もう一度目の前に出現［存在］させること[a making present again]、を意味する。[17] ただし、文字通りに何かを目に見える場所にもたらすこと、たとえば本を他の場所から部屋の中に持ち込んでくるようなことをこの定義が意味していたのは本当に初期の頃だけで、それ以降はもっと広い意味で使われ続けてきた。むしろ、代表とは、現実に、または文字通りに存在しないものを、それにもかかわらず何らかの意味で存在させるようにすること全般を意味する。さて、何かが存在していると同時に存在していないと言えば、それはパラドクスだということになる。したがって、代表の意味には根源的な二元性が組み込まれている。そのため書き手の中には——特にドイツの理論家の一団がそうだが——この言葉を、謎に包まれた「反対物からなる複合体」[complexio oppositorum]だと見なすものも出てきた。[18] しかし、わざわざ謎とまで言う必要はない。私たちは、ただ次のように表現すればよい。代表とは、文字通りには存在していないものが、文字通りではない意味で存在していると考えられることである、と。

このような定義の仕方をすると、私たちはさらに二つの疑問に直面する。第一に、事実として存在していないにもかかわらず、何かが存在していると考えられるというのは、どのような意味でなのか。第二に、「考える」[considering]とは、誰が考えることを指しているのか。つまり、誰の目から見て、そこに代表が存在していると考えられているのか、ということである。ハンス・ウォルフはこう述べている。

代表の手法や類型は、代表というものがどのように考えられているかということに完全に依存している。Aを（B）によって存在させる、というのはただの定義にすぎない。重要なのは、その定義がどのように理解され、どのような意味をもち、どんな状況や想定の下で可能となり、どのように正当化されるかである。というのは、それは概念的な構築物、特に集団に共有された意見やイデオロギーによる構築物……の問題にすぎないからだ。もしAが不在なのであれば、彼はそこには存在していない。彼はただ（B）の中に存在すると考えられ、見なされ、帰属させられているだけだ。このような概念化は、強い影響力をもちうるものであり、制度化されることも可能だし、確固とした伝統や社会全般に共有された信念によってもたらされることもある。他方で、誰かがそれを否定したり、集団の意見を拒否したり、懐疑的になったりすることを妨げるようなものも、何もないのである。(19)

代表というのは人間の作り出した観念であるから、ある人によって確かなものとして受け入れられても、別の人からは疑問が出されることもある。そこで、何人かの理論家は、一種の「還元主義的現実主義」[reductionist realism]の立場をとるようになった。代表は、人びとがそれを信じるならば、そしてそれを信じる場合に限って、存在するという主張である。これは確かに一面ではその通りなのだが、だからといってさらなる理性的探究が曖昧にすまされてはならない。政治的代表という現象が存在するためには誰がそれを信じていなければならないか、という問いに対して、書き手たちはあまりにも軽々しく「民主的な」[democratic]解答に飛びついてしまう。つまり、もちろん代表される人びとが信じていることが必要だ、という解答である。もしある人が自分は代表されていると感じるならばその人は代表されていて、そう感じなければ代表されていない、というわけだ。この見解をとるならば、私たちは以下のような社会心理学の問題群を集中的に検討することになる。人は何によって代表されていると感じるのか。何かへの同一化か、マーチング・バンドか、それとも投票することによってだろうか。だが、私はむしろ次のように問いかけたい。どんな時に、人びとは代表されていると感じるべきなのだろうか。人びとが代表されているという言い方が正しいのは、どのような場合であろうか。さらには、人びとが代表されていることの証拠としては、どのようなものが数えられるであろうか。現実において代表されている人が、代表されていると感じることになるのではないか、とも思われる。だが、必ずそう感じるとは限らないし、また客観的な第三者が見れば代表されていないというような場合でも、自分は代表されているという幻想を抱く人もいるかもしれない。だから私は、人びとの心に代表されているという感情が生まれる原因[causes]は何か、と問うことはやめよう。そうではなく、人や物が代表されていると想定する際にどのような［正当化の］理由[reasons]を提示することが可能なのか、を問うことにしたい。

ただ、代表に単一の基本的な意味を付与できたとしても、その意味がどのように具体的に当てはめられるのかについては、何が存在させられているのか、または存在すると考えられているのか、そしてどのような状況においてか、によって異なってくるだろう。あらゆるものがいつでもどこでも代表されうるというわけではないし、代表標本において存在させられるというのと地図上の記号によって存在させられるというのとでは、意味がまったく異なる。これこそ、単一の基本的な定義を示すのが簡単であるにもかかわらず、多くの明敏な理論家が不正確な定義を考案してきた理由であり、単一の基本的な定義が大して役には立たない理由でもあるのだ。私たちが必要としているのは、単なる正確な定義ではない。さまざまな文脈にもっと細かく応じながら代表の概念が用いられるときに、そのそれぞれの用いられ方――どのようにして存在しないものが存在するようにさせられるのか、またそれが存在すると見なしているのは誰なのか――を正当に評価する方法が求められているのである。

私の第二の作業仮説は、もしこれさえ[that]できるならば、代表の意味に関する理論家間の著しい見解の相違の多くについても説明がつくだろう、ということである。というのも、不正確な理論や定義であるにしても、完全なでっち上げであるということは滅多にないからだ。それらは、真珠のつくりと同じで、一粒の真理を中心に組み立てられている。哲学では、その一粒だけが唯一価値あるものだ。逆に、周りにくっついているものは混乱のもととなる。対立する代表理論のそれぞれの中に一粒の真理を見つけることができれば、おそらくそれらは結局のところ対立などしていないということがわかるだろう。たぶんこれらの理論は、始まりは正しくて、それぞれある特定の文脈における代表の様相に基づいているのだが、中心から離れたところで不正確になったのだ。そう考えれば、聡明な書き手たちの意見がどうして一致しなくなるのか、そしてなぜ私たちがそれぞれの主張に依然として説得力を感じるのか、について説明しやすくなる。

代表概念を、暗闇の中に囲い込まれている、相当複雑に入り組んだ立体的構造物と考えてもよいかもしれない。政治理論家は、言ってみれば、それぞれ違った角度からフラッシュを使ってその構造物を撮った写真を私たちに見せているのだ。それなのに、皆が一つの角度からの見え方を全体像として扱い始める。そうなれば、さまざまな写真が符合しないのは当たり前だし、おのおのの写真から理論家が話を広げていけば見解が一致しなくなるのも不思議ではない。それでも、その暗闇の真ん中には、全員が撮影している何かがある。そして、異なる角度から撮った写真を組み合わせて使えば、その何かを細部まで完全に再構築できる。私たちは、一枚一枚の写真がどの角度から撮られたかを明らかにして、その間にあるずれをうまく調整しながら、理論家が自分の見方を展開した部分とその元になった写真とを区分けしなければならないのである[20]。

この比喩からは、なぜもう一枚別の写真を持ち出しても解決にならないのか、がわかる。正しい定義が一つあったとしても、代表理論につきまとう問題を解決する助けにはあまりならない。必要とされているのは、どの角度から問題を見ているのかを明らかにしながらそれぞれの見解を解釈すること、または、(比喩を抑えた言い方をするなら)その見解が正しいとされるような文脈を特定し、その文脈においてはどのような前提に従わなければならず、どのような含意が避けられないのか、という点を探究することである。その過程で、代表という言葉がどのように用いられているかについて私たちがすでに有している知識が明白となり、そのことによって単一の定義では示すことができない代表の意味が明らかになる。そして、代表という言葉がどのように用いられているかを知ることは、代表という事象が何であるのかを知ろうとするときに不可欠な一要素なのである。

つづく五つの章は、理論家たちが明示的に展開したり暗黙裡に用いたりしてきた、代表概念に関する主要な見解のいくつかを検討する。まずトマス・ホッブズの検討において、彼独自の見解が紹介されるとともに、そのようにもっともらしくはあっても部分的であるがために不正確でもある定義にはどのような難点があるのかが示される。ホッブズの定義は本質的に形式主義的[formalistic]で、代表の成立に先行してそれを創出する形式的な取り決めの観点から考察がおこなわれている。その取り決めとは権威付与[authorization]、つまり行為する権限を与えることである。次には、正反対に位置する見解、ただし同等に形式主義的な見解に目を向けるが、そこでは事後において代表関係を終結させる一定の形式的な取り決めによって代表が定義される。その取り決めとは説明責任[accountability]、すなわち代表する者にその行為を説明する責任を負わせる、ということである。これら二つの形式主義的な見解は、ともに代表は人間によっておこなわれなければならないということを当然視している。しかし第4章と第5章では、～のために行為する[acting for]のとは対照的な～を写し出す[standing for]という代表の見方が考察される。この事象においては、人間と同様に無生物による代表ということも可能となる。私たちは第一に、描写的[descriptive]代表について考察する。描写的代表とは、鏡や美術のように、似ていることや反映することによって、存在していない何かを存在させることである。それから次に象徴的[symbolic]代表を検討する。象徴的代表では、類似も反映も必要ではないが、代表と代表されるものとの間に異なる種類の結びつきが求められる。この二つの見解はともに写し出すことによって代表しているわけだが、それぞれに対応する活動の観念と一体となっている。描写的代表については製作[making]であり、象徴については創作[creation]である。第6章でも、再び代表と活動を結びつける見解を取り上げる。ただし、絵や象徴を作るという活動ではなく、他者のために行為するという活動であり、また行為を取り巻く形式主義的な装飾のみならず、活動そのものの実体が問題となる。本書の残りの部分では、この見解に関連する諸問題、特に代表者と代表者に代わりに行為してもらう人びととの間の適切な関係をめぐる論争に関心が向けられる。この論争が紹介されるのは第6章と第7章だが、さらに第8章においてはエドマンド・バークの思想を扱う中で、第9章では自由主義思想を扱う中で論争の探究が進められる。そして結論となる第10章では、この論争や代表に関するさまざまな見解についてそれまでに述べられてきたことがあらためて吟味され、政治との関連でそれらがどのような意味をもつのかが評価される。

この本は博士論文を基にしたものだが、それらが非常に長い時間をかけて書き上げられてくる中で、正当に評価することが不可能なほど、多くの人びとからの助力が私に差し向けられてきた。私はシェルドン・S・ウォーリンに深く感謝している。彼の思考は私の仕事に計り知れないほどの影響を及ぼしてきており、労を惜しまずに原稿を読んでは批判してくれた。同じく、スタンリー・L・カヴェルにも感謝の意を表したい。私を新しい哲学の手法に導き、多くの時間を費やして代表に関する私の思考に明晰さと深みを与えようとしてくれた。ジョン・H・シャールが協力してくれたことへの感謝も、前記二人への感謝に劣ることはない。彼は時間と忍耐力を気前良く提供してくれたが、その批判的なセンスは私にとって計り知れないほど貴重なものであった。トマス・P・ジェンキンにも謝意を述べたい。そのセミナーで、私ははじめて代表の概念に注目するようになった。また後には、原稿の一部を読んで有益な示唆を与えてくれた。社会科学研究会議には、ウィリアム・ヨーク・ティンダルの表現を借りると「私がこの仕事を平和のうちに、または何か平和に似たようなもののうちに、完成させることを可能にしてくれた」研究資金を授与してくれたことに、感謝している。(21)

『アメリカ政治科学雑誌』には、第2章のもととなった論文を、若干変更が加えられた形で再掲することを認めていただいた。御礼を述べたい。また、オックスフォードのベイシル・ブラックウェル出版へも、マックス・ベロフ編『ザ・フェデラリスト』からの文章の利用をお認めいただいたことに感謝している。同様に、R・J・S・ホフマンおよびP・レヴァク編、版権保護、一九四九年アルフレッド・A・ノフ出版の『バーク政治論集』について、文章の再掲利用の許可を与えてくれた出版社への謝意もここに同様に記しておきたい。

第2章　トマス・ホッブズの問題

『リヴァイアサン』の人格論と代表概念

哲学の始まりが何かを不思議に思うことにあるのならば、代表概念をめぐる議論も、何か不思議に思われることを読者に提供するところから始めるのがいいだろう。そのためには、英語で記された最初の詳細かつ体系的な代表論から始めるのが最善である。その論考は、一七世紀英国の政治理論家トマス・ホッブズによるものだが、代表に関する興味深い論点をおおよそ網羅しつつ、そこで生じてくる難問も十分すぎるほどに示してくれるので、読者は本当に不思議だという感覚を抱き始めることになるのである。

ホッブズが代表について論じた理論家であるとみなされることは、あまりない。ホッブズ思想に関して古典をなすような研究書の中でも、彼が代表という言葉に言及しているという点に目を向けているものはごくわずかである。モールズワースのホッブズ英語著作集標準版目次に、代表という言葉は含まれていない(1)。それでも、代表はホッブズの政治に関する主要な著作で中心的役割を果たしており、彼がもつ明晰に物事を見通す力や知的厳密さなどが、惜しみなくこの概念の検討に捧げられている。彼が練り上げた見解は、魅力的でもっともらしくはあるが、同時にそれ特有の欠陥も有している。もっともらしいがゆえに、ホッブズ以降の明敏な思想家たちはそれに惹きつけられてきたし、私たちもまた同じように惹きつけられる。また、欠陥をもつがゆえに、代表の定義や意味に関する研究をいっそう進めるための踏み台としてホッブズの見解を使うことも可能である。

ホッブズが代表論を展開しているのは、主要著作である『リヴァイアサン』の第一六章にほぼ限られる。だから、代表論が置かれているのは政治思想の文脈であって、それ以外のたとえば美学思想の文脈ではない。『リヴァイアサン』は、政治理論分野におけるホッブズの三冊の著作の中で最後に書かれたものだが、他の点ではこの三冊の議論がほとんど重なる中、『リヴァイアサン』においてのみ代表概念が導入されている。(2) この概念の分析は、ホッブズにとって一つの発見であった。そしてその発見は、それ以前に彼が二回にわたって定式化していた難解な政治的―哲学的議論の構造にうまく符合していたため、彼にとってはその構造を補強し強化するものと映ったのである。

「人格、本人、および人格化されたものについて」と題される『リヴァイアサン』第一六章において、ホッブズによる代表概念の分析は、人格という観念の検討から始まり、「自然的」[natural] 人格と「人為的」[artificial] 人格の区別を経由し、最後に人為的人格の一種としての代表者の分類へ、という順で進められている。(3) まず章の冒頭で論じられているように、「人格」[person] と「人間」[human being] とが単に同じものだとされてはならない。「人格とは、「かれのことばまたは行為が、かれ自身のものとみなされるか、あるいはそれらのことばまたは行為が帰せられる他人またはなにか他のもののことばまたは行為を、真実にまたは擬制的に代表するものとみなされる」人のことである」。(4) したがって人格とは、言葉を用いたり行為したりすることができ、それゆえに他の人が「かれの」言葉や行為について言及することが可能な「かれ」のことである。人格とは、言葉を発したり行為をなしたりするのを私たちが観察できる可能性があるようなにものかである、とも言える。しかし、口に出された言葉を聞いたり、行為がなされるのを見たりしても、私たちはそれらを常に「かれ自身のもの」[his own] と考えるわけではない。というのも、それが他の誰か、または他の何かの言葉や行為を代表していると考える場合があるからである。

ホッブズは、この二つの可能性に対応する二種類の人格を区別している。すなわち、自然的人格と人為的人格である。自然的人格においては、その言葉や行為がその人自身のものだと考えられる。他方、架空の、または人為的人格においては、言葉や行為は他の人のものだと考えられる。人為的人格のすべてについて当てはまるわけではないが、その中には代表である者もいる。したがって、ホッブズが人為的人格についてどんな主張をすることになるのか理解することが重要である。現代の読者は、人為的人格の「人為的」ということがいったい何を意味しているのかについて混乱しがちだ（ホッブズ研究者の中には実際に混乱してしまっている人も見られる）[5]。現代法学の用語法では、人間を表す自然人と、法人のような擬制人格を区別する。法人は、人間ではないが、法的には人間同様の扱いが可能になっている。したがって、裁判に訴えられるかもしれないし、役員が与えられた権限に基づいて行為した場合には法人に責任が生じる。しかし、ホッブズの区別の仕方は異なっている。もしある法人の経理担当者が、法人に認められた地位において行為し、小切手を振り出した場合、私たちならば経理担当者を自然人と見なし、法人を人為的人格と見なして、法人に経理担当者の行為の責任が帰せられると考えるだろう。しかしホッブズであれば、経理担当者は人為的人格であり、その行為は法人に「自身のものとして所有される」[owned]と考えるだろう。現代法学の用語法において、擬制人格という考え方の中にどのような擬制の要素が含まれているかというと、それは、法的な合意によって結びついた一群の人びとが人間（と同等のもの）になるという点である。ホッブズの用語法で、人為的人格がなぜ擬制であり作り物であるかと言えば、それはかれがおこなっている行為がかれ自身のものではなく（かれ自身のものとは見なされておらず）、誰か他の人に属するからである。

しかし、この言い方は、何か奇妙にも感じられる。誰かの言葉や行為がその人自身のものでないと見なされる時があるというのは、どのような意味なのだろうか。どんな時に、ある人の行為がその人自身のものではないのだろうか。私たちがみずからそのように言うことがあるとしたら、それはどのような場合なのだろうか。

まず言葉の方に関しては、確かに時々そのような言い方をすることがある。だから、その点から考察を始めるのがいいだろう。ある学生が、ただ暗記してきた文句を唱えているだけで、明らかにその意味を理解していないとしたら、その学生はそれを自分自身の言葉で言い換えるように注意されるかもしれない。このように、ある人の言葉がその人自身のものではない場合がある。口に出しているのは確かにその人でも、言葉を組み合わせる作業はヘーゲルによるものであって、この二年生の学生によるものではない、というような場合である。または、私たちは話し手の考えを次のように扱うこともあるかもしれない。ラジオの時事解説番組の放送前に「この番組の中で述べられる見解は話し手自身のものであり、スポンサーの見解を反映しているとは限りません」という免責の言葉が組み入れられることがあるだろう。そこで意図されているのは、スポンサーが番組内での発言に関する責任を拒否していると強調しておくことであるようだ。

しかし、行為についても言葉の場合と同じように考えることができるだろうか。催眠術にかかった人は、催眠術師に命じられたことをおこなう。悪魔や亡霊に「取り憑かれた」[possessed]人は、あやつられるがままになる。操り人形は糸が引かれるのに応じて一定の動き方をする。ところが、この中のどれをとってみても、実際に「その行為はそれ自身のものではない」などと言われることはないだろう。かわりに、その行為をその人自身でコントロールできる状況ではなかったとか、自分自身が何をしているか知らなかったのだとか、自分自身の意志の働きによってそのように行動したのではない、というような言い方はされるかもしれない。また、操り人形の場合には、行為したということ自体が完全に否定されるかもしれない。

私たちの行為はどのような場合に自分自身のものではないのだろうか。そもそも何らかの対象や概念をXとしたときに、「その人のXはその人自身のものではない」とか「私のXは私自身のものではない」と表現するのはいかなる場合なのだろうか。そのような定式化でさえあまり見かけないものではあるのだが、ある状況のもとで、所有権以外の何らかの所有の感覚がもたらされ、所有権と対照させられる場合に、実際にこうした表現が使われることがある。「彼の家は彼自身のものではない」と言う場合、家に住んでいるのは彼だが、家を所有しているのは他人である、という意味かもしれない。「この仕事に就いてから、人生が自分自身のものではなくなってしまった」と言ったら、生きてはいても、自分自身が何をするかを選んで決めることができない、つまり自分を所有する権利をもっていないということになる。男の子が兄弟と一緒にペットを飼っていて、「ちぇっ、僕自身の犬を飼えたらなぁ」と愚痴っているとしたら、彼は犬を利用できるとしても、所有権があれば可能となるような排他的な権利や特権をもってはいないということだ。前に挙げた事例で、学生の言葉が学生自身のものでないという状況についても、同じ基準で考えることができる。学生の言葉は、学生が口に出したものであるという点では学生自身のものだが、学生がその文章を創作したわけではないという点では学生自身のものではなく、学生に帰せられるべきものではないのである。

ホッブズが行為についてもこれと同じようなことを思い描いていると想定してみたらどうだろう。「私の」ものが「私自身のもの」ではないというのは、それらを手にしてはいるけれども実際に所有しているのが他の人であるとか、逆に、専門的に考えるならば所有権をもっているにもかかわらず実際には好きなように使うことができないとか、そういう場合である。私の言葉が私自身の言葉でないのは、私の口から発せられた文句を創作したのが誰か他の人である場合である。そこから推し量ってみると、私の行為が私自身のものでないのは、私が今実際に行っていることが……何だって？　誰か他の人に所有されている？　誰か他の人に創作されている？　どうもホッブズは、財産に対する所有権や、言葉のまとまりに対する原作者のようなものが、行為に関しても何かあるように考えているらしい。

行為に関して所有権や原作者に対応するような観念は権威[authority]であり、ホッブズはそれを行為をする権利だと定義している。

すなわち、財貨や所有物についてかたるときに所有者[owner]とよばれ、ラテン語でドミヌス[dominus]、ギリシャ語でキューリオス[κύριος]とよばれるものは、行為[actions]についてかたるときには本人[author]とよばれる。そして、所有物についての権利が、支配権[dominion]とよばれるように、なにかの行為をする権利は、「権威」[AUTHORITY] とよばれる。したがって、権威とは、つねに、なにかの行為をする権利 [a right of doing any act] のことだと理解され、そして、権威によってなされるとは、その権利をもつものの委任または許可によって、なされるということだと、理解される。[6]

そして『リヴァイアサン』のもっと後ろの方の部分では、ホッブズは「すなわち、おこなわれるすべての行為は、その行為が無効でないためには同意してもらう必要があるその人の行為なのだから」とも記している。[7]

ホッブズは、実際に行為をなす者を「行為者」[actor] と呼び、行為者がその権威によって行為をなす者、行為者に行為する権利を与える者を「本人」[author] と呼んでいる。これについては、次のように考えればいいだろう。私たちが誰かが行為するのを見たとき、たとえば誰かが車を運転するのを見たとき、誰がその行為や車を「所有している」[owns] のかはその段階ではまだわからない。車を所有している人とは、車を購入し、自分の名義で登録した人のことである。行為を所有している人とは、本人のことであり、行為を権威づけた人、権威を授ける権利をもつ人のことであって、その人の同意がないとその行為は無効となる。車の所有者は自分で運転してもよいし、他の人に車を預けて運転させてもよい。また、所有者が知らないうちに、あるいは所有者の許可がないままに、車が運転されてしまうこともあるかもしれない。同じように、行為をなす権利をもった人は、自分自身で行為してもよいし、他の人を権威づけて行為させてもよい。また、他の人が、権利もないのに、詐欺やごまかしで行為してしまうこともあるかもしれない。

人格と責任

こうしてみると、人格とは、車を運転する者になぞらえれば、行為を実行する者、言葉を発する者、ということになる。しかし、所有権の問題――行為の所有権にせよ乗り物の所有権にせよ――については、まだ論じるべき点が残されている。ホッブズは明らかに、車についても行為についても権利の所持の観点から定義をおこなっている。それぞれ、車に対する「所有者の権利」[right of ownership]と、行為をする権利からの定義である。だが、誰が車を所有しているかが重要になってくるような状況とはどのようなものか考えてみると、所有権には権利だけにおさまらない側面があるということに私たちは気がつくことになる。権利と同じくらい重要な側面として挙げられるのは責任のことで、車が原因となって生じた損害についての責任はその一例である。そして、所有権から生じる責任は、行為についても同じように当てはまる。こうした意味で、人は悪事を「「そのようなところまで所有する」という言葉の連なりによって構成される熟語表現によって」「白状する」[owns up to]のである。ホッブズは、行為の所有者に帰せられる責任について非常に強い興味を示している。権威と所有権の類似性を主張したそのすぐ後、彼は権利から権利に含まれる責任へと突然議論を飛躍させる。先行する一節が「したがって、権威とは、つねに、なにかの行為をする権利のことだと理解され、そして、権威によってなされるとは、その権利をもつものの委任または許可によって、なされるということだと、理解される」と締め括られた後、[8]ただちに「このことから、つぎのことがでてくる。行為者[actor]が権威に基づいて[by authority]信約するときは、かれはそれによって本人[author]を、本人自身が信約したのとおなじく拘束し、それのあらゆる帰結に、おなじくかれを従属させる」と文章が続いていく。また、本人は、自分自身の権威において締結されたいかなる信約にも拘束されるというだけではない。自然法に対するいかなる違反行為についても、それを権威づけていれば責任を有するのだ。「行為者が本人の命令によって、なにか自然法に反することをおこなうばあいに、もしかれ〔行為者〕が、まえの信約によってかれ〔本人〕に服従することを義務づけられているならば、かれ〔行為者〕ではなくて本人が、自然法を破棄するのである。なぜなら、その行為は自然法に反するものであるが、それでも、それはかれ〔行為者〕のものではない[9]」。その行為は本人によって所有されているのだから、行為者のものではないのである。

『リヴァイアサン』第一六章の末尾には、重要な一節がある。「本人にはふたつの種類がある。第一は、単純にそうよばれるものであって、私はまえにそれを、他人の行為を単純に自己のものとする人と、定義した。第二は、他人の行為または信約を、条件つきで自己のものとする人であって、いいかえれば、かれ［条件つき本人］は、もしその他人がそのことを、一定の時またはそのまえにおこなわないならば、それをすることをひきうけるのである。そして、これらの条件つき本人は、一般に「保証人」[SURETYES]とよばれる」[10]。この一節を言葉上に現れているままのホッブズの定義に従って解釈すると、行為についての所有権とは権威のことであり、それは行為する権利のことである。そうすると、ここで取り上げられている状況というのは、他の人が特定の行為を（ある時点までに）おこなわなかった場合に限って、ある人がその行為をする権利をもつということのように読める。そのような状況があるのは間違いないが、明らかにこの節はそのような状況について論じているわけではない。また私たちにしても、そのような状況下にある人を保証人と呼んだりはしないだろう。この一節の中で関心がもたれているのは、条件つきの責任[responsibility]という意味での条件つき所有権である。つまり、行為する権利ではなく、行為する義務が問題とされているのである。

ホッブズは、権威の二つの側面、あるいは行為の所有が意味することの二つの側面をしっかりと認識している。彼は行為を所有することを行為する権利として定義するのだが、同様にそれを行為に対する責任（まるで自分自身でそれをしたかのような）としても見ていることは明らかだ。この二重性は、権威付与の過程が、二つのいずれも可能な道筋をたどって描かれているということにも反映されている。ホッブズは時に、行為する権利をもった人が誰か他の人に委任して自分のためにその行為をさせるかのように語っている。しかし別のところでは、他の人がおこなおうとしていることについて、ある人が自分自身を所有者にしようとする、つまり自分自身で責任を引き受けようとする姿を描いている[11]。どちらの状況においても、権威を与えられる者に権利と特権が発生し、権威を授ける者に義務と責任が帰せられる。そこから導かれるのは、代表とはそのような権利と責任の関係のことである、という結論である。なぜなら、代表者[a representative]とは人為的人格であって「扮する[Personate]とは、かれ自身や他の人を演じること、すなわち代表することであり、そして他人を演じるものは、その人の人格をになうとか、かれの名において行為するとかいわれる。……そしてそれは、さまざまなばあいに、代表者[Representer]または代表[Representative]、代行者[Lieutenant]、代理人[Vicar]、代人[Attorney]、副官[Deputy]、代官[Procurator]、行為者[Actor]などと、さまざまによばれる」からである。(12)

ホッブズの定義によると、代表者はすべての権利を自由に行使できるが、責務はすべて代表される者が負うことになる。彼が限定的な権威付与と無制限の権威付与とを区別したことによって、その事実が認識しにくくなってしまっているという面もある。それでも、その区別を注意深く検討してみれば、ホッブズの基本的な立場はそのままで変わっていないことがわかる。代表者は、代表者としての資格において、自由なのである。ホッブズによれば、権威は「制限なしに」[without stint]与えられてもよいが、一定の範囲で与えられてもよい。後者の場合、代表者は「何においてどこまで彼らを代表すべきか」について制限されることになる。(13) したがって、ホッブズの理論体系の内部においてであっても、代表者が許される行為の限度や基準について論じることは不可能ではない。しかしながら、その限度というのは常に「権限踰越」[ultra vires]にかかわるもの、すなわち代表者として何をすることまでが範囲に含まれる[can]かについての限度である。限度を越えた場合、代表者は、ただ代表していないというだけのことである。その限度を越えない限り、代表者は代表しているのであって、そのことがどのような意味合いをもつ[means]かと言えば、代表者には特別な権利があり、特別な義務はないということである。代表者の行為について責任をとるのは、他の誰かだ。ホッブズの理論体系では、時に制限なく権威を付与することが可能で、その場合には完全な代表者が創設され、いかなる意味においても、どんな状況であっても、好きなように行動し、その行為についての義務を別の人に負わせることができるのである。

そうはいっても、義務を負わされる本人と自由な行為者というのは、ホッブズの分析の中でもっとも概括的な基本型であるにすぎない。このテーマについては多くの変化型が可能であり、その変化型の中にホッブズ的な定義の問題点が姿を見せ始める。変化型は、ある特別な種類の人為的人格に関係している。すなわち、後見人[guardian]や詐欺師[fraud]、舞台役者[stage actor]などのことである。ホッブズは、人為的人格について「あるものは、かれらのことばと行為が、かれらが代表するものに帰属[Owned]する。そしてそのばあい、その人格は行為者〔役者〕[actor]であって、かれのことばと行為が帰属するものは、「本人」[AUTHOR]であり、こういうばあいに、行為者は、本人の権威[authority]によって行為するのである」と述べる。(14) 人為的人格のうちこの基本型に当てはまるのは、あるもの、とされている。それならば、残りの人為的人格についてはどうなのだろうか。残念ながら、ホッブズはこの「あるもの」について、表に現れる形では議論を徹底させていない。したがって、他にどのようなことが言えるかは、彼の議論から推察するしかない。これまでに人為的人格についてわかっていることをあらためて確認してみると、以下のようなことが述べられていた。

人格とは、「かれのことばまたは行為が、かれ自身のものとみなされるか、あるいはそれらのことばまたは行為が帰せられる他人またはなにか他のもののことばまたは行為を、真実にまたは擬制的に代表するものとみなされる」人のことである。

そして、それらがある他人のことばと行為を代表するものとみなされるならば、そのばあいには、かれは仮想の[Feigned]または人為的な[Aritificiall]人格である。

人為的人格のうちのあるものは、かれらのことばと行為が、かれらが代表するものに帰属[Owned]する。

ここで述べられていることを文字通りに受け取るならば、残りの人為的人格、つまり行為が自分自身のものではなく、また代表されている人びとによって所有されているのでもない人為的人格としては、二つの可能性しか残されていない。代表されている人びと以外の誰かによって所有され権威づけされているか、あるいは他の誰でもなく人為的人格自身によって権威づけされているか、のどちらかだということになる。ホッブズの理論体系の中にはどちらの種類も存在しており、いずれもが問題を引き起こしている。

第三者からの権威付与

いくつかの人為的人格の行為は、代表されている者ではなくて、第三者によって権威を授けられている。無生物や理性をもたない存在の代表者がその例だ。ホッブズは「擬制［fiction］によって代表されることができないものは、ほとんどない。教会、慈善院［hospital］、橋のような無生物は、教区長、院長、橋番によって人格化［Personate］されうる。……同様に、子ども、愚人、狂人、すなわち理性を使用できないものは、後見人や管理人によって人格化されうる」と論じている[15]。ところが、無生物や子供、そして狂人は、「理性を使用できない」のだから、行為の本人になることも権威を付与することもできない。ホッブズにとってここで決定的に重要なのは理性［rationality］である。というのも、ある人が義務を負うことができるのは、その人が自身の義務を理解でき、なおかつその義務によって要請される行為を遂行するに足るだけの動機をもちうる場合のみだからである[16]。この二つの条件とともに、理性の存在を想定している。理性がなければ、義務は負わせられないし、したがって代表者への権威付与のような有効な取り決めの当事者になることもできない。自分自身の行為について有責になることがない者が、別の人の行為について責任を負うことは不可能である。そうなると、無生物や子供や精神異常者が代表される際には、権威はどこか別のところから授けられなければならない。無生物が行為者に権威を付与することはできないが、「それでも、行為者たちは、それらのもの［無生物］の所有者［owners］または統治者［governors］である人びとによって、かれら［行為者たち］に与えられた、それらのもの［無生物］の維持を達成するための権威を、もつことはできる。……同様に、子ども、愚人、狂人は……本人［authors］であることはできない……それでも……かれらを統治する権利をもつ人［he that hath right of governing them］が、後見人に権威を与えることはできる[17]」。

このような状況は、明らかに擬制による代表の例だ（「擬制によって代表されることができないものは、ほとんどない」）。ここでホッブズはどのような擬制のことを語っているのだろうか。その人の行為がその人自身のものではないというような種類の擬制は、人為的人格が行為する際には常に有効だが、この場合はそのようなただの擬制ではありえない。しかし、人格の定義の中で言及されている擬制とは関連性があるかもしれない。その定義の中でホッブズは、行為が他の人に「真実にまたは擬制的に」帰属させられる、と述べている。無生物の代表の事例を考えると、次のような解釈ができるかもしれない。ある人の行為が別の人の行為を真実に代表していると見なされるのは、後者が前者を権威づけたからである。そして、ある人の行為が別の人の行為だと擬制によって見なされるのは、第三者、つまり代表される立場にいる人とは異なる誰かが、その行為を権威づけたからである。

それにしても、そのような場合、どうして人為的人格が無生物や子供や精神異常者を代表していると言わなければならないのだろうか。その人為的人格は、単に権威を与えた人の代表者だと見なされるべきではないだろうか。つまり、対象物、子供、また精神異常者の「所有者または統治者」の代表者であると見なされるべきではないだろうか。私たちには、今二種類の状況が想定できる。まず、たとえばその時にたまたま慈善院の所有者や管理者の立場にある人が、自分のことを個人的に代表してくれるように誰かに権威を与え、権威を与えられた人が管理者を代表する、という場合である。もう一つの状況では、同じ所有者や管理者が誰かに慈善院を代表するように権威を授け、権威を与えられた人が慈善院を代表する、ということになる。いずれの状況においても、行為を左右する力、行為の実行力は、代表する者と権威を付与する者のどちらか、あるいは両者に属している。また、いずれの状況においても、その行為に対する責任やそこから生じる義務は、本人に帰せられる。（そして、どちらの場合でも、慈善院は本人ではない。なぜなら、無生物は本人になることができないからだ。）この二つの事例では、誰が代表されているのかを説明しようとするとそれぞれ異なる正当化の筋道をたどることになるが、両者の間にはどのような違いがあるのだろうか。ホッブズの権威付与の分析の中には、表立ってこの違いを説明することができる要素は見られない。

だが、それでも間違いなく説明を可能にする要素は存在している。

この違いを説明するために、子供や慈善院も結局は権利と義務をもつことができるのだ、と論じてみたいようにも思われる。そうすれば、慈善院の代表者とは慈善院のために義務を負って慈善院の資金を用いることができる人のことであり、慈善院管理者の代表者とは管理者個人の資金を使うことができる人のことだ、ということになる。ただ、ホッブズはそのような議論からははっきりと距離をとっていて、行為から生じる義務は常に本人に帰せられるものであり、無生物は本人にはなりえない、と言い張っている。しかし、私たちはまた次のように論じてみてもよいのではないだろうか。この二種類の代表者は、それぞれ違う事柄をおこなうように想定され、期待され、そして義務づけられているのであって、片方は慈善院の利益や福利を追求すべきであり、もう片方は管理者の利益や福利を追求すべきである、と。実はホッブズ自身、これと同じように考えているふしもあるのだ。というのは、無生物や子供の代表者に与えられる権威は、「維持を達成するための権威」とされているからである。

以上で見てきた事例はホッブズ自身の著作が取り上げているものだが、彼の代表に関する記述に基づいて説明しようとしても、十分に説明することはできない。ホッブズのとっている前提を所与と考えるならば、慈善院の代表者と慈善院の管理者の代表者の間の違いを説明しようとするには、両者がそれぞれ異なる事柄をおこなうように、そして異なる種類の維持を達成するように想定されていると考えるしかないのである。こうしてみると、ホッブズの定義には欠落しているものがあるようだ。その欠落は、代表者が何をおこなうと想定されているのか、誰の利益を追求するように想定されているのか、という問題にかかわっている。この問題には、またあとで戻ってくることにしよう。

自分自身による権威付与

代表される者とは別の人によって（第三者によって）権威を授けられた人為的人格に加えて、他の誰からでもなく自分自身によって権威づけされた人為的人格というものがある。これは一見したところでは矛盾しているように感じられるかもしれない。もし自分自身の行為の本人であるならば、その人は定義上自然的人格でなければならないからだ。それでもやはり、ホッブズにとってはそのような種類のものが存在する。その人格は、事実はそうではないにもかかわらず、何らかのやり方で誰か他の人から権威を与えられたように装っているのである。この見方によれば、私たちがある人の行為を他の人に「真実にまたは擬制的に」帰属させることがあるという主張についても、また異なる解釈の可能性が生じてくる。行為者が権威を実際に付与されているときにはその行為は他の人に真実に帰属させられるが、もし権威付与が実際にされていないならば帰属は擬制によるものだ、という解釈が成り立つかもしれない。

この種の権威を得ていない人為的人格の中で、もっとも単純で明白な例は、詐欺師やペテン師である。権威を与えられた代表者によって締結された契約は、本人が自分自身でそれにサインしたかのように本人に義務を負わせる。ところが、もし誰かが詐欺によって権威をもっているかのように装い、第三者と契約を締結したとしても、もちろん本人だとされた人が義務づけられることはない。「その権威が虚偽であるばあいには、その信約は行為者だけを義務づけるのである[18]」。

しかしホッブズは、さらにやっかいな例を持ち出してくる。舞台役者の例である。舞台役者は、いくつかの点でペテン師に似てはいるのだが、標準的な本人―行為者のパターンにも、またこれまで検討してきた変化型のいずれにも、ぴったりと当てはまらない。舞台役者の例が持ち出されるのは、ホッブズが擬制や作り物といったおなじみのテーマを使って、人格とは何かについて言い足そうとする際である。人格とは、行為を遂行する、または何事かをなすものであるから、行為者であると言える。けれども、[行為者を示す] actor という言葉はまた、演劇で舞台に立つ役者を意味する言葉でもある。そして演劇に擬制や作り物の要素が含まれているのは、誰の目にも明らかである。

ホッブズの論じるところでは、「人格」は語源学的に言うとラテン語の「ペルソナ」[persona]に由来し、「舞台上でまねられる人間の仮装や外観をあらわし、ときには、もっと特殊的に、仮面や瞼甲のように、それの一部分で顔を仮装するものを、あらわす」[19]。舞台上でつける仮面と同じく、行為する人格は「実体」[real]ではないかもしれない、すなわち行為の実際の「所有者」[owner]である人の「外見」[front]にすぎないかもしれない。このような考え方にどのような意味が含まれているかというと、一方で、行為する人格は、ステージでつける仮面のように、常に偽の外見をまとっているわけだが、他方で、仮面の下の顔が仮面に描かれた顔と同じ場合もある、ということである。「それだから、人格とは、舞台でも日常の会話でも、役者[Actor]とおなじであって、扮する[Personate]とは、かれ自身や他の人を演じる[Act]こと、すなわち代表する[Represent]ことである」[二重線部分はピトキンによる強調。訳者注][20]。この引用部分で、ホッブズは、三番目の言葉として出てくる「代表する」という言葉にも、他の二つの言葉に含まれるのと同じ二重性を見出している。最初に person は、日常会話では人間のことだが、少なくとも語源学的には仮面のことである。第二の言葉である actor に関しては、行為を遂行する[performs actions]者であると同時に、舞台に上がり演ずる者[performer on the stage]のことでもある（"perform"という言葉自体もまた同じように二重の使い方があるのだが、ホッブズの説明に利用されてはいない）。だが、第三の言葉についてはどうか。「扮する[Personate]とは、かれ自身や他の人を演じる[Act]こと、すなわち代表する[Represent]ことである」と述べられている。役者が舞台上で登場人物を表現する[represent]ように、行為者は日常生活において誰かを代表する[represent]。私たちからすると、後者が成立するのは誰か他の人の代表という資格で行為する時のみだというようにも思えてしまう。だがホッブズは、すべての行為は代表行為なのではないか——他の人の代表でない場合には、自分自身の代表として——と示唆しているのである[21]。

ホッブズは、キケロからの引用を用いて、ラテン語での *persona* という語の用法を例証しようとしている。「他人を演じるものは、その人の人格をになうとか、かれの名において行為するとかいわれる（キケロが、*Unus sustineo tres Personas ; Mei, Adversarii, & Judicis* すなわち、私はひとりで三つの人格をもつ、私自身と私の敵たちと裁判官たちの人格である、というばあいに、かれはそれをこの意味でもちいているのだ)」[22]。この一節は、ホッブズは明示していないのだが(彼が出典を示すことはめったにない)、キケロの著作『雄弁家の性格について[弁論家について]』からのもので、そこでキケロは法廷弁論を準備するためにどのような技術を用いるのかをアントニウスに説明させている。アントニウスによると、第一に、二人だけの場で依頼人の話を聞いて、訴訟の相手側からの予想される反論を依頼人に提示する。そうして、依頼人から細部に至るまですべてを聞き出し、そこに含まれる矛盾を見つける。「だから、依頼人が去ると、まったく公平な心をもってわたしは一人で三つの人格、つまり、弁護人としてのわたしと、相手方と、裁判官の三役を演じるのである」[Itaque cum ille discessit, tres personas unus sustineo summa animi aequitate, meam, adversarii, iudicis.]。彼は三つの役を演じて、その役の立場に置かれた自分を想像してみることにより、それぞれの役においてはどんな主張や質問が生じてくるのかを理解するのである。三つの役とは、自分自身、訴訟相手、それから裁判官である。アントニウスはそれぞれの立場に自分を重ね合わせ、犯罪者を出し抜こうとする探偵のように、「もし自分が彼だったとしたら、どうするだろうか」と自問するのだ。

ここで *persona* という語は、仮面や覆面、さらには舞台上での演者の仮装や外見などよりもやや広い意味で使われている。アントニウスは、舞台の上にいるわけではなく、自分自身に対して相手方や裁判官を装っている。彼は、心の中でその人たちの仮面をかぶっているのだ。そして彼は、「演じている」[playing]対象の者に特有の姿勢や表情を、実際にまねてみるかもしれない。そうすることによって、その人の思考や主張がどのようなものなのかを想像し、つきとめるための心理的な助けとするのである。ただ、アントニウスが訴訟の備えとしておこなっていることと、役者が舞台上でおこなっていること、さらに代表者がおこなっていることとの間には、どんな結びつきや関係性があるのだろうか。キケロの描くアントニウスが、どのような文脈で議論に組み込まれてきたのか、もう一度思い返してみよう。ホッブズは、"person"が *persona* に由来すると、したがって人格とは行為者と俳優という二つの意味の両方においてactorであると、その上で「他人を演じるものは、その人の人格をになうとか、かれの名において行為するとかいわれる（キケロ……はそれをこの意味でもちいているのだ）」と論じていた。アントニウスは、訴訟相手や裁判官の名において[in the name of]〔権威のもとに〕行為しているのだろうか。もちろん、そうではない。訴訟相手や裁判官は、彼が芝居のまねごとをしていることさえ知らないのだ。それに、裁判官の権威のもとにおこなわれた行為であれば、「公式の」[official]結果に至ることもあるだろうが、そのような結果がもたらされることもない。アントニウスは訴訟相手や裁判官の人格をになっている[bear the persons]のだろうか。おそらくは、とまでしか言えない。この言い回しは、もはや一般的な言葉の使い方からはみ出してしまっているため、解釈がより困難になっている。皆が間違いなく同意できるのは、次の点だ。彼は、自分に対してだけ、そして心の中ではあっても「他人を演じる」のであって、それは隠喩としては（先に述べたような）仮面を着けるということと同じ意味になるのである。

キケロが描くアントニウス、舞台上の役者、そして代表者は、それぞれが固有の行為をおこなうものではあるのだが、ホッブズにとってはすべてが人為的人格である。このことが何を意味するかというと、定義上、それらの行為は自身の行為ではなく他の人か他の何かの行為と見なされる、ということである。だが、ホッブズが私たちに示してくれた唯一の行為の所有権の概念が想定しているのは、行為を遂行する権威、つまり行為する権利とその行為に対する責任である。このような権威に基づく所有権の概念は、舞台役者や「三つの人格をになっている」[bearing three persons]アントニウスにはまったく当てはまらない。誰もその行為を権威づけてなどいないわけで、代表されている人（々）にしても何らかの第三者にしても、出てくる余地はないのである。

この場合、詐欺師やペテン師の例と同様に、自分自身によって権威が付与されている、その権威は虚偽のものである、と論じることなどできるものだろうか。ある種の作り物の要素があるのは同じなので、そのように論じたくもなるし、ホッブズもそのような議論を想定していたのだろう。しかし、舞台役者にしても、法的な代理人にしても、ある人にとっては偽りであるのに他の人にとっては真実であるようなものを装っていた、というのは端的に誤りだ。人が権威を与えられていないにもかかわらず与えられているかのように装うという状況は、もちろん存在する。そうしたおこないを、劇場公演でおこなわれる事柄と並べて考えてみてもかまわない。たとえば、上手な役者なら、そのように人を欺く行為を、下手な役者よりもっとうまくやっても不思議ではない。

　けれども、そのような状況は、舞台で普通に芝居が演じられている状況とも、ある人が何らかの役を演じている状況とも、はっきりと異なっている。普通は、俳優が舞台で演じる際、誰かから権威を授けられた代表者であると主張することはないし、そのように装ったりすることさえない。彼はハムレットの権威において演じようとしているのではなく、ハムレットである[be]ように努めているのである。彼の立ち居振る舞いや外見はすべて、彼が誰か他の人、つまり彼が演じている人、あるいは彼が舞台上で表現［代表］している[representing]人といってもよいが、その人であるという錯覚を作り出すためのものである。反対に、権威を授けられた代表者は、一般的な状況において、代表されている人であるように装ったりはしない。国王の代理人は、国王のように着飾ったり振る舞ったりはしないし、陛下になりすまそうとすることもない。企業の西海岸代表も、企業そのものになりすまそうとはしない。もちろん、国会議員も、一人で多数の市民であるかのように振る舞うわけではない。こうしてみると、ホッブズによる行為の所有権の定義、そして権威の定義は、あまりにも狭すぎるようだ。ここでもまた、彼の挙げる例を説明するためには、彼が明示的に論じている以上のことが必要になっているのである。

　どのようにしたら、ホッブズが自分から持ち出している劇場公演の例を、もっと満足のいくように説明することができるだろうか。舞台上での役者の演技を「彼自身のものではない」と考えることができるというのは、確かに一理ある。この表現は、役者の演技が制約を受けている、あるいは役者は期待されていることに応じなければならない、ということを意味しているように思われる。役者の演技が自分自身のものでないのは、それが役者その人の特徴をなすような行為とは異なっており、自分自身の感情や立ち居振る舞いを表現しているのではないからである。

役者は、脚本家による台本と与えられた役とに、意図的に従っているのだ。役者の発する言葉は役者自身のものではなくシェイクスピアのものである、という言い方ができるかもしれない。もっとよくあるのは、役者の台詞と演技は役者自身のものではなくハムレットのものだ、という言い方だろう。役とは、たとえ役者がみずから課したものであっても（普通はそうである）、また役者自身が役作りに積極的にかかわったり、みずから脚本を書いたりした場合でさえも、役者にとって外部から課せられた基準であることに変わりはないのである。

役者は舞台上で誰かをいわば「代表する」[represents]のであり、その行為は役者自身のものではなく誰か他の人のものである。だがその意味は、ホッブズによる権威付与の説明の中に現れるいかなる意味とも異なっている。舞台役者がどのような状況に置かれているかは、事前の権利の授与や責任の引き受け、またはそうしたことの見せかけなどによってではなく、役者が何をどのように演じるか、その内容と手法によって定められる。この点は、キケロが描いたアントニウスがどのような状況に置かれているのかという例で考えてみると、もっとわかりやすい。確かに、演じるという行為をしているのはアントニウスだが、彼は権威を授けられているわけでも権威をもったふりをしているわけでもない。彼は、訴訟相手や裁判官を演じている間、どんな言葉や考えでも、自分の思いのままに口に出させることができる。彼は一人であり、何を心に描こうとも、気に掛ける人は誰もいないのだから。しかし、効果的な法廷弁論の準備という目的を達成するためには、彼は訴訟相手や裁判官を上手に演じなければならない。つまり、その人たちそのままであるかのように演じなければならない。また、彼はその人たちが考えるであろうように考えなければならない。そして、その人たちであればこのような性格をもっていてこのような反応をするだろうというような、外部から課せられた基準、しかしそれにもかかわらず自分自身で課した基準に、自分の言動を一致させなければならないのである。

ホッブズは、「ブラムホール主教への書簡」の中で、キケロからの引用に立ち戻り、神学上の主張をするために「人格」を定義している。(23) 彼は、引用部分に対して、次のような説明を添える。「一般的な英語でその言葉［人格］

が使われるのと同じ意味で、自分自身の権威で［by his own authority］行為する者をその人自身の人格［his own person］と呼び、他の人の権威で［by the authority of another］行為する者をその他人の人格［person of that other］と呼ぶ」。ここで、アメリカ人の読者は、イギリス英語の用法で「彼は自立していない」［He's not his own man］と言ったり、使用人や配下について「〜に従えられる者」［——'s man］という言葉遣いをしたりすることを想起するべきだろう。[24] しかしながら、その場合でもやはり、ホッブズの主張とは異なって、これがどのような状況かを定めている要素は、誰が行為の権利をもっていて責任を引き受けるか、ということではない。少なくとも、主たる要素となっているのはそれではない。決定的な要素は、誰が行為をコントロールする力をもっているか、である。彼が彼自身のものでないという場合、それはなぜか。それは、彼が自分の好きなようにする自由をもたないから、あるいは、かなりの報酬を受け取ったりさもなくば同調を迫られたりして他の人の命令に従わなければならなくなっているからである。

行為のコントロール

このように、ホッブズの例をいくつか検討する中で、行為の所有権についてこれまでにない側面が明らかになった。それは、行為をコントロールする力や、行為に対する制限にかかわる側面である。ホッブズは時折、行為の権利や責任に関する取り決めによってではなく、行為がどのように行われるか、または行為がどのような基準や期待に一致しなければならないか、によって代表を定義しているようだ。代表に新たに付け加えられたこの側面は、まず無生物の代表を説明する際に登場した。それが今度は、舞台役者の例と法廷弁論を準備するアントニウスの例を論じる中で再登場しているのである。

私たちは、先に所持とは異なる意味での所有権を抽象的に論じたが、そこで扱ったほとんどすべての事例において、所有権のこの側面を見出すことができるかもしれない。たとえば、「表明される見解は、話し手自身のものです」という例はどうだろう。だからスポンサーは見解の責任を負わせられるべきではない、ということになるわけだが、しかしどうして責任を負わせられるべきではないのだろうか。答えは、発言について十分にコントロールする力をもっているのが話し手だけだから、である。他に前に取り上げた事例で、自分自身の犬が欲しい少年や、自分の人生がもう自分のものではないと愚痴をこぼす人もまた、所有権に伴うコントロールの力や自由を求めているのである。この同じ要素は、権威[authority]の概念にも含まれている。なぜなら、本人[author]とは権威をもち、授けることができる人というだけではなく、何かを執筆したり、創作したり、編み出したりする者、つまり創作物がどのように展開し、どのような結末になり、最終的にどんな形を取るかについて、コントロールする人のことを指してもいるからである。[25]学生が暗記した言葉を口先だけで話していて、それを自分の言葉に言い直すように注意される場合、そこに欠落していたのは自分で創作する[authorship]という行為である。行為の本人[author]とは、本の著者[author]のように、評価や非難が向けられる人のことである。なぜそうなるかと言えば、著者こそが筆を執って本を生み出した人であるのと同じく、行為の本人こそが行為を計画してそれをコントロールした人だからである、ということは明らかだ。

限定的な権威付与というホッブズの考え方も、ここでは役に立たない。舞台役者もアントニウスも、精巧に練り上げられた限定つきの権威をもっているわけではなく、もっているように装っているわけでもない。権威、権利、責任などは、役者やアントニウスがどのように（どのような意味で）代表しているのか、という問題とは無関係である。同様に、無生物や子供や精神異常者を代表する場合に関しても、限定的な権威付与の考え方は助けにならない。ある人が誰かに限定的な権威を授けて、無能力者の「維持を達成する」ようにさせる、ということは考えられる。だからといって、それではなぜその人が権威を授けてくれた人の（限定的な）代表者ではなく、無能力者の代表者になるのか、説明することはできない。

これらの例は、ホッブズの定義では不十分であることを示唆しているとともに、その不十分さの本質がどこにあるかということも示している。代表するということは、単に他の人から与えられた権威によって行為するということとを意味しているのではない。そのような関係性もありうるだろうが、しかし普通は代表とはそのようなものではなく、「代表」という言葉が意味するものもそれとは違う。ホッブズは権威付与に基づく定義を用いているのだが、だからといって彼自身が代表という言葉を使うときにこの定義にいつも忠実であるというわけではないのである。

『リヴァイアサン』の代表論

『リヴァイアサン』で展開される政治論の中でホッブズが代表という言葉をどのように使っているかを見れば、これまで述べてきたことが間違いではないとわかる。[26] ホッブズは、ほとんどの場合、この言葉を定義通りに用いている。ところが重要な局面になると、そのような代表の定義では省かれてしまっている諸側面を利用して議論が進められているのである。

『リヴァイアサン』は、政治的な義務とはどのようなものかを説明し、正当化しようとする作品だが、説明と正当化が非常に堅固に構成されていて明確であるために、無政府状態や反乱、暴動や内戦などが起こる可能性はことごとく排除されている。ホッブズは、まず政治的義務が欠如していて政治社会が成立していない場合、つまり人間が「自然状態」[natural condition] に置かれたとしたら、世界がどのようなものとなるか（あるいはホッブズの当時がまさにそのようになっていたということだろうか）を説明する。そうすると、重要になるのは自然状態から「政治社会」[civil society] への移行であって、政治社会があれば政府や政治的義務が存在するようになる。

しかし、ひとたび人間が自然状態に置かれていると仮定してしまうと、そこから引っ張り出して政治社会へと移行させるのは容易ではない。社会が存在しないということにはいくつかの特徴が必然的にともなうが、その特徴そのものによって社会の創設が事実上不可能にされているように思われる。なぜなら、ホッブズにとって自然状態とは戦争状態のことであり、生き残りをかけた万人の万人に対する闘争だからである。そこでは、人びとが互いに認め合った権威は存在せず、互いを信頼することもできない。とはいえ、義務がまったく存在していないというわけではない。人間は自然法によって拘束されており、自然法は自己保存と、自己保存のために論理的に必要となるすべてのことを命じるからだ。よって、人間は自然状態に置かれていたとしても、「平和にむかって努力する」ように義務づけられる。すなわち、身の安全が侵されない限りで平和的に行為し、可能であれば契約を結び、身の安全が侵されない限りで契約を遵守しなければならないのである。(27) そうはいっても、自然状態でそのような機会が訪れることなどなかなかないだろうから、自己保存が一般的に意味するものは、先制攻撃であり、自分の必要を満たそうとすることであり、誰も信じないことである。

人びとをこの状況から抜け出させるために、ホッブズは社会契約という仕掛けだけではなく、彼の代表概念もまた利用している（社会契約に比べると、そうと気づかれることは少ないのだが）。人間は相互に契約し、その中の一人に権威を授けて全員の代表とすることによって、コモンウェルスを創設する。

> ひとつのコモンウェルスが、設立されたといわれるのは、人びとの群衆の、各人と各人とが、つぎのように協定し信約するばあいである。すなわち、かれらすべての人格を表現[Present]する権利（いいかえれば、かれらの代表[Representative]となること）を……人または人びとの合議体に与え……その人または人びとの合議体のすべての行為や判断を、それらがちょうどかれ自身のものであるかのように、権威づける。(28) [ピトキンの引用では強調は省略されている。訳者注]

この行為は、契約を結び権威を授ける人びとの群衆を結びつけ、単一の、永続的な統一体、すなわち「かれらすべての人格」[person of them all] を成立させる。そして、主権者がこの単一で公的な人格を代表する。というよりも、主権者が代表するからこそ、この人格が統一体であると見なされることが可能になるのである。

人間の群衆[a multitude of men]は、かれらがひとりの人、あるいはひとつの人格によって、代表されるときに、ひとつの人格とされる。だからそれは、その群衆のなかの各人の個別的な同意によって、おこなわれる。なぜなら、人格をひとつにするのは、代表者の統一性であって、代表されるものの統一性ではないからである。そして、その人格をになうのは、代表者であるが、しかしひとつの人格をになうのであり、統一性ということは、群衆については、このようにしか理解されえない。(29)

主権者に対して、権威は無制限に授けられる。したがって、主権者がいかなる行動をしようとも、それは臣民によっておこなわれたものと受け取られることになる。また主権者がいかなる決定をしても、臣民はそれに拘束される。契約当事者の一人一人が、「それらがちょうど彼自身のものであるかのように」代表者の「すべて[all]の行為や判断……を権威づける」[二重線部分はピトキンによる強調。訳者注]のである。

ホッブズが、主権を持つ代表者への権威付与が無制限のものではないかのようにほのめかしていると思われるところがあるのも、事実である。というのも、臣民が自分自身を代表者による言動の本人だと認めるのは、以下のような事柄についてだと論じられているからだ。「共通の平和と安全に関することがらについて[in those things]……ここにおいて[therein]各人は、かれらの意志をかれの意志に……したがわせる」[二重線部分はピトキンによる強調。訳者注](30)。だがホッブズは、主権者こそ「共通の平和と安全」にかかわる事柄とは何なのかを判断する地上でただ一人の裁判官である、ときわめて明確に示している。そしてほとんどの場合、引用した部分の直前でもそうなのだが、ホッブズははっきりと、臣民は主権者のすべての行為を権威づけており、主権者の権威に限界はなく、主権者は「各人の無制限の代表者」である、と論じている。(31)

ここまで論じてきたように、代表者としての主権者の行為には何の制限もない。それゆえ、主権者がいかなる行動を選択しても、臣民は自分自身でそれを選んだかのように義務を負うことになる。権威付与の定義を当てはめれば、自然とこうなってしまうのである。ところが、臣民は代表者に何も要請することができなくて、みずからをあらかじめ完全に委ねてしまっているのにもかかわらず、主権者にはやはり義務があり、その義務を自分自身の良心に照らして解釈するとともに、また神に対して義務に伴う責任を果たさなければならない。第一に主権者は、自然状態における各人と同様に、自然法に全面的に従う義務を有する。なぜなら、主権者は誰とも契約を交わしておらず、自然状態において独立したままだからだ。しかしホッブズはさらに続けて、主権者のいくつかの義務は、臣民が政治社会を創設し主権者に権威を与えたまさにその目的から引き出されると主張する。「主権者の職務は、（それが君主であれ合議体であれ）、かれがそのために主権者権力を信託されたところの、目標に存する。それはすなわち、人民の安全[the safety of the people]の達成であって、かれは、自然の法によってそれへ義務づけられ、その法の創造者である神に対して、しかもかれのみに対して、それについて説明するように義務づけられる(32)」。

　ホッブズが言っているのは、主権者への権威付与は人民の安全を増進する行為以上には及ばず、権威付与は限定的なものである、ということではない。それよりも、主権者も他の人たちと同じで自然法に服しており、その自然法は人びとに政治社会の創設と維持を、さらにそうすることが安全で可能な場合には平和にむかって努力することを命じている、というのが彼の趣旨だ。しかし、主権者は非常に強大な力をともなう地位についていて、その行為はコモンウェルスの死活を左右するほど重大な影響を及ぼすであろうし、主権者自身の安全も他のたいていの人びとの安全より確かなものとなる。それゆえに、もしある人が主権者の「職務」[office]を引き受けることになったとしたら、その人が安全にできることの範囲も大きく広がるわけだから、自然法の下での義務も範囲が大きく拡大するのである。次の点は重要なのでしっかりと理解しておかなければならないのだが、主権者の義務は、主権者としての義務であって、代表者としての義務ではない。ホッブズ的な代表者は、代表者としての義務をもつことができない。もしホッブズ的な代表者が権威付与の範囲外のことをしたら、それはまったく代表していないということであり、代表の限界を越えてしまったということになる。他方で、主権者への権威付与に制限はないのだ。

　したがって、主権者は義務を有してはいるのだが、それは臣民「に対する」[to]義務ではないのだから、主権者が義務に違反しているという理由によって臣民が命令に背いたり批判したりしても、決して正当だとは認められない。ホッブズは、この主張を、主権者は臣民に対するいかなる義務ももたないという議論によって補強している。主権者が他の人びとに対する義務を（神に対する義務とは別に）負っているということがあるとすれば、それは契約を結ぶことによるほかはない。ところが、主権者は契約を結んでいない。主権者は、臣民間で結ばれた契約の結果を受け取る者以外であったことはないのである。[33]

ただ、仮に主権者がこの意味で臣民に対する義務を負っていたとしても、義務違反を犯すことなどまったくありえないだろう。なぜなら、臣民は事前に、主権者が以後おこなうことすべてについて権威を与えてしまっているからである。臣民は、主権者の行為があたかも臣民自体がおこなった行為であるかのように臣民自身のものと見なされる、ということに同意している。だから、もしあとになって主権者の行為に不満を訴えたり、何か主権者の命令に従うことを拒んだりすることになったら、それは自分自身に不満を訴えたり、自分自身に従うことを拒否したりしているのと同じことになってしまう。これが、罪人は自分自身の処罰の本人であって、処罰は罪人を侵害するものではありえない、というホッブズの有名な言明の核心である。ホッブズがここで用いている「侵害」[injury]は、不法行為や義務違反を意味しており、単なる身体的な危害のことではない。身体的な危害については、ホッブズは「損害」[damage]と呼んでいる。

なぜならば、他人からうけた権威にもとづいてなにかをおこなうものは、そのことによってその他人に対して、なにも侵害をするのではないからである。そうではなくて、コモン-ウェルスのこの設立によって、各個人は、主権者がおこなうすべてのことの本人なのであり、したがって、自分の主権者からうけた侵害について不平をいうものは、かれ自身が本人であることがらについて不平をいうわけである。それで、かれは、かれ自身以外のものを非難すべきではなく、また、かれ自身を侵害について非難すべきでもない。なぜならば、自分

を侵害することは不可能だからである。(34)

特に、主権者でありながら臣民への何らかの義務を履行しないということはありえない。なぜなら、臣民は主権者が自分たちにかわって意志を働かせるということに前もって同意しているので、義務を無視するというまさにその行為によって、主権者はそもそもその地位から外れることになるだろうからだ。

ある人に対してなされることが、なんであっても、行為者に対してあらわされたかれ自身の意志に一致するものであれば、かれに対する侵害ではない。すなわち、もしそれをするものが、したいことをするというかれの本源的な権利を、ある先行の信約によって、手ばなしてしまったのでなければ、そこにはなにも信約の破棄はなく、したがって、かれに対してなされる侵害はないのである。また、もしかれが手ばなしていたならば、そのことをさせるというかれ［行為を受ける人］の意志が表示されたことは、その信約の解除であって、このようにしてやはり、かれに対してなされる侵害はないのである。(35)

権威付与の枠組みでは、意志の意味づけはこのような構成になる。つまり、主権者は臣民にかわって意志するのだから、そのすべての行為は臣民の意志「に一致する」[conformable to]。よって、主権者が臣民に対し義務を無視するという形で有責となることは、いかにしても不可能なのである。(36)

さて、この種の逆説的な議論——主権者は義務を有するが、誰もその履行を要求できない——は、両方向から誤解される危険にさらされるのが常である。ホッブズはいつも苦心しながら、臣民は主権者に対していかなる請求権も持っていないと強調している。彼が主権者にも義務があると話に出すたび、臣民の側からのそのような請求権の主張を招き、それに対して論駁しなければならなくなっているのは明らかだ。だが、逆の方向から誤解される危険も同じように大きい。ホッブズ思想の研究文献に目を通してみると、臣民が要求できない義務によって縛られた主権者というのでは、まったく義務を負わないのと同じではないか、と主張する批判者であふれかえっている。ホッブズの描く主権者にも義務があるというのは、ただの詭弁ではないか、というのである。ホッブズが主権者の義務を強調したがるのは、その義務によって、主権者による統治が望ましく皆に利益をもたらすものだという証が得られるからである。ただ、そうはいっても、もし臣民が主権者の行為をみずから評価し、あまつさえ疑問に付そうとするような事態が生じるならば、主権者による社会秩序の基盤をなす安全の保証が揺らぐことになってしまうだろう。

代表概念の含意

代表は、こうした考えを伝えようとする際に生じてくる困難な問題や誤解の危険性を取り去ってくれるわけではない。それでも、まったく助けにならないというわけでもない。というのも、代表という概念の中には、代表者の行動が従うべき基準や服するべき限界という要素が含まれているからだ。ホッブズが主権者を代表者と呼ぶ場合、その人が単に何でも自分の好きなことをするのではなくて、臣民を代表[represent]しなければならない、という意味が含まれている。代表概念それ自体に、主権者は義務を負うという考え方が内在しているのだ。ただもう一方で、ホッブズの代表の定義——代表される者が義務を負うという一方的な想定——によれば、結局その義務の遂行を要求することはできない、ということもはっきりしている。ホッブズは、もし主権者が適切に臣民を代表しなければ臣民は主権者に抵抗してもよいではないかという主張を、権威付与の定義に訴えることでことごとく打ち破ることができるだろう。というよりも、ホッブズの明確な定義によって作り上げられた枠組みの中では、誰かを適切に代表していないなどという事態は決して生じないのである。

「代表」という言葉は、主権者にも義務があることを読む者に気づかせるだけではない。その義務の性質や内容についても、一定の含意を有している。この含意も、やはりまた、ホッブズによる定義からは省かれてしまっている代表の諸側面に由来するものである。ホッブズは、人民の安全に配慮するのは主権者の義務の一部だと確かに述べているが、これは私たちが代表者に期待するある側面と関連しているように思われる。『リヴァイアサン』の第一六章で、子供や狂人、無生物の代表者は、「それらのものの維持を達成する」ように権威を付与されると論じられている。そしてこの行為基準により、後見人から権威を付与されて子供を代表する者と、その後見人の個人的な代表者とが区別される。それゆえ、主権者の義務は、権威の付与に由来しないとしても、臣民の「維持を達成すること」に対応している、と広く言えば論じることができるだろう。

主権者を代表者と称することによって、他にもホッブズの理論体系では満たされることのない期待の感情が、読む者の心に呼び起される。ホッブズの描く政治構造を全体的に見渡してみると、彼による代表の概念がいかに部分的で、形式的で、実体的な中身が欠けているか、私たちにもはっきりとわかる。主権者は、完全な権力を永遠に付与され、臣民の望みを考慮に入れる責務もなく、臣民側から履行を要求できるような臣民に対する義務ももたない。まったく、私たちが普通代表とか代表制の政治と考えるものからこれほどまでにかけ離れたものなど、他にありうるだろうか。私たちは、『リヴァイアサン』を読むと、何だかだまされてしまっているように感じるのだ。[37]

いやむしろ、実はそれこそがホッブズの意図なのだ、と論じる評釈者もいる。代表はホッブズの「表向きの主題」[public theme]の一部であって、愚かな群衆を欺き、散漫な読者に誤解をさせるためのものである、と。[38] 散漫にしか文章を読まない読者は、欺かれて、自分は代表というものを手に入れつつあるのだと考えてしまうだろう。他方で、この見せかけの内側にまで目を凝らし、ホッブズの本当の立場を見抜くのは、ごく少数の賢者に限られるかもしれない。あるいは、ホッブズに悪意があるとは考えないが、理論体系の中でホッブズが主張していることと実際にその主張が成立しているかどうかということとの間に不均衡が生じていて、それが「原初契約の基礎となる代表を有効なまま維持しようとする……弱々しい努力」にもかかわらず生じた体系の破綻を示している、と見なす評釈者もいる。[39]

ホッブズにとって、代表概念が「説得的定義」[persuasive definition] としての役割を果たしているのも、ある意味では事実である[40]。主権者を代表者と称することで、ホッブズは、主権者は実際のところ臣民を代表する——世話をしたり希望を聞いたりする——だろう、ということを暗示している。もちろん、この含みは、ホッブズが示す権威付与の定義によって無効にされてしまう。しかし、それでもこの含みが存在していることに変わりはない[41]。ホッブズは、自分が論じる政治体制に代表というラベルを貼りつけることによって、その体制には健全で望ましい属性があると示唆しているのだ。これを、代表概念の意味から私たちの注意が逸らされている、と考えるのは誤りである。その正反対だ。代表が何を意味するかわかっているからこそ、私たちは代表を基礎に据えた政治体制に惹きつけられる。ホッブズが主権者は「善良で親切にしてくれる」と繰り返すだけだったとしたら、人びとの考え方に多少の影響を与えることはできたかもしれないが、代表者という呼び方が含みとしてもつ特別な知見を主権者に関して引き出すことはできなかっただろう[42]。

ホッブズは無政府状態を極端に恐れたので、絶対主義の政治を擁護したいと欲し、巧妙に代表概念の部分的定義を示して、人びとを欺くために議論の中に組み入れたのかもしれない。だが、彼がその定義を完全で正しいものだと信じていた可能性も十分にある。ホッブズ以降、かなり多くの理論家が、彼のものと非常によく似た権威付与型の定義を採用してきている。その人たちもまた誤解させようとしているというのだろうか。

私の見る限り、ホッブズは代表概念の本質を間違いなく理解したと心から考えていた、という可能性の方が高そうだ。彼の定義は、偽りなのではなく、不完全なのである。彼の定義では、誰かを代表するという意味の中で、形式的な側面だけが強調されている。ただし、形式的側面は非常に重要であることが多い。たとえば、それは代理に関する法のまさに中核部分をなす。法律上の代理人 [agent] が依頼人 [principal] を代表するのは、代理人の行為があたかも依頼人自身の行為であるかのように依頼人を拘束するまさにその限りにおいてである。私たちが代理行為を論じる場合、代表概念のこの側面が中心的論点となるように思われる。だが他の文脈では、依頼人が法律上拘束されるかどうかではなく、代表者がその呼び名にふさわしいおこないをしているかどうかの方が重要だと感じられるかもしれない。現代の読者の多くが『リヴァイアサン』を読んだときに感じるのはまさにこのことで、突然次のように言いたくなってしまうのだ。「あぁ、なるほど、主権者を代表者と呼びたければ呼んでもかまわないが、それはまったくの見せかけにすぎない。主権者は人びとを真の意味で代表などしていないのだ」、と。

政治に関する議論の中で、ホッブズが代表概念をどのように使っているか考えてみると、そこにはなにかしら皮肉な面が感じられる。彼は、権威付与の見解を用いることで、形式的に、論理の水準で課題を解決している。だがその課題は、ホッブズが素通りした代表概念の諸側面によって、実践的に解決が可能でもある。少なくともある程度までは、その課題を実地に解決することが可能なのだが、ホッブズにとってそれでは不十分だったのである。

ホッブズは、互いにぶつかり合う別々の意志をもった個々の人びとからなる群衆をもとに、永続的な統一体を創り出す、という課題に取り組んでいる。彼は、これを形式に則って解決すべき課題と見なし、彼独自の代表理論によって解決した。だが、ホッブズによる言葉巧みな解決の背後に、実は本当の課題が隠れている。政治的な合意を創り出し、論争を平和的に決着させ、共同体を組み上げていく、という課題である。このような真の政治的課題を解決するにあたって、代表(十全な意味での)は重要な役割を果たすことができるのだ。ホッブズは、人びとが主権者に十分な権力を与えないために、主権者が恐怖によって人びとを従わせることができない、という問題に悩まされた。権威付与型の代表解釈は、この形式上の課題を解決する助けとなるものであった。しかし形式上の課題の背後には、建設的な政治行為のために市民の力を集める本物の必要性が潜んでいる。つまりは参加の課題、服従と政府への協力の動機をどのように生み出すのかという課題が残されているのである。代表制度はここでもまた課題解決に貢献することが可能で、歴史的にもそうした貢献の実例が見られる。ホッブズによる論理的な定式化の裏側に隠れてしまってはいるが、自分自身の代表者(たち)によって統治されるということと、権威をもつ誰か他の者に統治されるということの間には、実際に違いがあるのである。

だが、十全な意味をもつ本当の代表が政治的諸課題の解決に役立つかどうかは、時と場合による。それは不確かで、常に成功するとは限らない。紛争を消し去ってしまうこともできず、せいぜい紛争解決の枠組みを提供できるだけである。ホッブズは、はるかに高い目標を掲げた。統一と平和を、論理的あるいは演繹的に保証しようとしたのである。この目的のためには、権威付与の見解の方がはるかに適合的であった。彼がこの定義を自分の政治的主張に役立つ道具として選んだのか、それともそれが代表の意味するものだと本当に考えていたから代表概念を導入したのか、それはわからない。だがいずれにしても、代表概念と代表概念を用いた政治理論とは相互に関連している。片方で省略されている側面があるということになれば、もう片方を理解しようとする際にも支障が生じるのである。

ホッブズによる代表概念の論じ方は、多くの点で読む者を混乱させる。彼は苦心して明快な定義を提示するが、それにもかかわらずその定義に当てはまらない代表の例を持ち出してしまう。彼は単に首尾一貫していなかったということなのだろうか。もしかしたらそうではなくて、その定義は規約的[stipulative]なのであり、新しい意味を規定しようと、つまりこれまでこの言葉が使われてきたのとは違う意味を示すようにと意図されたものだったのかもしれない。そして定義にうまく当てはまらない例というのは、たまにちょっとした間違いを犯して、もっと一般的な用法の方へと逆戻りしてしまっただけなのかもしれない。しかし、ホッブズが代表という語を再定義[redefine]しようとしていたという形跡はなく、逆にそうではなかったという証拠は数多い。自分は明らかに代表という言葉が今まで何を意味していたかを説明している、とホッブズ自身が考えていた証拠である。彼は自分の定義を示すときに、「このように呼ぼう」とか「このように呼んではどうか」という表現を決して使わない。むしろ、それがこのように「呼ばれている」とか、それをこのように「我々は呼ぶ」などといった語り方をしようとする。

それから、彼の定義は彼自身の政治的主張にぴったり符合してもいる。これは、評釈者たちが指摘しているように、ホッブズが偽りの定義を意図的に示して自分の主張を強化しようとしたからそうなったのだろうか。それとも、代表概念の意味を誤って理解していただけなのだろうか。はたして、これほど注意深く抜け目のない思想家が、そのような間違いを犯すことなど本当に考えられるのだろうか。

いや、ホッブズによる定義は、理由もなく間違っているわけでもなければ、明らかに間違っているというわけでもない。彼のほかにも、多くの理論家が、代表についてよく似た見解を採用している。それに、『リヴァイアサン』第一六章の議論はとても説得力があって、ホッブズの議論を最初から一つ一つたどっていけば、彼の定義を認めようという気になってもなんの不思議もない。もちろん、不利な反例が出てくると話は別なのだが。したがって、ホッブズの定義は一見正しく思われ、私たちもそれでいいのではないかと考える。他方で、反例も同じように一見正しく思われ、私たち自身もやはりそれらの例を「代表」と呼ぶであろうと認めることになる。しかし、ホッブズの政治体系の中に絶対的主権者を伴う形で組み入れられた代表の定義が最終的にどのような結果をもたらしているのか考えてみたときに、私たちは、何かがおかしい、目を離しているすきに代表がどういうわけか消え去ってしまった、と感じるのだ。そうなると、ホッブズの定義は、正しくもありまた正しくもないということになるのだろうか。ある意味ではそうなのかもしれない。その定義が、代表の正しくはあるけれども部分的な見方であって、概念のもつ意味の一部分についてのみ本当の見方を示しており、したがってそれが意味全体を定義しているように受け取られてしまうと誤りになる、という場合がそうである。代表概念に一つの視角だけから取り組み、一種類の代表行為だけしか考慮に入れなかったために、ホッブズはあまりにも狭い代表の理解にしか至ることがなかったのではないか、と私は考えているのである。(43)

第3章　形式主義的代表観

権威付与型代表観の定義

ホッブズによる代表の論じ方は問題含みであるのだが、それについて何が私たちの興味をもっとも引くのかと言えば、そうした論じ方を彼個人に特異なものだといって片づけることができない、という点であろう。ホッブズ研究者にとっては彼個人の特異性も興味深かろうが、それでは結局のところもっと追究する価値のある学術研究の本道から逸脱することになってしまう。むしろホッブズの議論は、政治思想の歴史の中で繰り返し現れ続け、現代の多くの政治科学者にも（しばしば検討されないままで）利用されている代表観の嚆矢なのであり、またそれをある意味ではもっとも詳細に説明したものなのである。この代表概念を採用している人びとが、どのような種類の事例を持ち出し、そこからどのように分析を進めているかをたどってみるならば、私たちも同じ代表観へと導かれうる。それがいつ出現しようとも、またどのように表現されようとも、基本となる特徴はホッブズの主張に見られるものと変わらず、ゆくゆくは同じ難問に突き当たる。権威の授受の観点から代表が定義されているので、私はこれを「権威付与型代表観」[authorization view]と、またこの見解を有していたり展開させたりしている理論家を「権威付与型論者」[authorization theorists]と呼ぶことにしたい。代表にはいくつかの異なる理解の仕方があり、その一つ一つは部分的には正しいので説得力があるのだが、他方でいずれも概念の一部分を全体像だと解してしまっているので誤りでもある。権威付与型代表観も、そうしたもののうちの一つである。

権威付与型代表観には、以下のような基本的特徴がある。代表者とは、行為を権威づけられた者のことである。したがって、代表者はそれ以前には有していなかった行為の権利を与えられるが、他方で代表される者はあたかも自分自身で行動したかのように行為の結果に責任を負うようになる。この見解には非常に強い歪みがあって、代表者側に有利になっている。代表者の権利は拡張されているが、責任は（もしそんなものがあったとしても）減じられている。対照的に、代表される者は新たな責任を引き受け、いくつかの権利を（もしそんなものがあったとしても）放棄することになる。権威付与型代表観は両者の関係の形式的側面に注意を集中させているので、私はこれを「形式主義的」[formalistic] 見解と呼ぶことにしよう。形式主義的見解は、代表行為を、実際に代表行為が始まる以前の、一番初めに発生するやり取りの観点から定義する。権威を付与された範囲において、つまり与えられた権威の境界線内では、代表者が何をしようとも、すべては代表行為だとされる。代表者の行動に限界や制約があるなどと言うことも可能ではあるが、それはあくまでも与えられた権威の限界となる境界線がどこまでを含むのかという問題を論じているにすぎない。代表というのは一種の「ブラックボックス」であって、最初の権威の付与によって形作られ、その中では代表者は何でも望むことをできるのである。もし代表者がその箱の外に出てしまえば、つまり境界線からはみ出てしまった場合には、それはそもそも代表とは言えない。より良く代表しているとか、より悪く代表しているとか、そういう事態はありえない。代表しているのか、代表していないのか、このどちらかしかないのである。また、代表するという活動 [activity of representing] とか、代表者に課される義務などといったことも存在しない。適切に権威付与がなされて以降、その権威の範囲内であれば、何をしても定義上代表していることになるのである。

この見解は、多くの政治理論家や政治科学者に共有されている。ここでは三種類の権威付与型代表観を検討していこう。初めに、一群のドイツの理論家によって展開された議論で、「機関」[Organschaft] の概念を中心とするもの。

第二に、民主的な代表制政府を説明しようとするもの。第三に、エリック・フェーゲリンの研究において詳述されているものである。

「機関」理論

「機関」理論家［Organschaft theorists］は、ホッブズとは異なり、孤立した個人ではなく集団を出発点とする。代表者は、個人の代理人となるのではなく、集団の機関となる。このような見解を展開した論者の中でもっとも有名なのは（彼自身が「機関」という用語を使っているわけではないのだが）間違いなくマックス・ウェーバーである。ウェーバーによれば、私たちが「代表」という言葉によって意味しているのは、主に「集団の一部の成員の行為が残りの成員に帰せられる。あるいは、残りの成員がその行為を自らにとって「正当」であり拘束力を持つと見なすと想定されるか、または実際にそのように見なしている」状態である。[1] 彼は後にこの定義をさらに詳しく説明して、社会関係がそのようなものである場合、個々の成員の行為は他のすべての成員に帰せられ、ある特定の成員の行為は残りの成員に帰せられるため、「利益が他の成員の手に入ると同時に結果も他の成員の上に降りかかる」と述べる。[2] 個々の成員の行為が全員に帰せられるとき、そこに見られるのは代表ではなく「連帯」［solidarity］であり、復讐や血讐、報復などにより例証される。[3] 真の代表と言えるのは、一定の選ばれた成員が集団のために行為する権威を有するが、それ以外の成員にはその権威がない、という場合のみである。

ウェーバーの議論と一般に「機関」理論家とされている人びとの議論との間には、ほんのわずかの違いしかない。たとえばハンス・ウォルフ［1898–1976］の定義では、代表者とは「その行動によって、集団に権利と義務が発生する」人格のことであり、「代表が集団のために行為すると、その結果としてその行動が集団に帰せられる」と述べられる。[4] またウェーバーと同じく、ウォルフは一人一人の成員の行為が全体に帰せられる場合と、一定の成員が残りの成員のために行為するよう任ぜられる場合とを区別している。もっとも、彼は両者ともに代表の事例であると見なすのだが。ただ、集団のために行為できるのが一定の成員に限られる場合には、それはより高度に発達した形の代表となる。つまり、それが「機関」とされるのである。

「機関」理論はフランス革命をきっかけに形成され、一九世紀にそれを論じる者が数名出現した。[5] だが、この理論を発展させた主役はギールケとイェリネクであり、二〇世紀初めの数十年の間、ヨーロッパ大陸で流行となった。[6] それによれば、役職に就いている者、代表者は、特別な役割をもった集団の「機関」[organ]である。こうした主張は、私たちがもっと一般的に有機体論的政治理論[organic political theory]と呼んでいるものと明らかに類似している。有機体論的政治理論とは、人びとからなる（いくつかの）集団は、生命をもつ有機体（のようなもの）である、という考え方である。しかし、ほとんどの「機関」理論論者はこの種の比喩に興味を示さない。興味があるのは、主権の問題と政府職員の法的地位の問題である。「機関」理論の論者にとっては、それは有機体の理論というよりも、官僚組織についての理論なのである。

この考え方に従った場合、すべての政府職員、すべての国家の機関は代表者なのであって、代表は複雑化した社会であればどこでも必要なものとなる。個人の行為によってしか提供ができないサーヴィスを、集団が必要とするかもしれないからだ。「機関」理論家でなくても、「いかなる社会集団においても、決定事項が特定の個々人によって実行されなければならないのであれば、何らかの形での代表が必要とされるように思われる」ということは容易に理解できる。[7] この意味では、集団のために何らかの機能を果たす人は、その行為が集団に帰せられ集団を義務づける可能性があるわけだから、誰であっても代表者だといってよさそうである。郵便配達員は、合衆国政府に代わって配達をおこなっているから、配達員によって業務上生じた損害については政府が責任をもつ。裁判官も、同じように国家を代表する。大使も同様である。投票しかしない有権者でさえ、国家の一機関あるいは一代理人であり、他の機関を選出するという固有の機能を果たしていると言えるかもしれない。そうなると、投票者もまた代表であるということになる。[8] このように定義された代表者が、選挙によってその職務に就いている必要はない、ということは明らかだ。代表者が集団の機関になっている限り、選出方法の如何は重要ではない。この理論では、選挙で選ばれた代表者も、他の方法で選ばれた代表者と、その地位において何ら異なるところはないのである。[9]

しかしここに至って、「機関」理論は、ホッブズの議論に見られた難点と非常によく似た問題に直面することになる。考えてみれば、普通はあらゆる政府職員が代表と呼ばれるわけではない。代表の名称で呼ばれるのは、むしろ特定の人びと、特に選挙によって立法府に選出された人びと（選挙で選ばれた行政官も含まれるかもしれないが）だ。それから、どんな政府部局についてでも代表部門という言い方がされるわけではない。ところが、権威付与の定義に従うとすると、こうした区別を説明することはできないのではないだろうか。つまり、選挙で選ばれた議員と立法府が、他の公職者と比較してどのような点でより真正でより十全な代表と言えるのか、が説明できないのではないだろうか。

「機関」理論家の中には、この難点を認めて、それに対処しようとした者もいる。イェリネクは、立法府以外の国家機関が「外向きに」[outward]、つまり他国や外国人との関係において国家の代わりに行為するのに対し、代表機関である立法府は「内向きに」[inward]、つまり自国の市民に対して国家の公式見解を示すものと考えてはどうか、と論じる。[10]だがこれでは、なぜある一つの機能が他の機能に比べてより真正な意味での代表であると言えるのかの説明がついていない。私たちが従来代表や代表者たちと呼んできた国家機関は、「二次的」[secondary]機関である、というのが、イェリネクの主張のようだ。どういうことかというと、そのような機関にはそれぞれ「一次的」[primary]となる別の機関があり、その一次的機関を二次的機関が代表している。たとえば、国民自体は国家の一次的機関であり、代表機関である立法府は国民の二次的機関ということになる。だが、この区別によってイェリネクが何を言いたいのかは、残念ながらさっぱりわからない。おそらく二次的機関の行為は国家全体に対してだけではなくて対応する一次的機関にも帰せられると言いたいのだろうが、それにしてもどうしていくつかの行為は一回だけでなく二回にわたって他の機関に帰せられるのだろうか。イェリネクの議論には、一次的機関は二次的機関を設立し、監視し、そこから会計報告を受ける権利をもたなければならない、と論じているかのような部分も散見される[11]。だが、もっと頻繁に見られるのは、そうしたことは必要ないと論じられている部分、つまり立法府の意志が公式に国民に帰せられるという法律上の帰属のみが必要だと論じられている部分である[12]。別の機関によって選出されるということは、代表かどうかを識別する基準にはなりえない。それは、いずれの公職者も、誰かに何らかの形で選出なり任命なりされていることに変わりはないからだ。その点は有権者でさえ同じで、投票するにはまず登録されるという過程を経なければならない。したがって、なぜある機関が国家だけでなく別の機関を代表するのかという問題は未解決のまま残されている。また、その奥にある根本問題、つまりそのような二重の代表行為がなぜ単一の代表行為と比べてより真正な代表ということになるのかという問題も、未解決のままとなっているのである。

この点について「機関」理論家から示されるもっとも一般的な説明は、私たちが通常代表や代表者たちと呼んでいる機関は国家の中で独特の機能を果たしている、というものである。その機能とは、意志することであって、代表とは、ホッブズにとっての主権者がそうであったように、国家における意志する機関[willing-organ]だとされる[13]。ただ、「機関」理論家は、他の行為ではなく意志するという行為をその機関に帰属させることが、どうして真正な代表であるためにより重要だと考えられるべきなのか、明確に説明できていない。

ホッブズにとっては、どのような政府も代表制であった。彼がなぜそのように論じるかは私たちにも理解できる。だが、だからといって彼が論じるような種類の主権者を代表者と呼びたいかと言われると、実際のところそうは思えない。「機関」理論家も、ホッブズの場合とほぼ同じように、あらゆる国家職員が代表者となるという論じ方をするのだが、代表機関となる部局とそれ以外とをどのように区別するのかは不明である。現代の政治科学者ならたいていは、代表制の統治とそれ以外とが、また代表者とそれ以外の政府職員とがきっちりと区別されるような代表の定義を望むことだろう[14]。ところが、その政治科学者たちの多くが、権威付与型代表観を基にしてこれらの区別を引き出そうと試みているのである。

代表制政府と権威付与

体系的な議論から離れて、本筋以外の部分やちょっとしたコメント、さらには簡単な定義などにまで目を配ると、近年さまざまな英米の政治科学者や政治理論家が権威付与型代表観を採用していることに気づかされる。エドワード・サイート［1881–1943］からエイブリー・ライサーソン［1913–2004］に至る「政党政治研究を含んだ科学的政治学の」潮流や、アーネスト・バーカー卿［1874–1960］からカール・レーヴェンシュタイン［1891–1973］までの「ヨーロッパの流れを汲んだ」研究、そして、ジョン・プラムナッツ［1912–1975］やジョセフ・タスマン［1914–2005］による「思想・哲学的な政治的義務の」研究など、みなそろってホッブズ的な定義に基本的には同意を示している。それによれば、代表とは「ある人が他の人に代わって行為を権威づけられた場合にはいつでも発生する」もので、代表するとは、他の人「に代わり拘束力のある権威を伴って行為する」ことを意味する。選挙により選出された部門にしても、本当に代表的であると言えるのは「代表する権威をもっている」場合のみであって、その権威というのは他の者のために「しっかりと議論して決定する」権威のことである。[15] 代表の本質は「代表者たちが事前に権威を授けられて――授与がいかなる方式でおこなわれるかは問題ではない――有権者のために共同で行為し、有権者を集合的決定によって義務づける」ことにあるとされる。[16] 事前に付与された権威、それから代表者の行為が代表されている人びとを義務づけること――おなじみの要素が、ここには見られる。

権威付与型の定義に基づいて代表制民主主義を論じる者にとっては、選挙がきわめて重要な基準であって、選挙とは選出される公職者に対し有権者が権威を授けるものだと考えられている。通常、権威が与えられる期間は限定されているため、代表としての公職者の地位は次の選挙が来ると同時に終わりを迎える。有権者は選挙ごとに新たに権威を授け、新たに代表者を指名する。だが、もちろん、同じ人びとにあらためてもう一期権威を与えてもよい。確定的選挙［definitive election］とは、それによってある人が職務に就任する選挙のことを言うが、それはまさにその選挙こそがその人に権威を与え代表者とするものだからである。選挙とは、「権威を授ける」［vesting authority］行為なのである。[17]

したがって、タスマンは次のように述べている。

代表の本質は、権威の委譲ないし授与である。代表を権威づけるということは、他の人に自分のために行為する権利を与えるということである。与えた権威の範囲内では、人は事実上自分自身を他者の決定や意志にあらかじめ委ねているのである……

私たちの支配者が選挙で選ばれているという事実があったとしても、それで支配者らしくなくなってしまうというわけではない……代表を議会に送っているのが私たちだからといって、それは使用人を市場へ使い走りさせるのと同じだということにはならない。私たちは、ある人や人びとを指名して、その判断や意志にみずからを従わせているというだけのことだ。また、時間がたてば私たちが代表者をあらためて指名しなければならないという事実があるにしても、私たちが従属するという行為が発生したという事実には何の変わりもない。[18]

同じように、プラムナッツは代表行為を「他の者の同意を得て行為すること」と理解している。これは、二つのことを意味している。[19] その第一は、ある人が「一定の仕方で行為をする」権利が「一定の仕方で行為してもらいたいという願いをすでに他の者が表明しているかどうかという条件にもとづいている場合」に、その人は他者の同意を得て行為することになる、ということである。第二の意味は、代表される者が、代表者によって代わりになされた行為について、責任を少なくとも共有しなければならない、ということである。責任を共有してはじめて「代表者が代表される者の許可を得て行為していると間違いなく言う」ことが可能になり、代表していると言えるようになる。[20] したがってここでも、代表制統治とは「統治者の行為について、統治される者が責任を負うと言い得るような統治の形式」である、という定義が可能なのである。[21]

しかしながら、これらの論者もまた難問に直面する。そこで用いられている代表の定義では、権威の付与が期限付きであることも、選挙が定期的に行われることも、必要とされていない。権威付与の行為が適度な頻度で行われ、一定期間のみ有効である場合にのみ、ある政府は代表制の政府となる、と規定することも可能ではあろう。ところが、ここまで見てきた理論家が定義している代表の意味の中に、そのような規定を正当化したり根拠づけたりできるような要素は存在しない。ホッブズはこの点を理解していた。最初から期間の定めなしに無制限の権威を与え、いかなる政府であれ最初に選出された政府が永遠に人びとを代表するようにする、あるいは少なくとも支配者と投票者が生きているうちはそのようにする、ということが不可能であるという理由など何もないのである。上記の論者のうち、この可能性に適切に対処できている者は一人もいない。だからといって、生涯にわたって続く独裁政治のことを代表制政府であると認めるような者は、誰もいないだろう。

フェーゲリンの『政治の新科学』

権威付与型代表観の第三の型は、エリック・フェーゲリンが『政治の新科学』の中で表明したものだ。そこでは古典的な権威付与型の定義が示されているのだが、議論はさらに先へと進められ、ついには異なる見解の提示にまで至っている。ただその異なる見解にしても、ホッブズの主張に見られる難点と深く関連していることに変わりはない。それゆえ、フェーゲリンの業績は、権威付与型代表観と、権威付与型代表観では欠落したまま定式化されずにいる諸要素との間に、問題含みの緊張関係があることをあらためて例証するものとなっている。

フェーゲリンはまず、日常的な代表概念の意味から検討を始める。日常的な意味というのは、一般の人びとが「政治的な討論、出版物、ジャーナリズムの文献」で「いわゆる慣例上」の代表制政府を他の形式の政府から識別する際に念頭においている意味、ということである。[22] 私たちは、それに当てはまる政府を列挙して、共通した主要な特徴を特定することができる。つまり、選挙で選ばれる立法府や、あるいは選挙で選出される行政官もそれに含まれるかもしれない。フェーゲリンは、この代表の概念を「記述的」[descriptive] と称し、代表の「基本的な型」

[elemental type]として分類している。[23] しかし、彼はこの基本的な水準にとどまらず、さらに先へ進むことが必要だと訴える。なぜ先に進む必要があるかというと、政治システムの参加者によって常識的に言葉が用いられる場合、それは「政治的実在の」[in political reality]場においてのことなので、原則として、「科学において認知的な有用性をもっている」と言えるほどに言葉が「批判的に明晰化され」うることなど不可能な場合が多いからである。[24] この原則を、もっと実際的な水準で確かめてみることもできるだろう。たとえば、ソヴィエト連邦のような政府は、確かに外面的には代表制に必要とされる特徴を備えてはいるのだが、本当に代表制の政府なのか。また、その憲法や選挙にしても、まがいものではないと言えるのか。その代表制度は本当に「意味がある」のか。常識的な代表概念だけでは、これらの疑問が解消されることはないのである。

そこで、フェーゲリンは代表概念の二番目の意味、または二番目の「型」へと議論を進めていく。それは、彼が「存在的」[existential]な意味と称するものである。[25] ソヴィエト政府が人民を代表しているかどうか疑わしいにしても、フェーゲリンによれば、政府がソヴィエト連邦の有効で権威を有するリーダーであることに疑いをさしはさむ余地はなく、「歴史の中で行為能力をもつ政治社会として、ソヴィエト社会を代表している」。[26] このように少数者からなる権威あるリーダーシップは、社会が分化し行為に向けて組織化される過程で、徐々にしか発達してこない。フェーゲリンが存在的代表という表現で意味しているのが、権威付与型代表観であることに間違いはない。

政治的結合[articulation]の結果、私たちは社会のために行為する[act]ことのできる人間や支配者、その諸行為[acts]が自分たち個人ではなくて全体としての社会に帰せられる[imputed]ような人びとを見出す。その結果、たとえば人間生活の或る領域を律する一般性のある規則の表明は、道徳哲学の実践として理解されるのではなくて、社会の成員たちにたいする義務的強制力をもつ統治の意思表示として成員たちに経験されるであろう。ある人の諸行為[acts]がこのような仕方で有効に帰責される[imputed]場合、その人は社会の代表者[representative]である。[27]

そのような代表にとって、選挙は必要ではない。世襲君主もそのような代表でありうるし、非民主的に構成された議会も同じく代表でありうる。代表が下層の人びとも含むように民主的に拡大するのは、一定の歴史的環境が整った場合のみである。「結合が社会を通して拡大するとき、代表するものも広がり、社会の成員資格は最後の個人にまで政治的結合を加工させ、それに応じて社会はそれ自体を代表する者[representative]になる[28]」。ホッブズなら同じことをこのように表現するだろう。権威は、一人の人間、または人びとによる会議体、または人びと全員からなる集会のいずれに与えられてもよい、と。

フェーゲリンの代表概念も、ホッブズと同様に、社会的行為の必要に基づいている。社会のために行為する代表者がいなければ、社会は社会として存在することができない。「政治社会が歴史的に実在するかどうかは、一貫して王[rex]、王たる代表者[the royal representative]の獲得、保有、喪失という観点から表現された。行為[action]のために結合することは王を持つことを意味し、王を失うことは行為のための適合性を失うことを意味した。集団が行為しないときは、その集団は王を必要としなかった[29]」。その場合、もう集団は集団として存在していなかったということになる。行為することができない代表者はそもそも代表者ではないという点について、フェーゲリンは間違いなくホッブズと同意見であろう。

ところがフェーゲリンは、この権威付与型の代表観にも満足できなかった。権威づけられた代表者の行為が社会全体に有効に帰せられるためには、代表者が集団の基礎となる指導的な思想に沿って行為しなければならない、と考えたからだ。その指導的な思想を、国民の精神などと呼ぶこともできるだろう。こうした考えから、フェーゲリンは代表の意味の「超越的」[transcendental]な型を導き出した。超越的というのは、社会が「自らを越える何かを表すもの[representative]——すなわち超越的実在を表すもの[representative]——」や「超越的な真理」であるか、またはそうしたものになりうる、という意味である。[30] この種の代表行為をおこなうのは、社会集団に限られない。理論家や哲学者もまた同じように「真理を代表する」ことができる。もしギリシア悲劇が観客の心の中に劇中の出来事に参加したり劇中人物と一体化したりするような感覚をうまく引き起こしているとしたら、劇中の英雄は観客全員のために「代表者［表現者］の苦悩」[representative suffering]に耐えていることになる。[31] フェーゲリンは、権威を有する社会の代表が有効に役割を果たすためには、その社会にふさわしい超越的な真理や超越的な秩序を代表していなければならない、と主張する。「統治者は、宇宙的な秩序を維持する超越的な力を地上で代表している[represents]ので、彼自身が社会を表している[represents]」[32]［「ので」の部分の強調はピトキンによるもの。なお、フェーゲリンの原文には「地上で」が含まれているが、ピトキンの引用からは抜け落ちている。ここでは原文通りとなっている邦訳書の訳文を参照している。訳者注］。

超越的な型は、歴史、社会、そして宗教意識に関してフェーゲリンが主要な主張を展開するにあたり、複雑ではあるが中心的な役割を果たしている。そしてその主張こそ、フェーゲリンの代表論が明らかにしようとしているものにほかならない。だが、私たちの目的からすれば、その主張について考察する必要はない。彼の三種類の「代表」の定義と、そのあいだにある関係について考察しさえすればよいのだ。まず、第二の権威付与型の定義は、ちょうど厳密な科学者が一般に流通している用語法を精緻にして認識の道具にするように、第一の常識による定義から導き出されるものだと考えられる。[33] では権威付与型代表観と超越的な型の間の関係はどうかと言えば、フェーゲリンは両者が「一つの問題の複数の側面にかかわっている」と述べる。権威を有する代表者とは、社会にとって「真理の表象[representation of truth]に行為によって貢献する指導者[active leader]である」。そして「市民団体の同意に基づく統治」が成立するためには、市民が「説得[Peitho]によって真理の表象への積極的な参加者[active participants]になりうる」［Peitho はギリシア神話の説得の女神。訳者注］ほどの政治意識が必要だとされる。他方でこの問題自体が見出されたのは、人間の魂が超越的真理を代表する力をもっていると発見されたときであった。このことを最初に発見した哲学者が、「その結果、新しい真理を表す者[representative]となった」のである。[34]

フェーゲリンは、彼の提示した三種類の定義は相互に関係しており、それぞれが「代表」と称されるものにかかわっていると考えている。ところが、実のところ三つの型はそれぞれまったく異なっている。権威付与型代表観を決定的な定義だと見なすならば——つまり代表者とはその行為が集団に帰せられる者のことで、義務は集団に課される、と考えた場合——、選挙で選ばれた立法府を有する政府を「代表制」政府と呼ぶべき理由はなくなるし、誰かが超越的な真理を代表することが可能であるということにも意味がなくなってしまうだろう。もし代表するということが、拘束力のある権威に基づいて他の人のために行為することを意味するというのであれば、「超越的な真理を代表する」ことにいったいどのような意味があるというのであろうか。超越的真理により、社会の諸行為が、その社会に対する拘束的な規範として承認される、とでも言うのだろうか。

フェーゲリンは、権威付与型代表観の妥当性と欠陥をともに理解していて、それをある代表の「型」[type]を持ち出すことにより補っている。そしてこの型は、ホッブズの定義に欠けていた、「何らかの外部から課せられた制限や基準に従うこと」という要素に関連している。だが、フェーゲリンは複数の定義を相互に関係させることまではしていない。すなわち、一見して両立不能だがそれぞれには正確でもある複数の定義が、どうすれば一つの概念から生まれてくるなどということがありうるのか、という点を彼は説明していない。これは別にフェーゲリンの業績への批判というわけではない。代表概念は、『政治の新科学』における彼の本来の関心事ではなくて、その関心事を解明するための手段にすぎないからだ。ただ、私たちの目的に照らしてみると、彼の研究によって、ホッブズの検討の中で私たちが最初に遭遇した問題が、あらためて非常にくっきりとした形で浮かび上がってきている。つまり、なぜ権威付与型代表観が妥当であると同時に不十分でもあるのかということを、一体として説明する必要があるのだ。

権威付与型代表観の限界

このように見てくると、権威付与型代表観に対し、たまたま代表について誤った考え方をしているだけだと片づけてしまってはならないように思われる。いったい、これほど多くの異質な理論家たちが、この概念を理解しようとして同じような間違いを犯すなどということが、何の理由もなく偶然に起こりうるだろうか。代表の観念に特定の一つの方向から取り組めば、権威付与型代表観が現れてくるのはごく自然なことである。たとえば手始めに、実業家が自分自身のために契約をするという場合と、代理人が他の人のために契約をするという場合と、この両者の間にある重要な違いが何であるのか考えてみよう。きわめて自然に出てくる答えは、その行為によって義務を負うのは誰か、という観点からのものになるだろう。この観点から、私たちは、権威を付与された代理人と偽の代理人の違いについて考えるようになる。また、権威によって、つまり権威をあらかじめ与えられることによって他者のために行為し、その他者を義務づけるというこの権能が、いったい何であるのか突き止めようとしたりもする。あるいは以前に出した例で、組織についてのことになるが、集団のスポークスマンと自分自身のためだけに発言する人との違いを考える場合にも、何らかの形で権威付与型代表観が現れてくることは、ほぼ必然といってよい。

したがって、私たちが権威付与型代表観に惹きつけられることには何の不思議もない。それは、(ある一定の種類に限られるが)普段からよく目にする代表の妥当な事例から引き出され、そうした事例に基礎づけられた定義だからである。それにもかかわらず、さまざまに形を変えて用いられるこの見解のいずれもが難問から逃れられずにいる。その難問は、権威付与型論者自身にはっきりと認識されていることもあるし、用いられている事例や提示されている主張に暗に含まれていることもあるし、また(理論家が非常に慎重であるか、あるいは簡潔にしか議論していない場合には)理論家が主張したことの延長線上でなされた議論の中に見出せる場合もある。

権威付与型論者が持ち出す代表の事例が妥当であるとわかると、同じように自然に代表行為と呼ぶことができるような、また別の異なった事柄も存在するという事実を、私たちは見逃してしまいそうになる。権威付与型の例だけから議論を進めてしまうと、私たちはまだ検証の済んでいない基本的な想定を自分自身に課してしまったり、理論家の論証に応じてその想定を受け入れてしまったりしがちである。その想定は一目あまりにも明白なので、そうした想定をしていること自体に私たちは気がつかないのだが、それにもかかわらずその想定は、実は私たちを著しく制約しているのだ。たとえば、代表とは人びとの活動に関係するものでなければならない、つまりそれは行為とその帰結に関して人びとが交わす取り決めなのだ、と私たちは想定するようになる。そして、もちろんこれは正しい。だが、いつも正しいというわけではない。それ以外に、私たちは、代表的[representative]事例や代表[representative]標本、具象[representational]芸術や「その人の最善の努力を表す」[representing someone's best efforts]作品、ある手法で「画題を表現している」[representing his subject]画家、国民を象徴して表す[representing the nation]旗、地図上で鉄鉱石の鉱床を示し表す記号[symbols on a map representing iron-ore deposits]、などについて語ることもある。合意や権利、義務、権威、そして行為などの観点から定式化された定義では、いったいなぜ"represent"という単語がこれらのようなものに関係することになるのか――なぜこれらもまたそれぞれ代表の一事例となるのか――説明することができない。権威付与型代表観は、名詞の"representation"や"representative"、また動詞の"to represent"の用法のいくつかを説明することはできそうだが、同じ群に含まれる他の言葉について説明することは不可能である。"misrepresenting"や"misrepresentation"がいったいどのような意味であるのかについて、権威付与型代表観は何も語ることはない。また名詞の"representativeness"や、"typical"とほぼ同義に使われる場合の形容詞"representative"などについても、何の説明も与えてはくれないのである。

ところで、上記のような事例や言葉を扱えないからといって、何か問題はあるのだろうか。私たちの理解や定義を代表の意味の下位区分に、すなわちある人びとが他の人びとを行為において代表するということに限定したとして、問題が生じるのだろうか。なぜ政治理論家が芸術や地図の作成や数学の標本理論に関心をもたなければならないのか。本当に関心があるのは、人間と社会の仕組みであるというのに。この疑問に答えるとしたら、以下のようになるだろう。思考を限定するような想定を用いていると、私たちも、権威付与型論者も、行為やその帰結について代表行為を論じているときでさえ、その性質を間違って理解してしまうことになる。そうした想定の結果として生じてくる見解は、権威付与型論者をこれまで悩ませてきた他者のために行為する[acting for others]という見方に伴う例の難問に、間違いなく突き当たってしまうのだ。その見解は形式主義的であって、代表者が他者を義務づける権能をもつという点だけを強調し、何らかの外部から課せられた基準に服したり、特別な考慮を要する事由に応じて行為したりする義務を軽視するという結果をもたらすのである。

行為の帰属と行為の規範的帰結の帰属

その場合に何が問題になるのかを論じるために、フィリップス・グリフィス[1927-2014]による区別を利用してみてもよいだろう。ある人の行為が他の人に帰せられる場合と、行為の帰結が帰せられる場合の区別である。[35] グリフィス本人は権威付与型論者ではないのだが、彼は代表のいくつかの意味の中から一つを選り分けて「帰属的」[ascriptive]と称しており、それが本質的には権威付与型代表観と同じものになっている。ある人の行為が他の人に「行為や、それからたとえば結婚しているなどといった地位、つまり通常は何らかの行為を前提している地位ということだが、そうしたものを帰属させる根拠」となる場合、その人は帰属的な代表者[ascriptive representative]である。[36] 行為をするのは代表者だが、その行為や行為の結果としてもたらされた地位の変化は、代表されている他者に帰属させられる。

グリフィスは、行為自体の帰属と、彼が行為の「規範的帰結」[normative consequences]と呼ぶものの帰属とを区別しており、それは非常に重要な意味をもつ。彼によれば、行為の中には実行するために肉体の動きが必要とされるものがあって、その場合に当該の行為は直接本人によってしか遂行されえない。

たとえば、食べるからには飲み込まなければならないし、歌うからには声を出さなければならない。これに対して、肉体の特定の動きを本質としておらず、他の人に帰することが可能な行為も多くある。たとえば、結婚する、契約を結ぶ、誰かを侮辱する、権利を侵害する、等々である。これらの行為にとって本質的なのは、肉体の動きではない。それはたまたまその行為に含まれることもあるかもしれないが、本質的な要素は、一定の権利、義務、責任などの取得である。(37)

前者の種類の行為からは、「毒を飲んで自殺したり、空腹を満たしたり、赤ん坊を起こしたりといったことのように」、因果関係による帰結［causal consequences］のみが生じる。(38) 後者の種類の行為からは、権利、義務、地位の変化という帰結が生じる。これが、グリフィスが規範的帰結と呼ぶものである。(39) ただし、個人の肉体の動きを必要とし、因果関係による帰結が生じる行為でさえも、付随的に一定の規範的帰結が生じることがあって、やはり本人がその帰結に責任を有すると語ることが可能な場合もある。たとえば、子供をもうけるという行為からは付随的な規範的帰結が生じて、子供の世話と教育の責任が発生する。どのような代表の制度を用いたとしても、私の代表者が子供をもうけるという行為をおこなったからといって、その肉体的な行為について私に責任が帰せられるなどということはありえないだろう。しかし子供の世話については、あたかも自分自身の子供であるかのように、世話をする責任が生じるような代表の制度というのも、考えられないわけではないのである。(40)

このように、ある人の行為を他の人に帰属させることと、行為の規範的帰結を帰属させることとの区別は重要である。前者が可能であり、意味をなすのは、結婚するというような行為、すなわちその人自身によって直接おこなわれなくてもよい行為についてのみである。Aが歌ったり食べたり眠ったりすることをBに帰属させると言ってみても、何を言っているのかさっぱりわからない。なぜなら、ある人が歌ったり食べたり眠ったりするということを、本人以外の人が代わってすることはできないからである。これに対して、行為の規範的帰結に関しては、いかなる行為についてもそのような帰属が可能である——この点について、結婚するというような行為から生じる地位や義務などの直接的な変化であっても、肉体の動きを要する行為から「付随的に」[contingent] 生ずる規範的帰結であっても、変わることはない。したがって、グリフィスは、規範的帰結の帰属は、行為自体の帰属よりも「より根源的」[more fundamental] であると主張する。なぜなら、行為自体の他者への帰属は特定の行為でしか可能でないのに対し、規範的帰結の他者への帰属はすべての行為において可能であるからであり、同時に帰属的代表の「本質的機能」[essential function] はAの行為の帰結がBの上に降りかかってくることにあるからである。(41) 私たちは、ある人の行為の規範的帰結を別の人に帰属させるために、行為を別の人に帰属させる、ということになる。とはいえ、グリフィスはこの論点について、ある意味では正しいものの、また別の重要な観点からは誤りを犯している。その点については、あとで検討しよう。

グリフィスの区別を適用すると、権威付与論者は次の四つの異なる考え方の一部、または全部の観点から、代表するということを定義しているといってもよいだろう。そして、それらはほぼ似たようなことを示していると想定されている。だが、事実はそうではない。つまり、権威付与論者は以下の四つの考え方を混同してしまう傾向があるのだ。㈠ある人の行為を他の人に帰すること、㈡ある人の行為の規範的帰結を他の人に帰すること、㈢他の人から行為する権利を授けられること、㈣権威をもつこと、とりわけ他の人に対する権威、その人に命令する権利をもつこと。

第一の、行為の帰属——それは、Aがその行為をおこなったということと、それにもかかわらずそれがBの行為であるということを、同時に主張したいということなのだが——は、行為の文脈において [in the context of actions] 代表が意味するものである。しかし行為の帰属は、規範的帰結や行為する権利、そして権威と、結びつくこともあれば結びつかないこともある。これらすべてに行為を帰属させる根拠や理由となる可能性があるが、他方でそうならなければならないというわけではない。そして、行為を帰属させる根拠は、これら以外にも存在する。

権威付与型論者の多くは、ある人の行為を他の人に帰属させるということを議論の出発点としている。これは明らかに、行為の「所有権」[ownership] という言い方でホッブズが意味していることである。つまり、代表者とは、その行為が自分「自身のもの」[own] ではなく、他の人に帰属させられる者のことである。ウェーバーも同じで、ある人びとの行為がその人たち自身だけにではなく集団に帰属させられるという事実をもって、代表を定義している。フェーゲリンもまた、代表者とは(「存在的」な、あるいは権威付与型の意味においては)その行為が自分たち自身ではなく他の人びとに帰せられる人びとのことであると論じている。ところが彼らは次に、その定義が何を意味しているかを、先に挙げた第二、第三、第四の考え方から説明しようとする。しかし、これらの考え方は、決して似たようなこと、同一のことを意味しているわけではない。

Aの行為がBに対し規範的帰結を帰属させるものであるとしても、そのあらゆる場合においてAがBを代表していると言う根拠になるわけではない。この点で、グリフィスも権威付与論者と同じく間違いを犯している。彼は、労働組合の交渉人が組合を代表していると見なされるのは、交渉人の行為(たとえば、契約締結に合意することなど)が組合にとって規範的帰結を有するからではないか、と示唆している。「私たちは、労働組合の代表者が妥結を承認したことをもって、組合員が賃金交渉の妥結を承認したと論じることがある。……しかし、もっと頻繁に使われるのは……労働組合員は、代表者の行為によって、賃金の協定を遵守する義務を負うことになる、という言い方である」[42]。だが、組合の代表者でなくとも、行為を通じて組合に規範的帰結をもたらすことはできる。裁判官は組合を拘束する裁判所命令を出すこともできるが、だからといってその場合に裁判官が組合の代表であるとか組合を代表しているなどと述べられることはない。裁判官は組合の交渉人とどのような点で違っているのだろうか。両者とも組合に義務を負わせる権威をもっているのだが、片方だけが組合を代表して行為する。他ならぬ組合の交渉人による行為だけが組合に帰属させられ、交渉人が行為した場合に限って組合が行為していたという言い方が可能になる。裁判官の場合には、行為を帰属させる必要はない。とすると、ある状況においては、代表などまったく持ち出されないままに、規範的帰結が帰属させられるということもありうるのだ。しかし、裁判官の行為によって組合にもたらされる規範的帰結は、行為をおこなう者に通常降りかかるであろう規範的帰結とは、種類を異にしている。普通は、自分自身が出した命令によって裁判官に義務が課されるということはない。命令は、裁判官にとって、他の者に法的義務を課すための手段だからだ。だが、書類に署名をする場合には、普通は署名者自身に規範的帰結がもたらされるのであって、この場合にもし道徳的帰結を署名者自身ではなく組合に負わせたいのであれば（または、いかにして署名者ではなく組合にその帰結が負わされるのか説明する必要があるのであれば）、署名者は自身のためではなくて組合のために行為した、つまり署名者は組合を代表したのだ、という言い方がされる。ところがそうすると、規範的帰結に加えて、行為もまた組合に帰せられることになる。このように、ここでは行為の帰属こそが根源的なのであって、帰結の帰属は、通常ならば行為者自身に帰結がもたらされるはずの行為を他者に帰属させるための根拠や理由の一つにすぎないのである[43]。

同様に、AがBに行為する権利を授与するという事例のすべてが代表ということを含んでいるわけではなく、またそうした事例に規範的帰結の帰属が含まれなければならないわけでもない。たとえば、ある人が他の人に所有地内で狩猟する権利を与えたとしたら、確かに相手の人がそれ以前にはもっていなかった権利を与えたということになるが、だからといってその人を代表者にしたということにはならない。あるいはまた、警察本部長が行商人に認可を与える、つまり住民へ商品を売る権利を与えることもあるだろう。だからといって、行商人は警察本部長の代表者にはならないし、行商人の行為の規範的帰結が警察本部長に帰せられる必要もない。さらに、ある人が他の人に貴重品保管庫を開ける権利を与えるという例も考えられる。この場合、この目的のためにその人を代表者にするという意味が含まれているかもしれないが、それでも権利を与えた人にとって必然的に何らかの規範的帰結がともなうというわけではない。もう一度言うが、私たちが代表というものを持ち出す状況というのは限られていて、それはある人の行為が他の人に帰属させられるという形で権利が委譲される場合である。そしてこうしたことが生じるもっとも典型的な状況というのは、ある人が他の人に与える権利が、通常ならば本人がおこなわなければならないことをおこなう権利である場合である。したがって、ホッブズのような権威付与論者が権利の委譲について論じる場合、心中に描いているのは権利委譲の或る特殊な種類の例であって、それは、自らの名において行為したり、自分自身に効果が発生する約束事をしたり、自分で署名したりする権利を委譲すること、などの事例によって示されるものなのである。

どうしてそうなるのかと言えば、多くの権威付与論者にとって、最終的な関心事は権利や規範的帰結一般なのではなく、政治的権威、他者に対する権限、命令する権利に特化されているからなのかもしれない。権威の観点から代表概念を定義する際に、論者たちは、すべての権威は代表を形作り、すべての代表は代表される者への権威を有する、と想定する傾向がある。この点はホッブズを例にとると非常に明白で、彼の代表理論は主として絶対的な主権を強固なものにするという役割を果たしている。ただ、ウェーバーでもこれは同様で、集団が一成員の行為を全員「にとって正当な」[legitimate for]、あるいは全員を「拘束する」[binding on]ものと見なすような例を参照しながら議論を進めている。「機関」理論家たちもやはり、一般的に一つの国家機関――他の者に対して拘束力のある決定をする「意志する機関」――に議論を集中させている。フェーゲリンの「存在的」代表もまた、国家を効果的に統治する政治上の主権者のことである。代表制民主主義論を関心事とする権威付与型論者でさえも、強調しているのは、有権者に対して代表者がもつ権威、有権者のために代表者が法をつくる権力である。

しかし、これら論者たちがそれぞれ自分の用いている事例をあらゆる代表の事例に一般化することによって組み上げた想定は、端的に誤っている。代表者には、代表される者に対して権威を有する者もいるが、そうでない者もいる[44]。それどころか、代表される者が代表行為をおこなう者に対して権威をもつという場合も少なくないかもしれない。たとえば、社員が企業を代表する場合、使用人が主人を代表する場合、また、代理人が雇われて実業家を代表する場合、などがそうである。その上、他の人に対して権威を有しているにもかかわらず、代表しているわけではない、ということもありうる。陸軍将校は部下に対して権威を有し、拘束力をもつ命令を出すことができるが、だからといってそれで部下の代表者になるわけではない。学校での教師とクラスの関係にも、これは当てはまる。すでに検討した裁判所命令からもわかるように、裁判官と裁判の当事者との間にも一般的には同様の関係が成立する。他者に対する権威や命令を発する権利と代表とは別の事柄である。この二つが同時に成立することもあるが、いつもそうであるとは限らないのだ。

権威、権利の委譲、規範的帰結の帰属は、代表について論じる際に、それぞれ根拠や理由や論点になる場合がありうる。しかし、代表とのかかわりがないにもかかわらず、これらそれぞれが生じる可能性もある。私たちが代表を権威や権利、規範的帰結と結びつけて論じるのは、行為が行為者以外の誰かに帰せられる場合のみ――つまり権威に服する者や、代表者に行為する権利を与えた者、また規範的帰結を引き受けることになる者に帰せられる場合のみである。ところが、他にまったく別の理由や根拠によって、ある人の行為が他の人に帰属させられ、代表と言われるようになる場合もある――権威付与型論者の定義に見られる上記の要素とはまったく関係のない理由によって、である。たとえば、劇場公演で演技という行為をしているのはAではなくBであると主張することがあるだろう。その場合、行為の帰属は、役者が役を演じているという事実を言い表すための一つの手法であるかもしれない。また、私たちは、ある人が他の人からの命令に従って行為しており、命令者のためのただの「表看板」[front man]になってしまっていると考えることもあって、こうした考え方を表明するために代表について語ることもあるかもしれない。別の例としては、ある人が他の人のためを思い、その人の利益拡大のために行為することもあるかもしれない。または、何らかの抽象的な信条や原則のために行為し、それらを促進することもありうるだろう。状況がうまく当てはまれば、それもまた代表だと言われるかもしれない。

以上のような根拠から行為が帰属させられる場合と比べると、権利や規範的帰結といった根拠は形式的であるように思われる。なぜなら、前の段落で挙げたいずれの根拠も、代表者が何をどのようにおこなったかについての実体的な内容にかかわっているからである。これらの根拠は、一方では、権威付与型論者たちが繰り返し直面してきた難問と関連している。その難問とは、たとえば、ホッブズが挙げている、彼の権威付与型の定義では説明が不可能な代表行為の事例において見出されるようなものである。他方で、行為を帰属させ代表を可能にするこれら「実体的な」[substantive]根拠は、権威付与型代表観が行為や権利や責任に焦点を置いたばかりにいっさい黙殺してきた無生物による代表行為のような例とも、かかわりをもっているように思われる。こうして見ると、それぞれに異なる代表の意味は、私たちが思うほどにはそれぞれが切り離されているというわけではなく、また切り離すことが可能だというわけでもないのかもしれない。権威付与型論者は、人格や行為者以外には視野を広げず、代表という言葉の異なる用法を無視することによって、現に自分たちの目の前にある事例、つまり行為に関連した代表の事例に対してでさえ、不完全で歪んだ見方をするようになってしまったのではないだろうか。シンボルや絵画がどのように対象を表現[represent]しているかという点に無自覚であるということは、人間がどのように代表をおこなっているかについて過度に形式的な見方をしているということと関連しているように思われる。形式的な見方では、代表者が代表者として有する義務を論じたり、果たすべき役割に照らして代表者の行為を評価したりすることは不可能となってしまう。代表するということが、単に特別な権利を有して行為することや、行為の帰結を誰か他の人が引き受けることしか意味しないのであれば、その場合には代表行為の内容について良し悪しを論じることなどできなくなってしまうのである。

説明責任型代表観

権威付与型代表観の形式的な性格を明快に示すためには、ある意味では権威付与と対極的な位置にありながら、それでも同じように形式的で実体的な内容を伴わない見解を検討するのが一番良いかもしれない。この見解は、代表を権威ではなく説明責任の観点から定義する。これを「説明責任型代表観」[accountability view]と名づけ、この見解を表明し展開させている人たちを「説明責任型論者」[accountability theorists]と呼ぶことにしよう。この見解は、代表論の文献の中で重要な潮流となっているわけではない。ホッブズは権威付与型代表観を徹底的に論じ一つの理論体系へと発展させたが、私の知る限り、説明責任型代表観についてそのような理論家は見当たらない。この見解は議論のあちこちで思いがけず現れるもので、あまり注意深く考え抜かれないままに述べられることが多く、理論家が何か別の論点を探究しているときについでにほのめかされるだけだ。それでも、権威付与と同様で、もしこの概念に一定の角度から一定の問題意識をもって取り組むのであれば、説明責任を擁護することは可能であり、それが代表を定義づける概念だと自然と認めるようになってしまうかもしれない。説明責任には、権威付与と比較しても著しく不十分なところがあるのだが、それでもやはりある程度の正しさはあって、それに抗うことは難しいのだ。

説明責任型論者にとって、代表者とは説明責任を問われる者のことであり、代表者は自分の行為についていずれ他の者に答弁しなければならない。個人でも集団でも、代表者がゆくゆくは説明をしなければならない相手方が、代表されている者となる。「代表ということに何か意味があるとすれば」、と現代のある政治科学者かつ教育者は述べているが、「それは代表者とは代表される者に応答する責任をもたなければならないということである」[45]。カール・フリードリヒでさえ、「もしAがBを代表するならば、BはAに対して[to]応答する責任を有すると、すなわち、自分の言動についてBに答弁可能であると想定される」ということに同意している[46]。したがって、ある意味では、この見解は権威付与型論者が抱く見解と正反対の場所に位置している。権威付与型論者にとって、代表者であることの意味は、自分が行為した場合に通常伴うはずの責任を免れていることにある。これに対して説明責任型論者にとっては、代表者であることの意味は、まさに新しく特別な義務を負うということにある[47]。権威付与型論者の理解では、代表する者が自由で、代表される者が義務づけられる。他方で説明責任型論者は正反対の見方をする。権威付与型論者は、代表制民主主義を定義するにあたって、選挙とは権威の授与のことであると考える。つまり、代表者は、当該職務の任期の最初に選挙で選出されているからこそ、代表として行為するのである。説明責任型論者は、これとは逆に、選挙を説明の責任を負わせるものと考える。選挙で選ばれた公職者は、任期の最後に再選か解任かの判定に服するがゆえに（したがってその限りで）代表者たりうるのである。「どんな種類の統治であっても権力は必要で、誰かに託されなければならない」と、ある政治科学者は論じているが、それでも代表制の統治を見分けるための特徴となるのは「権力を受託した者がみずからの行動について不断に説明する責任を負うこと」なのである[48]。

説明責任型論者がこの見解を抱くようになるまでには、代表制の統治が他の形式の統治とどのように異なるのかという問いに取り組み、それに対して定期的な選挙をすることの意味や目的といった観点から解答を得ようとする、という過程がしばしばあるように思われる。したがって、代表制の統治は人民主権に等しいと考えられているかもしれない。すなわち、人民主権は

> 有権者が実際に立法によって政策を決定することではなく、政治支配者が定期的な選挙で有権者に説明責任を果たさなければならないということを意味する。バークの代表の考え方の問題点は、説明責任の重要性を認めていないことにある……
>
> 主権的権力の源泉たる有権者団の役割は、同意を与えたり撤回したりすることである。この権力は、特定の政策について政治指導者に指示を与えるというものではなく、定期的な選挙で政治指導者に説明責任を負わせる権力である[49]。

これらの論者たちにとって、代表制民主主義の意味とは「職員、つまり政府の人員が、社会全体に対して責任を負う」ことである[50]。大都市の政治に関する最近の論文では次のように問われている。「我々の新たな大都市空間の居住者たちは……政治的な説明責任をもたない権威によって治められたいのだろうか、つまり、は、[and so] 代表なしで

統治されたいのだろうか」[51]。さらにこの論文は、こうした意味合いにおいては、直接選挙が実施されているということと代表が実現されているということとが同一のことを必ずしも意味してしない、という点も明らかにしている。そこでは、大都市圏の地方長官を選ぶ際に利用が可能なさまざまな方法――直接選挙に加えて、間接選挙や各種の機関による任命、またこれらを組み合わせた方式――が検証されるとともに、「大都市共同体への説明責任が州ないしは地域レベルでの任命という方法で実際に果たされるのか」という問いが検討されている[52]。統治される者への説明責任は、選挙によって果たされようがそれ以外の手段で果たされようが、いずれにしても代表概念を定義づけるものなのである。

説明責任型論者がどんな方向や視点から代表の問題に取り組んでいるかは、容易に見て取ることができる。一般的にその見解は、他の見解から独立してそれ自体の内発的な意味をもつ、総合的な定義として展開されてきたわけではない。むしろ、この見解は説明責任型論者が以前に遭遇した（あるいは、説明責任型論者自身がその間違った見解を作り出したのかもしれないが）、ある間違った見解を正そうとするものである。説明責任型論者は、権威付与型代表観へ応答しそれを矯正するものとして、説明責任の概念を導入しているのである。ホッブズの主権者を目にしたとき、説明責任型論者は「これは代表ではない。これは代表が意味するものとはまさに正反対である」と反論したいと考える。そしてその反論において、説明責任型の定義が見出されるのである。説明責任型論者は、通常、「真の」[true]「真正な」[genuine]あるいは「本当の」[real]代表を、表面的な飾りをまとっただけで形式的には似ているけれども実際には代表と言えないものから、なんとかして区別しようとしている。したがって、この見解は、代表制の統治を他の有効な統治の形態から区別しようとする中で生まれてきたと言えるかもしれない。実際、この見解を論じる場合には、代表制の統治を識別するための特徴として不可欠なものは何かについて――つまり真正な自由選挙や、候補者の選択に実質的な意味があることや、意見交換が自由にできること、等々についても、しばしば議論が及ぶ[53]。また、説明責任型代表観は、「本当の」代表を「詐欺的な」[fraudulent]主張、つまり投票を認められていない人びとでさえも「実質的に」[virtually]は代表されているというような主張から区別するためにも用いられることがあるかもしれない[54]。この見解は、代表者に権威や新しい権利は与えるが義務も負わせなければ監督の目も及ぼさない、という権威付与型のような代表の理論や事例に対する矯正手段だと考えられているのである。こうした代表観に対して、説明責任型論者は、監督の手段――つまり代表されるものへの説明責任がある場合にのみ真正の代表が存在するのだ、と正反対の主張をする。それどころか、真正な代表とは、そのような監督手段があるということとまったく同じことなのだ、と主張するのである。

ただし、説明責任型論者が本当に関心をもっているのは、代表者に課される監督の目でも説明責任でもない。それらはただの仕掛け、最終的な目的を達成するための手段にすぎない。その目的とは、代表者にある一定の種類の行動をさせることである。代表者に行為の後で説明責任を負わせるということの意味は、代表者を一定の仕方で行為させること――すなわち、有権者に配慮し、有権者の望むことをするようにさせることである。「責任を負わせるようにするのは、そうすることで責任を負うようになるかもしれないから、すなわち、他の者の必要や主張に対応するようになり、就いている地位に潜在的に含まれる義務に応じるようになるかもしれないからである[55]」。真正な代表においては、代表者はいずれ説明責任を果たさなければならないので、有権者の必要や主張に対応し、就いている地位に潜在的に含まれる義務に応じるようになるだろう。これこそが、説明責任型論者たちが権威付与型代表観に欠けていると考えている要素であり、説明責任型の定義で補おうとしているものなのである。

意図としては以上のようなことだ。だが、この定義でその意図が実現できているかと言えば、実際にはうまくいっていない。うまくいくはずがないのだ。なぜなら、提示された定義は、退けられた定義と形式的であるという点でまったく変わりはなく、代表者の「就いている地位に潜在的に含まれている義務」を論じることも、相変わらず不可能にされてしまっているからである。

一方の人びとは代表者を選挙で選出された(権威を授けられた)者であると定義し、他方の人びとは代表者をいずれ選挙結果に服する（説明責任を負う）者であると定義している。代表とは一定の方法で開始されるものであると理解する人がいれば、一定の方法で終わりにされるものであると理解する人もいる。このどちらも、代表が実現している間に[during]何がおこなわれるのか、代表者はどのように行為すべきか、また何をすればよいと期待されているのか、さらには代表者による代表の仕方が適切なのかそうでないのかをいかにして判断するのか、といった問題について、何も語ることはできない。権威付与型代表観や説明責任型代表観のように形式主義的な定義の観点からは、そのような問題自体意味をなさないのである。

説明責任型代表観は実践にかかわる経験的な仮説なのに、概念にかかわる見解であるかのように誤解を招く論じ方がされている、という反論もあるかもしれない。説明責任型論者が言いたいのは、自らの言動の説明責任をいずれ負わされる者、そしてそのことをわかっている者は、責任をもって行為するし、説明責任を果たさなければならない相手となる人びとの要望に応じる傾向が非常に強い、ということなのである、と。もし代表者がそうした人びとを（再選されるために）満足させたいと望むのならば、これはおそらくその通りなのだろう。しかし、たとえ代表とは自身の行為についていずれ説明責任を問われるということであり、被代表者とは説明が与えられなければならない者のことであると定義したとしても、代表者がどのような義務や責務を負い、どのような役割を果たさなければならないのか、それによってわかるようになるわけではない。このような定義に基づいて考えると、任期を終えたら職務を離れてもかまわないというのであれば、代表者が完全に利己的で無責任に行為したとしても、批判することは不可能になってしまうだろう。

このように、私たちは対極に位置しながらそれでも同じように形式的な二つの定義を突きつけられている。説明責任型論者の見るところでは、ホッブズやウェーバーやフェーゲリンは、代表の意味を不可解にもあっさりと理解しそこなっている。権威付与型論者の見るところでは、説明責任型論者についても同じことが当てはまる。このようにはなはだしい概念上の両極化を、どのように考えたらよいのだろうか。どちらかを取って、どちらかを無視するべきだろうか。そうはいっても、どちらもそれなりにもっともらしいので、私たちはそれぞれの主張に（別々に切り離してではあるが）同意することができる。いずれにしても、それぞれの議論には、それ自体からはみ出てしまうようなところがあり、それは両方の議論を一体として考えてみても同じことだ。つまり、それらはまだ代表に関する議論を尽くしきったものにはなりえていないのである。この二つは、せいぜいまだ組み上がっていないジグソーパズルの二つのピースにすぎない、ということなのかもしれない。そうである可能性は、両方の見解に限界があることを考えると、さらに高くなる。両者が有意味であるためには、代表とは活動であり、代表者も代表される者も人間である、と前提しなければならない。ところが、私たちは、時に無生物が代表する（という言い方がされる）ということや、利益や主義、その他の抽象概念が時に人によって代表される（という言い方がされる）ということも知っている。今のところ、それが何を意味していると考えられるのかについて、私たちはまだ説明することができない。そして二つの見解ともに、代表を定義づける基準が、代表するという活動自体の外部にある――代表するという活動が始まる以前なのか終わった後なのかという違いはあっても――という意味で形式主義的である。それどころか、両者とも「代表するという活動」[the activity of representing]というようなものを識別していない。すなわち、代表するということは、単に権威づけの後に行為することか、行為の後に説明責任を負うことにすぎない、とされているのである。

もし、代表概念の形式的な側面を突き破って、その実体的な内容にまで手を伸ばそうとするならば、可能な研究の方向性としては二つ考えられる。まず、代表者が何をするのか、代表するという活動を構成するのは何なのか、を調べるというやり方があるだろう。第二に、代表者とは何なのか、代表するためには代表者はどのようなものでなければならないのか、を調べるというやり方もありうる。ドイツ語の二つの単語を対比させることで、この区別を表現できるかもしれない。その言葉とは、他者のために行為することを意味する *vertreten* と、他者を写し出すことを意味する *darstellen* である。[56] これら二つのさらなる代表の意味、あるいは代表に関する問題であるかもしれないが、これらはしばしば絡み合っているにもかかわらず、その含意や帰結はまったく異なっている。したがって、別々に考察するのが最善である。そこで、私たちはまず二種類の *darstellen* の意味に目を向けることとしよう。二種類というのは、物や人を描写的に表すことと、象徴的に表すことである。代表するという活動に関する議論は、第6章以降で扱うことになる。

第4章　「写し出す」――描写的代表

写し絵、鏡、反映

別種の課題や疑問を抱きつつ、違った角度から代表概念に取り組む論者たちには、まったく異なる代表観が思い浮かぶ。考えてみれば、多くの政治科学者や政治家、理論家や哲学者は、どのような議会であれば適切に構成されていると言えるか――つまり、選挙区と議席の配分、選挙権と政党組織、選挙制度と投票等の問題に関心を寄せている。これらの人びとによる研究では、代表制の議会とは本来どのようなものであるべきか、という観点から考えが組み立てられていることがある。そうした分析からしばしば生じてくるのが、代表機関の特徴とは、代表する対象と正確に対応し類似していること、あるいは対象を歪みなく反映していることだ、という見解である。そして、私たちにもなじみのあるさまざまな例や表現を用いて、この見解を説明することができる。

これらの論者によれば、真の代表であるためには、立法府の構成が国民全体の構成に正確に対応するようにメンバーの選出がおこなわれなければならない。その場合に限って、立法府は本当の代表機関となる。ジョン・アダムズはアメリカ独立革命期に、代表制の議会は「人民全体と同じように考え、感じ、判断し、行為すべきであるから、人民全体を縮図にした正確な肖像画［exact portrait, in miniature, of the people at large］であるべきだ」と論じた(1)。彼の見解はその後もっと保守的になるのだが、それでもやはり、新しく定められる合衆国憲法の『擁護』の中で、「代表制議会では」美術のように「どれほど似ているかによって肖像画の完璧さが決まる」と主張している。[2] 同じように、ジェームズ・ウィルソンは、憲法制定会議において、「肖像画はよく似ているかどうかに応じて良し悪しが左右される」のだから、「立法府は社会全体のもっとも正確な写し[the most exact transcript of the whole society]であるべきだ」と論じる。[3] エドマンド・バークでさえも、「人民の声の忠実な反響[faithful echo of the voices of the people]であるべきだ」と論じる。[3] エドマンド・バークでさえも、代表機関の「美徳と精神そして本質」は、「それが国民感情の直接的な写し絵[express image of the feelings of the nation]である」という点に存すると主張している。[4]

他に、立法府とは国民や民意の「鏡」[mirror]であって、人民や、人びとがどのような考えをもっているかや、国内でどのような社会的・経済的勢力の動静が見られるかなどを「鏡のように映す」[mirror]べきだと論じる者もいる。[5] 代表制の統治とは、共同体や、国民の総体的な意見、また社会内の多種多様な利益の「正確な反映」[accurate reflection]を意味している、というのである。[6] 代表は、全有権者の意見の「鏡像」[reflex]を、統治機構の内部に確立しなければならない。[7] シドニー・ウェブとベアトリス・ウェブは、このような考え方に基づいて、英国上院を「これまでに創設された中で最悪の代表制議会である。なぜなら、そこには、肉体労働をする階級や、商人や事務員や教員からなる偉大な階級や、市民権保有者の半数を占める女性から選出された議員がまったく含まれていないからだ」と批判している。[8]

この角度からの代表概念の分析は、権威付与型や説明責任型などの形式主義的見解と大きく異なっている。これら論者たちにとって、代表することとは、権威を与えられて行為することでも、行為の後に説明責任を負うことでもないし、そもそもどのような形であれ行為することとはまったく関係がない。それとは違って、代表するということは、代表者がどのような特徴をもち、何者であり[is]、何に似ているか[like]、つまり何をするかではなく何であるかによって定められる。代表者は他者のために行為する者ではない。代表者は、代表と代表される者との間の対応関係や結びつき、すなわち類似や反映によって、他の人を「写し出す」[stand for]のである。政治の場に当てはめるならば、重要なのは立法府が何をするかであるよりも、立法府がどのように構成されているかである、と言ってよいだろう。

比例代表制と正確な反映

この見解の主たる特徴をきわめて明快に分析しているのが、比例代表制の支持者たちである。それどころか、「代表制議会に、程度の差こそあれ数学的な正確さで、有権者団内部のさまざまな区分を確実に反映させる」という企てこそ、比例代表制の「根源的な原理」をなす、と論じてもよいかもしれない。[9] そのような議会は、比例制支持者によれば、「可能な限りもっとも正確な共同体の写し絵」[the most exact possible image of the community]でなければならない。[10] また、「国民の総体的な意見が反映されるように望まれている」のだから、「共同体と構成が一致」していて、全体を「圧縮したもの」[condensation]でなければならない。[11] 他に、地図の比喩を引き合いに出す比例制支持者もいる。一七八九年、プロヴァンス三部会でのミラボーの演説が、そのような表現の先駆であったようだ（ミラボー自身は比例代表制支持者ではなかったのだが）。彼は、「代表機関と国民の関係は、縮尺に合わせて描かれた地図と実際の土地の形状の関係になぞらえて考えることができるのであって、部分をとっても全体を見ても、複写は原本と同じように構成要素間の比率を保っていなければならない」と述べた。[12] このミラボーのたとえは、しばらくたってからスイスの法理論家であるブルンチュリによって取り上げられ、以下のように詳述されることになる。

地図上に山と谷、湖と川、森と草原、都市と村が表現されるのとまさしく同じように、立法機関も、人民を構成する各要素と人民全体を、実際の関係性そのままに、圧縮して再構成するものである。高貴さで勝る部分が数量で勝る部分によって押しつぶされてはならないが、後者が排除されてもならない。各部分の価値は、全体の中でどれほどの重要性を占めるか、また全体に対してどれほどの重要性を占めるかによって定められる。各部分間の関係は有機的であり、一国大の物差しで計測される[13]。

この引用はさらに、少なくとも二人の比例代表制支持者によって取り上げられているようだ（どちらも誤ってこの引用をミラボー自身に帰しているのだが[14]）。そしてそのうちの一人は、自分自身が提案した選挙制度を、「共同体全体を表現し、現在のところ人民が心に抱いているさまざまな意見の縮図[miniature picture]となるだろう」という理由で推奨している[15]。

比例制支持者の表現を見れば、そこで論じられているのが代表に関する一つの見解であることは明白である。類似や反映、正確な対応関係などが立法府においてきわめて重要なのは、それらがまさに代表の意味するところであるからだ。それらなくして、真の代表はありえず、いかなる立法府も代表的とはなりえない。「代議院は有権者を代表しなければならないのか。これが問われるべき問題のすべてだ。もしそうであるなら、すべての意見が、もっとも愚かで、もっとも奇怪なものでさえ、有権者内での有力さに比例した数の代表者をもたなければならない[16]」。比例制とされるものの中でも一番よく知られている制度を考案した有名なトマス・ヘア自身も、「完璧な代表は、少数派の排除とはまったく両立しない」と論じていて、その理由は対応関係が正確でなければならないからだとされている[17]。他に、「『代表』と称される機関が、間違いなく現実にも代表的になる」、「高度に代表的」になる、「真に代表的」になる、そして「名ばかりではなく事実においても代表的」になるような選挙制度改革を薦める者もいる[18]。

すべての比例制支持者が代表の意味という視点から議論しているわけではないし、上記のように多彩なたとえを用いているわけでもない[19]。それでも、そうしている者が多いのは事実で、それが自然であるようにも思える。なぜなら、比例制支持者の関心は立法府の構成にあるから、つまり立法府の中にすべての集団の代弁者が有権者中に占める数に応じて存在しているかにあるから、である。ジョン・スチュアート・ミルは、代表機関とは「舞台」[arena]であり、そこで国民が有する各意見を「十分に明示でき」ると述べた[20]。他に、各人の権利が立法府に「代理によって現れる」[appear by deputy]と言う者もいる。そこでは「現れること」[appearing]が重要なのである[21]。

当然ながら、比例制支持者であっても、立法府が何をするかに関心がないわけではない。立法府の構成を気にするのは、まさにその構成しだいで立法府の活動が決まる、と想定しているからだ。ただし、この場合の活動には、画家や地図作成者の活動になぞらえて、有権者の考えに関する情報をもたらすものだという意味づけがなされることが多い。比例制支持者によれば、代表制議会の機能とは、公衆の意見を描写し、提示し、反映することである。しばしば、議会のこの「話し合う」[talking]機能は、行為したり政策を立案したりする機能とはっきりと対比され、後者の機能は行政府に帰せられる。そして、行政府が「代表している」とは、どうも考えられていないのである。このように見てくると、英国議会の機能をミルが「考察しなかった」とする一評釈者からの批判は厳密には正しくないにしても、議会の機能とはみずから積極的に統治することではなく話し合うことだとミルや他の比例制支持者たちが考えている、という点に関しては間違いはない[22]。立法府は、政治的な行為に適していないのだから、統治するべきではないし、そもそも統治することはできない。よって、立法府の仕事は、討論をおこない政府の行為を批判することである。「代議合議体の本来の任務は、それが根本的に適していない統治という機能ではなくて、政府を監視し統制することである。すなわち、その諸行為に公開性の光をあて」ることである[23]。これこそ、すべての意見と利害が正確に代表されなければならない、とミルが考えた理由である。なぜなら、そうすることで、考えられうるあらゆる見解と批判に光が当たるからである。

他の比例制支持者も、一方での代表と、他方での活動――統治することや法を制定することや意思決定をすること――とを区別する傾向がある[24]。意思決定は多数決原理に基づいておこなわれなければならないが、それでも少数諸派には代表される権利、つまり立法府で意見を聞いてもらう権利がある、とたびたび論じられる。この主張はミルにも見られるが、もっとも初期に比例制を支持したある論者の著作にもすでに記されていた。その論者は統治する権利を多数者がもつことは認めるものの、「共同体全体が、共同体の構成要素になるようなすべての利害を参照しながら、討議[deliberations]に参加する権利を持っており、それこそが代表ということなのだと主張した」[25]。このように、代表と統治することとはまったくの別物である。「代表の権利」が「決定の権利」と混同されてはならない。よって、多数決原理を「行為の道具」として用いることは可能だが、「代表の道具」として用いることはできないのである[26]。

比例制支持者にとっては、政治における行為について無関心に見えるという点が、もっとも批判に弱いところとなっている。比例制支持者は、立法府を構成する際の正確な反映ということに熱心なあまり統治という活動の重要性が目に入らなくなってしまっている、と批判者たちは非難する。そのため、比例代表制によって統治という活動が不可能にされてしまいかねないという点が見落とされている、と言うのである。比例代表制は、各々の意見を孤立させ、政治集団を増殖させるとともに、党派による暴力も増長させて、安定的な多数派の形成を妨げる。それゆえ立法府にとって主たる職務であるはずの統治の行為を妨げてしまう、という批判が浴びせられる。こうした批判は、すでにミルに対するウォルター・バジョットの応答にも見られるが、そこでは英国議会にも統治の任があるということ、あるいは少なくとも政府を選択し支えるという任務があるということが強調されている[27]。

批判者は、比例制支持者が選挙という仕組みに依存してしまっていると難じる。つまり、立法府の受動的な理解の仕方に異議を唱え、反映することが可能な不変の「何か」が国民の中にあるのかどうか疑っている。ところが、その批判者たちも異議を唱えていないことが一つだけある。それは、代表とは何であって、何を意味しているのか、という点に関しての比例制支持者の見解である。批判者たちも、代表するということの意味が類似していることや正確に反映することだという点については、当然視している。したがって、効果的に統治したいのであれば「正確な代表」を犠牲にしなければならない、と主張せざるをえなくなってしまう。「統一」された行為は、多様な意見よりも重要な意味をもつ。実際のところ、代表という考え方は強調されすぎているのかもしれず、現実に強調されすぎている場合も少なくない」[28]。「代表機能」に加えて、立法府は政府が安定するように支援もしなければならない、と論じられる[29]。したがって結論としては、比例制を支持すると「代表は十分に確かなものとされるが、代わりに統治の面が弱体化してしまう。多数代表制だと統治は十分に確かなものとされるが、代表が不十分なままにとどまるという代償を支払わなければならない」[30]。同じように、今おそらくもっとも活発に比例制支持者を批判しているF・A・ヘルメンス[1906–1998]は、「代表機関の目的」は本当に代表することなのかという疑問をもとに、相手を攻撃する。それによればむしろ、「議会は主に政府を構成するとともに統制する機関になってきているのだから、正しくは「代表」機関ではなく政府の媒介機関と呼んだ方がよいかもしれない……［したがって、現代の議会は］……ただ有権者を「代表する」ように構成されるべきではなく、政府が実現しなければならない大いなる務めを果たす助けとなるように構成されなければならない」[31]。比例代表論の典型的な批判者であるウォルター・バジョットでさえ、「真正な代表者」[genuine representatives]を生み出せるとしたら、それは比例制だけだろうと認めざるをえなかった。バジョットは、比例制の投票が行われない限り、支持していた候補者が落選してしまった有権者は「法律や原則にわざわいされて適切に代表されていない[misrepresented]」と認めてしまっているのである[32]。

代表とは正確に反映することを意味する、という見解には何か抗いがたいものがあるので、いったんそのように定式化されるや、批判者でさえ異議を唱えることなくその見解を受け入れてしまっている。そのため、批判者たちは、みずからの主張を損なうようなことまで認めざるをえなくなってしまう。すなわち、代表は犠牲にされなければならない――確かにもっと重要な何かのためにではあるのだが、それでもやはり犠牲であることに変わりはない。ところが私たちは、権威付与型論者について検討した経験から、代表は必ずしも正確な類似や反映、対応関係という観点から定義されなくてもよいと知っている。ホッブズにとって、代表概念は行為や統治することと非常に緊密に結びついていたため、メンバー一人一人が拒否権をもつ合議体は「まったく代表ではない」[33]［この引用について、ピトキンが注で指示している『リヴァイアサン』該当部分には、「まったく」に相当するat allは含まれておらず、単に

no representative となっている。訳者注]。なぜなら、合議体は麻痺させられ、行為できなくなる、つまり代表できなくなるかもしれないからだ。代表者は何よりもまず実際に行為することができなければならない。しかし、比例代表制の反対者は、こうした見地から議論しようとは決して考えないのである。

「具象」の意味

批判者たちが比例制支持者の定義を受け入れてしまうのは、それが正しくて説得力があるように映るからだ。私たちにしても、他の定義や反例を考察したことがなければ、同じように見えてしまうかもしれない。権威付与型の定義と同様に、比例制支持者の定義も、それ自体ではもっともらしく、心を惹かれるものである。もし代表概念に、ある一定の方向から、それに適した問題意識をもって取り組んだとしたら、私たちもそのような定義を定めることになるのかもしれない。権威付与型の場合と同じく、その定義は間違いではない。ただそれは部分的な真理であり、「代表」が意味するものについての真理の一部分なのである。比例制支持者たちが持ち出した類似物——絵画や地図——は、時に、[代表を示すために用いられるのと同じ単語を用いて]何かを表現している[to represent]とか、何かの表現[representations]である、と述べられる。画家はキャンバスに私たちの目に映る世界を表現しているとか、「具象芸術」[representational art]というものがある、というのはよくある言い方だ。

ただ、これがいったいどのような種類の「表現」[representation]で、このような文脈において表現という言葉が何を意味しているのかについて、すでにわかっているかのように安易に想定するべきではないだろう。たとえば、具象芸術を特徴づけているものは何だろうか。比例制支持者が正確な対応関係に重点をおいていることから考えると、美術における具象も明らかに正確さの問題であるかのように感じられる。加えて、美術史を繙くと、教師や批評家だけでなく画家たちまでもが、美術の目的は目に映る世界の正確な描写であり、正確であればあるほど良い、と主張していた時代が確かにあった。だからこそ、合衆国憲法を作った人びとも、「肖像画はよく似ているかどうかに応じて良し悪しが左右される」と考えたのである。

だが、描写の正確さが常に美術の目的や評価基準だったというわけではない——認識可能な景色や物体を描写の対象としている美術作品でさえ、そうである。西欧の伝統において、画家は対象を見たままに描くべきだという考え方が現れたのは、ルネサンス以降のことにすぎない[34]。正確な表現が目的とされる場合でさえ、何をもって正確な表現とするかを決める基準そのものが、時代や場所や流派により異なっている。美術と美術批評の歴史が示すところによれば、美術表現とは、技能にかかわる問題であると同時に、様式や慣習的な約束事にかかわる問題でもあり続けてきた。絵画は写真ではない。それに、写真でさえ写す対象と大して似ているわけではない。いかなる労も惜しまずに正確さを追求した絵画、「実物と見まがうほどの描写を生み出す」トロンプルイユ技法を用いた絵画においても、画家は現実を再生産していない。キャンバスの上で、絵の具を複雑に組み合わせているだけだ。画家はその組み合わせの技法を学ばなければならず、鑑賞する者もそれをどのように解釈するか学ばなければならない。

表現とは、決して模写ではない。古代から現代まで、美術にもさまざまな様式があるが、そのいずれも、芸術家の心に浮かんだことの複製でもなければ、外の世界で目にするものの複製でもない。どちらの場合も、表現は修得した技法によって決まるのであり、その技法は伝統と熟練を通じて磨かれる——芸術家だけでなく鑑賞者も、その技法を見る目を養わなければならない。

［イタリアの］ティヴォリの風景を正確に描いた絵画だ、という言い方の意味するところは、当然ではあるが、細いけれどもしっかりとした針金のような線によってティヴォリの町が縁取りされている、ということではない。用いられている表現手法を理解している人ならば絵から誤った情報を読み取ることはない、という意味なのである[35]。

絵画の中には、比較的正確な情報を伝えるもの、写真に近いものも確かにある。ただその場合でも、表現手法の解釈は常に必要となるし、写真でさえ誤って解釈される可能性があるのだ。

だがいずれにしても、描写や対応関係の正確さによって具象芸術が定義されるわけではない。絵画がどの程度に具象的なのかは、正確さの度合いによっては決まらない。オーデュボン［1785-1851］やコンスタブル［1776-1837］の絵が中世の聖母マリア像やギリシア彫刻よりも具象的であるというわけではなく、写真がもっとも具象的だというわけでもない。大雑把に似ているだけでも、十分に一つの具象として通用してしまう。だから、子供が描くようなごく簡単な絵、たとえば線だけで描いた人間や箱の形の家の絵なども、一つの具象になる。[36] それに、古代エジプトのアルファベットが「象形記号」[representational signs] に基づいていたという記述を目にしたとしても、私たちが想定し求めるのは、せいぜいヒエログリフがもともとの対象をほんのわずかでも想い起させたり、その対象にほんのわずかでも似ていたりするという程度のことだ。[37]「絵がある対象の絵であるために備えていなければならない唯一の特徴とは、対象に含まれる目立った可視的な諸要素の配置が、絵における諸要素の配置と相似形になっていることである」。[38] そうなっていれば、必要に応じて一つ一つの対応関係を指摘することにより、その絵が具象的であって、何かの [of] 絵だと示すことができるのである。（「ほら見て、あれがドアで、あれが天井だから、これは家だよ」。）

具象のために必要なのは、目に見える何かを描写する際の正確さではなく、単に目に見える何かを描写すること、描こうとする意図である。美術における「具象性」[representationality] の程度、言い換えればある絵画が何かを具象したものとなっているかどうかの議論は、絵画が雑で不正確になるのはどこからかではなく、目に見える何かに似せて描くという意図が疑わしくなるのはどこからか、と問うところから始まる。だから、『階段を降りる裸体』［一九一二年に公開されたマルセル・デュシャンの代表作の一つで、キュビズムや未来派の影響下に描かれた。階段を降りる女性の姿をキュビズムに倣って分析的に再構成し、一枚のキャンバス上にいくつも重ね描きすることによって、時間の流れと動きを表現している。現在、フィラデルフィア美術館所蔵。美術館による画像と解説は、以下を参照。http://www.philamuseum.org/collections/permanent/51449.html?mulR=798091863|179（最終確認日二〇一七年一月二二日）。訳者注］が具象的

かどうかという点が、議論の対象となりうるのである（私自身は具象的であると考えているが）。ピカソやブラックの抽象画でも、認識可能な対象が一つでも（たとえば、ギターなど）含まれているものについては、具象的な要素を含んでいると論じることが可能だ。逆に、非具象芸術とは、まさしくいかなる物理的な対象や風景の外観にも一致させようという意図をもたない芸術のことである。葉や箱に似た形が描かれていても、それは葉や箱の［of］絵画というわけではないから、類似には意味がない[39]。このように、描写の正確さについて問うことができるようになるためにはまず絵画が具象的でなければならないのだが、逆に正確さによって絵画が具象的なものとされるというわけではないのである。

さらに言えば、代表は類似や対応関係だけではなくある程度の距離や違いも必要とするように思われる。「既存品をモデルにしたピンを工場で作るように、本物の木を作ることができるのだとしたら、その木は表現されたもの［a representation］だとは言われないだろう[40]」。私たちがある対象の絵について日常的に語るときの語り方ゆえに、この点を明らかにするのは難しい。どういうことかというと、日常的には、ある物の絵、特に単純な対象の絵は、その対象の表現であるにもかかわらず、それを「表現」［represent］しない（「表現する」という言葉遣いはされない）。私たちは、木や家やテーブルなどの絵を指して、「これは木（家、テーブル）を表現している」とは言わない。よくあるのは「これは木だ」という言い方だ（私たちは子供と一緒に座って絵本を見ながら「これは何だ」「ウサギだよ」「そうだね。それならこっちは」などと話す）。「これは木を表現している」というのは、なんとか木であることを示そうとして色を加え線を引いてみたものの、それらしくならなかったときに使いそうな言い方である。もちろん、絵本のウサギに本物の人参をあげなければいけないなどとは言っていないし、絵本の木にコップで水遣りをしてあげるとよいだろうなどという意味でもない。それでも、それらは（ある意味では）ウサギであり、木なのである。したがって、お絵かきを覚える際には、子供は木を「作る」［make］方法を学ばなければならない。もっとも、事実としては、その特権はジョイス・キルマーの神様だけに許されているのかもしれないけれども［キルマー［1886–1918］の詩に「詩はぼくみたいなトンマなやつでも作れるが／木を作るなんて、それは神様にしかできない。」[Poems are made by fools like me, /But only God can make a tree.]と詠われている。「木」アーサー・ビナード、木坂涼編訳『ガラガラヘビの味――アメリカ子ども詩集』岩波書店、二〇一〇年、一四五頁。訳者注]。

私たちは、風景や出来事の全体を描く複雑な絵について、「表現する」という動詞をより多く使う傾向がある。だから、ある絵画が「受胎告知を表現している」という言い方をするかもしれない。「富者の勝利を表現したホルバインの二作品」「その人たちをその人たちらしく表現した記念碑」、また「ティロルの広大な風景を表現した絵柄の壁紙」などという言い方もありうる。(41) そのような複雑な表現は（時によって）実際に表現していることになるのに、なぜ単純な表現については表現していることにならない（表現だとは言われない）のか、私にも確信があるわけではない。ただ、おそらくは画家が表現するということの意味に関係があるのだろう。表現されるものは大雑把に似ているだけでかまわないのだが、似せようとする意図は不可欠である。この意味で、絵が表現であると言えるのは、描く対象物の視覚への現れについて、つまり、その対象物の見え方、またはそれがどのように見えると思い描いているのかについて、画家が何かを主張している場合に限られる。表現とは、ここでは画家の行為や活動を意味しており、「提示すること」[presentation]や「示し表すこと」[rendering]にとても近い意味になっている。画家たちはそれぞれ、キリスト受難の絵を描くときに、自分独自のやり方で表現してきた。私たちは、この画家はまるまるとした赤ん坊としてキリストを表現しているとか、考えにふける女性として哲学を表現しているとか、フードをかぶった骸骨として死を表現している、などと言う。画家はそれらがどのように見えるかについて何かを主張していて、その現れをある特定の仕方で、おそらくは画家の心に思い描かれているように、提示しているのである。

画家がこのような提示の仕方をするならば、非具象的な象徴や、具象的な図像でありながら対象との類似が想定されていないものも、用いることができる。だから、画家はキリストを魚によって表現してもよいし、非具象的な記号で表現することさえも許される。そうなると、このような表現の仕方は、具象芸術に特有のものではないようにも思えてくる。だが、ここで「〜として表現すること」[representing as]と「〜によって表現すること」[representing by]とを区別しておくことが重要だ。画家が「精霊を鳩として表現する」と言おうと「精霊を鳩によって表現する」と言おうと、大して変わりがないような状況もあるかもしれない。しかしそれは、鳩がすでに象徴としても適切な描写としても受け入れられているからだ。他方で、画家が「キリストを魚によって表現している」と言うのか、「キリストを魚として表現している」と言うのか、については無頓着でいるわけにいかない。後者が奇妙に聞こえるのは明らかで、その理由は、画家が私たちにキリストを魚の外観に似たものとして考えさせようと欲している、というような含みがあるからである。こうしてみると、具象芸術との結びつきは、「〜によって表現する」という活動ではなくて、「〜として表現する」という活動の中に見出されなければならない、ということになるだろう。つまりその結びつきには、ただ単に対象物に言及しているというだけではなく、対象物の外観についての何らかの主張も含まれるということになるだろう。

　このような表現が意味しているものは、「誰かに申し立てをおこなう」[making representations to someone]とか「空腹を訴える」[representing oneself to be starving]というような言い方に込められている意味と非常に近い。すなわち、ある事実がまさしくその通りであるという強い主張のことで、それは法の領域で重要な役割を果たす。法における表示[representation]とは、「契約にむけた予備交渉における事実の陳述で、当事者が契約を結ぶかどうかの意向に重大な影響を与えるもの」だとされる。[42] 法律用語では、このように申し立てること[representing]は「記述すること、または言葉で描き出す[portray in words]こと。すなわち、他の人にわかるように言語によって宣言し、説明し、明示すること」を意味する。[43] もし主張や陳述が事実に反していれば、「不実表示」[misrepresentation]になり、それに基づいて結ばれた契約は無効とされる可能性がある。[44] 法廷では、そのような表示は言葉によるものでなくてもよく、ただ単に「公に示し、表す手段」によるものであればよいので、したがって「事実の陳述に変換することが可能ないかなる行為も表示である」とまで論じられている。[45]

画家の表現の仕方は、事実に関する主張と似ているだけではなく、役者が舞台上で役を表現する仕方とも近い関係にある。そして、ここで私たちは、「表現する」と「である」とのあの二重性、単純な対象を描いた絵について検討した際に見出したものと同じ二重性に再会することになる。というのも、もし役者が何の役を演じているか、誰であると想定されているか、について確認しているだけであれば、私たちは単に「彼はハムレットだ」という言い方をするからだ。同様に、舞台装置の一つが何であるのかについては、「あれは城門だ」という言い方をするだろう。他方で、舞台装置の代用品として一時的に使われている椅子については、「あの椅子は城門を表している」と言うかもしれない。ここでもまた、単に「木である」木の絵と同じように、舞台装置とハムレットの役は、表現にとって必要な距離や相違を欠いている。それらは、そうあるように想定されているものに関して、まさにそのものなのである。しかしながら、別の意味では、役者はハムレットを表現しており、劇団全体は舞台上で『ハムレット』という芝居を表現しているとも言える。演目や役を一定の仕方で表現するという活動に言及するときに、そのように言えるのである。したがって、テレビという媒体を通してということになれば、「どのようにハムレットになるか」についてではなく、「どのようにハムレットを表現するか」について悩むことになるかもしれない。演出家も、客席に囲まれる形の中央舞台でということになれば、どのように『ハムレット』という劇を表現するか、悩むことがあるかもしれない。ここでもまた表現という言葉の意味は、「提示する」[present]という意味にとても近くなっている。

ある絵がキリストの受難を表現していると語るとき、または壁紙の絵柄がティロルの風景を表現していると語るとき、私たちは画家がおこなっていることを隠喩的な類比の形で言い表しているのかもしれない。私たちが何を語っているかというと、絵画とは、それ自体は生命をもたないのに、それでもキリストの受難を一定の仕方で示し（表現し）、それがどのように見えるかについて主張（表現）している、ということなのかもしれない。木の絵を見て、その絵が「木を表現している」とは言わないだろうが、その絵が「まるで透けてしまうほど非常に華奢なものとして木を表現している」と語るぶんには違和感はないのではなかろうか。

画家も、そしてそこからの類比によって具象芸術の作品もということになるが、世界の一部を、一定の仕方で存在するもの、または一定の仕方で目に映るものとして提示し、それに関する主張をする。したがって、様式上の約束事を理解している人は、絵から情報を引き出すことができる。美術は、技術的な図解とは異なり、描かれた場に関する情報源となることを主たる目的としていないし、そのような基準で評価されることもない。それでも、美術作品が具象的になるのは、その各部分が対象と対応して見えるように意図されているからであり、それによって情報の取得も可能になる。だからこそ、ある鋭敏な美術哲学者でさえ、美術は正確さや情報を主眼としていないというメッセージを間違いなく発しておきながら、それでもなお（そして私はこのように論じることは正しいと思うのだが）表記方法の体系を理解した人であれば何が描かれているかについての情報を絵画から取得できるという点に美術表現の意味がある、と論じることが可能になるのである[46]。この場合もまた他の場合と同じように、表現［代表］とは再び提示すること、存在していない何かを提示することを意味する。美術では、そこにない何かは視覚的に提示され、目に映る特徴の一つ一つがそこにない何かの各部分と対応関係をもつ。

地図の例

こうした意味では、地図や設計図も絵画に負けず劣らず表現だと言える――ある面ではより表現らしい表現だとさえ言えるだろう。なぜなら、地図や設計図は、外観に主眼を置いているというわけではないにしても、やはり描いている対象についての情報を伝えるために実際に使われるからである。「絵がある家屋の絵となるのは、絵の各部分と視覚に映る家の各特徴とが密接に相関しているからである。その同じ家の設計図も、その家の構造的特徴と相関関係にある。設計図にしても絵にしても、その家の表現であるといってかまわないだろう[47]」。そして、地図や設計図にも絵画と同じように解釈の必要があって、そこに含まれている情報を理解するためには、用いられている様式や表記方法、そして符号の体系を理解するように求められる。ただし、設計図や地図が表現であるとしても、具象的だというわけではない。地図作成者が使う記号[signs]やシンボルのほとんどは、必然的にそれを用いなければならないということはなく、それ自体では「意味がない」。地図作成者が具象的な記号や要素を使う場合もあるが、それはときたまのことであって、たとえばキャンプ場を示すためには、テントを様式化した表現である小さな三角形が用いられる。これに反して、たいていの地図記号は慣習的なものなので、地図製作とは「〜として表現する」というよりも「〜によって表現する」ものなのである。

地図の例に至って、一群の政治理論家の目的に役立つような種類の代表概念にたどり着いた、というような感触を私たちは手にするかもしれない。それらの政治理論家は、代表を定義づける特徴として正確性や対応関係を重視したいと考えており、地図も正確性によって評価されるからだ。しかしここでもまた、対応関係だけではなく相違が必要とされる。「地図は表示している領域それ自体ではないが、正しく描かれていれば、その領域と類似した構造[similar structure]を有する」[48]。その上、一口に地図といっても、多くの異なる目的に応じた多くの種類がある。そして、その土地のどんな特徴を表示するかは、地図ごとに異なる。平面的な地図が多いが、立体的な地形を表した地図もある。方言の分布や、経済上の貿易地域など、視覚ではとらえられないものを示す地図もある。どんな地図についても正確さを問うことはできるのだが、そうした問いはやはり誤解を招きかねない。コージブスキー[1879–1950]が論じているように、「理想的なほど正しい地図などというものがありうるとしたら、それはある縮尺において地図の地図を内に含むということになるであろうし、さらにはまたその地図の地図の地図を、と延々と続くことになってしまうだろう」[49]。だが、地図は詳細さが増したからといって正しさや精密さが向上するといったものではない。それに、経済上の貿易地域を表した地図と方言や高速道路を示した地図との間で、正しさを比べられるというものでもない。メルカトル図法の世界地図の方が、地球の表面をオレンジの皮をむいたように分割させた地図よりも、正確でないとか正しくないとかいうことにはならない。それは、その地図がどんな目的のために用いられることになっているのか、そしてその地図が示しているものの解釈方法を理解しているのか、という点にかかっている。地図は、具象絵画と同じように、「様式」[style]をわかっている者だけに情報を伝える。そして、美術表現と同じく、地図と対象との間にある構成部分ごとの体系的な対応関係によって、情報が伝えられる——それは一つ一つの特徴を写したある種の同型の構造物であり、数学者が「写像」[mapping]と呼ぶものである。

鏡の例

鏡の例を使って考えてみると、完全な正確さという理想にさらに近づけるようにも思われる——鏡は、いわば、考えうる限りのすべての目的に応じて正確さを保つことができる地図のようなものだからだ。絵や地図、それに設計図が静的なもので、完成すると変更が効かないのに対し、鏡は時々刻々と変化する鏡面の前の状況を忠実に映し出す。したがって、鏡はただ正確だというだけではなく、時間を超えた正確さをもっていると言えるだろう。鏡自体は一切変化しなくても、変化は自動的に反映されるのである。鏡のひずみによってガラス表面に映る画像が歪んでいないことだけを確かめておけばよい。ただ、鏡をもってしても再生可能なのは目に見える特徴だけであって、設計図のように構造を示すことも、地図のように抽象的な関係性を示すこともできない。それにたとえ鏡像であっても、対象それ自体と混同されるなどということは容易には起こらない。私は、鏡像を一般に表現と呼ぶものかどうかという点についてさえ、まったく確信がもてずにいる。そうした言い方は、私にはいささか奇妙に聞こえるのだ。それと同じく、鏡が私の顔を「表現する」とか、「私を驚くほど老いた者として表現する」と言うのもおかしい。どういうわけか、「提示する」[presents]とか「示す」[shows]と言った方が、ここではもっと自然に聞こえるようだ。それはまるで、その鏡像がもとの対象とあまりにも同じように見えて、忠実で正確すぎるために、あらためての提示[*re*-presentation]にはまったくなっていないかのようである。

肖像画や地図、それから鏡のたとえに共通しているのは、以下の点である。どれも、「原型」[original]を、原型とは異質な媒体を用いて示している——物体や風景をキャンバス上に描いた絵も、紙の上に地理学的に描かれた領域の地図も、物体の鏡への平面的な反映も、すべてそうである。しかし、原型と同質の何かによって表現がおこなわれている例を用いて、同じような代表観を論じることも可能である——それは、原型の縮図や圧縮、あるいは原型の一部でありながらそれ以外の部分も表すことができるような部分、などを例とする場合である。私たちは、次にこれらの例をいくつか検討するとともに、そこで使われている用語についても考えることとしよう。その用語とは、形容詞の「代表的な」[representative] と名詞の「代表性」[representativeness] である。

代表制議会は国民すべてを圧縮したものであるべきだという考えは古くからあり、モナルコマキ［暴君放伐論者］の議論にまで遡る。モナルコマキの理想の立法府とは、「王国の縮図」[epitome regni]「縮図としての王国」[regni quasi epitome] であった。[50] アメリカ思想でも、比例制支持者を中心に、「ある国家の代表機関は政治体や共同体全体の縮図 [epitome] や縮約 [abridgement] とも言えるだろう」と、またそれは全体を「圧縮」[condensation] したものであり、有権者の「縮小模型」[miniature] でもあると主張されている。[51] 比例制支持者が用いる完璧な地図のたとえは、こうした考えにとてもよく似ている。つまり、地勢に見立てられている国情の一つ一つの特徴に応じて議員たちが選ばれるべきだという意味で、立法府は縮小模型であるべきだ、ということである。しかし、全体を圧縮したものとしての代表制議会ということであれば、概念化の方法は地図のたとえだけに限られない。国民全体の代表標本 [representative sample] として、数学的にあるいはくじ引きによって選ばれたのが代表制議会だと考える理論家もいる。他方では、その国民の典型であるような人びと [representative men] によってのみ構成される機関が代表制議会だとされる場合もある。

標本の例

立法府を「世間一般にいる人びとの平均的な標本」にしたいと考える多くの論者は、まったく当然のことではあるのだが、無作為抽出の選出過程によってそれが実現できるのではないかと推論している。[52]「人民全体の縮図[microcosm]を作り出すためには、くじ引きによる選出か、あるいは統制された無作為抽出の標本が最善であろう」[53]。くじ引きによる選択では、「陪審員に期待されるのと同程度に公平な判断がなされることは確実であろうし……〔さらに〕人びとの意志がより正確に反映されることも確かだと言ってよかろう」[54]。正しくおこなわれる無作為の標本抽出は、くじ引きによる選出よりも、さらに広く共有された考え方である。その理由は、まぎれもなく、科学的調査においてそうした技法がもつ影響力と、さらには代表標本という観念において代表と深く結びついているからである。したがって、立法府が正しく代表するためには代表標本でなければならない、という考え方には何の無理もない。一九二〇年代初頭にはすでに、「標本による代表」[representation by sample]という言い回しが見られ、民主主義国家で公職に選ばれる者は「人びとの適正な標本としてそれぞれの判断力を用いなければならないだろう。公職者の意見は、公衆みずからが十分な時間をかけて問題を余すところなく検討することが可能であったとして、その後に抱くであろう見解と同じになると想定されているからである」、と考えられている。[55]代表を標本抽出と同一視しようとするもっとも徹底した試みは、おそらくマリー・スウェイビーによるものであろう。

民主主義理論における標本抽出の原理とは、大集団から偏りなく、または無作為に選ばれた小集団が、大集団と同じ特徴をもつ傾向がある、というものである。したがって、適切に選ばれたのであれば、部分は全体を正しく代表し、全体を代替すると見なされてよい……部分が全体を正当に代替するというこの原理は、現代のどのような「代表制」民主主義においても、中核的な原理である。[56]

スウェイビーによると、現代の代表制政府においては、標本抽出の原理が三段階にもわたって用いられている。第一に、投票者は全人民の標本だと考えられる。つまり、「政府は、選挙で投票者によって示された意見の記録を前にしたときに、公衆全体が意見を表明したらどうなるかということの公正で信頼できる標本として、それを解釈する必要があると考える」[57]。第二に、投票者の中の多数派を全投票者の標本と見なすことが可能であって、したがってそこから多数決原理の目新しい解釈が引き出される。どういうことかというと、「ある集合の中で中間にある特性が出現する機会は両極が示される機会よりも多い、ということがわかっているので、選挙でもっとも多く投じられるような票は大多数の人が望むことを代表しているだろう、と信じる傾向が私たちにはある」[58]。最後に、選挙で選ばれた公職者は、国民の標本と見なされうる。

このような多数派によって公の職に選出された者は、多数派と同じ平均的な類型に属している。一般的な想定に従うならば、平均的な、または平凡な人は、公衆をもっとも正しく代表するある種の「標本」である……集合の中でもっとも数が多い部分は、他の部分と比べて、ずっと正確に集団全体を描き出すと考えられる。

言い換えれば、選挙がおこなわれるのは、公衆一般を「適正な標本」[fair samples]として代表する人びとを公職に選ぶという目的が、多かれ少なかれ意図されているからである[59]。

何人かの現代政治科学者はすでにスウェイビーの代表観を採用しているが、この代表観には明らかに難点がある[60]。スウェイビーの代表観が、選挙型民主主義が実際にどのように機能するかの解釈として提示されたものなのか、それとも目指すべき理想として提示されたものなのかは定かではない。だが、スウェイビーの代表観を一つの理想として本気で考えてみることによって、現実の解釈として難点があることもはっきりとわかるようになってくる。選挙によって平均的な人が公職に就くこともあるかもしれないが、必ずそうなるという保証はない。投票者や、投票者の多数、さらに選挙で選ばれた公職者が国民の標本のようなものである場合もあるだろうが、本物の正確な無作為標本でないということも確かだ。もし、選挙の代わりに実際に全人口から無作為での標本抽出を実施して、米国議会を「真の代表制」機関にしてみた場合、私たちの政治システムが一体どのようなものになるのかを想像してみるとよい。そのような変更があれば、政党はなくなり、職業的政治家もいなくなり、選挙を政策の見直しや権威づけ、説明責任遂行のための機会と見なすこともなくなるだろう。[61] そうしたシステムが現在おこなわれているものとは別物になってしまう以上、現在おこなわれていることをスウェイビーのように解釈すると誤解を招きかねない。また代表の意味するものが部分的に違っていることからこうした相違が生じてきている以上、政治的代表を理解するモデルとして代表標本を用いることも誤解を招きかねない（誤解を招くというのは、この場合も、代表するということが何を意味するのかについて、それが部分的な説明にしかなっていないからである）。

「代表性」の意味

この章でこれまでに検討してきた理論家たちは、たいてい全体としての代表制議会に関心があったといってよいだろう。だから、絵や地図や鏡や標本などのたとえを用いて分析が進められているのである。他方で、個別にそれぞれの議員を、選挙区有権者の絵や地図やさらには標本として考えようとしても、その議員が有権者を「映す」[mirror]とか「反映する」[reflect]などとはもしかしたら言えるかもしれないが、それ以外にはなかなかうまくいかないようだ。[62] ところが、描写的な見解を採用する理論家の中には、たとえを用いるのではなく、「代表的な」[representative]という形容詞（この場合「典型的な」[typical]という意味で用いられている）や代表性[representative*ness*]という概念から分析を進める者も他にいて、その結果代表制議会に対するのとまったく同じように個々の代表者にも取り組むことができる。それどころか、そうした理論家たちにとっては、個々の議員の代表性があってこそ議会は全体として真に代表的なものになるのであり、その代表性こそが代表を定義づけているのである。

多くの政治科学の教科書では、選挙で選ばれた立法府議員の特徴を論じるところで、「代表制議会の代表性「典型性」」[The Representativeness of Representative Assemblies]といったような見出しが付けられる。[63] この見出しを見る限りでは、[represent を含む]実質的に同じ言葉の現れである二つの単語は同じことを意味しているに違いないと想定し、代表性の意味に基づいて代表制の意味を解釈してしまっても無理はない。たとえば、「選挙された議員の代表性

［典型性］」［The Representativeness of Elected Representatives］という見出しで本の一章となっている、経験的政治科学の先駆的研究を考えてみよう。(64) 州議会議員が有する諸特徴と選挙区民が有する諸特徴とを関連づけようとするこの研究では、そのような相関関係の度合いによって「議員が有権者をどの程度まで代表しているか」を計測できることが自明視されているのだが、高い相関関係が見られる各特徴は「議員が実際に代表している［典型となっている］［actually represent］項目」を示すとされている。(65) つまり、代表するということは、代表的（典型的）特徴をもっているという意味で代表的である、という意味なのだ。このように見た場合、選挙は「この代表的な性質をもつ人を発見するための方法であるように思われる(66)」。

しかし、このように極端に単純化されたレベルにとどまる論者はわずかしかいない。大部分の者がすぐに気づくのは、代表することと代表性とを同じものだと単純に考えてしまうと、深刻な問題が生じるということである。結局のところ、最善の議員とは知性や公共心や経験を含むありとあらゆる点において典型的かつ平均的な人だ、と真面目に考える者は多くはない。先の経験的研究の著者にしてみても、選挙区民に似ていることと「実際に」代表していることを同一視してはいるのだが、他方で、良い議員は一定の項目においてのみ典型的となる、あるいは典型的であるべきだ、ということも認めている。(67) 言ってもかまわないのは、せいぜいのところ、代表性は代表制の統治に「当てはまるかもしれない」という程度のことである。「典型的［typical］な農民——平均的な農地を所有し、たいていの農民と同じように耕作し、仲間の農民の多くと同じような考え方をする——が、農業地区を代表して［represent］立法府に選出されるということもあるかもしれない。その場合、立法府が直面している諸課題についてその農民がとる態度は、農業地域全体の態度を代表的に示す［representative］ものになるだろう(68)」。ここでは、三つの観念が区別される。すなわち、まず代表的（典型的）であること、次に選挙で選ばれた議員であること、そして最後に代表的な態度をとること、である。この一節では、有権者が典型的な人を選挙で常に選ぶとは限らないという点が認識されているので、よくある落とし穴にはまらずにすんではいる。とはいえ、代表という言葉の異なる意味の間にどのような関係があるのかについて、理解の助けになるというわけではない。アメリカ政治に関する最近のある教科書では、議員の諸特徴を論じるに際し、この関係についての困惑が、「議会はアメリカ人民をいかに適切に「代表する」のか」という見出しの下で表に出てきている。[69]「代表する」とカッコ書きになっているところを見ると、議会がいかに適切に代表しているかを計測する物差しとしては諸特徴、つまり代表性がすべてではないのかもしれない、と著者がいくらかは意識していることが伝わってくる。

もし代表性と政治的代表が同じものではなく、前者によって後者の程度を直接かつ完全に計測することができないとしたら、両者間の関係をどのように説明したらよいのか。この難問に取り組もうと、多くの試みがおこなわれてきた。一つの答え方として考えられるのは、代表の概念をそっくりそのまま譲り渡してしまい、理想的な立法府は代表すべきでないと認めることである。この解決方法は、比例代表制の批判者たちが採用する立場と近似している。つまり、「代表する」とは間違いなく「可能な限り同じである」ということを意味しているのだから、代表は政治において望ましくない、と考えるのである。アメリカ民主政治の批判者の一人は皮肉を込めてこう論じている。「私たちの議会はまことに不足なく代表的だ」、なぜなら「さまざまな分野でまずまず平均的と言える人たちによって構成されているからだ。ただし、議員たちが示しているのはまさしくあの平均――可もなく不可もない真ん中くらいということ――であって、社会経済的な生活領域における大いなる能力や経験を示しているわけではない[70]」。

もう一つ考えられる答え方は、「代表性」は似ていることや典型的であることをまったく意味しない、と論じることである。最近のある論文では、政治的代表の意味を代表性に近づけて論じるのとは反対に、代表性の意味を制度化された政治的代表に近づけて論じている。著者たちは、私たちが選挙で選ばれたわけではない機関を代表集団と呼ぶ場合、選挙制であっても同じメンバーが選ばれていただろうということを意味しているのだ、と主張する。「任命制の委員会は、肯定的に「代表的な」市民からなる機関と呼ばれるかもしれないし、「非代表的だ」と批判されるかもしれない。どちらに転ぶかは、委員が仮に任命ではなく選挙を経なければならなかったとして、その場合でも同じ委員たちが選ばれていただろうと考えられるかどうかによって決まる」[71]。ここまでの二つの解決方法については、今まで代表概念の意味があれこれと変転してしまうのを見てきた私たちからすれば、懐疑的にならざるをえない。代表するということの意味と代表性ということの意味とが、いつも正確に一致するとは限らない。前者を典型的であるという意味に限定することはできないし、後者を選挙で選出される可能性があるという意味に限定することもできないからだ。ホッブズの定義で代表標本の代表性を説明することは不可能だろうし、他方で具象絵画は選挙で選ばれたものでも選ばれうるものでもない。

この難問を解決しようと苦心して、もっとも入念な取り組みを見せたものの、それでもうまくいかなかった例が、デ・グラツィア[1919–2014]とゴスネル[1896–1997]の研究である。両者ともまず、代表について、権力保有者によって有権者の要望が実現されている状態である、と定義する[72]。デ・グラツィアとゴスネルは、権力保有者の行為と権力保有者の特徴と、そのどちらによってでも有権者は要望を満足させることができると認め、その上で後者を代表性と、つまり権力保有者が代表的(典型的)な特徴をもっているということと同一視しようとする。二人は、同一の語根が含まれているということから、言葉の間に結びつきがあると適切にも想定し、それがどのような結びつきでありうるのかを特定しようと苦心しているのである。

ゴスネルによれば、有権者が候補者を支持するのは、「彼が美しい妻や子供と一緒に写っている写真」を好ましく思い、「立派な家族によって代表される」ことを望むからかもしれない。これは確かにその通りだ。また彼の定義とも合致する。というのは、もし有権者が要望するのが立派さであるとすれば、立派な候補者は有権者を代表することになるからだ。ところがゴスネルは、そこからさらに議論を進めて、特徴が似ていること[likeness]の一例としてこれを扱うようになる。「「代表」という用語の、素朴で大雑把ではあるが長続きしている意味の一つは、「あらためて示す」[present again]という意味である……ある人は……代表者の顔つきや社会的特徴の中に、自分自身と非常によく似たところを見て取るかもしれない。もっと言えば、その人は鏡に映った自分自身を見ているのである。

そうすると、まるで自分自身が権力の座についたかのように感じられるであろう」[73]。なるほど、有権者の要望が候補者の代表性によって満足させられる場合もあるという事実と、代表することとは正確に反映することを意味するという考え方との間には、関連性があるかもしれない。だが、そうであるとしてもまだ説明は尽くされていない。自分とは似ていない候補者（たとえば有権者よりも立派であるような）によって有権者が満足を得る場合もあるが、それが代表の一例となるのはなぜか、またどのようにしてなのだろうか。似ている場合の例と似ていない場合の例とはどのように関連しているのか。ゴスネルはこの点を説明できていない[74]。

デ・グラツィアも同様の困難を抱えている。彼によれば、有権者はしばしば、代表者が「集団の特質とかなりの程度まで一致する諸特徴」をもっているように望む。そのため、代表は「代表者と有権者という、政治的には平等でない当事者間で諸特徴が一致していることだと見なされるかもしれない[75]」。そのような諸特徴の一致は、選挙とは異なる代表者登用の手続きをもったシステムでも見られる可能性がある。たとえば、独裁者が「生まれや、性質や、振る舞いにおいて大衆と類似している」場合がそうである。しかし、デ・グラツィアは以下のように続けている。「それに加えて、いわゆる民主主義諸国では代表者が優れた階層に属しているという理由で選出される、ということが知られている。優れているから拒絶されるということはない。代表にまつわる社会規範においては、一致ではなく、特別な相違が必要とされているのかもしれない[76]」。ここで述べられていることは間違いなく正しい。ただそうなると、代表の意味は「諸特徴の一致」であると単純に言うことはもはやできなくなる。デ・グラツィアは、それでも反映の一致という考え方を維持しようとして、このような状況においては、代表者は「社会規範を映し出す」のだと論じている[77]。しかし社会規範を映し出すといっても、その規範においては「一致ではなく、特別な相違が必要とされている」のだから、もはやそこに社会の典型的な一員であるという意味は含まれなくなってしまう。あるドイツの理論家は、相違が要求される場合に、私たちは集団の典型である人を選んではいなくても、「理想的な典型」[ideal-typical] である人を選んでいるのではないか、と示唆している。つまり、集団の理想に一致する人を選んでいる、ということである。[78]だが、有権者が時に典型性を望み、また時に理想的な典型性を望むとしても、後者は代表性とは異なる。理想的な典型性にしてみても、「諸特徴の一致」ではないのである。

話がまたさらに込み入ってくるのは、デ・グラツィアが持ち出してきた例の中で、支配者が代表的な特徴を有しているように装う場合が挙げられているからである。ちょうど、ヒューイ・ロング［1893-1935. 一九二八年から三二年までルイジアナ州知事、その後連邦上院議員を務めた、当時の有力なポピュリスト的政治家。他国要人をシルクのパジャマで迎えたことが話題になるなど、メディアの注目を集めた。訳者注］がベッドでの写真撮影を許可する前に、シルクのパジャマを脱いで流行遅れのナイトガウンへと着替えたというような場合だ。[79]さらに別の政治科学者の見解では、有権者が心の中で公職者と一体感を抱く場合に見られるように、諸特徴の一致は心理的なレベルでも実現されうるという。つまり、「なぜ議員が代表的であるのかと言えば、それは何よりも有権者が自分と同じ「種類」[kind]の人を選んで職務に就かせるからだ。似た種類であるということの根拠は、公職者の社会的・経済的・知的特質への有権者からの「同一化」[identification]であるかもしれないが、それでも同じ種類の人を選んでいることに変わりはない」。[80]ただし、このようなやり方で代表することと代表性との間にある溝を埋めることができるのは、代表性の意味するものが、「有権者の諸特徴を共有していると有権者によって見なされる」ということでかまわない、と私たちが考える場合に限られる。そして、これもまた明らかに間違っている。なぜなら、代表性は、有権者が存在しないあらゆる状況で現れるからだ――無生物や代表標本などがその例である。

しかし、これらの議論のいずれも不十分であるとしたら、代表性と代表することとの間の関係を明らかにするために、どのような説明が可能なのだろうか。私たちはどうしてこの二つの言葉に同じ語根を使っているのだろうか。辞書を調べてみると、「代表性」という意味での「代表的」は、「ある集合の典型であり、同じ種類に属する他のものがどのようであるかを十分に伝える」という意味をもつ。したがって、具象芸術や地図や標本がそうであったように、重要なのはAからBについての正しい情報を引き出せることである。だがそれにしても、「十分に」[adequate]というのは、何の目的のために十分だという意味なのだろうか。ここでもやはり私たちは、地図を検討した際と同じように、議論が曖昧になる可能性を回避できないのである。

また、辞書的な定義はそれとしても、典型性と代表性の間にはやはり一定の違いがある。ただ、その違いは微妙なので、説明するのが容易ではない。私たちがある詩人の作品全体から数点の代表作を選ぶような場合（教育で用いるため、としておこう）を考えてみると、一番典型的なものか、平均的なものか、あるいは特徴的なものが望ましいということになるだろう。だが他方では、詩人のもっとも良い作品、傑出した作品がよいと考えるかもしれない。たとえば、『代表偉人論』[*Representative Men*]の中で、エマーソンは、どこにでもいるような平均的な人でも典型的な人でもなく、彼自身が「偉人」[great men]と呼ぶ人びとに関心を寄せた[81]。どのような例を選択するかは、やはり目的次第であるように思われる。

とはいえ、代表的であることと典型的であることの違いが一番はっきりと現れるのは、ある集合が、何種類かの主だった型に分かれた対象を含んでいる場合だろう。そのような集合から、一つだけ代表的な対象を選ぶのではなく、集合に含まれる対象全体を代表するような一群を選ぶとしたらどうだろうか。ほとんどの場合、私たちは集合の中の主だった型それぞれにつき一つの対象を選んで、代表群を編成するだろう。また、集合の中でそれぞれの型が占める割合に関心があるとしたら、各々の型から一つだけを選ぶのではなく、それぞれに異なる数の対象を選ばなければならないだろう。だがいずれの場合にも、この代表群は集合を「典型的」[typical]に示すものにはならない。なぜなら、集合が一致することができるような一つの「典型」[type]など存在しないからである。ここでも再び、同型、すなわち部分ごとの対応関係という要素が出現している。すなわち、それぞれの型ごとにそれを代表する対象が一つずつあり、それら対象からなる群が集合全体を代表する。この点で、代表性は地図や圧縮のたとえと結びつく。やはり、何が代表例（または代表標本）となるかは、それが写し出す対象について何を知りたいかによって異なる。つまり、それは私たちの目的次第なのである。

描写的代表観の定義

絵や地図や鏡、それから縮小模型や標本などのたとえ、そして代表性の概念などは、そこに含まれる想定や含意という点でこそいろいろと異なっているものの、以下で述べることについてはみな共通点をもつように思われる。これらのたとえや概念において、代表するということは、形式主義的理論家によって定義されるものとはまったく異なる意味をもつ。代表するとは、主としてそこに存在しない何か、またはそこにいない誰かを、諸特徴の何らかの対応関係によって「写し出す」[standing for]ことだとされるのである。上記のたとえや概念は、広く言えば「描写的代表」[descriptive representation]とでも呼べるような見解を形成している。それは、人や事物が対象を「それらに十分に似ていることによって」写し出す、という代表観である。[82] 地図や絵が何かを表現する[represents]という場合、その主たる意味は活動ではない。だからこそ、無生物であっても表現するということが可能になる。そして、人間がこの意味で何かを代表する[represents]という場合には、重要なのは行為ではなく(ただし、先に検討した重要な例外が一つあり、それをこの後すぐ再検討するのだが)、その人がいったい何であり、何に似ているか、である。この代表観は、代表という概念の非常に重要な使用例――具象芸術、代表標本、代表性――に依拠しているので妥当には思われるのだが、他方で形式主義的見解と同じく不完全でもある。この種の代表が示しているのは、代表概念の一側面にすぎないのだから、それだけに基づいて一般的な定義をしても、不正確になってしまう。

この代表観がいちばんふさわしく、また直接に関係してくる状況とはどのようなものかと問われるならば、次のように答えることになるだろう。実際には存在していない何かについての情報を提供することが、代表の目的となっている状況である、と。代表の一番広い意味が、存在していない何かを文字通りではないにしても何らかの意味で存在させることだとしよう。それを私たちが今ここで議論している状況に当てはめてみると、存在させるということの中身は、代表されるものの情報を与えてくれて、それについて正確な結論に至ることを可能にしてくれるような何かが存在するということから成り立っている。そして、それが可能なのは、その何かが代表されるものと有意味な形で似ているからである。地図や鏡などによる表現とはまさにこのことであり、代表標本や代表例も同様である。ただ、具象芸術の場合はそれほど単純ではない。というのは、芸術は主として情報源となるように制作されたものではないし、そのように用いられてもいないからだ（それどころか、おおよそ美的な鑑賞のためのものといってよい）。それでも、具象絵画を具象的たらしめているのは、目に映る世界に存在する何かとの諸特徴の対応関係なのだから、表現が正確である場合、絵画から「用いられている技法を理解している人ならば誤った情報を読み取ることはないだろう」。もちろん、現実そのままに正確である必要はない。キリストの受難を一定の仕方で表現する画家のように、また空腹を訴える人のように、絵画は何かを主張し、申し立てる。だが、それが本当なのか、正確なのかは、区別して論じられるべき事柄である。

描写的代表観と政治

この代表観を政治の世界に当てはめるとどうなるだろうか。政治においても、代表制度の機能とは、情報を提供すること、この場合は人民あるいは国民についての情報を提供することだ、という含意が示されることになる。実のところ、この見解を政治に当てはめる場合には、異なってはいるものの無関係とは言えない三つの道筋があり、私たちはそれらを区別しておかなければならない。まずこの見解からは、立法府は地図や鏡と同じで、基本的には受動的であり、見る者が人民についての情報を集めることができるように編成されている——つまり、立法府は構成によって国民を反映し、国民の似姿となるのだ、という主張を導き出せる可能性がある。第二に、代表制の立法府は、画家のようなもの、または「他者に申し立てるもの」[maker of representations to someone else] であって、構成によってではなく活動によって代表しているが、ただそれは非常に特殊な種類の活動である、という主張も考えられる。また第三に、もし代表制の立法府が十分に正確な複写、完璧な複製であるならば、人民全体を代替し、国民に代わって行為することを認めたとしても問題はなく、正当だと考えてもよかろう、という主張もありうる。ここでの目的は代表者による行為だが、その活動自体が代表だというわけではない。代表とは、やはり正確な類似や対応関係の問題なのだが、またもう一方で統治の行為を正当化するための前提条件にもなるのである。

第一の可能性と第二の可能性を区別する線は、それほどはっきりと引けるわけではない。政治的代表について詳細に論じる理論家の中で、比喩のレベルで満足し、立法府から人民全体についての情報を地図のように単に「読み取る」[read]ことができればそれでよい、と主張する者はそう多くないだろう。実際のところ、絵画と画家、地図と地図作成者を区別することはまださほど難しくないにしても、鏡のたとえでは両者は一体となっている。鏡は、それ自体が映し出している像、反映している像の作成者のようにも見えるからだ。ただ、もし議員[representatives]が鏡のように有権者を反映すべきだとしても、この場合の「反映する」[reflecting]ということがいったいどれほど積極的なものなのか、あるいは消極的なものなのか、について疑問は残されたままである。なるほど、代表機関の本質的な機能は提出された案について票決することであり、その際に代表性を測る本質的な基準となるのは、当該機関の票の動向が仮に国民投票にかけられたとした場合に予測される国民全体の票の動向と一致するかどうかである、と考えている論者もいるようだ。議員は、ただ有権者が投じるであろうように票を投じなければならない。また各地域で住民投票を実施して、議員がその投票結果を中央の機関にそのまま伝えるというやり方でも、同じ結果が得られるかもしれない。このような論者たちは、個々の議員のことを、まるで無生物であって、有権者が行為するための手段であるかのように語ることが多い。「話すトランペット」「楽器のマウスピース」「コミュニケーション装置」などがその例だ[83]。これは非常に静的な状況の描き方であって、この場合議員は人民が意思決定するのと同じように意思決定するべきだ、というよりも、そもそも人民がもつのと同じ意見や感情をもつべきだ、ということになる。これら論者の主張は、考えうるあらゆる問題についてすべての人がすでに意見をもっているのだから、残された唯一の政治課題は国民全体の既存の意見について正確な情報を得ることだけだ、とでも言っているように時折聞こえてしまう。

だが、情報をもっと積極的に「提示する」[presenting] という方向に議論に進めていくと、議員と有権者の関係について、はるかに繊細かつ重要な類型を示すことも可能になってくる。ジョン・スチュアート・ミルは、比例代表制を支持すると同時に、理想的な代表機関とは「国民の一般的な意見だけでなく、その各層ごとの意見と、可能な限り、国民がふくむすぐれた人びとのそれぞれの意見が、十分に明示できる舞台」であるという見解を示した(84)。

グリフィスは、私たちが立法府を以下のように見なすのも当然ではないか、と論じている。

主に議論や討論がおこなわれる場所であって、その議論や討論では、全体として、必要な場合にどのような社会的ないし政治的行為がなされるべきかが検討される……だから私たちは、どのような争点についてであっても、一国内のすべての意見、またはすべての価値ある意見が代弁者をもつことができるように〔議会が〕間違いなく構成されることを強く望むのである。こうして見ると、この後者の要望が、特に深く描写的代表と結びついている。なぜなら、もし私たちの関心が、国会とは一国内に現存するあらゆる意見のための広場であるべきだ、というところにあるのならば、意見を有するあらゆる集団から集められた描写的代表者たちによって議会が構成されるべきだという主張は、当然で理にかなっているからである(85)。

ダウンズは、経済理論の分野から代表制統治に取り組んだのだが、やはり同様の見解を定式化している(86)。その示すところによれば、議員とは所属政党の代理人である。つまり議員の仕事は政党に人びとの要望を伝えること（時には人びとに所属政党について説明すること）である。議員は「人びとの意見を見出し、伝達し、分析する専門家」である。政府は（各政党も）「有権者の要望にかなう政策を制定したいと望むが、その要望とは何かがわからない。そこで、政府自体の制度構造の一部として、一群の人びとを雇い入れる。その人びとの務めは、国内のあらゆる場所へと散らばり、人びとの意思を見出すことである(87)」。それゆえ、ダウンズが次のように論じるのは、きわめて首尾一貫している。人びとがまだ意思をもつに至っておらず、自身の要望に無自覚な多くの争点については、「代表者にとって代表すべきことはなにも存在しない」。

代表するということは、代表されるものについて情報を与えるということを意味する。したがって、良い代表であるということは、正確な情報を与えているということを意味する。そして示すべき情報が何もなければ、代表ということも起こりえない。このような定式化を踏まえれば、「すべての価値ある意見」に代表者がいなければならないとしても、各種の意見それぞれを代表する者の人数は本質的には重要ではない。代表することが何らかの視点を提示することを意味するのであれば、代弁者が一人でも十人でも変わりはない。この場合、肖像画や地図よりも、画家や地図作成者の方がたとえとして優っている。諸特徴が対応していることはもはや問題ではなく、重要なのは正確な情報を提示することである。代表者は、ただ典型的であるのではなく、何かをはっきりと表明するべきなのである。

こうなると、代表するということは、もはや存在しない何かを単に類似によって「写し出す」ことではなくなり、活動の一種となる。とはいえ、活動といっても、それは形式主義的な理論家が主張するような、自分とは別の人の名においておこなわれる行為一般とはまったく異質である。どういうことかというと、問題なのは代理行為ではない。すなわち、権威を与えられて他者を義務づけることでも、行為した後に他者に説明責任を果たすことでもない。行為することとは、「誰かのために行為する」[acting for]ことではなく、何かについての情報を与えること、何かについて申し立てをすること、である。したがって、権威付与も説明責任もそこに含まれることはない。だからこそ、描写的代表観を採用する理論家たちは、代表制議会の役割は行為をすることではなく話し合うこと、統治することではなく審議することだと、あれほど頻繁に主張するのである。

最後に、描写的代表は、以下のような第三のやり方でも、政治の世界に当てはめることが可能かもしれない。立法府とは言葉通り積極的に統治に関与する意思決定機関だという考えに同意する論者の中にも、立法府が行為することと代表とは異なる、と主張する者がいる。代表とは国民との正確な対応関係、完璧な複製のことであるが、それは立法府の行為を「国民自身であったならそのようにしたであろうこと」として正当化するためである。代表するということが立法府と国民との間の正確な対応関係であると理解されるのは、情報をもたらすという目的のためではなく、人民自体が直接行為したとしたらおこなっていたであろうことを立法府が確実におこなうようにするためである、と言えるかもしれない。こうして、正確な代表は、少数者による多数者の統治を正当化する手段となり、よって代表制民主主義の原理ともなる。立法府のなすことはすべて、国民全体が立法府の位置を占めていたならおこなっていたと考えられることと一致するだろう。したがって、不平を訴える権利や理由は誰にもないということになる。原型に十分に類似した複製は、まったく違いを生じさせることなく、原型の代わりを務めることができるのである。

このような正当化を用いて代表者に人民全体の代わりを務めさせることと、ラディカルな民主主義イデオロギーとの間には、関連性がある。ラディカルな民主主義イデオロギーによれば、統治の理想的なシステムは直接民主制であり、代表とはただそれに近似した次善のシステムにすぎない(88)。理念としては、あらゆる人が自分自身を治める権利をもつか、少なくとも自らの利害にかかわる決定に参加する権利をもつ、と論じられる。小さな共同体でならば、この理念を直接の民主的行為を通じて実現することができる。すなわち、全人民からなる集会の場で政治的決定に至るということも可能である。しかし、現代国家の規模や広がりを考えるとこの理念は実現不可能であり、だからそれにもっとも近いやり方として代表が導入され、各人が代理人を通じて参加できるようになっているのである。

代表者が議会で他の人民の代わりを務めるという考えは、実はラディカルな民主主義理論よりもはるかに古く、両者の間に必然的なつながりがあるというわけではない。この考えが最初に現れたのは一三世紀のイングランドだったようだが、その際には法を作成する立法府という考え方ではなく、個別の事案において法を発見する裁判所としての議会という考え方と結びついていた。近年の歴史学者たちは、一三世紀に、裁判において法的な権利が争点となっている当事者は決定に際して在廷する権利ないしは意見を聴取してもらう権利を認められる、というローマ法の原則が有力になったということを明らかにしている。[89]「すべての者に触れる事柄はすべての者に承認される」[quod omnes tangit ab omnibus approbatur est]というこの原則は、明らかに、教会と世俗の政府の双方に対して、特別な税をかけるなら必ず納税者の同意を得るようにと促すものであった。この原則が厳密に適用されるということはなかったが、イングランドで国王評議会と会するために州選出者や都市選出者の召喚を促進するという大きな役割を果たした。そこでの同意は、民主的な同意ではない。なぜなら、州選出者も都市選出者も、まず選挙で選ばれていなかったし、ましてや民主的になど選ばれていなかったからだ。おそらく、その人びとが都市や州の「ために」[for]行為すると言う場合、最初の頃に意味されていたのは、ある義務を遂行すると州や都市全体にその責任が帰せられる、ということだっただろう。一四世紀に入ると、共同体の「ために」[for]議会に人が送られ、人びとに代わって同意するという考え方がずっと頻繁に見られるようになった。裁判官も、すべての人は議会が何をしているか知っているとみなされるのだから、知らないということをもって不服従の弁明とすることはできない、と論じ始めた。すべての人は、法を知っていると見なされた。それは、皆が自分自身で、または「代理によって」[by procuration]議会の場にいると考えられていた（「意図されていた」[intended]）からである。[90]

こうした初期の状況を経て、議会の会合を王国内の全員による会合の代用とする、という原則が生まれてくる。王国内全員による会合が物理的に可能であるとは、とても考えられなかった。この原則は、一五世紀にまで遡ってその展開をたどることができるが、当時はまだ民主的な原則ではない。「その場にいること」[Being present]は、州選出者や都市選出者が議会に出席していることと緩やかに関連づけられていたが、他方で立法府と国民との間に正確な対応関係が求められるということはまったくなかった。また、一人一人が統治の場に姿を現して政治に参加する権利をもっているのだから、代表は直接民主制の代用である、という民主的な考え方とも関係はない。[91]ところがアメリカ独立革命やフランス革命が発生する頃までには、対応関係の主張や民主的な主張が一般に広く表明されるようになっており、それは今日でも変わらず一般的である。[92] このような代表制統治の見方は、類似や反映としての代表という考えと深く結びついている。もし代表制の統治が直接民主制の代用であるならば、そしてもし立法府が人民全員からなる集会の代わりを務めるのであれば、可能な限り原型に近くあるべきだ。たとえ理念にまでは届かないとしても、実現可能な限りでその理念に近い何かを、私たちは少なくとも欲するのである。

したがって、この原則が描写的代表で用いられるたとえと結びつけられることが多いのも意外ではない。アメリカ独立革命で、良い立法府を正確な肖像画になぞらえた人たちがなぜそのようにしたのかと言えば、立法府を全人民からなる民主的な集会の代わりだと見なしていたからである。彼らによれば、「代表が必要とされる理由は一つしかない。人民が集団で行為することが不可能だからだ」[93]。また、同じことだが、「広い範囲の土地に多くの人が住む共同体で、全員が集まるなど不可能である」。したがって、代表機関は「全員による集会のもっとも自然な代用」という役割を果たさなければならない。[94] フランス革命では、ミラボーが立法府を国民の地図になぞらえた際に、「国民があまりにも多くて単一の集会に集まることができない」場合、代表は必須であると言い足している。[95] 同じように、比例制支持者も、代表制の統治とは「現代的な形式の民主主義であって……現代文明と生活上の必要から、民主的な統治を可能とするために必要とされる仕組み」であると主張している。[96] この仕組みは、人民全体の動向をより正確に複写するのに応じて、完全さの度合いが増していくのである。

描写的代表観の限界

以上のように描写的代表観はいくつかの形で政治に当てはめられるのだが、そのすべての背後に何度も繰り返し浮かび上がってくるのは、完全な複製、無欠の像、あらゆるものを「地図の地図。また地図の地図の地図を、と延々と続く」地図まで含めて記載した地図、といった理想である。しかし、この理想は当然ながら非現実的であり、それゆえに危険でもある。完全に正確な対応関係など、不可能である。それは政治的代表についてだけではなく、具象芸術、地図、鏡像、標本、縮小模型などについても当てはまる。絵画は、視覚的にどれほど正確であっても、必ずある様式に則っていて、それが理解されていなければ誤って解釈されるかもしれない。地図や設計図も、「読み取る」必要がある。加えて、地図には正確さによる違いがあるだけでなく、種類の違いもあって、そちらの方が重要な意味をもつ。種類の違いというのは、ある領域における特徴や特性の中で、いったいどれをその地図上に表示することが想定されているのか、という点での違いのことである。鏡や写真でさえ、目に映る特徴しか示していない。もっとも高い完成度で原型を複製した縮小模型でも、原型のすべての特徴を複製することはないだろう。というよりも、私たちは縮小された複製によって完全に再生産することが可能な種類の対象（大きさだけが異なる、磁器でできた大小の立像のような）と、そうはできないもの（国民のような）とを区別するべきだ。（それに、完全な複製、第一の対象とまったく同じ第二の対象を、私たちはそもそも「表現」[representation] などと呼ぶだろうか。）無作為抽出の代表標本は、一定量の対応関係の不一致が生じる確率を数学的に正確に割り出すことができるのだが、それでもやはり、可能なのは特定の種類の情報をもたらすことだけだ。具体的に言えば、全人口のなかでどれだけの人数を占めるのか、という情報だけがもたらされる。したがって、問題になるのは常に私たちの目的なのだ。私たちが必要としているのは情報なのか、そしてもしそうだとしたら、どのような種類の情報なのか——どんな特徴が再生産されるべきで、何が重要になるのだろうか。

政治においても、類似によって「写し出す」という意味での代表、そして原型の複写としての代表は、どの特徴を再現すると政治的に意義があるのか、という問題と表裏一体である。一般論として、政治的に重要な特徴は時と場合によって異なり、その特徴を選ぶための原則も同じく時と場合による、と私たちは十分に承知している。宗教への所属はおそらくその典型的な例で、何世紀にもわたって戦争や革命を引き起こしやすい争点だったのだが、今日では相対的に重要性を失ってしまった。これに対して代表制統治の歴史や選挙権の拡大が示しているのは、代表に対する要求が、何が政治的に意義ある特徴として代表されるべきかについての考え方の変化に基づきつつ、長きにわたって変化しながらも途切れることなく記録されてきている、ということである。国民は、地図上に示される地理的な領域——一貫してそこに存在し、ほとんど変わることはなく、地図製作の過程によって変化することなどまったくない——と同じではないのである。

描写型を採用する理論家の多くは、完全な圧縮という理想が実現不可能だと認めることをいとわない。しかしそれでも、その手に入ることのない理想が、多少なりとももっと近づくべき目標としての役割を果たせるのではないか、と主張する。代表の機能とは代表される対象に関しての情報をもたらすことだと考える限りは、上記の主張は基本的に正しい。複写が正確であればあるほど、情報もそれに応じて正確になるからだ。ただこの場合でもやはり、どの種類の情報に意味があるのかを選択するという問題は、曖昧なままごまかされてしまいがちである。しかし、本当の難局は、対応関係の正確さを、情報源としてではなく、私たち自身に代えて代表者に行為させるための正当化として利用するときにやってくる。確かに、正当化の議論には魅力がある。もし考えうるあらゆる点において国民に似た完全な複製を作り上げることができるのならば、そこから導き出される政策、決定、妥協、行為は、間違いなく全国民が導き出すと考えられるものと同じになるだろう。そうすると、複製を原型の代わりにするということに対して、誰も筋の通った反論はできなくなってしまうかもしれない。しかし、完全な複製とは実現不可能な理想であり、近づくことができるだけだというのならば、問題は残される。正確さにも程度があるということになるが、この場合もはや行為の類似性の程度が正確さの程度に必ず見合っているということにはならないだろうし、まして複製に原型の代わりをさせる正当性がどの程度あるかを正確さの程度から測ることもできないだろう。対応関係が完全ではなくなるや否や、私たちは、行為に際してどのような種類の特徴や特性が重要であるのか、また他でもないそれらの特徴に関する対応関係がどの程度まで十分であるのか、ということを問いかけ始めなければならなくなるのである。(97)

最近のある論文によると、立法府議員の特性を、特に選挙区民が有する特性と関連づけて扱った経験的調査の多くは、これらの特性によって議員がどのように行動するかがおおよそ決まる、と想定しているという。つまり本当のところでは、立法にかかわる決定こそ、私たちが関心をもっているものである。

代表の諸理論において、公的な意思決定者を選ぶ適切な手続きが本当の根本問題であったことは、今までにない。公職者を選ぶ方法を変更しようという提案の背後にはすべて、少なくとも、そのような変化が意思決定者と意思決定制度の動向や手法に及ぼす影響についての、何らかの想定が隠されている。改革提案が想定し、示さなければならないのは、提案された変更を加えることによって、代表が何を決定するのか、そしてどのようなやり方で決定に至るのかという点についての期待や要望が、よりよく満たされるようになる、ということだ[98]。

同じように、チャールズ・ハイネマンも、無作為に立法府議員の特性を検証するのみで政治的な行為との関連性を示していない経験的研究を批判している。そのような経験的研究では、全人口の中である性質をもつ一部分が、ただその同じ性質を有する議員の数が少ないというだけで、十分に代表されていないと想定されている場合があまりに多すぎる。「法の制定者に関する諸事実が重要であるのは、おそらく、それらの事実が立法行動と何らかの関係性をもつ場合に限られる——法の内容や形式に影響を与える場合、それから法制定手続きに影響を与える場合にのみ、それらは重要なのである[99]」。

私たちは、人びとの行為は人びとの特性によって左右される、と考えがちだ。議員の特性に関心をもつのも、まさにこの理由からである。しかし、両者の関係は単純ではない。最善の描写的代表者が、活動や統治することにおいても最善の代表者であるとは限らないからだ。精神異常者にとって最善の描写的代表者は精神異常者かもしれないが、だからといって精神異常者から何人かを立法府に送り込んでもよいと主張する人はいないだろう、とグリフィスは指摘する[100]。同様に、「英国国会議員の中に労働者階級を代表するメンバーが十分に含まれていないと不満を述べたくなるのはもっともかもしれないが、決して少なくはない愚かな人びとや有害な人びとを代表する者が国会にわずかしかいない、と文句を言いたくなるということはないだろう。それどころか、その逆である」[101]。もし私たちの関心事が国民についての情報であるのならば、完璧な反映や類似という理想には何の害もない。しかし、私たちの関心事が代表による政治的行為であるのならば、正確さという観念は間違った方向へと議論を誘導してしまう恐れがある。

描写的代表観が政治と関係しているのは明らかだが、これもまた部分的な見方にすぎず、それゆえにうまく当てはまらない場面では錯覚のもとになってしまう。この見解では説明できないこと、この見解では見過ごされてしまう政治的代表やそれ以外の代表の諸側面を思い起こしてみるだけでよい。この見解が、ホッブズの説明しているような種類の代表行為――つまり代表されるものを拘束する権威づけられた行為を説明できないのは明らかである。この章で取り上げてきた理論家たちにしてみれば、ある人の名において何らかの取り決めを交わすことができる人はその人に類似しているべきだと主張すればよい、ということになるのかもしれない。だが、そのように便宜的に考えてみたところで、そうした取り決めを交わす権威は、やはり代表することとは無関係である。代表するということの意味は似ているということであり、誰かのために行為をするということではない。同じく、描写的代表観には説明責任としての代表を論じる余地もない。現実の問題としては、議員が選挙区民によって選出されるのならば、おそらく両者の間に正確な対応関係が存在すると請け合うことはできる。だが、有権者がその選挙区を代表しない(その選挙区の典型ではない)人びとを選びたいと考える場合も少なくはない。しかもそれは好ましいことかもしれない。いずれにしても、ある人が説明責任を負うのは自分がおこなったことについてだけであって、自分が何者であるかについてではない。したがって、描写的代表者が説明責任を問われるとしたら、せいぜい選挙区民について正確な情報を提供したかどうかについてだけだ、ということになるだろう。そうであれば、無作為の標本抽出の方が選挙よりもよほど効果的だ、ということになるかもしれない。

最後に、私たちが論じてきたこの描写的代表観では、「申し立てをおこなう」[making representations]、つまり情報を与えるという特殊で限定された意味でしか、代表するという活動が認められていない。他の人のために、他の人の代わりとして行為するという意味での代表行為がなされる余地は、まったくない。それはすなわち、政治の世界では、代表制の議会が創造的な活動をする余地はない、ということを意味している。創造的な活動とは、合意への道筋を整えたり、政策を案出したりなど、私たちがおおよそ「統治する」[governing]という言葉で意味しているような活動のことである。そのような活動が議員によっておこなわれるのは望ましいかもしれないが、そのような活動をおこなうことは代表することではない。ここで代表するということが意味しうるのは、せいぜい典型的であるとか類似しているとかいうことだけである。もし代表者の義務を論じたり、代表行為の善悪を区別したりするのならば、形式主義的代表観とは違って、描写的代表観を採用する意味がまったくないというわけではない。代表するということに行為が含まれず、特性のみが含まれる限り、描写的代表観に意味はなく、その場合には、代表するということは誰かがより良くおこなったりより悪くおこなったりすることができるようなものではない（ある人が他の人よりも典型的だということはあるかもしれないが）。だが、もし「申し立て」[representation making]や情報提供の活動として代表行為に言及するのであれば、その場合には代表者にも義務が負わされるように思われる。つまり、代表者は、できる限り事実のまま正確に有権者を反映するという義務を負う。有権者が何の見解も有していなかったり、当面の問題に関して示されるべき特性をもっていなかったりした場合には、代表することも不可能となる。ただいずれにしても、そのような政治的代表の概念の範疇では、リーダーシップや、独創性や、創造的行為の余地は残されていない。代表は有権者に新たな見解を示すのではなく、有権者がすでにもっている見解を反映すべきである。そして、国民の意見がいったん表明されれば、立法府が何をしようとも、それは代表とは関係がない。行政官には統治という活動が残されているかもしれないが、だからといって行政官が代表しているとは言えない。代表するということを描写的代表観に、すなわち情報を提供することに限定してしまうと、代表概念について他にも競合するさまざまな用法があるにもかかわらず、私たちにはそれらを説明することができなくなってしまう。また、統治にかかわる行政官がいかにして代表しているのか、ということも説明できなくなってしまう。それにもかかわらず、描写的代表も代表である。挙げられている例は真実らしく思われ、無視することなどできない。私たちは、代表性や具象芸術や代表標本について、現に論じている。さらに、描写的代表観は、形式主義的代表観に対して健全な中和剤の役割を果たすことができ、後者が触れずにいた論点を指摘してもいる。だが、どちらの代表観単独でも、または両者を組み合わせてみたとしても、代表についてすべてを語り尽くすことはできない。私たちは、さらに検討を続けなければならないのである。

第5章　「写し出す」——象徴的代表

象徴的代表の定義

ある事物が他の事物の代わりを務めること、つまり「写し出す」[standing for] ことによって代表することが可能になるための根拠は、描写における類似だけではない。象徴も、何かを代表するもの、つまり自身の存在によってその何かを事実としては存在していないにもかかわらず存在させるものだと、しばしば言われる。このような形で代表することについても、代表の定義を決定づけるような中心的役割を果たしていると見なすことが可能で、それゆえに政治的代表を含む他のあらゆる種類の代表を、それを基準に解釈し、それに引きつけて考えることができる。私たちはこれを「象徴的代表」[symbolic representation] あるいは「象徴化」[symbolization] 代表観と、そしてこの見解を採用する論者を「象徴化論者」[symbolization theorists] と呼んでもよい。というのも、これら論者たちはあらゆる代表を象徴化の一種と見なしているので、政治的代表者についても、国民を代表する旗や教団を代表する徽章などをモデルにして理解されることになるからである。「代表は生活経験に基づいた事実であって、あるところまではそれはただ「生じる」[happens] のであり、一般的にそのようなものとして受け入れられている。しかし、なぜそうでなければならないのだろうか。*Repraesentare* とは、事実としては存在しない何かを存在させることを意味する。そのような意味で、一片の布が巨大な権力複合体を代表するかもしれないし、星条旗がアメリカ合衆国を代表することも可能なのである」[1]。

さらに、人間を象徴と見なすことも可能であり、一定の状況が整えば、国旗と同じように国民を表すことができる。政治科学の文献でもっともよく取り上げられている例は、おそらく立憲君主制下の国王であろう。英国政府についての近年の教科書では、君主は「英国の威厳、権威、そして統一を表している。そして英連邦の各構成部分においては……それぞれの独立国家としての地位を表現している」と記されている[2]。君主はこの点で旗やその他無生物の象徴と同様のものであり、違っているのは「生きている象徴であるから、彼ははるかに興味深い」という点だけだ。同種の象徴的代表の見方は、しばしば国家元首一般に当てはめられる。元首たちは「代表ないしは体現する。すなわち、一国の人民の統一を示す象徴である。旗や、紋章や、国歌も同じであるが、ただしそれらはもっと物質的かつ機能的にその役割を果たしている」[3]。

代表を研究する者は、この事象をもっと一般的な枠組みに当てはめようとして、政治指導者の役割を、擬人化や原始的な呪術や宗教的な儀式に関連づけてきた。これらはすべて、隠れた結びつきへの信仰を含んでいるように思われる。モード・クラーク[1892–1935]の考えでは、「宗教的な目的から、ある生物や物体が、この世のものではない隠れた力の象徴や代理人と見なされる」場合には、「代表の原理」[representative principle]はどこにでも出現する。そして、「原始社会では……王や酋長は人びとと見えない世界との中間に立ち、人間性と神性双方の典型となるもの、ないしは両者を代表するものであった」[4]。クラークはユダヤ教の贖罪の山羊をその例として挙げている。荒野へと追放されるとき、贖罪の山羊には「共同体の罪が帰せられ、それによって罪が償われた」。彼女は他にも、人間にせよ動物にせよ身代わりの犠牲について言及していて、それは『マカベア書』にも見られるものである。「だが、わたしも兄たちと同じように霊も肉も父祖伝来の律法のために献げ……われわれの民すべてに対して正しく下された全能者の怒りがわたしとわたしの兄たちのところでとどまる」[5]［土岐健治訳「第2マカベア書」『聖書外典偽典1 旧約外典I』教文館、一九七五年、一七八頁］。これらの例に加えて、あるドイツの研究者は、原始的な魔術的思考を挙げる。ある部族の医者が自分自身の体への施術によって患者の同じ部分の病気を治すのは、両者の間に魔術的な結びつきがあると考えられているから、というような場合がそれである。[6]

代表［表現］する象徴と象徴する象徴

これらはすべて代表の事例であって、みな等しく「象徴的」という一般的なカテゴリーに属しているように思われる。しかし、政治思想にとってこれらがどれほど重要かということを理解するためには、私たちはまず象徴がどのようなやり方で代表する[represent]のかということを検討し、それに続いて代表すること[representing]と象徴すること[symbolizing]との違いも検討しなければならない。[7] すでに具象芸術について議論しているので、まずはそれと象徴芸術[symbolic art]とを区別するのが有益かもしれない。一般に象徴主義の画家とは「現存する対象の形状や外観を表現することよりも**よりも**諸観念を象徴すること[symbolizing ideas *rather than* representing the form or aspect of actual objects]を目的とする」者だと言われる。[8] これは、象徴主義芸術が非具象的でなければならないということではない。ただ象徴主義芸術の主たる目的は表現[representation]ではなく、それゆえに表現されているものは象徴されている対象とは異なる、という意味である。単純な表現については、「表現する」[represent]と言われることはなく、木や猫など「である」[be]などと言われるだけである。対照的に、象徴については、指示対象を表現する、と言われることが多い。画家は画題を何か**として**[as]「表現する」のだが、それは言い換えれば描くにあたって一定の特徴をもつものとして表現しているということであり、外観についての何らかの主張が含まれる。画家が何かを象徴に**よって**[by]表現する場合、その象徴はおそらく認識可能な対象ではあるのだが、だからといってそれが象徴している対象の表現である必要はなく、また表現ではないのが普通である。

初期のキリスト教芸術家たちは、特に秘密裏にキリストに言及しなければならない場合、魚を象徴として利用した。これは、ギリシア語の ἰχθύς という言葉にまつわる文字など「魚を意味するギリシア語だが、「イエス・キリスト、神の子、救世主」[Jesus Christ, Son of God, Savior]の意のギリシア語句の頭文字の組み合わせとなっている。訳者注」に由来する。魚はキリストの象徴だったが、キリストの表現ではなかった。魚を描いた画家は、キリストを魚として表現して（見せて）はおらず、キリストの外観について何の主張もしていない。表現と違って、象徴は指示対象に似せたものではなく、したがって類似していない。象徴は何を象徴しているかについて主張をするのではなく、それを示唆し[suggest]、表出する[express]のである。(9)

とはいえ、象徴にも、表している対象といくつかの特徴を共有しているように思われる場合が確かにある。たとえば、合衆国国旗には五〇個の星があるが、それは国を構成する五〇の州に対応しているし、魚がキリストの象徴となりうるのも、魚という単語に含まれる各文字があってこそである。辞書では、象徴は「他のものを表したり示したりする何か（正確な類似によってではなく、曖昧な示唆によって、または何らかの偶然的あるいは慣習的な関係性によって）」と定義されている。(10)だが、このような言い方は誤解を招きかねない。この定義が示唆するところに従えば、旗が国の象徴となるのは、国との「類似」が正確ではなく曖昧であるから、ということになる。ところが実は、そもそも両者の結びつきは類似とまったく関係がない。旗が国と共有しているのは、目に映る特徴ではない——正確であろうと曖昧であろうと、そのようなことは関係がないのである。

「象徴」[symbol]という言葉は、ギリシア語の*symbolon*に由来する。それは「事物を認識したり推測したりするために使われる記号」という意味で、「一緒に」を意味する*sym*と「投げる」を意味する*ballein*から構成されている。「象徴する」という動詞が英語で最も早く使われた事例の一つは、一六世紀の物理学にまでさかのぼり、一緒にされると化合する物質や、元素の変換に言及する際にこの言葉が用いられた。無理をすれば、元素同士が調和して一体となるかどうかは、共通の性質をもつかどうかによると見なされていた、と推測してみることもできるかもしれない（「だが、気は水に変わり、土は火に変わるであろう。部分においてそれらは一体となる[in one part they do symbolize]からである」）。そうであればやはり、目に見える類似ではなく、隠れた内的な性質が示唆されているということになる。したがって、私たちは象徴に関する何らかの隠れた結びつきや原理があると期待しがちである。たとえば私たちは、なぜ船が教会の適切な象徴であるべきなのか、なぜ鷲が米国の象徴であるべきなのか、なぜ棕櫚の枝が勝利の象徴であるべきなのか、について説明ができるだろうと考える。こうした考えをもとに、何人かの論者は、象徴は以下のような理由で記号[sign]とは異なっていると主張する。すなわち、記号が何を示しているかは恣意的であるのに対して、象徴は「決して完全に恣意的ではない。それは、意味するものと意味されるものとの間に自然な結合の兆しがあるために、空虚ではないからである。正義の象徴である天秤は、何でもよいから他の象徴、たとえば戦車を持ち出せばそれで置き換えられるというものではないだろう(11)」。別の正義の象徴を考えることも不可能ではないだろうが、それでも何か原理や結びつきがあることは不可欠だろう。ベッツィー・ロス［1752–1836. 星条旗を作ったとされる。訳者注］がもし違ったインスピレーションを得ていたら、私たちの国旗はまったく違う外観になっていたかもしれない。ただ、その国旗がどんな特徴や色を採用していたとしても、その特徴や色のいくぶんかは合衆国の有する特徴を参照しながら「説明」されていたことであろう。

しかしながら、ある種の象徴は、完全に恣意的で、指示対象と隠れた特徴すら共有していない。これらはしばしば「慣習的」[conventional] 象徴と呼ばれ、たとえば数学の分野で見かけるものである。私たちが「代数学の符号[signs]や記号[symbols]」と言うとき、前者はおこなわれるべき演算を指示するもの（+、−、÷、など）を意味しており、後者は未知の数量を表す文字（x、y、など）を意味している。代数学で用いられるこれら記号は、代数問題を解こうとする際に使われるものだが、それが表している未知の数量と、類似を通じてであれ隠れた共通の性質を通じてであれ、何ら結びつきがない。私たちは、個々の問題に新しく取り組むたび、それらの記号に対して新しい意味をまったく恣意的に割り当てる。もう一つの例として、地図作成者の使う記号[symbols]が挙げられる。キャンプ場や敵の火砲陣地、新しく育ってきた森林などを示すために、地図や海図で用いられる、さまざまな幾何学的形象のことである。これらの記号は、木に似た小さな図形が森林を示すものとして使われるように、図像として具象的である場合もあるかもしれない。だが、完全に恣意的である場合も多く、その場合には記号表や凡例を見ないと何が示されているかが理解できない。この種の慣習的象徴は、表している対象を中性的に示すただのしるしである。

一部の論者は、恣意的な慣習的象徴の反対の極に、恣意的な要素をもたない別種の象徴がある、と主張する。それらが対象を象徴的に指し示す場合、非常に明確で普遍性をもっているので、見た者は誰でも意味を理解することができるというのである。これらは時に「自然的」[natural] 象徴と呼ばれる。精神分析理論において、夢に出てくる基本的な象徴は、あらゆる人の無意識の中でこのように普遍的な形で機能すると仮定されている場合が多い[12]。そもそも自然的象徴などというものが存在するのかどうかについては、意見は相当に分かれている。もし存在するとしてもどれほどの数があるのか、何が自然的象徴なのか、という点についても、同様に意見は分かれる。次のように述べる論者は、薔薇を自然的象徴だというのかもしれない。「薔薇のイメージは女性的な美しさをあまりにもやすやすと象徴するので、実のところ薔薇を少女に結びつけるよりも植物に結びつける方が難しいのである[13]」。しかし、別の論者であれば、時と場合に応じて薔薇が示す多くの異なる意味を挙げることができるかもしれない[14]。

ただ、自然的象徴と考えられるようなものでさえ、その表現方法は、具象芸術やその他の描写的代表の場合とはまったく異なっている。象徴的代表は、「写し出している」にもかかわらず、描写的代表と同じものではない。象徴の機能としてもっともよく言及される二つの事柄の間に、どのような意味の違いがあるかを考えてみよう。二つというのは、象徴すること [symbolizing] と、表現すること [representing] である。この目的のためには、代数学で使われるような慣習的記号 [conventional symbols] が特に有用だ。なぜなら、私たちがそれらを象徴 [symbols] と呼んでいるにもかかわらず、それらは象徴しない [do not symbolize]（通常は、象徴するという言い方をしない）からである。

代数学の問題を解こうとするときに、私たちは、以下の例に見られるような多くの言い方の中から何を選んでもかまわない。ジョンが持っているリンゴの数を x としよう。ジョンが持っているリンゴの数を x と表そう [stand for]。ジョンが持っているリンゴの数をxと表現しよう[represent]。だが、次のような言い方をすると、不自然で無理を感じるだろう。それは、ジョンが持っているリンゴの数をxと象徴しよう[symbolize]、という言い方である。なぜ、このような言い方をしないのだろうか。あるものが何か別のものを象徴すると言うことは、前者が存在しないものを心の中に思い起こさせ、さらにはその存在しないものに向けるにふさわしい感情や態度を引き出すと言うことと同義である。これは、代数学で使われるxには当てはまらない。それどころか、問題解決に代数学を用いる大きな利点の一つは、リンゴやドルや平方フィートにかかわる不要な事実については当面考慮から外して、xだけを、それが表している対象のことは考えずに扱えるようにしてくれるということである。初学者が問題を解いた後で、適切な単位に「解答を移し変える」ようにしばしば気をつけなければいけないのは、このためである。恣意的に割り当てられた象徴は、指示対象の特徴に対応する内在的な特徴をもっていない。またそのような特徴の存在をほのめかすこともなければ、心に浮かばせることもない。つまり、それらは、象徴しないのである。それらは、ただ指し示すだけだ。同じように、地図上の記号[symbols]も、普通は木々や火砲陣地を象徴していない。

何かが象徴しているという言い方をするときに私たちが注意を向けているのは、まさに代数学や地図作成で用いられる記号[symbols]には欠けているような、ある状況で生じてくる諸特徴である。私たちが注目しているのは、ある人が象徴に対し、その指示対象に適切な様式で反応すること（または反応すると想定されること）、である（十字架に口づけをしたり、旗に敬礼したり、など）。私たちは、感情や態度を引き出す象徴の力を強調している。さらに私たちは、対象への指示が曖昧で、緩やかで、不完全な性質のものである、という点にも注目している。もっと厳密に言うと、象徴するというのは「不確定な何かを正確に指し示すこと」なのである。[15] 私たちは、象徴が象徴している対象の全体を余すところなく理解することもできなければ、言葉に表すことも決してできない。象徴は、ほのめかし、喚起し、暗示するだけだ。象徴している対象を具現化することができるのは象徴だけであるから、それはまさにその対象を正確に示していると同時に、意味を定義することができないという性質も併せもつ。たいていの象徴は、何かを象徴することができるというこの性質を有していて、この問題を研究する者のほとんどすべてが、それこそ象徴を最終的に定義づける性質だと見なしている。慣習的な象徴、すなわち象徴することがない象徴も存在している、ということに多くの者はうっすら気づいているのだが、それらは些末だとして無視されるか、または記号[signs]として別に定義される。[16] このような態度は理解できるし、文学上の象徴主義や象徴主義芸術の研究では大して害にならない。ところが私たちの目的に照らしてみると、それでは重要な区別が覆い隠されてしまう。というのも、いくつかの象徴は象徴することができず（通常は象徴するという言い方をしない）、ただ表現したり[represent]表したり[stand for]することができるだけだという点に注目すれば、象徴はどのように表現するのか、という問題を検討することができるようになるからである。

私たちが、ある象徴（どのような象徴でもかまわない）のことを、「表現している」[representing]という言い方で語る場合、私たちはそれを慣習的な象徴、つまり表現することだけができる種類の象徴へと同化させている。たとえば、私たちが象徴の指示対象を言葉によって明確に説明しようとするところだと想定してみよう。象徴が象徴するものは、（もし本当に象徴しているなら）言葉によっては決して語り尽くすことができない。私たちが象徴の意味を明らかにしようとするとき、とりわけ簡潔かつ単純にそうしようとするときによく使われるのは、それが「表現する」ものはこれである、という言い方である。この場合、象徴とは大まかに言ってそれが表現している対象の代わりである、ということが示唆されている。ところが、象徴は象徴している対象の代わりではない。「象徴は対象の代用品[proxy]ではなく」、象徴している対象の「概念を形成する媒体である」[17]。ウィリアム・ヨーク・ティンダルの指摘によれば、象徴するということは、そこにあって「記号のように何か他のものを指示するのでも、何か他のものの代わりをするのでもなく、何か他のものを表すことですらない」。それどころか、象徴は「それ自体があることによって、それが創り出し迎え入れてきたものすべてを表示する」［ピトキンの引用で welcome となっているのは、welcomed の誤り。訳者注］のである。象徴はただ「等式の左辺と右辺が同じ価値を有するのと同じように、象徴している対象と交換されるわけにはいかない。便宜上の理由だけで使われるある種の記号や象徴については、交換が可能だということも当てはまるのかもしれない」が、象徴が象徴する場合には当てはまらないのである。[18]

私たちが「表現する」という言い方を特に使いたくなってしまうのは、ただ単一の象徴が何を指示対象としているのか明らかにしようとしている場合ではなく、何らかの詩や絵画を説明しているときのように、一群の象徴全体について簡潔な説明を試みている場合である。その場合、私たちは「こちらはこれを表現していて、あちらはあれを表現している」などと言い、芸術家による「記号体系」[code]をいわば説明しようとする。これは地図の記号表や凡例に相当するものであって、二つの一個一個の物の間に関係が一つだけ生じるのではなく、二つの集合の間で部分ごとに対応関係がいくつも生じる例、つまり同型という代表の例の一つである。ティンダルが記号について述べていることは、表現をするような象徴にも同じように当てはまる。それは「一つ一つの対応関係を意味する」のである。[19]

特定の状況に置かれた特定の象徴が表現もするし象徴もする、ということはあるかもしれない。だからといって、どちらの言い方をしても同じことが言われている、というわけではない。象徴が表現するという言い方は、正確な対応関係、単純な指示や代用、そしておそらく或る一つの対応関係が一例でしかないような一連のさらなる対応関係の存在を示唆している。象徴が象徴するという言い方では、表している対象の曖昧さや散漫さ、あるものをもって他のものに代えることの不可能性、そして指示ではなく表出、などが示唆されている。もちろん、象徴が表現する場合にも、象徴する能力と因果関係で結びつけられることが多い。したがって、旗が何らかの目的のために合衆国を表現する（代わりになる、指し示す）ことができるのは、まさにその旗が合衆国の栄誉と威厳を象徴する（ふさわしい感情をほのめかし、引き出し、喚起する）からである。逆に、国旗に対してどのような態度で反応するのがふさわしいかは、一つには、旗が合衆国の「代役」[stand-in]として使われ、披露されることを通じて習得されるのである。

象徴することと表現することをこのように区別すれば、象徴的代表と他の種類の代表とを区別するにあたって大きな助けとなるのは間違いない。もし象徴を起点として、それをもとに代表を定義するならば、代表概念全体が、象徴するという言い方で示される方向へとねじ曲げられ、歪められてしまう。「表現する」という言葉と対比した場合に、「象徴する」という言葉からはいくつかの示唆や含意を汲み取ることができるが、まさにそれらが、たとえば旗が国家を表すというようなモデルに沿って代表概念を理論的に取り扱う場合に、表面化する可能性が予想されるのである。

たとえ象徴が象徴するのではなく表現する場合であっても、その方法は芸術表現やその他の描写的表現の事例とはいくらか異なっている。表現する目的、文脈、重点が違うのである。象徴は、表現する対象についての情報源ではなく、表現する対象に関して何事かを主張するということはない。合衆国国旗に描かれた縞模様の数は、確かにもともとのアメリカ植民地の数に一致する。だから、国旗に関して、先の章の中で具象芸術について論じたことを当てはめることもできるだろう。つまり、対応関係が正確であれば、様式を理解している者は、表現の対象から誤った情報を読み取ることはないだろう。しかし通常私たちは国旗を情報源として用いない。仮に情報源として用いた場合には、国旗はもう象徴としての機能を果たしてはいないだろう。私たちは、象徴を、それが表しているものについての情報源としても、またそれについて何らかの推論を下すための根拠としても、用いることはない。これが、私たちの使っている言語に「誤って表現する」[misrepresenting]という概念はあっても、それに対応する「誤って象徴する」[missymbolizing]という概念がない理由である。また、象徴に正確も不正確もない。対応関係の正確さは、たとえ象徴と指示対象との間に何らかの結びつき、何らかの（隠れた）性質の対応関係があるとしても、象徴的代表では論点にならないのである。

象徴の役割

しかしそれならば、私たちは何のために象徴を用いるのだろうか。象徴は情報源ではなく、感情、感情の表出、表現の対象に向けられた行為などを受け入れる容器、またそれらが向かう対象であるように思われる。それは何か他のものに対して「ふさわしいと考えられるさまざまな態度の焦点」である。言い換えれば、象徴に何かが起きた場合、それは私たちが象徴の指示対象に対してするであろうことと同じことだ、ということになるのである[20]。したがって、国旗を扱うにはそれにふさわしい特別なやり方があり、それ以外のことがおこなわれてはならない。「古い旗を地に落ちたままにしておく」ならば、ただの一片の布ではなく、「それが表している共和国」を侮辱していることになる。同じように、国歌が歌われるときには起立し、十字架の前ではひざまずくものとされる。文学でも、象徴は対象にふさわしい感情を引き出したり表出したりするものだとされており、象徴的な形象に起こることはその指示対象にも同じく起こると見なされなければならない。

すべてのとは言わないまでもほとんどの象徴には恣意的な要素が含まれていて、表現している対象との結びつきは表に現れた特徴の類似に基づいていないのだから、象徴が何によって成立しているのかを決める基準は、人びとの態度や信念の中に求めるしかない。もし「何かから――たとえば紙の上のしるしや、私たちが「言葉」として解釈するちょっとした悲鳴やうめき声、あるいはひざまずいた姿から、象徴を作り出す[makes]」ものは何かと問うならば、答えははっきりしている。人びとの信念、態度、想定である[21]。慣習的象徴の場合、このことは自明である。[文字通り「カギ」となる]「記号表」[key]を参照したり、ある代数問題でxが何を表しているか教えてもらったりしなければ、それらが何であるのかわかるはずがない。そのような象徴は、今現在その象徴がそれであると見なされているもの、そしてその象徴が表すものだと定義されているものであれば、何でも表すことができる。しかし、それ以外の象徴についてでさえ、その象徴がそれ自体にはおさまらない意味をある人びとに対してほのめかしたり表出したりしていないか、またそのように想定されていないか、あるいは過去の歴史の或る時点でそうしていなかったか、ということを知る必要がある。象徴と呼んでいるものについて、自分自身が全面的に信じている必要はない。キリスト教信者でなくとも、キリスト教の象徴体系を論じることは可能なのだから。ただ、キリスト教の象徴体系と呼ばれるようなものが存在するためには、十字架や舟や魚などの象徴としての意義を、誰かが信じていなければならない（または過去に信じていたということがなければならない）。象徴がそれ自体におさまらない意味をもつと考えられているのは、指示対象と実際に似ているからでも、何らかの関係性が実在するからでもなく、ただそのように考えられているから、という以外の理由はないのである。この意味で、象徴的代表は、いかなる個々の事例においても、あるとも言えるし、ないとも言える。もし誰かが信じているならば（または、信じていたならば）、それはある。誰も信じていなければ、それはない。それゆえに、旗は「実存的な」[existential] 表現の一例、「実存的な事実の問題」であって、「ただ単に生じる」[just happens] と言われることもある。[22] そして、象徴的代表をモデルとして研究を始めた論者の多くは、すべての代表について同様の考え方を見出す。すなわち、それは「実存的」で、人びとの信念次第で存在が左右される。[23] またそれは、ある「状態」[condition] であり、「主として感じ方 [frame of mind]」だというのである。[24]

象徴と非合理性

当然ながら、この議論には象徴的代表観のさらなる二側面が伴ってくる。象徴と指示対象の結びつきが恣意的だと考えられていて、人びとが信じる場合にのみそのような結びつきが存在するというのだから、象徴的代表は、理性による正当化が可能な基準ではなく、感情的で情緒的かつ非合理的な心の反応に基づいているように思われる。純粋に慣習的または恣意的であるだけの結びつきを信じる合理的理由はないし、その結びつきを論理的に正当化することもできない。国旗を見て身震いするような誇りを覚えるのは、それが合衆国と正確に類似しているからではない。そのような反応は、学習や理解よりも、訓練や習慣に基づいている。したがって、象徴的代表を中心的見解として強調する論者は、代表が可能になる条件を実現するにあたって、非合理的な心理的反応が果たす役割を強く主張するのが通例である。

その結果として、第二に、そうした論者は象徴の創出過程に強い関心を抱いている。ちょうど、描写的代表において、絵や地図が表現するということの意味が画家や地図作成者の表現方法と密接に関連していたように、象徴についても同じことが言える。理論家は、国を表す旗や教会を表す十字架を越えて、これら象徴にそうしたことが可能になる過程へ、さらにはその過程を開始させることができる人間の活動へと、すぐに気をそそられてしまう。私たちはすでに、「として表現する」[representing *as*]と「によって表現する」[representing *by*]との違いを目にしている。前者は、画家やその他の描写的代表の作成者による活動である。だが、後者はそうではない。この区別にならえば、画家はキリストを背の高い男性として表現するかもしれないが、魚として表現することはない。ただし、画家がキリストを魚によって表現するのは不自然ではない。この種の象徴作成活動が慣習的象徴と関係しているのは明らかである。というのは、地図作成者や数学者は、もともと意味のないしるしに定義を与えることによって（慣習的）象徴へと変化させ、たとえば地図の記号表に組み入れたりするからである（もちろん、人びとによく知られ、受け入れられている慣習的象徴をそのまま使うこともあるかもしれない）。

しかしながら、象徴することができる象徴を創出して使用することは、ただ単に「によって表現する」ことではない。象徴の創出や使用は、単なる恣意的な取り決めではないのであって、地図を見ることが必要ならば誰でも決まり事をすぐに受け入れてくれるだろう、というようなわけにはいかない。非慣習的な象徴を信じ、受け入れ、適切に反応してもらえるようにするには、何らかの反応を人びとの心に呼び起こし、何らかの習慣を人びとに身に着けさせ、何らかの態度を人びとがとるように促さなければならない。象徴を創出するということは、描写的表現を作成するのとは違って、象徴自体に働きかけるというよりも、象徴を受け入れることになる人びとの心に働きかけることであると言った方がよいだろう。そして、象徴的な結びつき、つまり他の象徴ではなくこの象徴を受け入れるということには合理的な正当化など存在しないのだから、象徴作成とは理性的な説得の過程ではなく、情緒的な反応を操作し習慣を身に着けさせる過程なのである。

政治における象徴の効果

象徴的代表が代表の定義を決定づけるものだと見なされ、他のあらゆる種類の代表がその見地から理解される場合、象徴による表現方法に特有の上記のような特徴が一般化され、投影されるようになる。政治もその一例である[25]。そうなると、政治における代表者は、代表する相手と、恣意的な、または慣習的な、または隠れた結びつきしかもたないように見えるだろう。人びとを代表するということは、国のような抽象概念を象徴することと、まったく同じように感じられるだろう。政治的代表を検証する際に重要なのは、実存的な検証だということになるだろう。すなわち、代表者は信じられているのか、ということである。そして、そのような信念の根拠は、非合理的で情緒的なものとなるように思われる。なぜなら、その信念を合理的に正当化することは不可能だからである。したがって、政治的代表とは活動ではなく状態であり、他の者のために行為することではなく誰かを「写し出す」ことになるだろう。人びとが受け入れ、信じている限り、政治指導者は定義上その人びとを代表している。仮に活動が意味あるものに見えるようなことがあるとすれば、それは他の者のために行為するという活動でも、申し立てをするという活動でも、代表されている対象に関する情報を提供するという活動でもない。人びとに象徴を信じさせ、政治指導者を自分たちの象徴的な代表者として承認させるという活動であろう。

象徴的代表が政治に当てはめられる場合、それは本質的に静的な「写し出す」[standing for]種類のものとなるのだが、それは象徴的で儀礼的な機能を果たす際の国家元首の例にはっきりと見ることができる。私たちは、一方で「現実的」[real]な目標の実現を合理的に目指す実践的活動と、他方で感情の表出にかかわる象徴的行為とを区別する。そして、元首の行為がまさしく儀礼的なものにとどまるその限りで、私たちは元首を象徴だと見なす。したがって、合衆国大統領は、大使を迎えたりする場合など、ほぼ純粋に儀礼的で象徴的な役割を果たすときにのみ、またその役割の範囲に限って、国の象徴となる。私たちは、大統領が「私たちの政府を実際につかさどる長[working head]であるよりもむしろ表看板[figurehead]として」役割を果たしている、と言う。[26] そのようなリーダーは、もし現実の党派的な政治に巻き込まれれば、全人民を象徴し具現するという自身の地位を危うくしてしまうかもしれない。[27] また、なぜ大使が本国の象徴として特に十分な働きをすることができ、儀礼的な役割を果たす際には礼遇を受けることが可能になるのかと言えば、政策を決定しているのが大使ではないということを誰もが知っているからに他ならない。[28] 大使は、政策を背後で実際に推進する力をもっているわけではなく、単なる代理人にすぎない。だからこそ、象徴としての務めを難なく果たすことができるのである。

このような相互関係がもっとも頻繁に記されるのは、おそらく現代英国君主制に関する文献においてであって、そこでは英国議会や首相の「合理的活動」と国王の「活動の欠如」[inactivity]との相違が強調されている。[29] ある解説者によると、国王は「共同体の象徴であり国家の公式の代表者」とされるのだが、その意味するところは「生命をもち行為する人格ではなくなり、荘厳な暗号になる」ことであって、その場合「まったく決定権をもたない」。[30] 他に、君主が危機に際して行為する場合も確かにあるが、それは負傷者を慰問するという例に見られるように、「お気持ちを表す行為」[representative acts of expression]によってそうするのだ、と指摘する者もいる。[31] 教科書では一般に、国王が象徴としての地位を占め、かつ維持できるのは、「現実にかかわる」[real]（すなわち、感情を表出するのではなく、何かを引き起こす原因となるような）政治的活動を差し控えるという代償を支払っているからに他ならない、と解説される。英国王室の地位が保たれているのは、「政治に関与せず、表立って政治権力を行使することもなく、いかなる政治的論争においても特定の立場に肩入れしないので、政治的な敵を作らない、という事実に大いに預かっている」。[32] 国王が「間違えることはありえない」。なぜなら、「政治的には、彼は何もできないからである」。[33] 彼は、旗と同じく象徴であり、それゆえ感情や行為の対象なのであって、行為者ではないのである。

だが、元首が政治を実際につかさどる長でもあって、静的な「写し出す」象徴であると同時に国民をみずから率いる指導者でもある場合には、どのように考えたらよいだろうか。この場合、結局のところ象徴にも合理的で何かの結果を生み出す行為をすることが可能だ、ということが示されているようにも感じられる。それでもやはり、一人の人物について二つの異なることが間違いなく言えるからといって、その二つが同じことである（あるいは、同じことを意味している）という証明になるわけではない。合衆国大統領は、国民の象徴であるとともに実際の政治指導者でもある、と言われることがあるかもしれない。だからといって、二つの異なる描き方がされているだけにすぎず両者の内容は同一である、ということではない。まさに象徴としての資格において象徴している限り、大統領は国民のために行為する権威を与えられた代理人ではない。大統領は国民を表出するものとして存在しているのである。

確かに、人間や人間集団が象徴となっている場合には、儀礼的な活動が相応におこなわれることによって象徴的代表は大いに強化されるかもしれないし、またそのような儀礼的活動が必要にさえなるかもしれない。しかし、そのような場合があったとしても、必要とされる活動は、まさしく儀礼的で感情の表出にかかわる象徴的な活動に他ならない。女王が戴冠式で、通路をゆっくり堂々と進むのではなく、ぴょんぴょんと通っていったとしたら、象徴による幻想が壊されてしまうのは間違いない。だが、私たちはその種の感情の表出にかかわる活動を、彼女の「合理的な」、「何かの結果を生み出すことに関連した」、「非儀礼的」義務から区別する。選択が完全に議会政治によって指示されるわけではない（稀な）機会に、首相を選ぶことなどが、そうした義務の一例である。

象徴の作成

しかし、象徴的に代表している人には儀礼的な活動が必要とされることもあると論じている間に、私たちは象徴作成[symbol-making]というもっと一般的なカテゴリーに取り組み始めている。そしてそれは、象徴的な政治代表観において重要な役割を果たすものである。政治指導者が象徴的に代表するためには、他の象徴と同じように、指導者も信用されなければならない。そしてそのような信念は、育んだり、創り出したりすることができる。では指導者は誰に信用されなければならないのだろうか。信念は誰によってどのように作り出されるのだろうか。象徴一般が成立するために必要な条件は、誰かが象徴的な結びつきを信じることだけである。だが、この見解を政治に適用するならば、必然的にこの信念は統治される者の心中に存在するように求められる。統治者は、統治に服する者が統治者を受け入れる限りで、すなわち象徴として信用する限りで、代表するのである。この考え方は、代表される者が象徴を信じなければならない、という意味に概念化されるのが通例である。統治者が代表者であるのは、統治され代表される者が信用する限りにおいてである。すなわち、代表するということは、国を構成している人民である被代表者によって、国の象徴として信じられていること、または承認されていること、を意味する。すべては治められる者の心次第、というわけである。この意味で、ある人が解説しているように、あらゆる政治支配者や指導者は、「権威の下にある人びとにとって受け入れることが可能であるという想定に基づいて」代表者となっている。[34]また別の論者は、「幹部会議や委任委員会の代表的性質」と、管理対象である集団からそれらが受け入れられるかどうか、信任を得られるかどうかということとは、同じことであると論じている。[35]

デ・グラツィアとゴスネルは、この見解を決定的に重要だと考え、詳細な説明を加えた。

ある社会である個人が代表されるという状態が生じるのは、その社会で権力の座に就いている人の諸特徴や諸行為が、その個人の表立ったあるいは隠れた要望と一致する場合である。

代表という状態が生じるのは、公的役割を与えられた人の諸特徴や諸行為が、その役割によって客観的あるいは主観的に重要な影響をもたらされる一人以上の人びとの要望と一致する場合である。[36]

両者にとって、代表とは、代表される者が満足するということによって特徴づけられる状態であり、「主として感じ方」だとされる[37]。それは、社会の中で権力に服する人びとと同じ数だけ存在したり存在しなかったりする。つまり、各個人において存在したり存在しなかったりする。デ・グラツィアは、この定義を社会全体に一般化して代表制統治を定義しようとしているのだが、いくつかの問題に直面している。「多くの者は、民主政治とは公職者が人口の多数を最大限に代表する社会のことだ、と考えている。対照的に、専制政治は多くの場合、専制君主やその家族、あるいは貴族だけが最大限に代表されている社会だと理解されてきた[38]」。だがそうだとすると、多くの人びとが統治者に満足している統治として民主政治を定義し、統治者だけが満足している統治として専制政治を定義することになる。それでは、多くの人びとから歓迎され受け入れられている非民主的な政府、というようなものはありえなくなってしまう。また、たとえ定期的に選挙を実施している政府であっても、その政策や諸特徴が多数を満足させなくなった場合、民主的性質は常に失われてしまうことになるだろう。

代表される者の信念や態度だけに注目することによって代表が存在していることを確証する、というやり方は、象徴が抽象概念や観念、無生物の対象を代表する場合に、うまくいかない。その場合、象徴であるかどうかは、いずれかの人びとの感じ方にはかかわっているかもしれないが、代表される物、すなわち象徴される事物の心にかかわっているわけではない。それよりも、観衆のこと、言い換えれば眼前で演じられている象徴的表現を信じたり信じなかったりする集団のことについて語った方が、私たちにはしっくりくるだろう。「代表は、非合理的な意味では、ある共同体に共有されたいかなる価値体系に基礎づけられてもよい。だから、教皇は「地上においてキリストを代表する」、という言い方がされる。明らかに、彼がキリストを代表するのは、キリストを信仰しているカトリック教徒に対してだけなのである[39]」。教皇はカトリック教徒共同体の一員だが、この場合彼が代表しているのは共同体ではない。彼はキリストを代表すると言われており、共同体はある種の観衆、第三者であって、代表を信じることも信じないこともある。そして、教皇がキリストを代表していると信じる人が一人もいなければ、おそらく彼はキリストを代表しない。この例では、代表が存在するために、代表されている者、つまりキリストが代表を信じる必要はない。目を向けなければならないのは代表関係それ自体の外部にいる人びとの信念であって、つまり私たちは観察者や観衆に目を向けなければならないのである。

代表はこの種の第三者や観衆がいる場合にのみ存在可能だ、と論じている者もいる。第三者や観衆は、ドイツの理論家たちが「名宛人」[Addressat]［Adressatが正しい。訳者注］と呼ぶものであり、代表はその目の前で発生可能となる。理論家たちの論じるところでは、代表は「三つの要素を前提とする。第一に、代表される者。第二に、代表者。第三に、その目の前で代表が発生する者である……たとえば、企業の代表者は、自社を他社の前で代表しなければならず、その他社が第三の要素となる。もしそうでないとしたら、そもそも代表者の仕事の必要はないだろう。あるいは、外交官を考えてみてもよい。外交官は、他国政府の前で自国を代表するのである」[40]。さらに続けて、議会代表はかつて、「名宛人」としての王を前にした「真の」[true]意味での代表であったが、もはやそうではない、と主張される[41]。他に、代表される者と「名宛人」を同じ人びとが兼ねてはならない論理的理由などない、と主張する者もいる。それによれば、英国議会は今日、英国国民の目の前で英国国民を代表している[42]。しかし、また別の論者たちは、「名宛人」や第三者が代表に必要であるということを完全に否定している[43]。

代表が存在しているかどうかは、代表される者にせよ観衆にせよ、ある人びとの感じ方、つまりその人びとがどの程度満足し、信じているかによって判断されることになる。したがって、代表は一種の双方向関係になる。すなわち、代表は「統治者と被統治者の間で効力をもっている合意にかかわる」[44]。この合意は、存在さえしていればそれでよい。というのも、代表とは双方向関係なので、統治者側が調整しようが、被統治者側が調整しようが、同じように実現できることは明らかだからである。代表が存在するためには、実のところ有権者がどのように満足させられているかは問題ではない。それは代表者の行動によってかもしれないし、代表者の外観によってかもしれないし、代表者が有権者に自身との一体感をもたせることに成功しているからかもしれない。ゴスネルが述べているように、この代表の定義の範囲内では、「代表者は人びとに何をしてくれるのか」と尋ねようが、「人びとは代表者に何をしてくれるのか」と尋ねようが、まったく違いはないのである。[45] しかしそうであれば、君主や独裁者の方が、選挙で選ばれた国会議員よりも人びとの感情をかき立てる指導者として成果を挙げ、それによってより良い代表者になるかもしれない。[46] そのような指導者は、旗や讃美歌、マーチング・バンドが生み出すのと同じような、感情に基づく忠誠心や一体感という非合理的で情緒的な要素を、支持者の心に呼び起こす。そしてもちろん、この視点から理解するならば、人びとの意志を正しく反映することや、人びとに望まれる法を制定することなど、代表にはほとんど、または何の関係もないのである。

この説は、統治一般の統合機能を強調すること、なかでも代表による統合機能を強調することと結びついている。もし達成すべき主たる目標が、国民を統制し一つの統一された全体にすること、つまり国家の創設にあるのならば、感情をかき立てる単一の象徴の方が立法府議員団全員よりもはるかにうまくやれる、と結論づけたくもなるというものだ。[47] また、そのように考えているのは、全体主義を支持する理論家ばかりではない。たとえば最近、ある歴史家は次のように説明している。

> ルネサンスから現代に至る専制政治の歴史を見ると、当然ではあるが、人民や国が君主や独裁者の人格を借りて現れた場合、政治的な発展にとってきわめて有害だと考えたくもなる。とはいえ、この点については、国民的統合の象徴としての王権がこれまでに果たしてきた役割の大きさを無視するわけにもいかない。それどころか、ごく小さな地理的領域に住んでいる人びとであればともかく、そうでない人びとがどのようにして政治的発展に必要な結束を得ることができたのか。もし長期間にわたって、人びとの間に共有された習慣や日々の営みを国王の姿を借りて体現させていなければ、そのようなことは不可能だったであろう。[48]

同じように、政治的に発展途上の共同体では、「専制的な政府」が「選挙の仕組みによってもたらされるであろうよりも……真に代表らしい代表をもたらしてくれる」かもしれないと、これまで論じられてきた[49]。真に代表らしい代表というのは、カリスマのことである。

以上から、本質的に受け身で他者を象徴的に表す政治指導者、という考え方は、政治指導者とは象徴の作成者であって、自身の活動により指導者として人びとから承認される、という見解によって補われる必要がある。しかしこの活動は、私たちが一般的に代表するという言い方で表す活動ではなく、もちろん有権者「のために行為する」というようなものでもない。また、単なる儀礼的な活動でもない。それは、指導者に対する信念や忠誠心や満足を人びとが抱くように促す、という種類の活動なのである。代表は、「効果的なリーダーシップ」と同じ意味になる[50]。指導者として象徴的代表の地位を占めていることを合理的に正当化できない以上、(象徴の場合と同じように)信念に含まれる非理性的あるいは感情的な要素や、そうした要素を利用するリーダーシップの技術が強調されることは避けられない。

代表のファシズム理論

この見方をある一方の極点まで突き詰めれば、代表のファシズム理論となる(組合国家の理論ではなく、「指導者」[Führer]による代表の理論のことである)。象徴的代表観からの分析では、代表関係の両端にいる統治者と臣民のどちらの変化によって両者の一致や合意が維持されようとも、まったく違いはないということが示唆されている。しかし、ファシズム理論では、このバランスが向こう側へと決定的に傾けられる。つまり、指導者が支持者たちを強制し、指導者のなすことに順応させなければならない。「代表とは、臣民をひな形として国家を形作ることにより合意を導き出す過程ではない。逆に、国家の方が各個人を形作り一つの結合体にするのである」[51]。指導者は、自身の有する内的資源によって、支持者の間に意思の統一を創り上げる。そして、支持者たちを協力させるのである[52]。この目的を達成するために有効な手段は、必要とされる協力が結果として生み出される限りで、どんなものでも用いられる。「代表と呼ばれる創造的な人物は、詐欺、暴力、立派な言葉、抜け目なく計画された手立て等々によって、他の人びとからの支持を獲得するとともに、自身が望むことをその人びともまた望むようにさせる」[53]。それゆえに、ファシストたちによれば、「自由な人の意思は国家の意思と一致する」[54]。

代表とは権力関係である。それも、指導者側からの支持者に対する権力の関係である。たとえばヒトラーは、自分は他のどの政治家よりも国民を代表していると言う権利がある、と主張した[55]。代表は同意の問題とも言えるかもしれないが、その同意は指導者の活力や知性、人間としての度量などによって創り上げられる[56]。ファシストにとっては、国民とは不定形で、行為することも意思をもつこともできないのだから、他にどんな代表の概念化もありえない。国民は、指導者の行為の影響力を、ただ受け入れることしかできない。したがって、国民とは「楽器であり、政治指導者によって演奏されなければならない。もしその楽器からふさわしい音を引き出すことができたら、言い換えれば国民が指導者のリーダーシップを信頼するならば、それによって指導者は政治的リーダーシップを遂行するために不可欠の土台を手にするのである」[57]。

この観点からすれば、選挙とは、国民の承認と信頼を保つために用いられる、多くの考えうる仕組みの中のたった一つにすぎなくなる。しかも、この目的のために用いられる場合、選挙の効果はパレードや制服などにとうてい及ばない[58]。選挙は、代表を創り出し維持するための、かなり効果の薄い一手段であるにすぎない。民主主義を支持する理論家の中でさえ、このような見解を共にする者もいて、選挙を「国民のすべてないしは多数が、統治される者としての自分たちを、統治者としての議員たちに一体化させることを可能にする」過程として理解している[59]。ここでもやはり、一体化や承認を促進するものであれば何であっても、そこから代表がもたらされる。いかなる場合であれ、重要なのは統治者と被統治者の間での意思の協調である。すなわち、代表とは協調それ自体であり、何がそれをもたらすかは重要ではない。

しかし、ファシズム理論のこの極端さを目にしてみると、やはり何かが間違っているということも明らかだ。臣民を変化させて支配者に一致させることと、支配者を変化させて臣民に一致させることとの間には、実のところ非常に大きな違いがある。何が問題となるかは、ファシズム理論の立場をとっていない論評者が、ファシスト的な見解を説明しようとして苦慮している様子を見れば、理解できるだろう。たとえば、アーネスト・バーカーを見てみよう。悩んだ末にやむなく出された彼の結論によると、ファシズム思想では「「代表」という言葉は……新しい、ゆがんだ意味で使われている」。ファシスト的な独裁者には多数の熱心な信奉者集団がいるということに間違いはないだろう、とバーカーも認める。だが、「根本にある事実は、この信奉者たちが指導者の意思を代表したり反映したりしているのであって、指導者が信奉者たちの意思を代表したり反映したりしているのではない、ということである。仮に代表が存在しているにしても、それは逆立ちした代表であり、指導者から下向きに進行している。指導者を政党が代表し、国民も、政党の行動にならう限りでは、リーダーによる指導を代表したり反映したりするのである[60]」。このような一節を目にすると、あたかも象徴的に代表するという以外のさまざまな代表の諸側面が立ち上がって、代表概念の中から正当な取り分をよこせと返還要求するのではないか、というように感じられてしまう。象徴的代表はプロパガンダや強制によっておそらく実現可能だろうが、その結果として現れる事態は、描写的に代表するということの含意をいろいろと損ねてしまう。もし人びとが指導者を「反映する」ならば、その場合人びとが、指導者を代表することになってしまう、とバーカーは述べる。このような言い方でバーカーが考えていることが、もはや象徴的代表のこと(だけ)ではない、ということは明らかだ。

本章でもまた、私たちは一片の真実、つまり代表の妥当な例のいくつかを出発点とし、一般化を進めて一つの定義へと至った。だがその定義は、他の異なってはいても同程度に妥当な例を考慮に入れていないため、誤っている。象徴は確かに代表する(と言われる)。だから、象徴的代表も代表の一事例である。そこまでは正しい。しかし、代表にはそれ以外の種類もある。したがって、象徴的代表が代表の定義を決定づける見解だと受け取られてしまうと、その諸特性によって、他の種類の代表に関する私たちの理解が歪められてしまう。象徴化論者たちのように、代表するということは有権者に満足を与え、受け入れられていることと同じ意味になる、と言ってしまうと、象徴の例によって間違った道へと誘いこまれるがままになってしまうのである。

代表とは人間が抱く概念であって、人間が心に抱かなければ存在していないだろう、という点に間違いはない。それゆえ、一つ一つの例について、誰かが代表の存在を信じている場合にのみ代表が存在する、という主張には、簡単には否定できないもっともらしさがある――絵画を肖像として見ること、地図を情報取得のために使うこと、国旗に向かって国に対するかのように反応すること、代理人に権威を授け、後には代理人により締結された契約を承認すること、などがそうした例である。だが、いかにもっともらしくとも、そのように論じることは誤りである。なぜなら、もしある絵が具象的であるならば、それは誰かある人がそれを具象的であると見なすかどうかにかかわらず具象的である。地図が或る領域についての情報を含んでいるならば、地図が誰かに用いられるかどうかに関係なく、情報はそこにある。私のために行為する権威を与えられているかどうかという問題についてさえ、私が権威を与えたと考えているかどうかということと、ほとんど関連性はない。たとえ私があなたを代理人にしたと考えていなくても、私はあなたの行為によって義務を負わされるかもしれない。象徴的代表だけが、代表する者と代表される者との間に合理的・客観的・正当化可能な結びつきが存在しないがゆえに、どのように生み出されてきたものであっても、人びとの信念や承認だけを根拠としているように思われる（ただしこの場合でも、キリストの象徴は、誰か特定の個人がそれをそのように認識しようがしまいが、キリストの象徴である）。何か特定の象徴を信じ、受け入れるということは、正当化が可能なことではなく、対応関係の正確さも、遂行される務めも、根拠にはならない。象徴が適切に代表しているか、ということを問うても意味はない。なぜなら、間違って象徴するなどということは、そもそもないからである。

しかし、今述べたことは、他の種類の代表には当てはまらない。そして、これらが政治的な代表者にまで拡大適用されたら、深刻な問題が生じる。政治的代表は、確かに人びとの非合理的な信念や情緒的な反応に関係しているので、どんな場合に人びとが代表者に満足しているのか、またどんな状況だと代表されていないと感じるのかを問うことは重要である。だが、それで議論が尽くされたわけではないし、それで議論を尽くしたことにしようとしたら、重要な区別をいくつか曖昧にごまかさなければならなくなってしまうだろう。一例を挙げると、指導者を受け入れて従うことは、指導者を国の象徴として受け入れることとは違う。指導者を象徴と見なすというのは、せいぜいのところそのリーダーシップを受け入れる根拠の一つにすぎず、唯一の根拠であるわけではない。また前に挙げた例になるが、描写的表現を作成する活動について表現する[representing]という言葉を用いる場合はあるし、(たとえば地図上で)慣習的象徴を使うことについても同じく表現するという言い方がされるが、非慣習的な象徴への信念や承認を創り上げる活動は表現しているわけではない(そうは呼ばれない)。代表している側を調整して代表されている側に合わせるようにすることは、代表するという活動の一部であるかもしれないが、逆の調整はそうではない。支持者を型にはめて自分の目的や利害に沿うようにしてしまう指導者は、代表といっても、支持者に自分を代表させているのである。

代表とは人びとの心の中にある状態であって、その状態が生じる原因を探求するのが重要であるとしても、原因と代表そのものとを混同してはならない。人びとが何によって象徴を信じたり指導者を受け入れたりするのか問うことは重要だが、どんな場合に人びとが指導者を受け入れるべきなのか、また受け入れるのに十分な理由があるのかを問うことも等しく重要である。象徴の例だけに基づいた代表観に視野を限定してしまうと、私たちはどうしても後半部分の問いを見過ごしてしまいがちになる。なぜなら、象徴に関しては、なぜ信じるかの理由を問うこと、あるいはどのような場合に信じるべきかを問うことに意味などないからである。しかし、政治的リーダーシップに関しては、そのような問いにこそ意味がある。ある政治科学者が述べているように、代表される者が代表者の決定を受け入れている「という単なる事実に、代表は関係しているのではない」。「それどころか、そのようにしている理由は何であるのか」という点に関係している。そして、理由[reasons]は原因[causes]とは異なるのである。(61)

このように、描写的代表も象徴的代表も、ともに代表概念に対する私たちの視野を広くしてくれる。だが、それで完璧だということにはならない。両者は無生物による代表について語ることを可能にしてくれるが、それに加えてどちらも或る特別な種類の活動を導入している。それは、何かに代表をさせる、という活動である。描写的代表に関して言えば、それは代表としての役割を果たす側の事物に働きかける活動であり、その事物を、肖像、地図、無作為抽出の標本などにする活動である。ところが、象徴作成では、象徴に対する働きかけが重要になるとは限らない。逆に、代表される者、または象徴化を受け入れる観衆となる者の心に働きかけることが含まれているように思われる。ただいずれにしても、その活動は、代表される者のために、あるいはその人びとの代理として、その人びとに代わって、その人びとの利益に適うように行為するという類のものではない。つまり、その活動はまったく代理行為[agency]の問題ではない。描写的代表観も象徴的代表観も、私たちが以前に検証した形式主義的見解を補うもので、それゆえに私たちがもっと広い視野から代表概念を理解できるようにしてくれる。描写的代表観からは、対応関係や類似という観念と、有権者に類似していることの重要性が、議論に導入される。また、象徴的代表観が示唆しているのは、形式主義的見解では顧みられずにいた非合理的な信念の役割と、有権者を満足させることの重要性である。ただ、これらの見解すべてを一緒にしてみたとしても、やはり代表の概念が意味するところを汲み尽してはいない。私たちに必要なのは、描写的あるいは象徴的な「写し出す」[standing for]見解に相当する何かを、行為の領域において見つけることである。それは、申し立てをしたり象徴を作ったりする活動ではなく、「～のために行為すること」[acting for]であり、写像と原型、象徴と指示対象との間にある結合関係と等価である。次章では、そのような等価物を見出すことに努めよう。

第6章 「誰かのために行為する」ものとしての代表――類比

活動としての代表

私の知る限り、代表について論じている者の中でも、代表するという活動、すなわち代表者に期待される役割を中心に据えた代表観を明確な定義として説明している者はいない。「代表とは特有の性格を備えた活動であり、一定の行動規範や、代表者に期待される一定の事柄によって定義される」とはっきりと述べている代表論の理論家を、私は知らない。政治的代表に関する文献の大部分は、そのような想定を当然視した上で、代表者には何が期待されると考えられるのか、代表者はどのように行為すべきか、代表者の義務とは何か、そして代表者の役割はどのように定義されるか、等を詳述することに焦点を合わせている。しかしながら、代表研究の蓄積を理解し、そこに含まれるいろいろな論争に精通するためには、代表を活動として理解する見解にどのような含意があり、その見解がこれまでに検討してきたものとどのように異なっているのか、明確にしておく必要がある。

本書でこれまでに論じた見解のいずれにおいても、理論家は、代表者の適切なおこないについて、または代表制統治を適切に制度化する方法について、何らかの結論を導き出そうと試みている。しかし、私たちが検討してきた定義は、そうした結論を導き出す助けとなってはいない。それらの定義は、代表者に対してなすべき事柄を告げるためにも、代表者の仕事をどのように評価すればよいか私たちに教えるためにも、適していないのである。

ホッブズをはじめとする権威付与型論者たちは、このような問題があると認めている点で、比較的一貫している。そして、代表者には代表者として果たすべき特有の義務、特有の活動、特有の役割などなく、他者に義務が帰せられるようなことでも望むまま自由におこなう、と論じられることが多い。しかしホッブズ自身の書いたものの中にさえ、この点について曖昧な部分や、反対のこと――代表者に許される行動の限度や、曖昧なままにされてはいるが活動の中で課される義務など――を示唆するような代表の諸事例が含まれている。

説明責任型論者たちは、この論点についてはるかに無防備である。真の代表とは、代表される者への応答性、すなわち要望や必要への配慮を伴う、という点を示すのがこの理論の目的である。そしてこの目的を達成するためには説明責任が必要不可欠[essential]であり、したがって説明責任こそ代表の本質[essence]だと見なされる。ところが、代表を説明責任の視点から定義すると、もともとの目的が損なわれてしまうのだ。代表者を、他者に対していずれそのうちに自身の行為を説明しなければならない者、と定義することによって、代表という観念を指針や基準として用いつつ代表者の行為を導いていくことは不可能にされてしまうのである。代表者のおこないは、代表という観念と無関係なままにとどまっている。

描写的代表や象徴にひきつけて考えられる場合、代表者は無生物と見なされるのが通例で、活動の観点から考えられることはない。つまり、代表者は、自身が何者であるか、どのように見なされているか、によって代表する。何かをすることによって代表するわけではまったくない。よって、代表者の果たすべき役割や義務について論じることも、それらを実際に果たしたかどうか論じることも、意味をなさない。他方で、「写し出す」という形で代表するという概念化の仕方からは、また別の観念が生じてくる――表現や象徴の製作あるいは創作である。そして、それは確かにある種の活動である。象徴を創作する場合、こうして代表するという活動に類比させることの妥当性には疑わしい面もある。なぜなら、象徴の作成について、「表現する」[representing]という言い方はしないように思われるからだ。だが、それにもかかわらずこの類比が受け入れられてしまったとしたら、代表するという活動を評価するためのかなり包括的な基準が示され、他の基準は不要になるのではないだろうか。すなわち、人びとに受け入れられ、人びとを納得させることができれば、その活動は成功している、という基準である。これに対して、描写的な表現の作成では、その活動は写実性の問題、存在しない何かについて情報を正確に示すことができるかどうか、という問題なのである。

しかし、これら行為のいずれも、他の誰かのために行為するという意味での代表、つまり他の誰かに代わる、他の誰かの利益を旨とする、他の誰かを代理する活動という意味での代表にはなっていない。誰かの情報をもたらすことも、誰かへの信念をかきたてたり受け入れを促したりすることも、一般的にそのような活動として特徴づけることはできないだろう。しかし、代表は時にそのような活動を意味する。本章で他者のために行為することとして論じられるものは、前二章で検討してきた表現や象徴の作成および他の人を写し出すことなどとは異なっている。それはまた、形式主義的見解とも異なる。というのも、形式主義的見解では、代表者を活動的な者、さらには他者のために行為する者とさえ見なすだろうが、それでも代表としてのその地位は、活動それ自体の性質という観点からではなく、その活動を開始させたり終結させたりする形式的な取り決めの観点から定義されるだろう。今私たちが関心をもっているのは、活動それ自体の性質、代表が実行されている間に生じていること、つまり他者のために行為するということの実体や内容であって、それは表面上の形式的なお飾りとは違うものなのである。

形式主義的見解をとる理論家は、代表者としての代表者のおこないについていかなる限度も基準も認めていなかったが、それでもさまざまな形で（まさしく権威付与型代表観と説明責任型代表観の対立もそこに含まれるわけだが）、そのような限度や基準の存在がほのめかされてはいた。「写し出す」ものとしての代表観では、基準や限度が以下のようなものでありうるのではないか、と示唆されていた。すなわち、対応関係の描写が正確であることや、何かが信念や承認を促すこと（代表される者の心にであれ、観衆の心にであれ）、である。しかしいずれの理論から得られる示唆も、代表を広い視野で見られるようにはしてくれるのだが、他方で誤解を招きかねない。そして、どちらか片方でも、または両方を組み合わせてみても、他者のために行為するという意味での代表するという活動が、どのような実体をもっているか説明してはくれないのである。今ここで必要とされているのは、ある種の活動、ある種の行為の仕方であって、絵や地図や象徴が表現の対象と対応する仕方や、その対象を体現する仕方に相当するものである。かなり多くの論者が、代表者と代表者に行為してもらう人びととの間には、何か結びつき、関係、絆のようなものがなければならないと論じる。ただ、この絆とはいったい何であるのか明らかにし、特徴づけようとすると、それは難しい。代表に関する文献では、「結びつき」「連絡」「通信」「コミュニケーションの連鎖」などという言い方が繰り返し現れる。[1]私たちは、代表者の行為や意見、またはその両方ともが、代表者に行為してもらう人びとの要望や必要や利益に対応し、一致していなければならない、とさまざまな形で耳にする。また、代表者は代表される人びとの立場に立って、その代わりとなり、その人びとならばそうするであろうように行為しなければならない、とも聞かされる。それにしても、この中に正しい定式化が含まれているとして、それはどれなのだろうか。また、現実に当てはめた場合、それはどのようなことを実際に意味しているのだろうか。この問いに答えるためには、明確に分析された、(実体的な)活動としての代表観が必要である。この代表観を「代表するという活動」[the activity of representing]と称してもよいが、それでは画家が[絵画表現によって]何かを申し立てる活動と混同されてしまうかもしれない。他の人の「ために行為すること」[acting for]という言い方もできるが、やはり形式主義的代表観と混同される恐れがある。おそらくもっとも明快なのは、他の人の「ために実体的な行為をすること」[substantive acting for]という呼び方であろう。

そのような見解に立つことではじめて、私たちは代理人としての、または他者のための行為者としての代表の義務を論じ、代表の行為に評価を下すことができるようになるだろう。また、そのような見解に立つことではじめて、他者のためであっても形式的な権威付与や説明責任の取り決めを伴っていない活動が含まれている代表について、日々どのような語り方がされているかを説明することができるのである。

政治科学の文献には、ある立法府は人民、国民を代表しているのだろうか、それとも、その立法府は「本当は」特殊利益を代表しているのではないか、などという議論が数多く見られる。また、同じ疑問が個々の議員と地元選挙区との関係について発せられることも少なくない。もし米国議会の傍聴席で誰かが議場の或る議員を指さし、その議員は誰を代表しているのか、と隣の席の人に尋ねたとしよう。質問者が想定している答えは、いくつかのかなり異なる種類の答えの中の、いずれでもありうるのではないだろうか。質問者が何を尋ねており、どんな答えを想定しているかは、文脈によるというほかはない。質問の趣旨は、議員が「公式に」誰を代表しているかということであるかもしれず、その場合には「ニュージャージー州第六区」と答えるのが適切だろう。質問者が議員の所属政党を尋ねている可能性もある。もし質問者が旅行者ならば、前記の二つの質問のいずれについても聞こうとしている可能性があるし、あるいは両方について聞こうとしているのかもしれない。しかし、もし質問者と隣席の人が政治科学者やジャーナリストで、圧力団体絡みのスキャンダルを追っているのであれば、「あぁ、彼は天然ガス推進派[natural-gas boys]を代表しているんだ」という答え方が適切かもしれない。その意味は、議員が天然ガス推進派の公式の、または権威を与えられた代表だということではないし、象徴や情報源として推進派を表しているということでもない。議員が配慮している利益と、議員に指示を出している人たちについて言及がされていることは明らかである。

かつてしばらくの間、カリフォルニアのリベラルたちは、州選出の連邦上院議員の一人を「台湾からの上院議員」[the Senator from Formosa]と称しておもしろがっていたことがある[ウィリアム・ファイフ・ノーランド[1908–1974]。カリフォルニア州下院議員、カリフォルニア州上院議員、連邦上院議員（カリフォルニア州選出）を歴任。訳者注]。呼び名に込められていた非難がどれほど妥当だったのかは別として、このジョークを読み解く鍵はどこにあるのだろうか。その議員が「本当は」台湾からの上院議員ではない、ということは皆が申し分なく十分に知っていることであった。彼はカリフォルニア州選出の上院議員だし、台湾には上院の議席など割り当てられていないのだから。だが、この場合の要点はもちろん、国民党政権の繁栄に彼が執着しすぎていて、「国民党政府系の圧力団体である」チャイナ・ロビーとあまりにも親しく、その利害のために過剰な活動をした、とリベラルたちが見なしていたことにある。(「彼はあんなに熱心にかかわっている。それはなぜか。そう問われたら、あの人たちの上院議員で、あの人たちを代表しているからだと考えるでしょう。」) この意味では、人は関心をもって面倒を見ている何か(または誰か)、つまり自分が促進している利益を代表するのである。私たちはみな、ある公職者は国民を代表しているのではないか、と調査している報道記事を目にする機会が多い。[2] それからもそも公職者は「本当は」何か特殊利益を代表しているのだろうか、それともその公職者は「本当は」何か特殊利益を代表しているのではないか、と調査している報道記事を目にする機会が多い。

それから、あらゆる政府において「代表されているのは、勢力として組織化された意見である」とある政治科学者は論じているが、私たちは彼が言おうとしていることをかなりよく理解することができる。[3] 彼は、形式的な事柄――地理的な選挙区や、その他公式に代表されるために区分けされた集団について論じているのではない。彼は、誰が自分の主張を通しているのか、どんな勢力が政府によって、または政府を通して行為していると考えられるのか、という点について、何かしらを論じているのである。

選挙で選ばれた代表者ではなく任命された代表者を論じる場合にも、こうした代表の意味が関係してくることが多い。たとえば、任命制の行政委員会が、労働側の代表者、経営側の代表者、そして消費者利益の代表者から構成されることになっている場合、これらの人びとはどのような意味で代表していると言えるのだろうか。その人たちは、労働者や経営者、また消費者によって権威を授けられているわけでもなければ、それらの集団に対して説明責任を果たす義務もない。代表者たちそれぞれの行為や決断が、各集団を拘束することはなく、また各集団に対して義務を発生させることもない(ただし、委員会の総意によって発せられる命令は、拘束力をもつ法になるかもしれないが)。これらの人びとは、当然ながら、公職に就いているという意味では公式の代表者であって、たとえば「X委員会における労働側代表」と言うことができる。しかし、その人びとが何をすべきなのか、正しくはどのような意味で代表と称することが可能なのだろうか、と問うならば、それは権利や義務にかかわる問題ではなく、また象徴や描写的な標本になっているかどうかという問題でもない。その人びとの役割は、それぞれの集団の利益のために発言し、行為し、配慮することであって、これがそれら人びとの務めを「代表すること」と呼ぶ理由になっている。ここでもまた、代表することの実体をなすのは活動である。ある政治科学者が、代表の試金石は指導者が選挙で選ばれているかどうかではなく、被代表者の目的を促進するためにどれほど上手く行為しているかどうかだ、と論じるとき、意味されているのはまさにこのことなのである(4)。

代表するということのこうした意味を具体的に説明するには、裁判官は代表者であるのかという問題を考えてみるのがよいかもしれない。裁判官が選挙制である場合、この問題は複雑さの度合いを増してくる。だが、任命制の裁判官であっても、これまで代表者と呼ばれてきており、そうした主張を取り上げるのがここでは一番適切だろう。裁判官も代表者であるという主張については、どの代表観を採用するかによって、さまざまな論じ方が可能である。形式主義的な見地からは、すべての政府職員と同じように、裁判官も国家の代理人となる。その判決は、私的な意見の開陳ではなく、国家による公式の発言である。したがって、裁判官は国家を代表する(5)。民主国家ではすべての政府機関が主権者たる国民への奉仕者となるのだから、裁判官は国民を代表しているという言い方をしてもよかろう。「写し出す」という解釈に立脚するならば、裁判官は社会に流通する諸価値を体現することによって代表しているのかもしれず、また社会を代表する象徴であるのかもしれない。人びとから命令への服従とリーダーシップの承認を獲得した者ならば誰でも代表者であるという理論に則るならば、裁判官が代表していることに疑いの余地はない(6)。この意味では、任命制よりも選挙制の方が裁判官の「代表性の度合いが低い」[less representative] のではないか、と論じられる可能性まで生じてくる(7)。

しかし、私たちはこれまで、これらさまざまな代表観のすべてに取り組み、批判してきた。私たちが今関心をもっているのはまた別の意味での代表であり、その意味においても裁判官が代表すると言われることがある。ベントレーを筆頭とする多くの理論家によれば、裁判官は政治的圧力や国民の要望に応答しているのだから、代表者だと考えてよい。「裁判官たちは、ある種の法的機関などではまったくなく、この統治体制の一部として機能しているのであって、そこに含まれる集団からの圧力に応答するとともに、あらゆる種類の圧力を代表し、その代表者としての判決を通じてこれらの圧力の間に均衡状態をもたらすものである。なるほど、それは他の政府機関と同じやり方でというわけではないのだが、その根本は変わらない[8]」。この種の主張は、ベントレーと同じく私たちが法廷にかなりの行為と選択の自由を認めた場合にのみ、可能となる。もし古い法学の学説に固執して、裁判官は単に法を発見し解釈するだけだとするならば、集団の圧力の代表者として裁判官を見ることはできない。古い学説の観点からは、裁判官の職を選挙制とすることにも反対ということになるかもしれない。なぜなら、その場合裁判官は公平に法を解釈するのではなく、集団の圧力を代表する恐れがあるとされるからだ[9]。同じように、裁判官について普通は「正義を代表する」[represent justice]という言い方はできない、と主張されてきた。抽象的な正義にしたがって自由に行為することは許されていないからである[10]。裁判官は法を適用しなければならない。したがって、法こそ裁判官が代表するものとされる。最高裁判所や国際法廷など、裁判官が十分な自由を享受している例外的な状況においてのみ、裁判官は正義を代表する、という言い方が可能になるだろう。

これらの例でもまた、ある人は、何であれ自分の行為を導くものを代表している。集団の圧力を代表する裁判官とは、集団の圧力に応答すると見なされている裁判官のことであり、そうした圧力は裁判官を通して行為する。正義を代表する裁判官とは、正義によって、または正義と一致するように行為が規定される者のことである（したがって、それ以外の制約からは自由でなければならない）。これは、裁判官に権威を与えているのは誰かとか、裁判官の判決によって誰が義務を負うのか、という問題ではない。裁判官が象徴し、表すものは誰か（または、何か）という問題でもない。たとえ自由裁量の幅を狭く定められた裁判官であっても、正義の象徴になることは十分に可能である。ここで私たちが代表と言っているのは、実体、内容、行為を指導する原理としての代表のことなのである。

この代表観は、これまでに論じてきたどの代表観にも増して、論じるのが断然難しい。実践的・常識的な水準では、他人のために行為することに特別な行動や義務が含まれるというのも容易に理解できる。難しいのは、それを理論的な水準で定式化することだ。他の人のために行為しているとき、人びとの行動や決定は、確かにいつもと違っている。また私たちは、代わりに行為してくれている人に対し、その人が私たちと無関係に行為しているのであれば期待しなかったであろうことを期待する。マキャヴェリが指摘したように、私人にとっての寛容さは美徳であっても、君主にとっての寛容さは大変な悪徳になることがある。[11] 私たちは、他人の所有物を譲るときには、自分の所有物を譲るときよりも慎重になるべきだ。私たちは、一般に、代わりに行為してあげている相手方に犠牲を払わせる場合には、自分自身が犠牲を払う場合よりも、用心深くあらねばならない。同じく、私たちが他者のために行為する際には、より注意深くなり、危険を冒そうとしなくなると考えられている。[12] 自分自身のためであれば勇敢さや大胆さであることが、他人のためにおこなわれる場合には無責任さになってしまうのである。代表者の行為に対するこれらの制限は、表面上厳格さが増しているようにも見えるのだが、時には逆の効果をもたらすこともある。つまり、代表が本人に代わって本人自身では適切にできなかったであろうことをおこなう、というある種の自由が与えられるのである。たとえば、代表は本人の要求や利益を遠慮なく極限まで押し進めて、有利に交渉を進めるかもしれない。もし本人がそのような場合に自分自身で行為したとすれば、もっと慎み深さや他者を立てる姿勢を示すと考えられるだろう。行為を個人的な徳目と切り離した場合、その帰結は両義的である。代表者は、本人の所有物に関して、寛容でありすぎてはならない［という制限により自由が縛られる］が、同時に、寛容でなくてもかまわない［から強く交渉する自由が手に入る］。代表者は過度に危ういことをするべきではないが、同時に自己犠牲的な（つまりは本人が犠牲を被るような）振る舞い方をしなくてもよいのである。

もう一つ、他者のために行為することの特徴であって、実践的な水準でかなり容易に考えつくものがあるのだが、それは熟慮された行為であるべきだ、という点である。私たちが誰か他の人のために行為するときには、衝動的に行為してはならない。つまり、「ただ、たまたまそうしようと思ったから」という理由で、他の人にとって問題となっている何かを危険にさらしてはならない。私たちが行為する際には、いずれ自らの行為について説明責任を果たさなければならないと想定されている。したがって、私たちは何かをおこなう際に理由を定めるべきであり、代わって行為してあげている人びとに対して自分の行為を正当化する用意が整えられているべきだ。たとえそうした説明や正当化が現実に実行されることは絶対に無いという場合でも、である。これは、形式主義的な説明責任型論者たちが明らかにしようと試みていることでもあるが、ただし制度化された説明責任が問題なのではなく、私たちがあたかも説明責任を問われるかのように行為するということが重要である。しかし、仮に説明責任を問われるとして、私たちはどのような基準によって評価されるのだろうか。代表者の役割は、どんな基準によって定義されるのだろうか。今ここで必要とされているのは、代表の意味に注目する首尾一貫した理論的定式化であって、ただの実践的でその場限りの[ad hoc]観察ではないのである。

代表の行為にかかわる英語表現

代表を論じた諸文献からは、この目的のために二種類の資料を利用することができる。第一に、代表者の役割、つまり代表者がどのように行為しなければならないかを簡潔に示すとされている、多くの副詞的表現がそこから手に入る。私たちは、他の人「のために行為する」[acting for]という基本表現をこれまで使ってきたが、それ以外にも使われている表現として、他者の「ためとなるように」[“in” or “on behalf”][アメリカではしばしば前者が用いられる。訳者注]行為する、他の人びとの「立場に立って」[in their place]や「身代わりに」[stead]や「代わりに」[instead of]行為する、「その人たちの位置を占める」[supplying their place]、「その人たちの名において」[in their name]や「その人たちから与えられた権威において」[on their authority]や「その人たちの利益のために」[for their sake]や「その人たちの利益を図って」[in their interest]や「その人たちの要求や要望や必要に応じて」[“in accord with their desires” or “wish” or “wants”]行為する、その人たちの「福利」[welfare]や「必要」[needs]を追求して「喜ばせる」[please]ことや「満足させる」[satisfy] ことを目論む、また「その人たちが自分自身で行為していたらそうであったように」[as they would have acted themselves] 行為する、などがある。

第二に、前の段落で挙げた表現と一緒に使われることも多いのだが、この分野の文献には類比が広範に見られ、それらもまた代表するという活動が何であるのかを明らかにしようとするものである。代表者は、行為者 [actor] や代理人 [agent]、使者 [ambassador]、代人 [attorney]、地方行政官 [commissioner]、使節 [delegate]、副官 [deputy]、特使 [emissary]、公使 [envoy]、代理商 [factor]、保護者 [guardian]、上官代理 [lieutenant]、代弁人 [proctor]、訴訟代理人 [procurator]、代理権者 [proxy]、家令 [steward]、代行者 [substitute]、受託者 [trustee]、後見人 [tutor]、神の代理 [vicar] など、さまざまになぞらえられ定義されてきた。ある著者は代表を定義するために類比的な言葉を用いるかもしれないが、別の著者はただその言葉に代表をなぞらえるだけということもあるだろう。また別の者は、類比の中のいくつかは決定的に重要だが、それ以外の類比はただ意味が似ているにすぎないと考えるかもしれない。少なくとも一人、次のように主張する著者もいる。「いつのことと特定はできないし、全体的にか部分的にかという違いもあるが、代表制統治は……これらすべての状態を経てきたのである」[13]。一群の類比の内部に明確な区別を設けたいと考える者も何人かいて、代表者は挙げられたもののいくつかには似ているが、他のものとは似ていないと主張している。それでも、いざ区別する段になると、お互いの意見はすれ違う。ある理論家は、代表とは「単なる代理人」[mere agent] ではないと論じるが、別の人は「自由な代理人」[free agent] だとする。代表は「単なる使節」[mere delegate] ではないと言う者もあれば、代表はまさに「委任された権威に基づいて」[on delegated authority] 行為するから自由で独立しているのだと言う者もいる。時には混乱に混乱が重なることもある。

対照的な観念の片方の意味を正確に伝えるためには、おそらく「副官」[deputy] がもっとも適切であろう。その対極にあるのが、「代表」[representative] である。法律家は、「副官」という言葉に代理権 [agency] の考えを読み取るかもしれない。また「代表」からは、受託者の地位[trusteeship]を連想するだろう。政治科学を用いて説明する者は、「副官」を使者[ambassador]として考えたがるかもしれない。「代表」については、全権使節[plenipotentiary]と考えるだろう。一般的な人の感覚では、郵便の集配人が「副官」であり、司祭や牧師が「代表」であるということになるかもしれない。(14)

なるほど、確かにこれで間違ってはいない。著者がどのような区別をしようとしているか、私たちにもある程度は理解できる。しかし、郵便集配人は副官なのだろうか。聖職者は代表なのだろうか。「全権大使」[ambassador plenipotentiary]という組み合わせ表現は、政治に関する文献ではよく見かけるものである。代理人[agent]は、本人[principal]の副官[deputy]なのだろうか。

なぜ困難が生じるかと言えば、一つには、「代表する」[to represent]という動詞が、それに相当して代わりとなるさまざまな言葉よりも、使い道が広いからである。「代表している」[Representing]と言えるのは、代表者や芸術表現に限られない。あらゆる種類の物は、存在していない何かを表す場合がある。あらゆる種類の社会的役割は、代表するという言葉の種々多彩な使い方のいずれか一つの意味で、代表するという活動を含んでいるかもしれない。したがって、もし私たちが「代表者」の類比を求めて、代表することができる(と言われうる)ものをすべて調べると、議論の本筋からだんだん離れていくことになってしまうかもしれない。もし受託者が代表できて、保護者も被保護者を代表できると言えるならば、親は「実際に」[really]子供を代表しているし、誰か自分以外の人を保護していたり、その人に影響する決定をおこなったりしている人は、誰でもその代表者だということになる。また、代行者や副官が代表すると言えるならば、医者は患者を代表するし、技術者は顧客を代表する。それどころか、「職能のいかなる専門化も、代表の観念を伴っている」のである。(15)

豊富だからこそ、困惑が生じるのだ。競合する用語が多すぎて、そのすべてがもっともらしくも疑わしくもあるため、その中でどの道を進むべきかがはっきりしない。示されている類比の一つ一つは、ある状況下で一定の意味では代表者と似ているのだが、それでもどれ一つとして「代表者」と同じ意味ではない。したがって、いずれかを決定的に重要だと見なすと、代表の意味は少しだけ違った方向へと歪められてしまう。意味の違いとそこから生じる歪みについては、言語分析を十分にすれば、解明することもおそらく不可能とまでは言えない。しかし、これほど大量の用語を目の当たりにすると、いくら分析結果に価値があるといっても，それに伴う作業量は許容範囲をはるかに超えてしまうだろう。

私たちは、意味がどれほど似ているかを基準として、競合する用語を少数の主要なグループに分類し、それらの用語が代表を示すために使われた場合、グループごとにどのような含意をもつか検証することで満足しておこう。最初に検討するのは、代表することに含まれる行為の要素をもっとも直接的に強調する用語である。「行為者」や「代理商」、そして特に「代理人」がここに含まれ、誰かの「ために行為する」という表現もこれに関連している。第二に、他者の世話をするとか、他者の利益のために行為するという観念を中心とした用語を考察する。「受託者」[trustee]、「保護者」、そしてさらに「訴訟代理人」から派生したさまざまな言葉が対象となる。第三に、代行や、他の人の代わりに、他の人の立場で行為するという観念に目を向けよう。「副官」や「代人」、「上官代理」や「神の代理」などの用語がそうだ。第四のグループには、派遣される、特に伝言や指示を伝えるために派遣されるという観念を伴う用語が含まれる。たとえば、「使節」、「使者」、それから「地方行政官」などである。そして最後に、代表する者としての専門家という観念を、これらすべての用語から何を導き出すことができるかをまとめる前に、検討することにしたい。

活動と代表

代表のさまざまな類比の中で、活動にもっとも重点をおいているのが、「行為者」[actor]（特に現在では廃れてしまった意味での)、「代理商」[factor]、そして「代理人」[agent] の三つである。これらのうち、「行為者」は、ラテン語の *actor* の翻訳として英語に登場した。それは、同じくラテン語で「行為する、おこなう」を意味する *agere* に由来し、「管理者、監督者、代理人、代理商」を意味している。[16] 当初、「行為者」は私たちが現在代理人と呼ぶものを意味しており、しばらく後になって訴訟 [legal action] を起こす人、つまり原告や弁護人も意味するようになった。現代の用法だと、代理権を想起させるこうした初期の意味合いは失われている。たとえば、舞台役者 [stage actor] が表現する [represent] という場合、それは役者が誰かのために [for] 行為するということにはならない。「代理商」は、「おこなう、作る」を意味するラテン語行為動詞の *facere* に由来するが、英語に導入された当初は、私たちが現代に言うところの「代理人」、つまり誰か他の人のために行為する者、という意味に非常に近かった。したがって、たとえば「アレクサンドリアにおける皇帝の代理人 [factor]」という言い方で、皇帝の代理人や代表者を意味することができた。しかし、この意味で使われることは、今ではあまりない。この言葉は早くから商取引の場に特有の使い方をされることが多く、その場合には誰か他の人のために売買をおこなう特別な種類の代理人を、とりわけ販売のために商品が委託される代理人を意味している。

このように、初期の用法では、両者とも現代に「代理人」と呼ばれているものと同義語だったと言ってよいが、しかしその当時には英語に「代理人」という言葉は存在しなかった。「代理人」という言葉は、一六世紀末に英語で用いられるようになった際に、これらの言葉の意味を引き取ってしまったように思われる。「行為者」と同じく、この言葉ももともとは *agere* から派生している。英語で使われ始めたころの意味は、単に行為する者、おこなう者、であって、誰か他の人のために行為するという観念は伴っていなかった。実のところ、この言葉は、非人格的で科学的な観念として登場したものであり、効果を生み出す物質的な原因を意味していたのである。現代の言葉遣いでも、この言葉がこうした意味で使われることはまだある。だがそれとともに、代理人の背後に「本人」[principal] がいる、つまり代理人は本人のために行為するということを常にほのめかすような意味も、後から加わってきている。

「行為者」や「代理商」と同じように、「代理人」という言葉が代表に関係しているのは明らかだ。単に自律的な個人として行為するだけではなく、誰か他の人のために、他の人の代わりに、他の人のためとなるように、行為する人を指し示すことができる限りは、そうした行為こそが代表することなのであるから、この言葉は代表に関係しているのである。代表を研究する者たちは、一見すると矛盾しているように思われる二つの方向から、この言葉について論じている。一方では、代表は代理人である、または代理人のようなものである、と論じられる。他方では、代表は代理人ではなく、代理人であるべきではない、と論じられている。この矛盾の原因は、「代理人」という言葉自体の意味の両義性にある。一方では、行為に重点が置かれていて、その場合には行為の自由や力強さ、率先して進めること、などが示唆されているように思われる。この意味では、何かを代理人に預けると、その処理をお任せにするということになり、行為は代理人自身のものとなるように見える。この意味で、私たちは誰かが「自由な代理人」[free agent]であるという言い方をしたり、化学の分野で薬剤[agent]と試薬[reagent]について語ったりするのである。他方で、「代理人」は誰か他の人のために行為する人を意味することも可能で、その場合には自律的ではないし、みずから率先して何かを進めるわけでもない。逆に、代理元である本人に何かしら依拠することになる。私たちが「単なる代理人」[a mere agent]と言うのはこの意味であり、他の人からの要請があってはじめて実際に作業する人のことを言うのである。

後で見るように、「自由な」代理行為と「単なる」代理行為というこの二重性は、代表の概念が有する重要な二重性と対をなしている。しかし、代理人と代表者の間にもいくつか違いがある。ただ、相違点を具体的に示すのは簡単ではない。たとえば、ある人を法人の代理人と呼ぶことと、法人の代表者と呼ぶこととで、何か違いはあるのだろうか。ぱっと浮かぶのは、代表者の方が威信や威厳に満ち、権威あるもののように感じられる、ということであろう。けれども、この二つの言葉については、そこから受け取る「感じ」[feeling]が違うだけではなく、意味の違いもあって、意味の違いから感じの違いを説明することができる。法律用語だと、「代理人」と「代表者」は正式には区別されておらず、この二つは同義だと考えられている。それにもかかわらず、いくつかの法的状況を参照して、二つの用語を区別する助けとすることも可能である。[17]裁判所は代表者である代理人[agent-representative]を他の法的役割、特に「従業員」[servant]と「独立請負人」[independent contractor]から間違いなく区別していて、この区別の仕方との類比から、代理人と代表者の違いに関するいくつかの洞察が得られる。一般的に言えば、独立請負人は雇用者とかなりの距離があり、関係が薄く、独立しているので、雇用者の代表と見なされることはない。[18]独立請負人はただ仕事のために雇われただけであって、雇用した人(または法人)とはそれ以外の結びつきをもたない。

代表者である代理人と従業員との区別は、裁判所にとってもっと厄介だ。代理行為[agency]が「商取引や企業間取引に関連する」、つまり契約関係の成立に関連するということはさまざまな形で主張されており、またそうした取引の場では代理人側に一定の自由裁量の余地が必要だとも論じられている。対照的に、業務[service]は「手作業や機械によって執行される事項」を扱っていて、「物に対する、または物に関する行為に関係する」。[19]従業員は契約交渉を行わない。ただ、「使用者の指示と統制の下に」働き、「使用者のために[for]というよりも使用者に対して[to]業務を提供する」。このように、両者の区別は、遂行される業務の性質と自由裁量の程度の両方に基づいているように思われる。

これらの区別をする必要が生じるのは、会社や法人の被雇用者が関係するさまざまな訴訟の場においてである。いくつかの州では、法の規定により、代表者である代理人が置かれている郡でのみ法人を相手に訴訟することが可能とされていて、代表者である代理人が法的文書の送達先になる。そうなると、問題は以下の点だ。ある人が法人の代表者である代理人になって、その郡で法人相手の訴訟が可能になるためには、その人と法人との間にどのような関係がなければならないのだろうか。これまでの裁判所の決定によれば、法人のために「請求を調整し、注文を取り、注文に応じる被雇用者」が、訴状送達のための法人の代表者となる。[20]他方で、法人の弁護士[attorney]はそのような代表者ではなく、独立請負人である。私たちの視点からすると、これは興味深い知見である。というのも、異なる状況下では弁護士がある個人の代表者の典型例として挙げられることがあり、また裁判所も、ある人の弁護士はその人の代表者である代理人である、としばしば論じるからだ。ただ同時に、訴訟を目的とする場合に弁護士は法人の代表者にはならない、という裁判所の判決にも、一定の論理的説得力がある。弁護士は、確かにこの文脈では独立請負人の方に近似していて、法人と「実際に」[really]結びついていないように思われるからだ。裁判所は、ここでの代理人または代表者とは「法人の組織目的である特定の業務を促進するために雇用された者」を意味する、と説明した。ただこの説明でも、私たちが感じている代表者と弁護士との区別がうまく表現されているとは言いきれない。弁護士の法人に対する結びつき方は、はっきりとは説明しづらいのだが、遠すぎるのである。

ところが従業員や被雇用者になると、今度はある意味で法人の一部として組み込まれすぎていて、そのために代表者である代理人にはなれないようにも思われる。そこで、ある法廷では、法人のために油井を運用している被雇用者は従業員であり、代理人ではないとの判決が出た。これに従えば、油井を運用している従業員だけしかいない郡で法人を訴えることはできないかもしれない。この場合、従業員が法人と結びつきをもっていることに疑問の余地はないのだが、他方で法人の外の世界とやり取りするのは従業員の仕事ではない。従業員にそこまでの重要性はなく、十分な自由裁量の余地ももっていないので、雇用されている法人と同一視されたり、法人を代替する者と見なされたりすることはないのである。

同種の問題は、労働者災害補償関連諸法の下に争われる一群の事例についても生じてくる。この種の法では、法人は一定期間内に通知された災害についてのみ責任を負う、と定められていることが多い。そうなると、問題は以下の点である。法人が通知されるという場合、誰に通知されなければならないのか。裁判所の決定によれば、たとえば現場監督に通知することは法人に通知することと同じとされている。なぜなら、現場監督は、この場合には法人の代表者であるから、というのである。また異なる状況下では、裁判所は「電信電報会社のケーブル敷設作業を監督している者は、その者の知っていることは当該会社の知っていることでもあるのだから、会社の代表者である」と論じている。他方で裁判所は、会社の過失の結果として被った災害について、実は自分自身に被雇用者として（いわば会社に代わって[on behalf of]）過失があったという場合には、働いている会社から損害賠償を得られない可能性がある、という裁定も下している。

また、帰責と転嫁の問題もある。ある人が働いている法人が、その人を通じて何かをしていたり、何かを知っていたり、また存在していたりすると見なされうるかどうかというのは、まさに代表の問題である。もし見なされうるのであれば、それはその人がその状況で法人を代表しているからである。もし見なされえないのであれば、その人が代表していないからである。その人が代表していると主張することは、その人の行為や知識が法人に帰せられたり転嫁されたりするべきだ、と主張することと変わらない。この種の帰責や転嫁については、形式主義的な代表理論のところで検討した。しかし、今取り上げている諸事例では、最初の段階で明確に代表する権威が与えられているわけではない。裁判所は、各事例の状況や被雇用者—雇用者関係の実際の性質に基づいて、帰責が正当化されるかどうかを決定しなければならない。裁判所がこの決定を下すために用いる基準は、誰か他の人のために行為するということの実体的な内容にかかわっている。もし被雇用者の状況と活動が、その行為を法人に帰責させるべき種類のものであったとしたら、その場合には被雇用者は法人の代表者である代理人になるのである。

裁判所がこれらの事例で用いているように思われる基準は、被雇用者と法人間の結びつきの性質如何にかかわっている。現場監督が労働者に発生した災害を通知されたとき、法人も通知を受けたことになる。だがもし通知を受けたのが用務員だったとしたら、おそらく裁判所の判決は逆だっただろう。[21] それはなぜか。現場監督の仕事が責任を伴うような性質を帯びているという点が、判決を左右しているように思われる。現場監督は法人の「中枢に近い」のであり、用務員に比してより深く経営の一部に組み込まれている。その業務には通常かなり広範な自由裁量が必要とされ、その裁量の幅をもって法人のために決定がおこなわれる。反対に、単に油井を運用するだけの被雇用者が、法人と同等に扱われることはない。

厳密な法律用語の使い方はひとまず措くとして、関係性をこのような視点から評価することは、「代理人」の意味と「代表者」の意味とを区別することに役立つと私は思う。代理人は、ラテン語の *agere* に由来し、「実際の働きを担う」[does the actual work] 人のことである。ある人を誰かの代理人と呼ぶ場合に、私たちは、代理人は道具や機器であって、その道具や機器によって行為をする [acts] のは別の人だ、と言っているのである。代理人は法人の情報受信器具（受信人、受信機関）、資金分配器具（分配人、分配機関）等々になるということだ。他方で、私たちがある人を代表と呼ぶ場合、私たちはその人が法人の一部や道具であるということを言っているのではなく、法人全体がその人において存在させられているということを言っているのである。その人は、法人の行為がそれを通して実行されていく一部分などではなく、行為している法人全体の縮図であり、具現化である。したがって、「副官によって」[by deputy]、「代人によって」[by attorney]、「代理権者によって」[by proxy] 行為するのと同様に、他の人の「代理権によって」[by agency of] 行為し、他人の経験を通じて物事を経験することは可能なのだが、「代表によって」[by representative] 行為することはできない[22]（私たちは通常は誰かが代表によって行為するとは言わない。そのような言い回しは不自然に聞こえるからだ）。行為するのは、代表者自身である。私たちはある意味ではその行為のことも他の人の行為であると見なさなければならないのだが、それにもかかわらず代表者は他人の思いのままになるただの道具ではない。多くの場合に、私たちは、ある人が代理人であるとも、ある人が代表者であるとも、同じように正しく述べることができるだろう。だからといって、その人についてどちらの言い方でもまったく同じことを言っているということにはならない。二つの言葉は意味が近くて混乱を招くほどだが、同一ではないのである。

代表の活動と副詞的表現

代表の活動に重点をおく副詞的表現で主たるものは、誰かの「ために」[for] 行為する、という表現それ自体である。しかし、この句からは、二つのかなり異なる意味が発展させられてきた。この句は一方で、誰かの代わりに

[instead of]行為することを意味する場合がある。他方で、誰かの利益になるように[to the benefit of]行為することを意味する場合もある。あるいは、同時に両方の意味をもつこともありうる。最初に挙げられた代行の観念は、「〜のために行為する」[acting for]ということが、ただ単に「行為する」[acting]ということに対照させられる状況で現れ、句の中の二番目の単語［acting for の for を指す。訳者注］に強調が（いわば）ふりかかる。つまり、「ある人のために行為する」［acting *for* him］、ということである。これによると、もし二人でカジノに行きギャンブルをしていて、お互いの供出金を合わせて作った共同資金から賭け金を出している場合に、私が決断をし続ける緊張感に疲れてしまったら、私は「今度は君が決めてよ」[This time you decide]と言うかもしれない。しかし、私が自分の資金のみで賭けをしており、あなたは横から口を出しているだけだとしたら、決断することに疲れた場合、私はあなたに向かって「今度は僕のために君が決めてよ」[This time you decide *for me*]と言うかもしれない。誰かが他の人のために行為するということは、この意味においては、通常であれば他の人が自分自身で直接に行為するであろう、ということを示唆している。つまり、新しい決定者は、その人の代わりとなって行為する代行者なのである。

しかしまた違う状況では、誰か「のために行為する」ことが、誰かの利益のために[for the sake of]行為することを意味する可能性がある。たとえば、娘の卒業式の衣装にやきもきして落ち着かない母親は、まだ若い娘がじれったさに負けて発した感情的な言葉にさらされるかもしれない。「気にしすぎなのよ！　縫い目をほどいたり、また縫い合わせたり、何度やれば気が済むの！」すると、母親は心底驚いて、「だって、あなたのためにやっている[doing it for you]んじゃないの！」と答えるかもしれない。ここで母親が意味しているのは、娘の代わりに[instead of]縫い物をしている、ということではなく、娘の利益のために[for her benefit]縫い物をしている、ということである。私たちはこのように、「誰かのために行為する」という表現を間違いなく二つの意味で使っている。多くの場合に私たちは同時に両方の意味をこの言い方に込めており、どちらの意味か尋ねられても選ぶことができない、という事実は、その傍証となるだろう。[23]

ついでながら、ほとんど同じ区別が、私たちの"behalf"という用語の使い方にも反映されている。"*on* behalf of"と"*in* behalf of"の区別である。『オックスフォード英語辞典』によれば、"on behalf"は「(別の人の)側に立って、名において、代理または代表として、便宜をはかって、ために、代わりに」[on the part of (another), in the name of, as agent or representative of, on account of, for, instead of]を意味し、"in behalf"は、「誰かの利益のために、友人または擁護者として、誰かの利得のために[in the interest of, as a friend or defender of, for the benefit of]（介入の観念を伴う。つまり「私のために話す」[speak in my behalf]というのは、私の利益促進のために[in my interest]ということ、私のために口添えすることと同義である)」を意味する。だが、『オックスフォード英語辞典』は、過去を惜しむかのように、"on behalf"は"in behalf"の意味で用いられるようになってきており、「重要な区別が失われた」、と付け加えている。

私たちは、ある人が別の人のために行為するということに、二つの要素、あるいは二つの側面があることを見出したように思われる。そして、それら要素は代表するということにも含まれると考えてよさそうだ。しかし、別の人の面倒を見るということにしても、その人に取って代わるということにしても、それ単独で代表するということと同じ意味になるわけではない。この点を理解するためには、二つの観念それぞれを中心に据えた類比と副詞的表現の集合に目を向けなければならない。すなわち、受託者の地位[trusteeship]に関する語群と、代行[substitution]に関する語群である。

信託と代表

しばしば、代表者は代理人というよりも受託者や保護者に似ている、と主張される。代表制の統治は、「その本質からして……受託による統治である」[24]。代表制議会は、「国民のためとなる行為をするように権威を授けられた受託者である。したがってそれは、信託によって定められた条件の下に、国民のために主権的権力を行使する」[25]。そして議員一人ひとりについても、「信託」[a trust]を引き受け、それを「履行する」[fulfill]ことが必要だ、と述べられる。[26]

信託[trust]は法的な取り決めであり、それによってある人が財産の一部に対する権原（所有権）を与えられる。ただし、その人はそれを別の人の利得のために用いるべきである、という条件に従わなければならない。イングランドで信託が用いられるようになったのは一五世紀の初めらしく、今の相続税に相当する封建制的な課税――誰か領民が死んで、その財産が他の者に引き継がれた場合に発生する、領主への支払い――から逃れるための便法として使われていた。こうした歴史的意味から転じて、今では何かの保管や管理に責任を有する者ならば誰でも受託者[trustee]とされる。とはいえ、管理する対象物を所有しながら、それでも自分以外の誰かの利得や利用のためにそれを管理しなければならない、というのが受託者の典型例である。この場合の受益者[beneficiary]は、人間や人間集団である必要はなく、「公益目的」[charitable purpose]であってもかまわない。

メイトランドは、信託の歴史に関する優れた論文の中で、この概念がいかに広範に適用されるようになったか、またどのようにしてイングランド政治思想の一部となっていったかを記している。「ここで、地方統治の新しい諸機関が、最初は散発的に、後には一般法によって発展させられつつあった時期に、土地にせよ金銭にせよ獲得した財産が「信託財産」[trust property]と考えられるべきだということだけではなく、それらを統治する権力が信託されたものと見なされるべきだということも、当然であった。これらの権力は「その人びとに対して委託される」[intrusted to them]、あるいはその人びとがその権力を「委託される」[intrusted with]、などと言われる[27]」。代表制政府を受託による統治と呼ぶことで、どのような含みが生じるのだろうか。第一に、バークの言うところでは、その権力は「保有者のために与えられた」ものではない。多くの論者が指摘してきたことだが、代表は間違いなく高度の忠実義務を伴う信認関係[fiduciary relationship]であって、双方が互いを信頼し、義務を果たさなければならない[28]。もし代表者の役割が、ただ何でも自分の満足することをしたり、自身のためだけに行為したりすることに限られないと考えるならば、受託者と呼ぶことによって、他者に対する義務を強調することができるのである。

第二に、この類比によれば、政府の権力は財産と見なすことが可能で、代表者はそれに対する権原を有しているのだが、それでも他の者の利得のためにそれを管理しなければならない、ということが示唆される。よって、国富を維持し、そこからの収入を一定の方法で用いたり、受益者に分け与えたりするのが代表者の義務になる、と言ってよいかもしれない。そして、もし代表者がこの「財産」に対して「権原」[title]を有するのであれば、代表者は受益者と近い関係にはない、ということになる。代表者には、受益者の声を聞いたり、受益者の要望に応えたりする義務はない。信託の義務に照らして最善だと考えることであれば、何でもすることができる。信託という考え方では、受益者が人間であるということすら不可欠ではなく、公的目的が「受益者」であってもかまわない。したがって、選んでくれた人びとにさえ義務を負わない代表者が、それにもかかわらずおそらくは国益やまだ生まれていない将来世代への義務を負う、ということもありうるだろう。この場合にもやはり、代表者は選挙民の要望や意見から自由であるが、ただ他方で選挙民の福利に配慮する義務はあると見なされる、ということが含意されている。

受託による統治という考え方は、受益者は自分自身のために行為する能力を欠いている、という観念、あるいは少なくとも、受託者の方が受益者よりはるかに有能であるという観念と結びつけられていることが多い。財産管理を強調することにどんな意味があるかと言えば、一つには財産管理とはそれに関係する価値観や要望の問題であるよりも、技能の問題であるように思われるということが挙げられる。財産がうまく管理されているかどうか、浪費され価値が下がっていないか、は容易にわかるはずだ。そして、有能な者に財産の管理を任せることには、間違いなく誰も反対できない。ある論者は、代表制の立法府に類似や反映という考えを持ち込むことを批判して、次のように述べている。

それは他のあらゆる分野でも認識されているように、政治においても無益で、ありえないことだ。株式会社を組織する正しい原理として、会社により実施される事業に関し株主がもっているであろう知識が、経営にきちんと反映されるべきだ、と考える者は誰もいないだろう。こうした場合にあらゆる場所で依拠されている原理は、特別な知識と能力をもつ人に権力を授け、その結果に責任をとらせる、ということである。[29]

この点に関連して、代表制の統治を受託による統治になぞらえていると時に言われることがある論者の多くが、実際にはこの類比をすべての統治に対して適用している、ということは重要である。すなわち、その論者たちにとっては、受託による統治という考え方に、統治される者への説明責任やその人びとの要望への応答といった意味が必然的に含まれているわけではないようだ。逆にはっきりと含まれているのは、その人びとの福利に配慮する、という意味である。この点は、ロックにも当てはまるだろうが、バークにも当てはまることは間違いない。なぜなら、バークは「王は民衆の代表であり、上院議員も民衆の代表であり、そして判事もまた民衆の代表である。それらすべてが、民衆の受託者なのである」と論じているからだ。[30] したがって、評釈者の中にもそのように主張してしまっている者が見られるのだが、受託者は信託の受益者である民衆に対して責任を負う、という意味にバークの言葉を解するのは誤りである。[31] バークは、選挙で選ばれた政府と同様に、世襲君主制も受託による統治だと見なしている。そして、彼は受託者が受益者に説明責任を負うとは決して言っていない。そんなことを言うのは、そもそも誤りだからだ。バークが実際にどう言っているかというと、「すべての信託においてまさしく本質となるのは、責任を帰せられること[to be rendered accountable]である。そして、信託はある目的を達成するためにのみ法的に存在を認められるのだが、その目的から中身が逸脱してしまった場合には信託が完全に停止することさえある、ということもまたその本質なのである」とある。[32] しかし、これはインドでの東インド会社による支配に言及する際の言葉であって、彼が論じているのは東インド会社の英国議会に対する説明責任であり、インドの人びとに対する説明責任ではない。[33] 説明責任は、受託による統治の重要な一部をなすかもしれないが、だからといって信託の受益者に対する説明責任がそこに含まれているわけではない。だからこそバークはあらゆる統治を信託による統治と見なすことができたのであって、そこには民主的な含意がなくてもよく、また選挙も必要とはされていないのである。

この論点に関して言うと、信頼[trust]一般のさまざまな考え方から特に区別される受託による統治[trusteeship]について、考え違いをする危険は大きい。あらゆる公職について信頼性[trustworthiness]が必要とされることは間違いないし、代表が相互の信頼と義務によって成り立つ関係であるということも疑いがない。しかし、それは人間が用いている多くの制度に当てはまることで、その中には説明責任が発生するものも発生しないものもあり、固有の意味での受託による統治に似ているものもあれば似ていないものもある。受託による統治と代表との間にも、やはり重要な違いが何点かある。実のところ、受託者は普通、信託の受益者の代表者ではない（代表者とは言われない[34]）。受託者は受益者の利得のために行為しなければならないが、財産は受託者自身の名義で管理されている。よって、受託者がそれを管理するとき、他の人の名において行為しているわけではないのである。受託者は、受益者から指図を受けるわけでもなければ、その意見を聞くわけでもない。また、受益者に法的な義務を負わせることもない。たとえば、受託者によって結ばれた契約は、受益者ではなく受託者自身に義務を負わせる。私たちは通常、受託者の行為を受益者に帰することはない。それゆえ、受託者を代表と称する理由は何もない。このように、統治を受託による統治と見なすことからは、決して民主的な含意は生じてこない。そこで暗に意味されているのは、政府は人びとの利得のために行為しなければならないということと同時に、だからといって人びとの要望を聞きそれに応えることが求められているわけではないということなのだ[35]。

他人の財産を管理することを意味し、時に代表と同じ意味をもつとされる言葉は他にもあるが、それらを見ると、この区別をさらにはっきりと理解できるようになる。家令[steward]とは、地所や家財、その他いかなる財産にかかわる事柄をも、所有者や領主のためになるように管理する者のことである。この言葉は、家の番人を意味する古英語の言葉から派生したもので、今は廃れてしまったが初期の意味としては、文字通り家政のうち家の中にかかわる事柄の処理を職務とする者を指していた。家令は、家財や地所の所有者の代表者であると言えるだろうか。家令が、職務の一環として、所有者の代理人や代表者として行為することも時にはあるかもしれない。所有者名での販売を委託され引き受ける場合などがそうである。その場合には、家令は実際に所有者を代表している。しかし、家令としての家令は、代表者ではなく、他の人のために世帯を経営する単なる被雇用者である。この場合も、ただ他の人の利得のために行為するというだけでは、代表という現象を創り上げるのに十分ではないのである。

また別の例として、後見人[tutor]や保護者[guardian]が挙げられる。これらは、未成年者や精神障害者またはその他法的な無能力者の財産や法的人格を管理する者である。[36] 保護者も、受託者と同じで、被保護者の意見を聞いたりその要望に従ったりする義務はない。ただ受託者と異なるのは、被保護者の財産を自分名義で持つわけではないということであって、保護者は被保護者の名において行為し、契約によって被保護者に義務を負わせることができる。[37] したがって、財産に関して言えば、保護者は被保護者を代表すると言える。しかし興味深いのは、財産に関する状況と人格に関する状況とを対照させてみた場合である。保護者が被保護者の人格を管理し、それに責任を負うだけである場合には（財産に関する事項を当面考慮に入れなければ）、私たちは保護者のことを代表者と呼ばないだろう。保護者は被保護者の福利に配慮する義務があり、またその将来について決定をおこなうこともあるかもしれないが、だからといって保護者の行為を被保護者本人に帰属させる理由は何もない。保護者が被保護者の面倒を見ていても代表することにならないのは、全寮制学校の校長が通常の業務活動の過程において生徒たちを代表しないのと同じことである。後見人や保護者への類比は、かなりの誤解を招く可能性があり、たとえばその影響を受けて親は子供を代表すると論じている者も見られる。親が子供を法廷で代表するということは、時にあるかもしれない。しかし、通常は、子供の運命を決める決断をしようとも、子供に命令したとしても、また子供の面倒を見る義務を負っているにしても、親は決して子供の代表者にはならないのである。

もしAがBを雇い、代理人として自分のために行為させたとしたら、AはBの「代理権によって」[by agency of]そのように行為した、と言うことが可能な場合がある。しかし、もしBがAの代表者であれば、それに対応するような言い回しは存在しない。AはBの「代表によって」[by representation of]行為することはできない。これについて私たちは、代表する者と代表される者との間に或る程度の距離や違いが必要だからではないか、と考えた。もし後者が行為していると見なされるならば、前者は「単なる代理人」となってしまい、代表者ではなくなる。私たちは今、これに次の例を付け加えることができる。AはBの「保護によって」[by guardianship of]、「後見によって」[by tutorship of]または「受託によって」[by trusteeship of]行為することはできない。保護者や受託者が行為する場合、通常は、被保護者や受益者がその行為に関係していると考えられることはない――代表者の行為に本人が関係している程度に比べても、関係性の度合いはいっそう低いのだ。それゆえに、保護者や受託者は他者の福利に留意する義務を有してはいるのだが、だからといってそれが他者を代表するのと同じ意味だということにはならないのである。

代行と代表

類比の第三のグループは、代行[substitution]という観念を軸に、代表者とは代表される人びとの代わりに[instead of]行為する者だ、と理解する。"stead"という言葉は、もともとは場所や部屋そのものを意味していた。よって、誰かに代わり[in someone's stead]行為するということは、ある人に代わってその場所に現れることを意味する。その場所には、さもなければ代表される人が現れると考えられるのではないか、ということである。その人は、代行者により置き換えられた[re-placed]のであって、実際に"substitute"は、代わりに据える[set up in place of]という意味のラテン語である*substatuere*から派生している。同じように、「代人」[attorney]（頼る、任せる、帰する、任命する、などを意味するラテン語の*attornare*から、古フランス語を経由して英語に入ってきた）は、かつて非常に広い意味で使われていて、誰かの代わりをする行為であればほとんどあらゆる種類のものを指していた。シャーやバラなどの選挙区から送られた初期の英国議会の議員たちは代人と呼ばれており、代表者と呼ばれるようになったのはずっと後になってからであった。代行や置き換えという観念は、「副官」[deputy]という言葉の中にも見ることができる。この言葉もラテン語に由来し、「考える」を意味する*putare*、さらに「見なす、定めておく、あてがう」を意味する*deputare*から古フランス語経由で英語に入ってきたもので、したがってある人が代わりに行為してあげている別の人だと考えられたり見なされたりする、という意味が含まれている。そして上官代理[lieutenant]も、やはり他の人に代わってその人の場所を占める[in lieu of]者である。神の代理[vicar]も、ラテン語で代行者を意味する*vicarius*から派生している。

「代表者」を示唆する同義語がこれほどに並んでいるのを見れば、代表とは本質的に代行の問題である、と見なすようになる論者がいても、何ら不思議はない。実際、被代表者の代行をしている代表者も、間違いなく存在する。しかし、すべての代行者が代表しているというのも、すべての代行者は代表者であるというのも、はっきりとした間違いである。ハンス・J・ウォルフが示しているように、代行者も代表者もある人に取って代わるのだが、代行の場合には、代行者のおこないについて代行される者に責めが負わされることはない[38]。ウォルフは、トランプのゲームで、あるプレイヤーの代役を務める代行者の例を挙げている。取って代わられた方のプレイヤーには、代行者を賢明に選択したかどうかについての責任しかないとウォルフは述べる。法律用語では、「選任注意」[diligentia in eligendo]とでも呼ばれるものであろう。しかし、他によく挙げられる代行の例を見れば、それでさえ必要とは限らない、ということがわかる。代行の教員やサッカーの交代要員は、決して代表者ではないし、取って代わった相手を代表してもいない（だからといって、何らかの特別な状況があったとしても代表することはできないだろう、と言っているわけではないが）。この代行教員やサッカー選手は、交代した相手によって選ばれたのではなく、その相手に対して責任も負わない。また、相手方も、その教員や選手がおこなったことに関して、責任を問われることはない。代行者の行為が他の者に帰せられることはない。また代行者は、他の者の意見を聞いたり、その人の利益のために行為したり、さらにその人であればとったであろう行為をなぞったりなどといった類いのことは、何も期待されていないのである。

副官も、「上官［principals］を代表する」と言われたり、「上官のために」行為すると言われたりすることがある。[39] 西部劇でおなじみなのは、殺し屋を追い詰める助けとして、民警団を副官に任命する［deputizing］場面である。厳密に言えば、志願者たちは保安官代理［deputy sheriffs］や執行官代理［deputy marshalls］にはなれても、代表者であるわけではなく、それによって保安官や執行官を代表するわけでもない。保安官代理は、たとえば保安官が撃たれたなどの理由で行為不能の場合に、代行者として任務を果たすかもしれない。だが、何の問題もなく職務を遂行中の保安官と、肩を並べて働くこともありうる。そしていずれの場合であっても、保安官代理は保安官の代表者ではないのであって、行為するのは保安官のためではなく、法の執行者として行為するのである。保安官代理には義務があるが、それは保安官に対してではなく、法に対しての義務である。保安官代理には一定の権威があり、それは保安官によって授けられたものだが、だからといって保安官代理が保安官の権威を有しているわけではない。保安官代理が執行するのは、保安官の権利ではない。そして、保安官には保安官代理たちの行為についての責任はなく、せいぜいのところ代理職にふさわしい者を賢明に選択したかどうかの責めを負うだけである。保安官代理たちは、保安官の名において［in the sheriff's name］行為するのではなく、「法の名の下に降参せよ」［Surrender in the name of Law !］と告げるのである。[40]

副官は公の役職に就いている公職者であり、その役職はより高い役職の一種の置き換えであって、副大統領職［vice-presidency］と大統領職の関係もそれと同じである。だからといって、副大統領が大統領の代表者になることはない。ほぼ同じことが、上官代理や神の代理にも当てはまるかもしれない。代行と代表の間にある重要な区別は、ウォルフの示唆に従えば、以下のようなものになると思われる。多くの代行の事例で、代行者は他の者を完全に覆い隠し、取って代わる。代行者にかかわる何らかの事柄や代行者の行為が、他の者に帰せられることはまったくない。これとは異なる事例で、取って代わられた人が取って代わった人を通じて、またその行為において、何らかの意味で現れた場合には、そこに代表が伴っているかもしれない。ウォルフが言うには、代表するとは、他の者のために立つこと[standing *for*]であって、他の者に代わって[*in place of*]立つことではない[41]。そして、あるアメリカの哲学者は、この点について最近このように記している。「もっともよくあるのは、代行者が他の者の場所を占めて、その人を少なくとも一時的に締め出してしまうことである。そうなると、その仕事は代行者の仕事となり、正規の人の仕事ではなくなる。これに対し代表者は、もし名前だけが代表者だというのではないのならば、別の人の代わりに行為したとしても、その人を締め出すことはない。代表者は本人ではないが、本人を「写し出す」[stands for]。つまり、本人は「その人を通して存在する」[present through him]のである[42]」。

派遣される者と代表

第四の類比のグループは、ある場所から別の場所へ、命令によってまたは公的な資格を有して、上位者により派遣されるという考え方を表すものである。このグループの中で、代表理論の論者たちにもっともよく使われている言葉は、「使節」[delegate]である。この言葉はラテン語で「委任を与えて派遣する」[to send with a commission]ことを意味する *legare* に由来する。ただ、ラテン語で「使命を帯びて行く」という意味をもつ *ambactiare* を源とする「使者」[ambassador]という言葉もあるし、「公使」[envoy]や「特使」[emissary]、それに「地方行政官」[commissioner]という言葉もある。この三つはすべて、正式に派遣される人のことを指すが、特使は送り出される[sent *out*]者を意味し、地方行政官は伝達文や他の地方行政官とともに派遣される[sent *with*]者だとされる。

政治的代表に当てはめて使われる場合、これらの用語には、代表者とは地元から中央政府に向けて派遣された者である、という意味が込められているようだ。そして、実際にその通りであることも多い。さらに、組織化された公式の集団によって、公的な資格において派遣されているという意味もあるように思われる。それがとりわけはっきりと現れているのが、「使節」[delegate]という言葉である。私たちは、委譲された権力[delegated powers]のことを、当初はある部門や役職に公式に割り振られていた権力が、後に下位の部門や集団に譲渡されたものだと論じる。だから、米国議会がどこまで権力を委譲[delegate]してよいのかが憲法問題となるのである。通常であれば、単なる日常的活動であり「権利」や公的「権力」にはかかわらない仕事について、「委譲する」という言い回しは用いない。ジョージ・コーンウォール・ルイス[1806–1863]の次のような言い方には、何か奇妙でわざとらしい響きが感じられる。「人は、教師[tutor]に子供の教育を委譲する」[43]。この言い方からにじみ出ているのは、形式や公的な事柄を、この仕事に実際には必要ないにもかかわらず重んじる姿勢であって、それはまるで教育の義務が最初は親に（国によって、としておこう）割り当てられていて、後になってから教師に移されたかのようである。よって、使節という言葉が政治的代表に適用されると、「副官」の場合といくぶんか同じような効果を生み出す。この言葉もまた、もともとは有権者が公職に就いていたり一定の公的役割を果たしていたりしたのに、その役割や職務が後になって代表者に譲り渡された、ということを示唆しているのである。

「使節」も「地方行政官」も、（「副官」と違って）代表者が明確な指示を手にして、または何か特定のことをなすために、中央政府へ派遣される、という意味を含んでいる。つまり、委任されて、そして使命を帯びて、派遣されるのである。さらに、派遣する側が統一性をもった公式の団体であることも示唆されている。つまり、「使節」とは、ある集団によってその集団の名において他集団の集会に出席するよう派遣された者、を特に意味しているのである。代表者を派遣するのが組織化された、または公式の集団であるということになれば、おそらく代表者にはすでに特定の指示が与えられていて、折々追加の指示も与えられるだろう。使節にしても、地方行政官にしても、使者にしても、派遣元の人びとに従属していることに疑いはない[44]。

専門家と代表

また別の類比だと、代表は、日常生活の中である人が他人のために遂行するあらゆる行為に、一般的な形でなぞらえられている。このような主張に至るには、他のいずれかの類比、特に代行や受託による統治の類比をいわば延長してみる、あるいは論理的に拡張してみるというのが、典型的な道筋のようだ。代行を手がかりとして取り組んでいく場合、話は次のように進んでいく。人びとはしばしば、普通ならば自分自身でおこなう仕事を、他の人に依頼して自らのために遂行してもらわなければならない。この入れ替わりが一種の代表なのであって、「代表それ自体は、日常的に発生し、広く必要とされている事柄である[45]」。代表というのは、「自分でおこなうことのできない」仕事の「身代わりによる実行」[vicarious performance]であるから、「商業や法学や教育、そしてその他にも数多くの枠組みの中に姿を現す。多くの場合に、人びとは、自分自身や自分の利益を他の者の手に委ねざるをえないのである[46]」。

人びとが代表者を有するのは、ある仕事のために固有の役割を果たしたり、その役割に伴う権利や義務を行使したりするために、自分自身が「存在する」[be present]ことができないからである……一人の人がすべての事柄に精通することはできないし、あらゆる場所に同時にいることもできない。そして、複雑な社会で目的を果たそうとすれば、多くの「場所」[places]に同時にいなければならないのだから、どうしても助けが必要になる。代表は、この助けを提供する一つのやり方である[47]。

このように、代表は本質的に社会における分業の問題とされ、社会が発展し複雑になるほど、代表の必要性も増してくる[48]。「技術者はその仕事の中で顧客を代表し、医者も同じように患者を代表する[49]」。そして、忙しい人が助力を必要とするのは、政治においても他の事柄と同様で変わることはない。人びとは「私的な営みにあまりにも没頭している」から、政治的代表者を選んで、自分たちのために政治を引き受けてもらう。それは「医者を選んで自分の健康に気を配ってもらったり、弁護士を選んで不動産譲渡証書を作成してもらったり訴訟の指揮を執ってもらったりするのと同じである[50]」。

したがって、専門的な支援やサーヴィスを求める場合、私たちは必然的に代表されることも要求しているのだ、と主張される。しかしこのように論じると、専門家やその道の権威といった観念が入り込んできて、強調点は単なる代行（もし代表と言えるとしても、代表者は雇い主に従属する）から受託による統治（代表者は、優れた知識や技術を発揮するために、自由裁量の余地を与えられなければならない）へと移っていく。「職能のいかなる専門分化も、代表という観念を含んでいる。……専門家とは、人びとの利益のいくつかについて本人よりもうまく処理をする者のことであって、もし人びとが自分自身でその役回りを引き受けたとしても専門家には及ばない」[51]。政治的代表についての含みは明白である。すなわち、もしその道の権威に仕事を任せたならば、口を挟むな、ということである。

なかでも、政治的代表者と医者との類比は、考え方がさまざまに異なる論者たちによって用いられていて、それゆえに十分な注意が必要になる。私たちは、「医者は患者の代理人[agent]である」のであって、患者を「代表する」という言い方を耳にする[52]。しかし、なぜ患者が自分で病気を治そうとするかわりに医者に行くのかと言えば、医者の優れた知識と技術から利益を得るためである。多くの著者が、この事実を政治への類比に利用している。「本当の代表者は、人びとに従うといっても、人びとが自分と同等の知識や見識や経験をもっていたらどのようにしたいと考えるかがわかるので、それに応じて事を進める――それはちょうど、患者が嫌がって欲しがらないものを処方するときに、医者が回復したいという患者の本当の意思をそれでもやはり代表しているのと同じである」[53]。代表者が専門的な知識や技術をもっていると想定するならば、有権者から指示を受ける必要はなくなる。代表者は、どうすれば有権者の本当の要望が実現できるかについて、有権者よりもよく知っているかもしれない。そして、たとえ自分自身の知識に従い、「患者が嫌がって欲しがらないものを処方するとき」でさえ、代表者は人びとを代表している。この含みを、もっとはっきりとわかるように論じている者もいる。

医者は、時間も注意力も技術も主に治療の技術のためにささげているのだから、患者の意見や要望によって病気の処置が制限されてしまうならば、患者が医者の助けを必要としているとしても、支障が生じることは避けられない。ただし、その意見や要望は、まったく当然のことながら、考慮に入れることも可能である。こうした点は政治的代表者についても同様で、指図を受けず、自分自身がどのように公共の福利を理解しているかに従って行為する自由を与えられなければならない……[54]

政治支配者は被統治者にはない専門的な知識や技術を行使しているのではないか、という主張は、少なくともプラトンの『国家』にまでさかのぼる。しかしプラトンは、支配することの専門家がそれゆえに代表者になる、とは論じなかった。プラトンにとって、政治が専門的な知識や見識の問題であると想定することにどのような意味があるかと言えば、政治は賢明で専門的な知識を有する人の手に委ねられ、あとはそのまま任されるべきだ、ということである。代表理論の論者にとっては、その想定に含まれる意味はやや異なる。ある人にかかわる事柄を、専門家の手に、ということの方よりも、委ねるという行為[act of placing]の方が重要性が高く、その行為は折々に再考され、繰り返されるべきだとされる。しかし、その間の時期には、代表者は自分自身の専門的な知識にしたがって事を進めるべきで、有権者の要望に応じる必要はない。この見解は、平均的な人は統治の手腕や知識こそ欠いているものの、どれほどうまく統治されているかを評価できるだけの知識は備えている、という議論と一体となっていることが多い。

投票者のなすべきことは……自分の福利に影響を与える法規の中でどれが議会を通過すべきかを決めることではなく、ただ自分たちのためにその法規を決める人びとを任命することだけである。……投票者に求められているのは、複雑な政治課題について理非を評価することではなく、各個人が立法の義務を果たすのに適任かどうかについて判断することである。……この場合には、訴訟理由を申し立ててもらう弁護士を選んだり、病気を診てもらう医者を選んだりするときと同じような判断の根拠が存在する。[55]

平均的な人の役割は、自分の能力相応の範囲に、つまり専門家の選任に、限定されるべきである。いかなる投票者であっても、「統治についてさほど知っているわけではないが、自分が何を好むかなら知っている」とは言えるだろう。現代民主制は、これまでそのように描かれてきた。「患者に認められた自由とは、本質的には医者を選ぶ自由、そして随意に医者との関係を解消する自由である——もしそんなことができるならば、ではあるが。……現代の状況においては、自由とは主として代理人を選ぶ自由であり、実際の意思決定を他の人に委ねる[deputizing]自由なのである(56)」。

医者など専門家の業務と代表とを同じものと考える論者たちの中で、ゴスネルだけが、政治的に代表することには何かしらの違いがあるということを示そうとしている。彼も最初は、政治的代表が他の専門家と異なるのは権力を有しているという点だけである、と論じる。だがその後、彼はさらなる違いを指摘する。政治的課題の解決をめぐっては意見の相違が存在する、というのである。政治家は「顧客」[clients]が何を欲しているか常にわかっているというわけではない。「技術者は、顧客の要望をはっきりとわかっている。医者は、患者が健康を望んでいるのを知っている……政治的な状況では、これらとは異なる態度が一般的である……大要として公衆は自分の望みをわかっていないという理論が示されることが多い……要望は漠然としていて確認することができず、手段も数が多くて異論が存在する(57)」。政治家の「顧客」の側も同様で、患者が医者を評価するよりも、政治家を評価することの方が難しい。「上手な医者かどうかは比較的簡単にわかるが、議員が良い立法者かどうか見分けるのは、はるかに難しい」。かくして、政治においては、専門家を擁する他の分野よりも「代表にまつわる問題が多い」のだが、それはまさに政治的な課題について私たちが知識を欠いており、また専門家間でも意見が分かれるからなのである。最後の専門家間における意見の相違について、ゴスネルは奇妙なコメントを記している。「重要なのは、専門的学問諸分野の問題が、その分野に従事する人たちの間で論争の余地があると同時に公衆にとって重要でもある場合には、常に政治の場に問題が投げ込まれ、問題解決にあたって人びとが代表を望む、ということである(58)」。しかし私たちは、あらゆる専門家が顧客の代表となるという主張を、つい先ほどまで聞かされてきた。確認していただきたいのだが、ゴスネルは、人びとが他の専門家から、それどころか社会の中で何らかの専門的な役割を果たすいかなる人からでも得ることになるであろうものを政治の専門家にも求める、と単に言っているわけではないのではなかろうか。おそらくこの一群の論者たちの基本となる想定を再検証すべき時に至ったということだろう。本当に、専門家やその道の権威は、顧客を「代表する」のであろうか。

弁護士[attorney]は、間違いなく他の人たちのために行為する専門家であるように思われ、また実際にその人たちを代表するとも言われる。私たちは、弁護士が法廷で誰かを代表するという言い方をする。そして、顧客に次のように語る姿を想像することができる。「それでは、もし私があなたを代表することを望まれるのであれば、報酬は……」。あるいは、同僚の弁護士に向かって「ウィリアムソン事件では、夫人を代表していると聞いたよ」等々である。[59] 医者や技術者に対しても同じことが当てはまるだろうか。当てはまらないのは明らかだ。医者が同じようなことを患者の一人や同僚の医者に言うところなど、想像することはできない。医者がここ一年でどれほど多くの患者を代表してきたのか語ることはないし、技術者や建築家が仕事を依頼してきた人たちについてそのように話すこともない。そして私たちも、この人たちの役割について、「代表する」ことだとは言わない。[60]「患者が嫌がって欲しがらないもの」を処方している医者が、相手に対して「こうすることで、私はあなたを代表しているのです。だから、強く申し上げているのですよ」とか、またはそれに似たようなことを言うであろうか。もちろん、そんなことは言わない。子供に対してならば、「これは君自身のためにやっているんだよ」[I am doing this for your own good]と言うことも考えられなくはないが、大人の患者に向かってであれば、これさえももっと控えめな言い方に直さなければならないだろう。たとえば、「あなたご自身のためにお勧めしているのですよ」[I recommend this for your own good]とか、「あなたご自身のために強く申し上げざるをえないのです」[I must insist for your own good]というような言い方である。しかし、以前に引用した一節でさえ（注(53)を参照のこと）、患者の嫌がる薬を処方する医者であってもその患者を代表している、と文字通りに意味しているわけではない。そこで言われているのは、「医者は、良くなりたいという患者の本当の意志を代表している」ということである。誰かを代表することは、「本当の意志を代表する」ことと同じではない。そして、医者について、後者の表現を用いることはおそらく可能だが、前者を用いることはできない（それは患者が反抗的で扱いに困るからではない。患者が望もうと望むまいと、医者は患者を代表しないのである）。

しかしながら、医者と患者が特殊な状況に置かれると、代表するという言い方が可能になる場合がある。昏睡状態の患者に対して、患者の福利のために医者が何か――普通であれば患者にしか、または患者の許可を得てしかできないような何か――をしなければならないという状況があるかもしれない。たとえば、貸金庫を開ける（患者がどのような種類の毒物を飲んだのか明らかにするため）というようなことである。その場合、おそらく医者は、規則一点張りの銀行員に非常に憤慨して、このように言うだろう。「もう、知ったことか。私はジョーンズ氏を代表しているんだ。私は彼の主治医なんだぞ」。医者は、自分の行為のために患者の権威を持ち出し、患者の名において、そしてまた患者のために行為することだろう。医者はある意味で、銀行員が口には出していない反論に答えようとしている、と言っていいだろう。つまり、「この貸金庫を開けることができるのは、ジョーンズ氏だけです。あなたはジョーンズ氏ではないのだから、あなたには開けられません」という反論に対して、やはり言葉には出さないながらも「状況が状況なのだから、私がジョーンズ氏であるかのように考えてくれ」と答えているのである。このような行為の帰属は、他人の権利を行使するために、よく引き合いに出される。

ただし、これは本当に特別な場合だ。そして一般的には、専門家や専門職の人びと（弁護士以外）は顧客を代表しない。その人びとの行為が顧客に帰せられることはない。理論家は、医者は「患者の代理人[agent]」だと主張するかもしれないが、「患者は、スミス医師の代理行為によって[by the agency of]自らを治療した」という言い方をする根拠などあるだろうか。私たちにとって医療サーヴィスの一般的な説明の仕方はこうではない、ということはかなりはっきりしていると思われる。同じように、他の人のためにいろいろな役割やサーヴィスを遂行している被雇用者も、その相手を代表しない。管理人や郵便配達員や締め釘職人は、通常の業務遂行において、誰のことも代表していないのである。

実体的な行為としての代表概念へ

多数の類比や副詞的表現、加えてそれら一つ一つに含まれる多くの意味合いが秩序なく入り混じる中に、それでも三つの主要な考え方が浮かび上がってくる。まず、代行や、誰かの代わりに行為するという考え方、次に、面倒を見る、あるいは誰かの利益のために行為するという考え方、そして第三に、指示に服する立場にある者として、他の人の要望に沿って行為するという考え方である。ただ、この三つのうちどれをとっても、単独では代表するという考え方と同義と見なされるまでには至らない。

代表者が代表される者の代行者になる場合もあるかもしれないが、それでもほとんどの代行者は代表者ではなく、交代した相手を代表することはない。形式主義的な権威付与の場合と同様、ここでもまた行為の帰属が問題となっているように思われる。私たちが代表について論じることが可能になるのは、代行者の行為が、何らかの仕方で、または何らかの理由で、別の人に帰せられる場合のみである。さらに、繰り返しになるが、そのような帰属は本質的に形式的な理由に基づいて発生するかもしれない。たとえば、他の人が有する行為の権利を引き合いに出すことによって、または通常であれば行為者自身にふりかかるだろう行為の規範的帰結をその人に引き受けさせることによって、あるいはまた事前の公式の合意を基礎として、などといった場合である。しかしながら、私たちは今、代行者の行為を取って代わった相手方に帰属させる理由として、これらとは異なるものに関心を抱いている——権利や規範的帰結と比較すると、もっと実体的だと考えられ、事前の公式の合意にも依拠していない理由である。

そのような理由を、「誰かのために行為する」ことのまた別の意味の中に、つまり他の人の利益や福利に配慮して世話をするという考え方の中に求めたくもなるというのも、わからないではない。ただこの考え方も、それ自体では代表することと同じ意味にはならない。受託者や保護者、また教師や親は、子供の面倒を見るし、医者は患者の手当てをする——これらの例で、面倒を見ている相手方を代表していると言われることは、普通はない。これらの人びとは、代表者ではないのである。第一に、ただ他の人に奉仕をしているだけで、その行為を相手方に帰属させる理由がないのであれば、代表と呼ぶには不十分である。両者の関係はあまりにも遠く、まるで法人と仕事のために雇われた独立請負人との間にある関係のようだ。また第二に、その道の権威や専門家、あるいは上位者として他の人を世話すること、つまり大人が幼い子供の世話をするようなやり方についてということになるが、それもまた別の意味で代表と言うには不十分である。ここで問題なのは行為する者と世話をしてもらう者の関係が遠いことではなく、世話をしてもらう者が無力で従属していることである。行為者には義務があるが、面倒を見てもらう側は何も言うべきことがなく、そもそも何か言うことができるとも、自分自身で何かができるとも考えられていない。これに対して代表という考え方の場合には、あたかも代表者と代表される者との間に比較的対等な関係が必要とされていて、そのため後者はおそらく前者に代わって自分自身のために行為することが可能であったかのように見える。代表者は、そのような意味では代行者なのである。「代表」[representation]のつづりの中にある「あらためて」[re]から示唆されるように、そして私が代表のファシズム理論を否定する際に主張したように、代表される者は何かしら論理的に先行していなければならない。すなわち、代表される者に対して応答しなければならないのが代表者なのであって、その逆ではないのである。

第三の代表概念の考え方では、行為する者は従属的な地位にあって、行為してもらっている者たちの方が支配的な地位を占めていると見なされる。行為者は、一方で、支配的な地位にある者たちから明示的な指示を受けてそれを実行する者と見なされることがあり、そうした意味合いは「派遣される」[being sent]という類比から読み取ることができる。また他方で、支配的な地位にある者たちの必要や要望に応える者、本質的にその人たちを満足させるために行為する者、と見なされることもある。しかしこうした考え方もまた、それ自体で代表するということの説明とするには不十分である。なぜなら、もし代理人があまりにも従属的で、独立性をもたず他人に操られるだけのただの道具にすぎないと見なされるならば、法人に勤める下位の被雇用者――あまりにも従属的であるために、法人それ自体の代行者を務めることなどできない（代行者とは考えてもらえない）――と同じになってしまうからだ。その被雇用者が法人のために行為するのではなくて、反対に法人が被雇用者を通して行為する、言い換えれば、被雇用者という手段を使って法人が行為するのである。

グリフィスはこの考え方を、何らかの形で一定程度の自由裁量や行為の自由を有する代理人と、そうでない代理人とを区別することで説明している。[61] たとえば、代理人出席による婚姻［proxy marriage］［米国では一部の州でおこなわれているが、婚姻に際して両当事者の出席が必要とされる場合に、兵役などで出席不可能な当事者に代わり代理人が出席することで婚姻の成立が認められるという制度。グリフィスは当該論文において、指示に従うだけで自由裁量のない代表の例としてこれを挙げている。訳者注］で代役を務めている者は、業務上の代理人とはかなり異なった立場にある。というのも、代役がおこなうと想定されている行為で間違いが生じる可能性はほとんど考えられず、たとえ何かうまくいかないことがあったとしても、代理をしてもらっている婚姻当事者にその責めが負わされることはおそらくないだろう。それならば、そのような例を単純に代表の一例だとは言えない。ことによると、形式的な意味で、または「写し出す」という意味で、代表の一例だと言える可能性はあるかもしれない。私たちは、その婚姻を代理人に帰することはなく、その場にいない当事者へと帰属させるのだから。だがそれは、私たちが今ここで関心をもっているような意味での――別の人を実体的に代表する活動としての――代表の事例ではない。そうした代表が視野に入ってくるのは、実体的な活動が継続していて――そこでは、グリフィスが記しているように「判断は、普通であれば行為に含まれるものであり、譲渡されている」[62]――、ただその場にいるということと区別される場合のみである。というのも、その場合に限り、代表者がどのように行為すると期待されるのか、という問いに意味が生じるからであり、またその場合に限り、代表者が役割を引き受けた結果として義務が生じ、その義務を果たせない可能性もありうる、と論じることが意味をなすからである。

代表者の役割とは他の人びとを満足させ、望みをかなえることであって、その人びとに利用されるただの道具と見なされるべきではない、と論じてみたとしても、私たちはまた別の難題に遭遇する。政治的代表者の義務は代わりに行為してあげている相手方を満足させることに尽きる、ともし言うのであれば、本来なすべき治療よりも一時しのぎの鎮痛剤の方が望ましく、聡明な政治家の発揮する手腕よりも劇的な象徴の方が望ましいということになりそうだ。そうなると、ファシズム理論を検討する中でも見られたように、代表される者たちが判断を下すにあたって、誤ったり欺かれたりしていないかどうかを論じる意味はなくなる。その人びと以外に、代表者の出来不出来を評価する権利をもつ者はいないからである。

私たちがこれまでに論じてきた他の見解と同じく、他者のために実体的な行為をするという意味で代表するということも、日常的な用法の中にある聞き慣れた例を出発点としている。しかし、これもまた他の見解と同じように、そこには限界もある。この見解は代表の概念のすべてではない。代表する側が無生物であって活動に携わることができないというような種類の代表、またそのような状況は、いかなるものであれこの見解による説明の範囲をはっきりと超えている。具象芸術や代表標本、象徴による代表についても、説明することはできない。また、いかにして画家が表現したり[represents]、誰かが申し立てをしたり[making representations]するかも説明できない。この見解が私たちにとって有用で意味があるのは、形式主義的見解と同様に、人間である代表者とその行為が伴っていて、ある人の行為が他の人たちに（または抽象概念や組織に）帰属させられるべき場合である。ただし、行為を帰属させる理由としては、形式的な理由ではなく、実体的な理由が論じられる。したがって、私たちはこの見解を、形式的な手続きなしに代表がおこなわれる場合に――別の人の権利を行使したり規範的帰結を帰属させたりすることがなく、「公式の」[official]代表者がいない場合に――いつも持ち出すことになる。また、形式的な帰属の根拠を問う場合にもこの見解に目が向けられるが、そのような場合、私たちは「わかりました。けれども、彼は本当に[really]代表しているのでしょうか」と問いかけたいのだ。タスマンは、代表者という役割に就くことで何が求められるのかという点について代表者自身が示す関心のことを「行為者の視点」[perspective of the actor]と呼んでいるが、それに当てはめることが可能なのは、この代表概念だけである。[63]したがって、この概念だけが、代表者の行為を評価する基準を、そして代表者が適切に代表しているのか不適切に代表しているのか（代表者がよく似ているか、典型的な人であるか、ではなく）を判断する基準を、私たちに与えてくれるのである。

この実体的概念は、権威付与型の見解に欠けていた「何か」——代表者の限界にかかわる何か、または代表者が従わなければならない基準——である。描写的代表と象徴的代表を扱った際には、この何かがいったいどのようなものでありうるのかを突き止めるための手がかりを見出したが、その一方でこれらの見解を行為の領域に直接当てはめることはできないということもわかった。個人や人びとの集まりが非常に適切な描写的代表になっているからといって、誰かのために行為するという意味でも良い代表者になると自動的に保証されるわけではない。また、その人びとの活動が代表するということに本当に等しくなる、と自動的に約束されるわけでもない。行為の領域で代表者の性質が意味をもつのは、行為に影響を与える限りにおいてのみである。そのため、代表するという活動にとっては、完璧な複写や類似という理想も、しょせん頭でっかちな思い込みにすぎないのである。同じように、良い象徴であったとしても、私たちが自分たちの利益になるような活動を望む場合には、必ずしも良い代表者になるとは限らない。私たちがどれほどミス・カリフォルニアに熱を上げたとしても［一九五二年からコンテストが実施されており、本書出版までには、出版前年を含めてミスＵＳＡを二名、他にもミスＵＳＡ入選者を多くの年度で輩出している。訳者注］、彼女を国会議員に選出したいと考える人はほとんどいないだろう。そして、適切に代表するということと代表される者を満足させるということの間には関係があるとしても、その関係は、象徴化論者たちが私たちに主張するほど単純ではないのである。

代表するという活動を、他の人のために行為することだと見なすのならば、それは代表が何をするのか、そしてどのようにするのかという観点から、またはこの二つの考察を何らかの形で組み合わせた観点から定義されなければならない。ところが、ここからさらに詳しく定義しようとすると、代表に関する文献に見られる類比や副詞的表現はさほど役に立つとは言えない。類比はいずれも「代表者」の正確な同義語ではないから、ただ置き換えるだけでは具合が悪い。どの類比であっても、代表する（と言われる）場合はあるが、そのように言うならばほとんどあらゆるものが何かを代表する場合がある。いくつかの類比の集合を検討した結果、出てきたのは反対側から見た結果だけのようだ。つまり、私たちは他の人のために実体的に行為することが何でないかについてはいくつかの結論を得たが、何であるかについては結論を得ていない。私たちに必要なのは、そうした活動と、その活動特有の政治との関係についての、もっと建設的な定義なのである。

第7章　委任—独立論争

委任—独立論争の構造

代表とは、文字通りには存在していない何かを、それにもかかわらず存在させることを意味する。他者のために実体的な行為をする、ということで私が言いたいのは、代表される事物や人の存在が、行為者の性質においてでも、行為者がどのように見なされるかにおいてでも、行為の前後に定められる公式の取り決めにおいてでもなく、行為の中に認められるということである。しかし、この言い回しは、明瞭というには程遠い。私たちには、ここで求められている行為とはどのような種類のものであり、またどのようにおこなわれるものなのか、詳しく説明するという仕事が残されている。

おそらく、代表論の文献の中でもっともよく目にする主張は、代表者は代表される本人[principal]であればおこなうであろうことをおこなわなければならない、そして、あたかも本人自身が行為しているかのように行為しなければならない、というものである(1)。この説明が非常に説得的に思われるのは、代表される者を存在させる[making-the-represented-present]という考え方や、描写型の見解に見られる類似や反映という考え方、さらには現代の代表制統治と結びついている民主的同意の考え方などに、明らかに似ているからである。しかし、さらに詳しく検討してみると、問題もある。代表者が、ただ一人の本人のためだけではなく、有権者全体、あるいは組織されていない一群の人びとのために行為している場合を考えてみよう。その場合、「有権者が自分たち自身で行為しているかのように行為せよ」という標語は、疑わしく響く。もし想定されている行為が投票であるならば、おそらく（明らかにとは言えないが）その意味は、代表者は有権者の多数が投票するであろうように投票しなければならない、ということである。だが、投票以外の活動ということになると、扱いはそれほど簡単ではない。代表者は、本当に文字通り、何十万人もの人びとであるかのように審議し、取引し、話さなければならないのだろうか。そして、もしそうではないとするならば、代表者はどのようにすればよいのだろうか。

この標語は、ただ一人の本人のために行為する代表者についてさえ、そもそもうまく当てはまらない。一人の人を代表することでさえ、模倣で済ませられる問題ではないからだ。たとえば、私がジョーンズ氏の代表として仕事上の会議に臨んでいるとする。私が彼のために行為するよう選ばれたのは、その会議が金融にかかわっていて、ジョーンズ氏が数字に強くないからだ。決断の時が来ると、私は自分にこう問いかける。「ジョーンズ氏ならどうするだろうか」。だが、答えはわかりきっている。ジョーンズ氏ならば、目の前に数字が並ぶのを見ると、敗北感から嫌気が差して、もうお手上げだとあきらめ、おそらくは間違った決断をするだろう。ジョーンズ氏のために私が果たすべき義務や役割は、決してそのようなものではない。今必要とされているのは、模倣ではない。他の人のために行為する[acting for another]ことは、舞台で演じる[acting on the stage]こととは違うのだから。ただ、ここで考えられる選択肢としては、ジョーンズ氏が欲するであろうことをおこなうか、ジョーンズ氏にとって最善で利益になるであろうことをおこなうか、の二つしかないように思われる。

そうすると、ここでもまた、要望と福利というおなじみの二つの要素だけが、利用可能な選択の候補であるようだ。しかし、この二つの要素は、長年続く論争、政治的代表の分野で間違いなく中心的な位置を占める古典的な論争の両極を形成するものでもある。そこで争われている論点を、次のようにまとめてみてもよいだろう。代表者は、選挙区民が望んでいることをおこない、その委任や指示に拘束されるべき（されなければならない）だろうか。それとも、代表者は選挙区民の福利を追求するため自ら最善と思う通りに自由に行為することができるべき（行為できなければならない）だろうか。この委任―独立論争［mandate-independence controversy］をめぐっては、これ以外にも多くの争点が付け加えられてきているのだが、それら争点が関連してくることもしてこないこともある。この論争が発生するのは、たいていの場合、政治の場で代表に問題が生じている場合である。そのため、地域の利害と国家の利害はどちらが相対的に重要か、政党の役割は何か、政治的問題の本質とは何か、といった争点と、根本にある問題とが容易に入り混じってしまう。また、ただ一人の本人を代表することと、多様性をもつ政治上の有権者を代表することとの違いから、論争が複雑化する傾向もある。それでも、根本にある概念的な問題をそれ以外の問題から切り離し、それ自体で検討することには価値がある。この概念論争に関して、私は以下のような主張をしていこう。第一に、この論争は、一般的に、首尾一貫した解を得ることができないような形で定式化されてしまっている。第二に、それにもかかわらず、代表の意味を起点として、代表者の義務に関する首尾一貫した見解を導き出すことができる。第三に、この首尾一貫した見解は外枠を設定するだけで、その範囲内では、政治的代表者がどのように行為すべきか、また適切に代表することと不適切に代表することとを区別するのは何か、について多種多様な見解の余地が残されている。その多種多様な見解の中で、各論者がどのような位置を占めるかは、各人が広い意味で政治をどのように概念化しているかということと関連する。つまり、政治的争点の性質や、統治者の能力と被統治者の能力の相対的な優劣、人間と社会の本質についての考え――要するに、各論者のメタ政治と呼びうるようなものと関連しているのである。

委任論と独立論の両極の間で、多くの見解がその時々に擁護されてきた。非常に厳格な委任理論の論者ならば、真の代表が実現するのは有権者からの明示的な指示に基づいて代表者が行為する場合のみであり、いかなる自由裁量の行使もこの理念からの逸脱であると主張するだろう。もう少し穏健な見解では、代表者にはある程度の自由裁量が許されるが、新しいことや論争的なことを試みる前には有権者と協議しなければならず、もし有権者が望めばそれをおこない、望まなければ職を辞さなければならない、と論じられるだろう。さらに穏健な見解になると、代表者は有権者の要望を推し量り、それに沿って行為してよいが、それは有権者から指示がない場合、あるいは指示がくるまでのことであって、指示がきたらそれに従わなければならない、とされるだろう。独立論の立場にかなり近くなってくると、代表者は自身で最善と考える通りに行為しなければならないが、ただし選挙公約や選挙時の政綱に違背しない限りでのことだ、と主張される。そして委任論の対極には、完全な独立論の考え方があって、有権者は選挙公約そのままを要求する権利すらもっていない、とされる。つまり、いったん選挙で選ばれたならば、代表者は何にも縛られず自分自身で自由に判断しなければならない、というのである。

しかし、それぞれの見解が厳密にはどのようなものであったとしても、理論家は自身の見解に見合った類比や副詞的表現を引き合いに出して、それを擁護しようとするだろう。委任理論の論者は、代表者とは代表を送り出した人びとの「単なる」代理人、従業員、使節、従属的な代行者だと見なすだろう。代表者は、「従業員として送り込まれた」と言われ、「専断的な権力をもつ者として選ばれた」とは言われないだろう。その場合、代表者を送り出した目的は、有権者の目的であって、代表者自身の目的であってはならない[2]。有権者は、自分たちのために何かをさせようと代表を送ったのだが、その何かを有権者自身でおこなうという選択も考えられたし、また自分たちで申し分なく理解し実行することは現実に可能なのである[3]。それゆえ、代表者が送られたのは、有権者の意思に沿うためであって、自分自身の意思のためではない。他にも、描写的代表の比喩を持ち出して、代表とは有権者がそれを通して行為する機械装置のようなもの——鏡や拡声器のようなもの——だ、と考える委任論者もいる。国益に関して言うと、委任論者には、各地域選挙区民の合計が国民であるのだから、選挙区民の利益の合計が国益になる、と論じる傾向がある。付け加えると、もし個々の代表者が選出地域の代理人として行為するように意図されたものではないとしたら、どうして地域ごとに選ばれなければならなかったのだろうか[4]。

独立論者も、自身の見解に見合った類比を好きなように使っている。代表者とは自由な代理人であり、受託者である。また、その道の権威であって仕事を任せておくのが最善だと考えられている。したがって、独立論者たちは、政治的問題は難解で複雑であり、一般の人びとの能力を超えていると見なす傾向がある。少なくとも、有権者とは全論点についてあらかじめ定まった意志や意見をもった単一の集団ではない、と論じられる。そうであれば、代表者も、そこに反映されるべき何ものもないのだから、ただ単に反映するということはできない。[5] さらに、もし個々の代表者が選挙区民と約束をし、指示を受けているとしたら、政治的な妥協は不可能になってしまうだろう。立法府そのものに任されている重要な活動――争点の形成や、決定の基礎をなすべき審議と妥協など――がおこなわれる余地を残しておく必要があるのだ。そして、バークが疑問を呈しているように、「決定が討議に優先するというならば、そして審議する人びとと判決する人びとが別々だというならば、そして結論を下す人びとはおそらくその議論を聴く人びとから三〇〇マイルも離れているというような状況」にあるならば、それはいったいどのような種類の統治体制だというのであろうか。[6]

さらに言うと、独立論者の主張によれば、代表者は確かに地域的に選ばれているのだが、それでも国益を追求しなければならず、その国益は各地域選挙区民の要望を合計したからといって決して自動的には現れてこない。代表者は、指示から解放されて、自由に国益を追求できなければならない。[7] そのうえ、指示による以外の行為を禁じてしまうと、代表者からあらゆる威厳を奪い、したがって政府への敬意を掘り崩すことにもなってしまう。[8]

以上は、この論争で対立している二つの立場を、単純な形で示したものである。しかし、政党に関する主張が加わることによって、これらの立場はしばしばもっと込み入ったものになる。考えられる立論の一つは、現代国家において立法府議員は有権者の要望に拘束されることもなければ、国益と見なすもののために自由に行為するのでもなく、所属政党の綱領に従って行為するように縛られている、というものである。この見解は時に、議員は政党の代表者である、という言い方で表明されることがある。[9] 二番目の可能性として、政党を地域的要望と国益の連結装置と見なすという考え方もありうる。政党であれば国レベルの争点について綱領を持っているだろう。よって、各選挙区の有権者は、ある政党の所属員を選出することにより、その綱領に関する要望を表明する。そうすると、立法府議員はこの綱領に拘束される。なぜならば、政党に対する義務と有権者に対する義務があるからであり、同時にその綱領が（おそらく）議員自身の国益観と一致するからである（そうでなければ、なぜその政党に所属しているというのだろうか）。[10] 第三に、独立論の側から、特に大陸系の論者からの主張として、政党の追求する利益は部分的で特殊であり、国益と同一視はできないので、代表者は政党への義務からは自由に、自身が国益と見なすもののために行為しなければならない、というものがある。[11]

これまでに、さまざまな妥協的立場がとられてきている。論争の両極とも正しく、代表者は有権者の要望と自分が最善と考える政策の両方に対して義務を有する、と主張する論者もいる。だが、この二つをどのように調和させるかについては、言及がない。[12] また、有権者に対する代表者の義務とは、有権者の主張を申し立てること、有権者のために声を上げることだ、という主張もある。ただし、投票の段になると、代表者は自分自身の判断に従わなければならない、とされる。[13] 多くの論者が主張しているのは、時間という要素の重要性である。つまり、代表者は有権者の一時的な気まぐれや望みのすべてに束縛されるのではなく、長期的で熟考された要求に従わなければならない、というのである。あるいは、奇妙なことに、代表者が選挙の時だけを除いて有権者を無視しなければならない一方で、有権者は満足できなければ選挙の時に代表者の職を解かなければならない、という立場だと思われる者もいる。

委任—独立論争でもっとも驚かされるのは、これほど長期にわたって議論が続いていて、多くの明敏な思想家が参加しているにもかかわらず、解決に近づいている様子が一向に見られないことだ。思想家たちは交互にそれぞれの立場——委任論支持か独立論支持か——から論じるのだが、それでも論争に決着はついていない。双方お互いに話がかみ合っていないように見えるし、両者の議論が交わることはない。それぞれの主張が説得的に感じられるのは、別々に読んだ場合のことである。また、妥協的な解決にも不満が残るように思われる。論争参加者の中には、こうした現状を見て、これ以上の(そのままの表現を使うならば)規範的な考察を放棄し代表者たちが現実に何をしているか経験的に調査しようと主張する人びともいる。[14] そのような調査としては、歴史的事例の検討か、または現代の立法行動および世論の研究のいずれかがおこなわれている。

論者たちが挙げる歴史的事例の数々は、委任論から独立論に至る階梯のすべてにわたって広く存在している。多くの政治機関において、構成員たちが投票し行為する権限をもつのは、構成員たちを送り込んだ人びとからの明示的な指示がある場合のみだとされてきた。ドイツ帝国の連邦参議院や、現代米国の選挙人団、国際連合の総会などがその例にあたる。[15] 他の機関では、構成員は任期開始時か、あるいは任期途中ということさえあるのだが、いずれにしてもそこで与えられた指示に拘束されていた。代表者へ指示を与えるというやり方は、米国の州憲法の多くで、初期に明示的に認められていた。また別の場所で別の時代には、議会議員たちは自分たちのことを、選出母体からほぼ完全に独立したものだと考えていた。政党についても事情は同じで、オーストラリア労働党の構成員が義務づけられていた例から、今日米国の政治家が大幅な自由を享受している例、あるいは時代をずっとさかのぼってそもそも政党さえ存在していなかった頃の例まで、多様な歴史的事例が存在する。論者たちは、こうした各種事例を検討すると、代表者と有権者の間で認められる関係性は非常に多岐にわたる、と結論づけざるをえなくなる。

現代米国政治の現場を経験的に研究しようとする論者たちも、同じように高度な多様性を見出している。自分たちは有権者の要望にもっともよく応えていると断言する立法府議員たちがいる一方で、政党の要望に応えているという者もあり、また国益を自分自身で独自に判断して行為すると主張する者もいる。[16] 議員たちの投票行動の研究でも、かなりの多様性が示されている。[17] 世論調査で、人びとが議員たちに何を期待しているのか調べると、世論はほぼ均等に割れていることがわかる。[18] 立法府議員は独立論に傾きがちで、市民は委任論に傾きがちだが、そのいずれにおいても相当な人数からなる少数派が存在している。経験的調査も、結論の曖昧さに関しては、伝統的な「規範的」論争と変わることはない。

このように見てくると、委任―独立論争のように延々と続いている議論の根底には、もしかしたら哲学的なパラドクス、つまりは概念上の難点が存在しているのかもしれない。この論争そのものが、解決不可能な形で定式化されている可能性があるのだ。そうだとしたら、歴史的証拠や経験的証拠を求めても助けにはならないだろう。なぜなら、概念の曖昧さが問題である限り、それがいかなる曖昧さであったとしても、歴史的事例やインタビュー対象の人びとに私たちが投げかける疑問に、それが入り込んでしまうからである。私たちの研究は、最初からあった難点を新たな段階でもただ継続させてしまうだけになるだろう。そのような概念上の難点が論争にかかわっているならば、やみくもにどちらかの側を選んでみても、またはもっと有意義な事実を集められる新しい方法を持ち出してみても、問題は解決しない。必要なのは、双方の見解のどこが正しくてどこが間違っているのか、そしてなぜ話がかみ合わないのかを明確にし、論証することである。私は、委任―独立論争はただの概念上のパラドクスであって、哲学的分析により解決できるかもしれない、と主張しているのではない。むしろ私が言いたいのは、委任―独立論争が複雑で解決不可能になっている根本にはこのパラドクスがあるのだから、その概念上の問題が解明されてはじめて、概念にかかわらない政治的争点についての首尾一貫した検討が可能になる、ということである。

論争と代表概念

そこで、私たちはしばらくの間これまでの政治的な議論から離れて、両見解から提示されているもう一つの種類の訴えに耳を傾けてみよう――すなわち代表の意味そのものに基づいた訴えである。私たちはさまざまな議論を検討してきたが、それに加えて、委任論者も独立論者も代表概念それ自体がみずからの見解を支えていると主張する。委任論者は「もしある人が有権者の望むことをしないのであれば、それは本当のところまったく代表ではない」と言うだろう。独立論者は「もしある人が自分自身の独立した判断に従って自由に決定できないのであれば、それは本当のところまったく代表ではない」と答えるに違いない。だが、推測に頼るのはやめて、そのような見解が実際にどのように表明されているのかを検証してみることにしたい。委任論者の側では、ヒレア・ベロック[1870–1953]とG・K・チェスタートン[1874–1936]の政党に関する初期の共著から引用してもよいだろう。「代表者は、有権者が意見を求められていれば投票したであろうように投票しなければならないのか、それとも反対の意味で投票しなければならないのか。後者の場合、彼は代表者ではまったくなく、寡頭制の支配者であるにすぎない。なぜなら、［ロンドンの］ベスナル・グリーン地区の人びとならば「反対」と言うであろう票決で、いつも「賛成」と言う人がいるとしたら、その人がベスナル・グリーンの代表であるというのはもちろんばかげているからだ[19]」［ベロックは、一九一一年のベスナル・グリーン地区の英国議会補選で、立候補した旧友と袂を分かち、批判している。Cf. Tom Villis, *Reaction and the Avant-Garde : The Revolt Against Liberal Democracy in Early Twentieth-Century Britain*, I. B. Tauris, 2006, p. 86. 訳者注］。同じように独立論者が代表の意味に訴えかけた典型的な意見として、ブルーム卿[1778–1868]のそれを挙げてもよいだろう。

代表の本質は、人びとの力が一定の期間手放され、人びとに選ばれた副官[deputy]に預けられる、ということにある。そして代表者が統治において果たすべき役割は、この譲渡がなければ人びとが自分たち自身で果たしていたと考えられるものである。もし有権者が支配権を手元に置いておいて自分たち自身で行為するならば、それは代表ではない。有権者が自分たちの使節[delegate]と意見を交換するのはかまわない……だが、実際に行為するのは彼である――有権者ではない。彼が人びとのために行為するのである――人びとが自分たち自身のために行為するのではない[20]。

このような二つの主張の板挟みになると、両方とも正しい、と言いたくはならないだろうか。それぞれの見解を順番に見ていくと、展開されている論理は十分に理解できる。もしある人が予想される有権者の行動とは逆の行動をとり続けるとしたら、その人は間違いなく代表ではない――あるいは、せいぜいのところ「名ばかりの」[in name only] 代表である。かといって、もしその人が自分では何もせず、有権者が自分たちで直接に行為するとしても、やはりその人が代表ではないということは明らかだ――あるいは、せいぜいのところ名ばかりの代表である。しかし、二つの見解が代表者の役割について正反対の両立しがたい結論を支持しているように思えるのに、両者がともに正しいなどということがありうるのだろうか。もしかしたら、ありうるかもしれない。それは、それぞれの見解が代表の意味の一部分を主張しているだけなのに、その一部分を拡大して誤った推測をしてしまっている場合である。

代表するということが完全に委任論の立場だけに切り詰められ、有権者の要望をただ機械的に反映し伝えるだけでよいとされる状況を想像してみよう。現代米国の選挙人団に似た団体を想定すればよいが、ただ説明の都合上曖昧な要素はすべて取り除くことにしたい(21)。その構成員は地元選挙区の有権者による決定を伝達し、表明しに来るだけであるとする。これは代表だろうか。その構成員たちは代表者だろうか。独立論者は、違うと論じる。しかし、構成員たちが代表していると論じることもできるだろうし、その場合に私たちはそれがどういう意味かを直ちに理解するであろう。この団体の集会を訪れた人が、構成員の一人を指して、「彼は誰を代表しているのですか」とか「彼はどの州を代表しているのですか」と聞くということもあるかもしれない。この場合には、純粋に「写し出す」という意味での代表だということになるだろう。構成員たちが代表しているという意味は、ショーで五〇人の少女がそれぞれ合衆国の各州を標示し代表しているという意味と、ほとんど変わらないと言ってよい。私たちはすらすらと、彼女はアーカンソー州を代表していて、彼女はオレゴン州を代表している、と言うことができる。しかしながら、このように代表するということを、活動としての代表と同じものだと見なすことはできない。

同一の例を、活動としての代表という観点を念頭において考えてみると、このような団体が代表的であるとか、構成員が誰かを代表しているということを、否定しなければならなくなるだろう。「あなたは、彼がアーカンソー州を代表していると言う [say] ことはできる。しかし、もちろん、彼が実際に何かをしているというわけではない。

実際の決定はかなり前に彼以外の人によって済まされている。今やっているのは、ただの形式的手続きだ」。実際の行為は州の有権者によって直接に済まされていて、代わりの人がやっていたわけではない。考えてみていただきたいのだが、もし有権者が決定を郵送していたとしたら、決定の入った封筒が有権者を代表していると言う人など、誰もいないのではないだろうか。

他の人のために行為するものとしての代表という観念から出発する場合、この団体の構成員を機械的な事物、たとえば構成員を通じて行為する人びとの道具や手足、また拡張部分であると考えれば考えるほど、その人びとは自分たち自身で行為していて、代表という事象は発生していないのだ、と論じたくなる。ペンを手に取るとき、手が私を「代表する」とは言わない。私がペンを手に取るのである。代表者が有権者の要望や指示に従わなければならないかどうかを考える際に、独立論者が頭の中に描いているのはこのようなことだと思われる。独立論者は代表するということを活動だと考えているが、活動には最低限度の自律や生気が伴うものである。だからこそブルーム卿は、もし有権者が代表者に対しかなり強い支配力を行使していて、自分たち自身で行為するのならば、それは代表ではないと主張するのである。「実際に行為するのは彼である――有権者ではない。彼が人びとのために行為するのである――人びとが自分たち自身のために行為するのではない」。このように、もし代表するということを活動として考えるならば、独立論の立場から示される論理は、十分に語るに値する。

だが、委任論から示される見解にも、同じく語るに値する点がある――代表を機械装置になぞらえるような種類のものではなく、それとは異なる委任論の一側面についてではあるが。支配団体の構成員が、ただ有権者の指示に従わないだけではなく、あくまでも有権者の望みとは逆の行動をとり続けているという例を考えてみよう。その構成員は、それでもまだ形式的には有権者の代表であって、その職を公式に保持する者である。しかし、その構成員が本当に選挙区民を代表していると主張する人がいるだろうか。そのような場合、何かが著しく間違っている、と私たちは感じないだろうか。ベロックとチェスタートンは何が問題なのかを明確に表現しているが、それに抗うことは非常に難しい。「ベスナル・グリーン地区の人びとならば「反対」と言うであろう票決で、いつも「賛成」と言う人がいるとしたら、その人がベスナル・グリーンの代表であるというのはもちろんばかげている」[22]。そんな人でも間違いなく実体的に人びとを代表しているのだ、とあえてベスナル・グリーンの人びとに言おうとするのは、愚か者か偽善者くらいだろう。だからといって、代表者が有権者に従わなければならないということにはならないし、行為の前に有権者の声を聞くことさえ義務となるわけではない。せいぜいのところ、代表者は長期にわたって有権者の要望と反対の行為を続けてはならない、ということが言えるだけである。反対の行動をとり続けた場合、その人は名義上まだ代表者であるかもしれないが、それはあくまでも形式的にということであって、実体的には本当の代表者とは言えない。この点では、委任論者の主張に反論する余地はない。

二つの競合する見解には、それぞれに真理が含まれている。そして、それぞれに含まれている真理を説明してくれるのは、代表の概念そのものである。代表されるということは、ある意味では存在していながら、文字通りに、または完全な事実として本当に存在するわけではない、ということを意味する。この逆説的な要求は、代表概念の意味それ自体によって押しつけられたものであって、それが委任―独立論争における両極に間違いなく映し出されているのである。委任論者は以下のように述べる。もはや有権者が存在すると見なせないような状況が訪れたならば、その時には代表は存在しない。もしある人が有権者の要望と反対に投票し続けるならば、もはや有権者の存在をその投票の中に見出すことはできない。それはせいぜいのところ形式的な代表にすぎず、有権者は代表者の投じる票によって義務づけられることになるというだけだ。独立論者は以下のように述べる。もはや代表者が行為しておらず、逆に有権者が自分たち自身で直接行為していると見なせるような状況が訪れたならば、その時には代表は存在しない。そして、代表者がただ有権者からの命令を実行するだけならば、有権者は自分たち自身で直接行為しているように見える。せいぜいのところ、代表は描写的または象徴的に有権者を写し出していると言えるだけであって、活動において有権者を代表しているとは言えないだろう。

代理人と代表者を区別する際に、法人の代理人は法人の一部あるいは手足のようなものであるのに対して、代表者においては法人がその中にそっくりそのまま存在している（ように見なされる）、という点を特筆した。もしこれと同じく、有権者がそっくりそのまま代表者の行為の中に存在すると見なせるならば、そこから二つの帰結が導かれるだろう。第一に、有権者がそっくりそのまま存在するならば、なぜ時と場合に応じて考えが変わってはいけないのだろうか。第二に、有権者がそっくりそのまま存在するならば、現場でとる行為が明示された要望と衝突するなどということがありうるだろうか。第一の帰結からは、独立論で正当とされる主張が導かれる。代表者はある程度の自由、行為に関するある程度の裁量の余地をもたなければならない。さもなければ、有権者が代表者の中にそのまま存在すると想定するのは困難である。もし代表者が完全に拘束されて、指示を受けるならば、代表者は道具や手足や操り人形のようなものであって、動機づけや意思決定の能力はどこか別のところにある、と見なされやすくなる。もう一方の帰結からは、委任論で正当とされる主張が導かれる。代表者は有権者の要望といつも食い違っているというわけにはいかない。さもないと、第一の場合と同じように、有権者が代表者の中に存在すると見なすことがひどく難しくなってしまう。代表者と有権者が食い違っている場合、代表者は有権者から切り離された存在であって、自分自身の目的を追求するために自分自身で行為していると見なされやすくなる。

したがって、委任―独立論争に代表の意味から生じる概念論争が含まれている限り、二つの見解はともに正しい。代表するという活動は、逆説的にも見えるこの代表の意味づけを、これからもずっと避けることができない。すなわち、被代表者は存在しなければならないが、同時に存在してはならないのである。(23)代表者は、実際に行為しなければならず、被代表者から独立していなければならない。それにもかかわらず、被代表者もまた、代表者を通じてではあるが、ある意味で行為していなければならない。それゆえ、両者の間には、深刻で持続的な対立があってはならない。とすると、活動として代表することのもっとも適切な例は、代表者と代表される者との間で対立が絶対に起こりえない状況で見出される、と想定したくなるのも無理はない。そうした状況は、たとえば代表される者が子供だったり、そうでなくとも自分自身で判断する能力がなかったりという理由で発生する。しかしながら、そのような想定は真実とは程遠い。代表される者は、自分自身で行為できなければならず、自分自身の意思と判断力をもっていなければならない。さもなければ、実体的活動としての代表という考え方が当てはまらなくなってしまう。無力で完全に無能力な人や物の面倒を見るだけでは、代表することにはならないのである。

確かに、代表するといっても、人間や人間集団を代表するとは限らない。たとえば、抽象概念についても、その概念のために行為するという実体的な意味での代表は可能である。この場合も、そうした事例と象徴的あるいは描写的に抽象概念を写し出すこととの区別や、形式主義的な意味で抽象概念のために行為すること（「機関」[Organschaft] のように）との区別は難しい。グリフィスは、次のように指摘する。英国議会には多くの労働党議員がおり、いくらかは労働者階級出身の議員さえいるのだが、それでも「労働者階級運動の精神と伝統を余すところなく代表している」議員がいるということを否定し、「たぶんそのように言えるのはケア・ハーディだけだ」と主張したい人もいるだろう、と。(24) この場合、「精神や伝統」は人間ではない。組織でもないから、誰かが職員になれるというわけでもない。さらに、グリフィスの描く想像上の発言者が、他の議員たちを退けてハーディ氏だけに認めているのは、「伝統と精神」を象徴的に代表しているかどうかということではない。発言者は、ケア・ハーディが、国旗が国家を代表したりアンクル・サムが合衆国を代表したり［Uncle Sam の頭文字がUSとなるため。擬人化して描かれることもある。訳者注］するのと同じように精神と伝統を代表している、ということを意味しているわけではない。ここでの議論の焦点は、活動を通じた代表であり、議会で発言することと票を投じることである。同様に、政治演説をする者が世界平和を代表するなどと主張することがあるかもしれないが、その意味は声も出さず穏やかに過ごすことによって平和な性質を体現するということではない。逆に、平和を促進するため声をあげて行為するということである。他にも、誰かが組合の連帯や正義、真理、キリスト教的観点、神を（行為を通じて）代表する等々、時と場に応じてさまざまな言い方が可能であろう。

このような抽象概念は、自分自身で文字通りに行為することはできないし、要望もないのだから意見を求められることもない。それでも抽象概念を代表することは可能である。そして私たちは、抽象概念を代表するとされる者は保護者が子供の面倒を見るように抽象概念の面倒を見ているだけだ、というようには感じない。無力で世話をされるだけの子供から抽象概念を区別する鍵が、概念の置かれた状況をどのように見なすかにある、ということは明らかだ。もし抽象概念が代表者を通じて行為し、その活動の中に存在していて、代表者のなすことに生気を吹き込み導いている、と見なすならば、その時私たちは代表について語ることになるだろう(25)。無力な子供にしてみても、このような意味で代表されていると語ることができないわけではない。だが、もし私たちがその子供のことを(または抽象概念のことを)無力で行為することが不可能であり、世話をされる存在だと見なす[think]ならば、その時私たちは代表について語ることはないだろう。抽象概念は要望をもたないし、急に立ち上がって代表者が抽象概念の名においておこなっていることに反対することもできない。しかし、人間の集団に関しては、そのようなことも折に触れて生じる可能性が高い。したがって、委任論と独立論の対立から難問が生じるのは、私たちが人びとを代表することについて考える場合に限られる。なぜなら、人びとは何が自分たちの利益となるかについて自身の見解を有していて、その見解が代表者による決定と衝突する可能性もあるからである。

代表するという活動の実体は、代表される者の利益を促進することにあるように思われる。ただし、代表される者はみずから行為や判断をすることが可能な状況にあり、それでも自分の名においておこなわれたことに反対しないことが求められる。代表者が何を[what]するかは本人の利益にかなっていなければならないが、どのように[the way]かなえていくかについては本人の要望に応じていなければならない。代表者が実際に、そして文字通りに本人の要望に応じて行為する必要はないが、本人の要望はどこかに見え隠れしていて潜在的には意義を保っていなければならない。応答性[Responsiveness]には、ある種の打ち消しの基準が含まれているようだ。というのは、対立の可能性はなければならないが、それにもかかわらず顕在化してはならないからである。しかしそうなると、代表するということは、非常に脆いが注文は多いという、人為的な仕組みの様相を帯び始める。代表者が十分に独立していなければ「幻想」[illusion]は崩壊し、代表される者が十分に独立していなくても「幻想」は崩壊し、二つの独立した判断の間に争いが生じても「幻想」は崩壊する。それでもこれらの必要条件は、結局のところ見た目ほど特別ではないのかもしれない。私の見るところ、これらは人間および人間の行為に関する基本的な想定に間違いなく基づいているのだが、そのような想定を有するのは代表の概念に限ったことではなく、行為に関する語彙のすべてが当てはまる。率直に言えば、私たちは、通常の場合ある人の要望とその人にとって良いこととは一つに交わるだろうと想定している。したがって、もし代表者が有権者のために良いことを実際に成し遂げるならば、普通は代表者と有権者の要望とがぶつかるなどとは考えられない。

利益概念の検討

この二重性を分析するには、代表理論のあちこちで現れる利益の概念を研究するのが一番生産的かもしれない。というのは、第一に、利益の概念は抽象概念（要望をもたない）を代表することと人びと（要望をもつ）を代表することをつなぐ一種の連結器となっている。利益は、それ自体抽象概念である。そして、世界平和や正義の女神を代表することができるのと同じく、世界平和の利益や正義の利益を代表することも可能である。他方で、個人であろうが集団であろうが、ある人間の利益を代表することも、また可能である。利益は時に誰かに属する[of]ものである。したがって、消費者の利益は、抽象概念ではあるけれども、特別な種類の抽象概念であって、その利益が属する特定の人びとの集合――つまり消費者に結びつき、それに関連づけられる。消費者の利益を代表するには、おそらくその要望に留意することが必要となるだろう。他方で、世界平和の利益を代表するには、そのような気遣いは必要とされないだろう。なぜなら、その利益に対応していて、協議の相手となるような関連集団が存在しないからである。このように、利益の概念は、時にある人間集団に結びつけられ、時に人間とはかかわりのない[unattached]形で現れる。この点で、それは他のいくつかの抽象概念——要望や感覚や意見——とは異なる。それらは、常に人間とかかわっていて[attached]、常にいずれかの人[some*body*]の要望や感覚や意見なのである。

第二に、利益の概念はその意味と語源学的な歴史において二重の構造をもっていて、二系統の異なる意味に枝分かれしており、その一つはおおよそ福利と同義（「彼に会うことはあなたにとって利益となるのですか」[Is it to your interest to see him ?]）であって、もう一つはおおよそ注目や関心と同義（「彼に関心がありますか」[Are you interested in him ?]）となっている。[26] 前者は、「誰かの利益となる」[*to* someone's interest]ものや、「彼の利益になる」[*in* his interest]ものと関連している。"To his interest" は厳密に形容詞的な形式であり、行為や法、採用される手段など［の名詞］に対して、誰かの利益となるという記述が可能である。"In his interest" は主として副詞的だが、それ以外の使い方もありうる。ある人が誰かの利益になるように行為する[one can act in someone's interest]、という［動詞を修飾する］形で用いられる。one can act to someone's interest とは言えない。裁判所が「利害関係者」[interested parties]と言う場合、その事件に好奇心をかきたてられた人を意味しているのではなく、法的権利がその裁判にかかっている人を意味している。同じく、一八世紀に英国議会の「利害関係議員」[interested members]が糾弾されたときも、その言葉は自分の仕事に関心をもっている者を意味していたのではなく、自らの決定によって個人的に得るものや失うものがあるために公平無私に行為できない者のことを意味していたのである。さらに私たちは今でも「既得権益」[vested interest]という言い方をするし、政府の公職者に対し株式保有をやめて「利益相反」[conflicts of interest]を避けるように要求することもある。この何かが賭けられているという意味で利害があるということの反対にあるのが、「私心を離れる」[*dis*interested]こと、あるいは公平であること、である。

この言葉のもう一つの意味は、注目や関心と同義で、私たちが「関心をもつ」[take an interest in]ものや、何かを「興味深く」[interesting]思うことと関連している。この関心があるという意味と対になるのは、「関心が存在しない」[*un*interested]こと、つまり無頓着なこと、無関心なこと、である。[27]

語源学的には、この言葉は「間にある」[to be between]、「相違する」[to differ]、「相違を生む」[to make a difference]を意味するラテン語の *interesse* からフランス語経由で英語に入ってきたものである。また、ラテン語の段階ですでに二重の意味があったことも明らかで、客観的にまたは主観的に「相違を生む」ということを意味していた。[28] 英語では、客観的な意味の方がずっと早くから使われている。この言葉が一五世紀にはじめて姿を見せたとき、それは法的な意味で、訴訟に客観的にかかわっていること、法的な主張、権利、または権原が問題とされていること、などを示していた。同様に、"to interest" という表現も、初期には心理的な事柄を指しておらず、何かが問題とされていることを客観的に指し示すという意味をもっていた。[今では「興味深い」という主観的な意味合いで用いられる]"interesting" という言葉でさえ、「重要である」[important]ということを文字通りそのままに意味していた。これらの言葉が心理的な態度について用いられるのはいずれ後の時代になってからのことだ。後の時代には、ある場合にふさわしいと思われるような心理的態度についてこれらの言葉が用いられるようになったのだが、それがどのような場合かというと、ある人が客観的にかかわりをもっていたり、その人の何かが問題とされていたりすると想定した場合[if]である。[29] はじめてこの心理的意味で用いられたのは形容詞の "interested" で、『オックスフォード英語辞典』に掲載されているもっとも早い時期の用例は、一七世紀の後半に遡る。だが、名詞や動詞がそのような意味で使われるには、一八世紀末を待たなければならなかった。

人間とはかかわりのない利益の姿で表に出てくることができるのは、客観的に何かが問題とされているという意味の方だけである。その場合、何かを得たり失ったりするのが、個人や人間集団ではなくて、主義や抽象概念ということもありうる。他方で、何かに「関心をもつ」[take an interest]ことや「興味を惹かれる」[become interested]こと、「面白いと思う」[find it interesting]ことができるのは、生物だけである。心理的な意味は、常に人間や人間集団と結びつけられている。誰かが面白いと思う対象、という心理学的概念は、教育心理学に含まれる思想潮流の一つにおいて、ほとんど唯一の関心事とされてきたものである。人びとが何を面白く思うか、勉強に対する学生の興味関心をどのように高めるのか、また「興味検査」[interest inventory]を通じた職業指導等々について、相当に多くの研究がおこなわれている。[30] これらの研究は普通、"interest"には別の意味があるという事実を無視している。これらの研究では、(理解できることではあるが)この言葉には心理学的で主観的な意義しかない。[31] この意味で、ある人の関心というものは、主体としてのその人、その人の反応に依拠している。ある物について、人は面白く思うか、思わないか、そのどちらかであって、それ以外の可能性はない。(しかしこの言葉のこの意味の範囲内でさえ、何が面白いかを主観的に定義するやり方と、客観的に定義するやり方を区別する論者も見られる。その人自身に聞いてみるのが主観的で、その人の行動を観察するのが客観的だ、というのである。[32])

"interest"のもう一つの主たる意味、つまり何かが客観的に問題とされているという意味に関しては、より客観的なものからより主観的なものまで解釈の幅は広い。一番客観的な解釈では、人間にかかわらない利益という意味に受け取られていて、その場合には利益を自分のものとするような特定の人間や集団は存在しない(したがって、それを定義する権利を主張する人は誰もいない)。世界平和の利益は心理的状態ではないし、そもそも誰か特定の人や集団があって利益を計測できるというわけでもない。もし誰かが世界平和を促進しているならば、その人は世界平和の利益になるように行為している。そこで話は終わりである。

人間にかかわる利益でさえ、感覚や思想から独立していると考えることは可能である。マルクス主義理論によれば、ある階級の利益を客観的に定めることは可能で、それは当該階級に含まれる人びとがその利益を認識していようとしていまいと変わることはない。ある階級に利得をもたらす[benefits]ものが、その階級の利益となる。そして時間がたてば、その階級に所属する人びとも自分たちの利益が何であるのかわかるようになってくる。ただ、たとえ「階級意識に目覚める」[class-conscious]前であっても、実際にはさまざまな出来事がその階級の利益になっている(または、なっていない)可能性があり、その場合には人びとがまだ自分の利益をわかっていないだけなのである。要望や意見から独立した利益、というこの種の考え方は、経済学で盛んに採用されてきているようだ。それはおそらく、利潤と損失という基準が心を奪われるほど客観的に見えて、誰かが利益を上げたいと欲するかどうかなど関係なくなってしまうからだろう。いずれにしても、この考え方は最近、ある政治科学者によって、社会政治的な世界にも適用されている。その政治科学者によれば、人びとは客観的な利益——その人びとにとって良いこと——を有しており、それは今たまたま欲していることとはまったくかけ離れている。彼は、そうした利益のいくつかを列挙しようと試みてさえいる。(33)

このように、誰かにとって問題となっている何か、という意味での人間にかかわる利益でさえ、誰かの思考や要望から独立した、完全に客観的なものとして扱うことが可能である。しかしながら、話はしばしばここから込み入ってくる。いったん私たちが人間にかかわる利益、たとえば労働者階級の利益やジョーンズ氏の利益などについて考え出すと、労働者やジョーンズ氏には何が自分の利益なのかについて何も言うことはないのだろうか、何も言うべきことはないのだろうか、という疑問を抱かずにはいられなくなる。人びとの要望や意見は特別な形で利益に関連づけられているのだ、と主張することは不可能ではない。私たちは個人主義者、民主主義者、相対主義者として思考しているのだから、相手の要望を一顧だにせず何がその人の利益になるかを告げて満足するというわけにはいかない。私たちは、結局のところ、それぞれの人には自分にとっての善を定義する権利があって、もしその人が何かを自分にとっての善ではないと主張するのであれば、それが善であると主張する権利は他の誰にもない、と考えることが多いのである。

したがって、現代の利益に関する理論の大部分では、何かが問題とされているという客観的な意味について検討されているにもかかわらず、主観的な要素も検討に含められている。いったい、かかわりのある人以外に、その人の持つ何かが問題とされているかどうかを判断する権利を有する者などいるだろうか。ある人が取引で損や得を感じないと主張するとしたら、損や得がありそうだとその人に反論できる人など、はたしているだろうか。このように、一方では何かが問題とされていることと利益とを同じ意味に扱いながら、他方で何かが問題とされているかどうかを最終的には関係者に決めてもらう、ということも不可能ではないのである。

この見解は功利主義に発するもので、間違いなく功利主義理論の中心をなす潮流である。功利主義思想では多くの場合、それぞれの人が、自身の利益を測る唯一の信頼できる尺度である。それ以外の誰も、何がその人の利益なのかを、本人と同じ程度まで正確に知ることはできない。よって、いかなる代表者も、ある人の要望に反しつつその人の利益になるように行為するということは決してできない。いずれにせよ、代表者自身もまた自分の利益によって動機づけられているのだから、相手の利益になるように行為することなどおそらくないのだろう。しかし、たとえ代表者が利他的に行為していたとしても、代表者は相手の利益をその人自身と同様には知ることができないのだから、相手方の利益になるように行為するためには、相手方から明示された指示に従わなければならない。意思に反して強引に押しつけられたものは、いかなるものであれ相手方の利益にはならないのである。

現代の政治科学者の間でも、この見解はごく一般的である。ある人の利益はその人が欲するものと同じであり、社会の共通の利益はその社会の構成員が欲するものである。


何が私の利益になるかを判断する試金石は、それがひとたび得られるや私が満足を感じられるかどうかである。自分の代理で行為している者からあからさまに押しつけられた状態は……私の利益になりえない。それが利益になるのは、私が最終的にそれを利益であると認めて、受け入れた場合のみである……したがって社会の共通の利益とは、構成員が自分たちの利益だと感じるもの、また構成員によって自分たちの利益だと受け入れられるものでなければならない。そして、社会の共通の利益が、同意や意見の一致もなく単に構成員に強制され押しつけられただけの行為によって満たされることはありえないのである。[34]

同じような意味で、利益は「ある形式の諸要求と、それを支える一群の期待」とも定義されている。[35] また、「ある人や集団が有する、定まっていて公言されている強い願望」であり、その人びとが「実現可能」と考えるものだ、という言い方も見られ、その場合、「利益相反」が生じるのは、関係当事者が不満を感じている場合に限られるとも言われる。[36]また別の論者が見るところでは、利益とは「環境に向けられた相当に持続的なあらゆる姿勢のことで、目標、権利の主張、期待などさまざまな形で表出され、それが満たされることを当人は「善」[good]や「効用」[utility]と見なし、他の者にその満足を妨げられると落胆や憤りの感覚が生じる」[37]。私たちはこのように当事者の心理状態へと導かれ、その心理状態が、人びとの利益とは何かを決める試金石となるのである。

そのため、この意味での利益と、心理的に「何かを面白いと思う」[find something interesting]こととを混同する研究者も出てくる。その人たちは、面白いと思う事物と利益となると見なされる事物とが完全に同じものであるかのように論じている。個人の利益は、「注意を高度に惹きつける」ものとして定義される。ところが、集団の利益に取り組む段になると、混乱が生じてしまう。[38]というのも、集団自体には、惹きつけたり刺激したりすることが可能な心理的な注意力がないからである。集団としての集団は、一定の活動に従事し、一定の目的を追求することしかできない。そこで、集団の利益とは「集団が主に追求する目的」だということになってしまう。[39]そのような考え方をしている論者は、この定義の変遷にいかなる矛盾も感じていないようだ。確かに、私たちが追求する目的が私たちの注意を惹きつけるのは事実かもしれない。しかし、私たちの注意を惹きつけるものならば何であっても必然的に私たちが追求するものである、というわけではもちろんない。私たちは、興味を惹かれるものすべてを、自分にとって利益となるものであると考えるわけではないのである。[40]

利益とは、ある人にとってそれが問題であるとその人自身で判断しているものである、という考え方には、まだ二通りの解釈の可能性がある。心理的に「興味がある」[being interested]かどうかは、人に尋ねるか、人を観察するかして推測することができるが、それと同じように、問題になっているとある人が考えるものも、二通りの方法で推測可能である。まず、ある人や集団に何を求めているのか尋ねる、という方法、第二に、その人たちの行動を観察して観察者自身で結論を出す方法、の二つである。[41]この二通りの技法についても、やはり「客観的」と「主観的」という言葉が使われている。主観的な技法を用いる側で利益の「試金石」となるのは、ある人が自分の利益を満たされたときに感じる「満足」である。[42] この場合、集団の利益とは、各構成員が共通してもつ「心理的な」姿勢[attitudes]、つまり「一定の状況で必要とされ要望されるもの」に対する姿勢のことだとされる。したがって、集団の利益は集団が形成され組織化される以前であっても存在することが可能である。[43] しかし、こうした姿勢を行動から経験的かつ客観的に観察できる、という主張もありうる。[44] 上記とは別の論者たちによれば、集団の利益とは、構成員の姿勢でもなければ、共有されたいかなる「心理的感覚や欲求」でもない。集団の利益の本質は、完全に集団の活動にある。利益は「集団と等価である……集団と利益を切り離すことはできない。そこにあるのはたった一つのもの、すなわち、一まとまりになって特定の活動をおこない、そして続けていく多くの人びとである」。[45]

このようなわけで、利益の概念は、人びとにとっての善を決めるべきは誰なのか、ということを私たちが考える際に直面する二重性を、根本的に体現しているのである。一方の極には、人間にかかわらない利益[unattached interests]があって、その場合、それに関連して配慮を要するような要望は存在しない。他方の極には、面白いと思うもの[what a person finds interesting]があるが、何を面白いと思うかはもっぱらその人次第である。両者の中間には広大な領域が横たわっており、そこでの利益は、意味としては[means]誰かにとって事実として、客観的に問題とされているもののことなのだが、それでも私たちは、利益を定義するにあたり最終的にはその人が何らかの発言権を与えられなければならないとも感じてしまう。またこの二重性は、利益という概念においてとりわけ鮮明に現れるとはいえ、この言葉に特有の性質というわけではない。二重性は、行為、責任、社会生活などにかかわるあらゆる観念に通底していて、そうした領域で私たちが使う言葉は、程度の差こそあるもののすべて両義的である。福利[welfare]について考えてみよう。確かに私たちは、ある人の福利をその意思に反してでも促進できる場合がある。それでも、普通は、人びとの要望がその人びと自身の福利の定義に関係することはない、と主張したいわけではなかろう。また、これとは逆の例として、欲求[wants]や要望[wishes]など人間にかかわる抽象概念について考えてみよう。この場合でも、私たちは子供に（または、私たちが何かを教えている相手、たとえばチェスの遊び方を教えている相手に）「そうしたいんじゃないでしょ」[You don't really want to do that.]と言うことがある。そのような言い方は確かに濫用される可能性もあるが、時にはそれが的を射ていることもあるのである。

私たちは、通常ならば要望と福利は一致するし、人は客観的に自分の利益になることを望むものだと想定している——そして私たちの言語はこの想定を具現化したものである。これは正気でない人や幼い子供には当てはまらないかもしれない。だが一般的な成人であれば当てはまるだろうと、私たちは予期している。一般の成人は、自分自身の善のために際限なく強制される子供ではない(46)。だからこそ、代表するという活動についての複雑な予期も、目に映るほどには特別ではないのである。私たちは通常、ある人が他の者の利益になるように行為するならば、後者は行為者のなすことに反対しないだろうと想定する。この点につき、子供や正気でない人について確としたことは言えない。しかしその場合、その人たちは代表されているのではなく、世話をされていることになる。代表が視野に入ってくるのは、誰かに代わりに行為してもらっている本人が、自分自身でも行為し判断する能力をもっていると考えられる場合に限られる。そしてそのような人に関して言えば、自分の利益になることを欲するだろうと、私たちは想定しているのである。

誰かの利益になるように行為するということは、その人が欲すべき[ought]ことをすることだ、とも言えるかもしれない。ここでの「べき」には、何らの手の込んだ意味も含まれていない。私たちが通常の場合にどのように想定しているかを、ただ表明しているだけである［oughtには、その人ならば主観的にそのように欲するに違いないという観点からの「べき」という意味と、客観的な状況から考えてそのように欲しなければおかしいという趣旨での「べき」という意味があるが、そのような二つの意味の間の複雑な関係が問題にならないように、私たちは通常両者が一致すると想定している、ということ。訳者注］。だが、今通常の場合について論じたからといって、決して反対の場合が生じることはないと確約できるわけではない。当然ながら、人間は自分の利益にならないもの、自分に本当の利得をもたらさないものを欲することがある。そうしたことが生じると、私たちは、何か説明の仕方があるはずだ、食い違いの理由があるはずだ、と考える。もし「これはX氏にとって最善と思われるが、彼はそれを欲していない」と言われたら、私たちは何か説明の仕方があるはずだと考える。彼は事実をすべて知っているわけではないのかもしれない。または、彼は必ずしも正気ではないのかもしれない。または、実のところあらゆる点で彼にとって最善というわけではないのかもしれない。議員[representative]は、有権者の利益となることを義務とするが、その利益には有権者の要望も関連している。したがって、議員は有権者の要望にも義務として応えなければならない。常に有権者の要望に従う必要があるというわけではない。だが、有権者の要望と、有権者の利益だと議員が考えているものとが衝突する場合には、議員はその要望について特によく考えなければならない。食い違いの理由を見つけなければならないからである。

ここから、代表においては、本人が代表者よりも前に各種争点について「意思」[a will]を形成していなくてもよいし、争点について知っていることさえ必要ではない、という結論が導かれる。誰も気にしておらず知りもしないという事柄に関しても、誰かを代表することは可能である。議員がしなければならないのは、有権者の利益になるように行為することである。ただしその場合、有権者が意思を表明しているときには、通常はそれと議員とが衝突してはならない、という意味が含みとなっている。だが、衝突が禁じられているといっても、議員が代表していると言えるのは有権者が現に示している自覚的な要望に従って行為する場合のみだ、と言っているわけではない。まったく逆である。リーダーシップや緊急時対応、また人びとが何も知らない争点に関する行為等々は、代表制統治と切っても切り離せない現実としてそこにある。それらは、真の代表からの逸脱ではなく、まさしく代表の本質をなす。人びとが議員を選ぶのは、多くの場合まさにこうした目的のためなのである。

また、有権者はあらゆる事柄に対して「潜在的な」「無意識の」「暗黙の」意思を有しているので、議員はその意思をあらかじめ汲み取らなければならない、と主張する者もいるが、これもあまり意味のある議論ではない[47]。その主張で明らかにしようと試みられているのは、私が今説明しているような考え方ではあるのだが、そうした主張は誤解を招くものである。事実を言うと、少なくとも政治的な代表において、代表される者はほとんどの争点に関して定まった意思をもっていない。だから、議員の義務も、人びとのために最善をなすことであって、人びとの潜在的な欲求に従うことではない[48]。私たちは、もし議員が有権者の利益になるように行為するのであれば、有権者もいずれ自らの利益になることを要望するようになって、結局は議員の行動を承認するだろう、と想定する。だからこそ、委任派の中でもっとも顕著かつ説得的な議論は、否定の形式で言い表されているのである。すなわち、もしある人が習慣的に有権者の要求と反対のことをし続けたら、よもやそれを真正の代表と称することはできまい、という言い方である。なぜそう言えるのか。それは、もしいつも有権者の要求と反対のことをしていたら、仮にも有権者の利益となるはずがないからである。議員が習慣的に有権者と反対の結論に至っているとしたら、それを説明する十分な理由が存在するなどとは、私たちにはとうてい信じられない。それどころか、「習慣的に」[habitually]という言葉は、議員の行為が何らかの理由に基づいているわけではない、ということを強く示唆しているのである。

ここには人を惑わせるような要素がある。誰かの要望と衝突していないということを確実に保証する[sure guarantee]ためには、その人の明示的な指示に従って行為するしかない。しかしながら、保証は代表の必要条件ではない。政治において、議員は有権者の要望を知ることなく行為するばかりか、知っていたとしてもしばしばその要望に反して行為する。これはいまさら言うまでもないことだ。私が言っているのは、ただ後者の場合には説明が必要になるということであって、そうした事例が生じないということではない。したがって、有権者の要望と対立していると思ったときには、議員は再考の必要に迫られる。すれ違いの理由を考える必要が生じるのである。その場合、議員自身の見解をあらためて考え直すことも必要になるかもしれない。そして議員は、どちらかを選ぶだけでは十分ではない。選択は正当化可能でなければならない。一九世紀英国の政治家であるカニング[1770-1827]は、このような考え方を選挙区民に向かって以下のように言い表している。「時には皆さんの判断と私の判断がぶつかるようなことになるかもしれません……そのような場合に、いつも自分の判断を控え、間違いなく全面的に皆さんの判断に従いますなどとは、私にはお約束できません……それでも私は、これならばお約束できる。皆さんとの間のどのような意見の違いについても、私はまず自分の考えを疑います。注意深く検討します。そしてもし間違っていれば、正直に修正します」(49)。しかし、議員がもう一度考えてみた上で、それでも判断を変えなかったら、その場合にはどうなるのだろうか。その場合、議員はすれ違いについての何らかの説明を心に抱くことになるだろう。有権者から異議を唱えられたときに、議員はおそらく、「人びとはこの問題の重要性を理解していない」とか「人びとは、事実をすべて知っていたとしたら、私に同意することだろう」などと考えたり、言ったりするだろう。

もし議員が選挙区民の要望をすでに知っていながらそれとは逆に行為するとしたら、何か上記のような理由づけが必要となる。選挙区民の要望に反して行為することが必ずしも間違いだというわけではないし、不適切な代表であったり代表者の義務に違反したりしているというわけでもない。それどころか、ある種の状況において、議員にはそうすることが求められるかもしれない。しかし、説明や正当化が必要とされるという意味では、それは例外的な状況である。その上、議員が何か言いさえすれば、もうそれで十分だというわけにはいかない。有権者が議員とまったく同じ知識をもっていたら代表の行動を承認するだろう、という主張は十分かもしれない。だが、他の正当化には、十分ではないものもあるかもしれない。たとえば、代表が自分自身の私的利益のために行動したのだと主張しても、有権者は受け入れないだろう。なんといっても、議員は自分自身のためにその場にいるのではないのだから。

政治の実態はどうなっているのだろうか。立法府議員は、有権者が欲すべきことではなく、有権者が何を欲するかについての(わからないながらも)自分なりの予測に応じて、どのように行為するかを決めていることが多い。これは当然のことで、というのも立法府議員は再選を目指しているからだ。しかし、一般的に言えば、議員の義務、代表として果たすべき役割は、再選されることではない。代表されている人びとのために最善を尽くすことである。

民主体制下の投票者は、再選を許すかどうかを通じて、議員に対し最終的な（あるいは、少なくとも最終的なものに近い）評価を下す。だからといって、再選に結びつくことならば何であれ議員の果たすべきことになるというわけではないし、それが「真の」[true]代表と同義であるということにもならない。再選は議員が良い代表者であることの絶対的な証拠にはならない。せいぜい、投票者がそのように考えているということを証明しているだけである。(50)そして、投票者の意見にしても、非常に重要な意味をもつとはいえ、やはり最後の決め手になるとは言い切れない。議員は、選挙で不当に職を追われることがあるかもしれない。優れた代表者であったという事実にもかかわらず、選挙に負けることがあるかもしれないのである。

不適切な問題構成

ここまで述べてきたことが、活動として代表するということの正確な定式化になっているならば、すなわち、議員は有権者の利益のために独立して行為しながらも有権者の要望と通常は対立してはならないというのであれば、委任—独立論争の根本にある問題の表現の仕方は、適切ではなかったことになる。私たちは、論理的に解決不可能な難問を突きつけられていて、二つの要素のどちらかを選ぶよう求められているのに、その要素のいずれもが代表の概念に含まれているのだ。そうであるならば、議員の判断と有権者の要望のどちらかを選ぶというだけでは不十分である。それに、どちらかをお手軽に[tout court]選ぶための合理的根拠も存在しない。代表という観念には、普通であれば両者はいずれ一致するものであり、一致しないときには何らかの理由がある、という意味が含まれる。また、どちらが優先されるかは、個々の事例でなぜ不一致が生じていて、どちらが正しいのか、によって決まる。自分の考える有権者の利益と、有権者自身が考える有権者の利益と、議員はどちらに従って行為すべきかと問うてみても、役には立たない。(51)先の定式化と同じくこの定式化も歪んでいる。議員は有権者の利益になるように行為しなければならない、という以外に言い様はないのである。有権者による有権者自身の利益観は、決定的な場合もあるがそうでない場合もあり、それは取り組んでいる課題と状況次第だ。だが、もし議員が有権者の利益観に従うとするならば、その理由は代表者のなすことが有権者の利益と実際に一致するという点に求められるべきであって、有権者がただ一致すると見なしているという点に求められるべきではない。世論調査で「議員は自身が最善と思うことをするべきでしょうか、それとも有権者が欲することをなすべきでしょうか」という質問をしたときに回答が分かれるのは、そのためである。このような質問をされても、人びとは当惑するだけで、他にデータがなければ、満足に回答することはできない。誰が正しいのかを知る必要がある――議員なのか有権者なのかを。それから、なぜ両者の意見が分かれるのかも知る必要がある。普通は、議員が（有権者のために）最善と考えることと有権者が（自分たちにとって最善だとして）欲することとの間に、対立が生じるべきではない。生じた場合に、やみくもに「議員側」と「有権者側」のどちらかを選ぶだけでは、解決にならないだろう。世論調査制作者が手にする返答がほぼ半々に分かれることには、何の不思議もないのである。[52]

しかし、議員の義務は有権者の要望に従うことでも、議員自身が有権者の利益になると考えることをすることでもなく、事実として、客観的に有権者の利益になることをすることだと主張したからといって、何の役に立つのだろうか。というのも、現実に何かが決定される場合にはいつでも、議員は自分自身の考えと（「対立が生じた場合に」ひょっとしたら）有権者の考えに依拠せざるをえないだろうからだ。議員は、どちらに従えばよいかを見極める必要があるが、これまで検討してきたように、このディレンマの中で進む道を示してくれる普遍的で確実な原則など存在しない。「有権者の要望に従え」でも、「有権者の要望は無視せよ」でも、不十分である。決定するためには、意見が一致しない理由にまで踏み込んで考えなければならない。それは事実上、なぜ意見が一致しないかについて議員自身が判断するということを意味する。他方で、議員が代表者として評価されることになる基準は、代表される人びとの客観的な利益を促進したかどうかである。議員がこの基本的な義務の枠組みの範囲内にとどまる限りで、とりうる選択肢の幅には、かなりのものがある。

伝統的な定式化だと委任—独立論争を首尾一貫した形で解決することはできないが、それでも他者のために行為するという意味での代表という活動について首尾一貫したことを何も言えないわけではない、ということはこれまでの検討でわかった。議員は独立していて、有権者も行為と判断の能力をもっている。それにもかかわらず、議員は有権者との間で対立が生じないように行為しなければならない。議員は有権者の利益になるように行為しなければならず、したがって通常は有権者の要望と対立することになってはならない。しかし、委任—独立論争について論じるのであれば、これだけでは不十分である。これでは、論争に「決着がつく」[settle]までには至らない。論争に組み込まれていた概念上の難問は、決してこの論争のすべてではない。たとえその難問が解消したとしても、まだ色々な見解が認められる余地が大きく残されている。概念にかかわる原理は、代表の外枠を定めている。その外枠によって、私たちはどこまでを代表すること（または代表者）だと認めてよいのか、そしてどこからがもはやそれに値しないのか、を決める。もし現状がどちらか一方へ行きすぎている場合には、それはもはや代表ではないと論じることになる（彼は単なる寡頭制支配者である、か、単なる道具である）。だが、もはや代表でないものを基準に定められた外枠の範囲内には、適切な代表がなすべきこととなすべきでないことをめぐってさまざまな見解が併存する余地が残されているのである。

政治理論家がその範囲の中でどのような主張を展開するかは、その理論家の政治イメージ、つまり委任—独立論争において現れるすべての政治的争点に関するその人の立場と密接に関連している場合が多い。この点は、本章の最初の方で述べたように、概念上の問題を独立して扱うため当面棚上げにしておいたものである。政治理論家の見解は、人間にかかわらない利益のように抽象概念を代表することをモデルとしているのか、それとも人びと、人間にかかわる利益をモデルにしているのかによって違ってくるだろう。また、統治者と被統治者のどちらの知性と能力が高いと考えているか、によっても違ってくるし、国全体の福利と地域的な福利のどちらを重視するか、政党をどのように考えるか、等々によっても変わってくるだろう。広い意味で言えば、ある論者が代表の概念によって定められた外枠の範囲内でどのような立場をとるかは、各論者のメタ政治観——人間本性や人間社会、政治を広い意味でどのように概念化しているか——によって決まる。ある論者の代表観は、恣意的に選択されているわけではなく、その人が有する政治思想の型に埋め込まれ、それに依存しているのである。その実例として、私たちはこれから二、三の実例を見ていこう。まずはバークの例で、人間にかかわらない利益を代表する、ということについて検討している。次に自由主義政治理論では、人間にかかわる利益をもつ人びとを代表する場合を扱っている。さらに、もっと極端な見解では、利益が非常に主観的に理解されているために、代表は不可能だとされている。いずれの例においても、それぞれの代表観は、それぞれの論者が利益をどのように概念化しているかに関係しており、またそれぞれの例で用いられている理論全体とも関係しているのである。

第8章　人間にかかわらない利益を代表する――バーク

ある論者が、人間にかかわらない抽象概念を代表するということだけに議論の焦点を絞るとき、代表という観念にはいかなる影響があるのだろうか。エドマンド・バークの思想以上にそれをはっきりと示しているものは見当たらない。バークにとって、政治的代表とは利益の代表であり、利益は客観的、非人格的で、人間にはかかわらない現実性をもっている。そうした見解に込められた意味を引き出したいならば、それなりの注意を払いつつ彼の著作に取り組まなければならない。彼はめったに体系的な書き方はしないし、いつも首尾一貫しているとさえ言えないからである。彼の思想をめぐってこれほど多くの解釈が相争い、またしばしば御都合主義的であるとか、言っている理屈がころころ変わるなどという非難が彼に浴びせられているのも、そうしたことが理由であるのに間違いはない。ある者にとっては、バークは「議会寡頭制の最後で最大の擁護者であり……民主的参政権の考え方に抵抗している」ように見えている(1)。他の者の主張するところによれば、「実践面でも理論面でも、彼は人民の権利を擁護していた」(2)。また別の者は、これほど一貫性のない論者は「素晴らしい修辞家や弁護士であるかもしれない。だが、彼は真理を追究する者ではない。すなわち、彼は哲学者ではないのだ」と考えている(3)。

エリート主義的代表概念

バークは首尾一貫した代表理論を提示していないようにも見えるので、私たちはまず、代表概念に関して相互に矛盾しているように思われるいくつかの見方を識別し、確認するところから始めなければならない。第一の、そしておそらくもっともなじみのある見方は、エリート主義的で、推論的な性格をもち、国全体を視野に収めるものである。この見方が姿を現すのは、特にバークが英国議会による国民全体の代表ということについて論じているとき、またそこから派生的に、議会の各議員による国民全体の代表ということについて論じているときである。議会議員はエリートの集団であり、国民にとって何が最善かを見出して立法化する。この活動こそ、代表の意味するところだとされるのである。バークによれば、いかなる社会においても不平等があることは当然で避けがたく、いずれかの「階層の市民」[description of citizens]が常に最高位を占めなければならない(4)。だが、秩序ある社会では、この支配集団は正真正銘のエリートであって、彼はそれを「自然的な貴族階級」[natural aristocracy]と称している(5)。そのようなエリートは、「適切に構成されたいかなる大きな団体にあっても、必ずや不可欠な本質的要素をなす」。なぜなら人びとのかたまりは自らを統治することができず、「指導や指揮なしに考え行為する」ようには作られていないからである(6)。権力は「群衆の手に握られると……いかなる抑制も、規制も、堅実な指揮も、まったく受けつけない」(7)。

したがって、適切に整えられた国家[well-appointed state]とは、もっとも良く統治の役割を果たすことができるのは自然的な貴族階級であると認めて、真の自然的な貴族階級を育てるとともに訓練し、その階層に統治を委ねる国家のことである。議員たちは他の人びとよりも優れた知恵と能力を有しているべきであり、平均的な人間でも、典型的な人間でもなければ、人気のある人間のことですらない(8)。重要なのは実践的な推論[practical reasoning]の能力である。というのも、バークは、自然的な貴族階級の役割を、基本的に推論的な性質のもの[ratiocinative]だと考えているからである。ただし、バークの見るところ、推論とは純粋に知識に依拠した事柄ではなく、道徳や何が正しいかといった問題とも密接に結びついている(9)。政治的理性の役割は、神法や自然法を発見することであるが、それはフランスの「フィロゾーフ」のように抽象的で、先験的で、理屈に依存したやり方ではない。バークはそうしたやり方を厳しく批判し、実践的な知恵をもって代えることを説いた。したがって、自然的なエリートの優越性と議員の有する望ましい性質は、知性や知識よりも、経験によって培われた判断力や徳、そして知恵において見出される[10]。これが、正しく理解された「理性」[reason]の意味である。政治には道徳的に正しい解があり、理性と判断力を駆使してその解を発見することができるのである。

ゆえに、バークにとって統治とは、意思ではなく知恵に基づいていなければならない。国民にとっての善も、一般意思からではなく、「全体の普遍的理性」[the general reason of the whole]から生じる[11]。したがって、議員は選挙区民の要望を考慮に入れるべきではなく、統治も誰かの要望に沿っておこなわれるべきではない。バークがブリストルの選挙区民に語ったように、「統治がどちらかの側の意思の問題にすぎない限り、疑いもなく諸君の意思が優越すべきであろう。しかし統治と立法とは、理性と判断力に関する事柄である[12]」。さらに、なぜそのように言えるかというと、統治には義務と道徳が伴っているからであって、「およそ義務、信託、約束もしくは恩義に結びつく事柄に関して自らの意思のみに基づいて行為する権利など、少数者も多数者も有していない」。それどころか「義務と意思は互いに相容れない概念である[13]」。意思は決して「善悪を決める基準」となることはないが、その善悪を決めることこそまさしく政治における重大事なのである[14]。

さらに、意思ではなく理性に基づく以上、何が正しい政治的決定なのかは、議会における理性的な審議を経ずして明らかになることはない。代表制議会で審議を経ることは、政治的問題に対して正しい解を見出すための本質的な要素である。したがって、議員が自身のとるべき行動について選挙民の意見を聞いてみたとしても、何の意味もないだろう。議員は議会審議に出席しているが、選挙民はそうではないからだ。「決定が討議に優先するというならば、そして審議する人びとと判決する人びとが別々だというならば、そして結論を下す人びとはおそらくその議論を聴く人びとから三〇〇マイルも離れているというような状況において、一体どのような種類の理性が存在するのか」[15]。

このように、多くの理由から、バーク的な代表概念の第一のものは、選挙区民への民主的な応答性を排除してしまっているように見える。賢明で優れた人が愚鈍で劣った人びとに相談するというのでは、道理にかなっていない。ある問題に関する審議に出席している人が、出席していない人と協議するというのも、道理にかなっていない。そしてとりわけ、統治することは意思を行使することではないのだから、人民の意思には何らの特権的な地位も与えられない。人びとは議員に対して議員が適切だと考える通りに行為する完全な自由を預けている。しかもそれは「理性への尊敬と正しい敬意を示す行為として」預けられたものであり、その理性は「統治の必要によって人民自身のそれよりも優れたものとされている」のである[16]。そこで、議員は人民に対し、意見に服したり追従したりするのではなく、みずからの優れた能力を十分に発揮する義務を負う。もし代表が人民の意見を優先し自分自身の判断を「犠牲にする」ならば、有権者に対して「彼は奉仕するのではなく、裏切る」ことになる[17]。代表は、人びとの要望に従うこととは何も関係がない。逆に、選り抜きのエリートによって国民全体にかかわる善が法として定められることを意味しているのである。

バークの業績に見られるこの第一の代表概念は国全体を単位とするものであり、代表というものを英国議会が国民全体のためにおこなうものとして考えている[18]。各議員の義務は、全体の善について推論し、判断することであって、国民各部分の利己的な要望や、個々の投票者の意思とは関係がない。議員は国益を見出し、立法化しなければならない。もし議員が自然的な貴族階級の真の一員であるならば、そのようにできるはずである。なぜなら、それに必要な知恵と合理性をもっているのと同時に、「真の自然的な貴族階級は決して国家内の分離した、否、分離可能な利益ではない」[19]［最後の部分は“or separate from it”と引用されているが、バークの原文は“or separable from it”である。訳者注］からである。真のエリート集団たる議員たちは、国益以外の利益を有していない。バークの著作の中でもっとも有名な部分を一つ挙げるとしたら、おそらくそれはこの見解をブリストルの有権者たちに披露した次の一節だろう。

議会は決して多様な敵対的利益を代表する使節団から成るところの、そしてこの使節各個人はそれぞれが自己の代表する派閥の利益をその代理人ないし弁護人として他の代理人ないし弁護人に対して必ず守り抜かねばならないという種類の、会議体ではない。議会は一つの利益つまり全成員の利益を代表する一つの国民の審議集会に他ならず——したがってここにおいては地方的目的や局地的偏見ではなくて、全体の普遍的理性から結果する普遍的な利益こそが指針となるべきものである。諸君は確かに代表を選出するが、一旦諸君が彼を選出した瞬間からは、彼はブリストルの成員ではなくイギリス本国議会の成員となるのである。[20]［ピトキンによる引用では、「地方的目的や」の部分が欠落している。訳者注］

各議員は全体としての国民に対して関係性を有しているのであるから、自身の選挙区の人びとと特別な関係にはない。議員が代表しているのは国民であって、票を投じてくれた人たちではない。選挙とは、自然的な貴族階級の構成員を発見するための単なる手段でしかないから、もし同じくらい効率的に見つけ出すことができる他の選出手段があったとしたら、おそらくそれでもかまわないということになるだろう。[21]バーク自身も、折に触れて、何らかの他のエリート選抜過程の方が優れているかもしれないと示唆している。彼は、選挙権はかなり狭く制限されている方が望ましいと考える。選り抜きのエリート支配者たちを選ぶには、エリートからなる投票者集団が必要だからだ。晩年には一時、イングランドとスコットランドを合わせて、投票を認めるに値する特質をもった人の数は四〇万人であると見積もったこともある。かれはこれを「ブリテンの公衆」[the British publick] と呼び、時には政治的な意味での「国民」[the people] とそれとが同じものであるとも論じている。また別の機会には、それを「国民の実質的な代表者」[the virtual representatives of the people] と称したこともある。[22]早くに示された極端な定式化の一つで、バークは実際に、投票者数が下向きになれば [*decreasing*] 代表は上向きになる [increase]、とも記している。なぜなら、そうすることで投票者の「重みと独立性」が増すと考えられるからである(23)。もし代表とは真のエリートによる統治であり、選挙とはそのエリートを見出すための手段であると考えるならば、この定式化に非の打ちどころはまったくない。ここでの代表は良い統治の同義語になっており、だからこそバークは「国王も同じように民衆の代表であり、上院もそうであり、そして判事もそうである。彼らはすべて、民衆のための信託に与る機関である」と主張することができる(24)。代表するということは受託者の地位に就くことであって、エリートが他の者の面倒を見ることなのである。

実質的代表

このように、バークの思想で最初に遭遇する代表概念は、国民全体の善のために統治をおこなう、徳と知恵に基づいた貴族政であった。多くの解釈は、これがバークの主張した唯一の代表概念であると考えていて、それゆえに彼の思想に見られる他の諸側面（特に実質的な代表と現実の代表[virtual and actual representation]との区別）については、どれも等しくエリート主義的で、推論的で、一国的な観念から派生した一事例、その観念の現実への適用例だと見なしている。ある人の評釈によれば、バークが当時の腐敗選挙区やその他代表に関する不公正（私たちから見れば不公正に思われるもの）を擁護したのは、「普通の有権者には気に入られないだろうが、それにもかかわらず良質の精神と性格を有する人に、〔英国議会の〕議席がもたらされるかもしれないからである(25)」。別の者は、このエリート主義的教説によって、「現実の代表または選挙による代表とは区別される、実質的な代表の理論を彼は考案するように導かれた。選挙の観点からすると、その理論の中心は少数の者によって選出された人びとがすべての人を代表すると想定されているという点にある(26)」。この同じ論者はさらに進んで、実質的な代表と、「英国議会は、国民の中のきわめて少数からなる投票者によって、特権的な地位にある少数者から議員が選ばれるとき、もっとも効果的な代表機関となるだろうという想定」とを同一視している(27)。したがって、実質的代表はバークのエリート主義の一例だと見なされる。投票していない地域や人びとでさえ、英国議会が真にエリート的であるならば、代表されている。なぜなら、代表されるということは、単にエリートによって統治されるということを意味しているにすぎないからである。したがって、「実質的代表と言いながら、ある時と場所において、すべての人の利益のために統治するという能力を間違いなくもった支配階層が万が一現れなかったとしたら、その主張は事実として破綻しているのである[28]」。

正直なところ、バークの著作の中には、この解釈を支持するような文言も散見される。たとえば彼は、議会に議席をもたない地域であったとしても「同じように代表されている。なぜなら各議員は皆同じく全体の繁栄に関心を抱いているからであり、皆が全体の利益に関与し、皆が国民全体を案じている……」と主張する[29]。ただそれでも、バークの実質的代表という説を注意深く検討すれば、代表するということについて異なる概念が表明されていることがわかる。もし代表ということがエリートに統治されることと同義であるならば、王国のあらゆる地域でいかなる時でも代表の善悪は同じように経験されるはずだ。エリートの能力に不足がない限りは、王国のどこかの地域が現実の代表を望み、議会に代表者を送らせてほしいと要求しようとも、その要求に正当性はない。しかし、バークは実質的代表の有効性を、有名な二つの例の中で否定している。アイルランド議会で選挙権を剝奪されたカトリックの例と、アメリカ植民者の例である。もしそこで異なる種類の代表概念が用いられているのでなければ、バークの主張はあまりにも一貫性を欠いていると結論せざるをえなくなるだろう。

実質的な意味での代表は、選挙なしでも成立する可能性がある。あらゆる代表が、実質的代表でありうるからだ。ある評者の結論がきわめて理にかなっているのだが、そこでは以下のように論じられている。「この説の論証は行きすぎている。もしある市民が適切に代表されるために投票は必要ないというのであれば、そもそもいかなる市民であれ投票しなくてもよくなってしまうではないか。もしマンチェスターが英国議会に議席をもつことが望ましくないというのであれば、なぜブリストルについては二議席もつことが望ましいと言えるのだろうか……端的に言えば、なぜ庶民院がなければならないのだろうか……実質的代表は、現実の代表を排除する理由となる。また、絶対君主政を主張する理由にさえなるのである」[30]。しかしながら、実質的代表は「現実の代表を基礎としなければならない」のであり、結局のところ選挙の必要性は明らかだ、とバークは論じている[31]。彼の代表概念に異なる解釈の余地がないということであれば、これもまたバークの議論に見られる矛盾の一例だと言わざるをえなくなってしまう。ただ、興味深いことに、論理の法則が破られているなどとは「彼には思いもよらなかったようだ」[32]。

バークが実際に言っているのは、こういうことだ。国民のある部分は、「現実に」あるいは「文字通りに」代表されている。すなわち、一人ないし数名の議員を議会に送っている。しかし、現実には代表されていない都市や地域もやはり「実質的に」代表されているかもしれない——その場合の実質的代表とは、「或る民衆の特定部分の名前にもとづいて行為する者と、彼らがその名前にもとづいて行為しているこの民衆との間に、現実にはその受託者が彼らの投票で選出されていないけれども、利益の一致と感情ないし要求の共鳴が存在する」関係のことである[33]。ところで、利益の一致と感情の共鳴という考え方は、自然的な貴族階級という考え方から大きくかけ離れている。なぜなら、これらは代表と有権者の間に何らかの関係性があることを示す要素であって、議員のエリート的性格を示すものではないからである。バークが実質的代表について語るときに論じられているのは、国民全体が英国議会の各議員によって代表されている、ということではない。彼は、選挙権をもたない特定の集団や地方について語っているのだ。それらは議会に議員を送っていないが、それでも他のいずれかの選挙区で選ばれた議員によって代表されている。そうすると、選挙権をもたない集団の中でも、ある特定の集団は実質的に代表されるが、他の集団はそうではない、ということになる。そうなると、バークの第一の代表概念、すなわち理性的エリートによる全国民の統治という代表概念は、もはや満足できるものではない。英国議会の或る特定の議員による、ある特定の選挙区の代表というものが存在しているからである。

諸利益の代表

これがバーク思想に見られる第二の代表概念、諸利益の代表である。バーミンガム市は英国議会に議員を送っていないが、それでもやはり実質的に代表されることが可能である。なぜなら、ブリストルが議員を送っているからだ。ブリストルの議員たちは、本当のところ貿易業の利益を代表しており、その中にはバーミンガムの貿易業の利益も含まれる[34]。議員はブリストルから選出されているので、ブリストルの代表と呼ばれるかもしれないが、実際に代表しているのはブリストルではなくブリストルの利益であり、その利益はまたブリストルと似た他の多くの市の利益でもあるかもしれない。

バークが考えている諸利益とは、包括性があって比較的変化することがなく、数は少ないがそれぞれが明確に定義されたもので、いかなる集団や地方もそのうちの一つを抱えている。これら利益は大まかに言えば経済的なものであり、それぞれの地方に結びついてその暮らしを特徴づけるとともに、その地方の全般的な繁栄にかかわっている。論じられているのは、商業利益、農業利益、職能利益などである。これらの利益はおおよそ「人間にかかわらない」[unattached] と見なされていて、たとえば農民の利益 [interest of farmers] ではなくて農業利益 [agricultural interest] だとされる——つまり、バークにとっては、影響を受けるであろう人びとから切り離された客観的現実なのである。地方はそのような利益に「あずかる」[partakes of] ことも「関与する」[participates in] こともあるのだが、その利益を「保有する」[have] ことはない。また、その利益は農民のものでないのと同じく、ブリストルのものでもない。バークが個人の利益や集団の利益について論じることはまずないし、またある集団や地方に二つ以上の利益があるともほぼ論じていない。このように、彼の代表概念は、功利主義思想に見られる主観的で人格的な利益とはまったく異なっている。また、自己規定的で常に変化する多数の利益が社会のあらゆるレベルに存在する、という現代的な観念とも違っている。「正当な諸利益とは、たまたま同じ意見と要望を共有した諸個人からなる不定形な諸集団のことではない。それでは、一九世紀に自発的結社として形成された、巨大な圧力集団と同じになってしまう。正当な諸利益とは、現代多元論における「確立した利益」[fixed interests] のようなものにはるかに近い」[35]。バークは、ブリストルの議員が他のすべての「港や海運業と通商の拠点」をも実質的に代表すると論じているわけだが、いかにしてそのように論じることが可能になる [can] のかと言えば、それはこのように包括性があって確立した利益という観点を採用することによってである。これにより、ブリストルの議員は唯一無二の [the] 貿易利益を代表している、と論じられるようになるのである[36]。時に、もはやこの枠組みにはうまく当てはまらないような利益をバークが選び出してくることもある——アイルランドのカトリックの利益は、その一例である。しかし彼は、この利益についてさえ、包括性があり、持続的で、容易に特定でき、(これから見ていくように) 客観的な利益、という基本概念にあたかも完全に当てはまるかのように取り扱っている。

実質的代表は、利益の一致と感情ないし要求の共鳴であるのだから、実際にやってみるとおそらく良い結果が得られるだろう。バークは、ブリストルの議員はバーミンガムの利益にかなりよく配慮する可能性がある、と指摘している。それどころか、私たちの知る限り、選挙で選ばれた議員が自身の実際の選挙区民のために必ずしも良い仕事をするわけではないのだから、それを考えると実質的代表が現実の代表よりも適切で信頼できる場合もあるかもしれない。

私はこちらの方が現実の代表よりも優れてさえいる場合が多いと考える。それはこの現実の代表に伴う各種の不都合を免れているのに、その利点の数々を保存している。つまりそれは、人間の通常の営みに伴う変転常なき動向や公共の利益のさまざまな作用がこれを当初の方向から不法に逸脱させる状況下で、文字通りの代表がもつ欠陥を是正するからである。民衆は往々彼らの選択で誤りを犯すかもしれないが、共通の利益と共通の心情が誤ることは滅多にない[37]。

多くの民主的な評釈者たちを驚かせてきたこの主張は、実際のところトートロジーである。もしブリストル選出の現実の議員がバーミンガムの利益に配慮しなかったら、その議員は悪い実質的代表者なのではない。単に実質的代表者ではないだけだ。仮にも実質的代表が実現しているのならば、それは良い実質的代表である。他方で現実の代表には質の良し悪しがあるのだから、実質的代表は「現実の代表よりも優れてさえいる場合が多い」という以外の結論が出るはずがない(38)。

「実質的に」ということは「本質的に、事実上、公式にはあるいは現実にはそうでないにもかかわらず。つまり、効果や結果に関する限りでそのように呼ばれるのを認めること」という意味である(39)。バークは、実質的代表を論じるにあたって、まさしくこの意味でこの言葉を用いている。彼は、代表には実体的な内容、つまり代表を公式に制度化した場合に生じるはずの効果があると考える。英国議会議員の選挙は、この内容を満たし、この効果をもたらすためのものである。もしそうならないのであれば、選挙は空虚な儀式にすぎない。実質的代表が成立するのは、選挙なしでこの実体的な内容と効果が発生する場合である。したがって、実質的代表は定義上、常に実体的な内容を有しており、反対に現実の代表には実体的な内容があることもあれば無いこともある。いずれにしても、代表の内容、実体は、選挙区民の「利益に配慮すること」である。代表の内容をこのように理解するならば、議員とその現実の選挙区民たちとの間の適切な関係をバークがどのように扱っているかも、説明できるようになる。実質的代表が共通の利益を基盤としているように、現実の選挙区民に対する議員の義務も、選挙区民が［保有する[have]の ではなく］関与する[participates]利益を追求することにあるのである(40)。

議員は、選挙区民の利益を追求するべきであって、選挙区民の命令に従うべきではない。バークの論じ方で特徴的なのは、そのような対比が可能であり、またきわめて有意義だとさえされている点である。この対比は、バークによる利益と意見[opinion]の区別にはっきりと現れている(41)。ある選挙区の客観的で安定した「利益」は、一部選挙区民の意見とも、また全選挙区民の意見とでさえ、まったく異なるものである。いかなる集団の真の利益も、さらに言えば全国民の真の利益も、客観的な現実を有している。それを適切に理解する人もいれば誤って理解する人もいるかもしれないし、それについての意見がある人もいるかもしれない。知性をもち、博識で、理性的な人は、この問題を研究し、熟慮し、議論してきているので、いかなる集団についても真の利益は何かを一番よく知る者である可能性が高い。逆に、個々人や各集団は、自身の利益となるものは何かについて、間違いを犯すことがありうる。したがって、議員が自身の選挙区民に対して負う義務は、「それら人びとの意見よりも[rather than]利益に身を捧げること」［強調はピトキンによるもの。注にその旨の記載なし。訳者注］なのである。(42) それゆえ、バークは自らが出馬したブリストルの選挙区民に対し、率直にこう述べている。自分は、人びとの指図に従う代わりに「真理と自然の指図に従いました」と。それから、「皆さんの意見に反してでも皆さんの利益を守りました」とも語っている。(43) 利益は客観的で、理性によって見出すことができる一方、人びとの要望は意見に基づいていることが普通で、しばしば間違っているから、議員は選挙区民の意思に反してでもその利益を追求しなければならないかもしれない。「多数者の意思と多数者の利益は間違いなく多くの場合に異なっている」ので、議員は「人びとの意思に服従する」よりも「人びとの利益に身を捧げる」義務を負うからだ。(44) 長期的な意味でならば話は別だが、直近の問題については、意思と意見が理性的に認識された利益から乖離してしまう場合もあるのではないか、と考えざるをえない。(45)

しかしここまで来ると、私たちは、選挙はそもそも必要なのだろうか、という疑問に再び直面することになる。もし議員の仕事が或る地域や集団の利益に配慮することであるならば、そしてその地域や集団を構成する人びとがその利益とは何かわかっていると想定するに足る理由がないのならば、どうしてその人びとが議員を選ぶべきだと言えるのだろうか。もし人びとが議員に指図すべきではないというならば、選挙で議員を選ぶ必要などあるのだろうか。現実の代表も実質的な代表も、実体的な内容は変わらないのだから、実質的代表にすべてを委ねればよいではないか。ここでもまた、評釈者たちが批判する通り、実質的代表という説は「選挙を完全に無用のものとする」ことに加担しているように見えるのである。(46)

実質的代表と現実の代表

だが、バークはそのような立場をとることを理論においても実例でも拒否している。理論面では、彼は「実質的代表制は、現実の代表制に基礎を有しない限り、長期にわたって確実に存在することはできない。議員は何らかの形で有権者との関連を保っていなければならない」と主張する。[47] どうすればこうした一節がこれまで展開されてきた実質的代表説と両立するのかを理解するためには、バーク自身が実際に実質的代表を認めず、選挙権の拡張に賛成している実例を考察してみなければならない。バークは、かつてウェールズやチェスター、そしてダラムへと選挙権が拡張されたことを肯定している。さらにもっと重要なのは、アメリカ植民者たちは実質的に代表されていると英国議会議員たちが主張しようとした際、バークが嘲るかのように反論したことである。「何だって？　実質的代表という魔法の力は諸君のすぐ隣国であるウェールズや、目に見える現実の無数の議会代表によって取り囲まれているチェスターやダラムに浸透するよりももっと容易に大西洋を越えて伝わるというのか？[48]」

実質的代表は現実の代表に基礎をもたなければならないという主張は、アイルランドをめぐる議論にも現れ、バークが何を言いたいのかはっきりと示してくれている。彼は、アイルランドのカトリック（少なくともその一部）にも選挙権が拡張されるべきだと主張する。なぜなら、投票を認められないままだと、その人びとは実質的にさえ代表されていないからである。「現状ではカトリック教徒全体はカトリック教徒なるがゆえにこの宗旨の信徒として議会代表との何らの実質的関係ももちえない――否、事態はその逆を行っている[49]」。アイルランド議会では、全議員の心情と利益が、非カトリックの、というよりも反カトリックの有権者の心情と利益に一致している。[50] カトリックの利益に配慮し、カトリックと同じ心情をもつ議員は誰もいない。したがって、いかなる議員もカトリックを実質的に代表していない。問題は、もちろん、議員を現実に選出している[do elect]選挙区の中に、排除されている集団と利益を共有しているところが存在しない、という点にある。バーミンガムがイングランド議会に実質的に代表されていると言えるのは、それがブリストルとともに貿易利益にかかわっているからである。ブリストルは、貿易利益の代表者を議会に送るよう取り計らうが、そうすればバーミンガムも自らの代弁者を得ることになる。アイルランドのカトリックは、これとは異なり、代表されることはない。なぜなら、アイルランドで選挙権を与えられている選挙区のいずれもカトリックと利益を共有していないため、その利益を代表する者が議会に送られることはないからだ。それどころか、カトリックの利益に対して中立であるよりも敵対的である議員によって全議席が占められている可能性の方がずっと高い。同じように、アメリカ植民者たちも、実質的にさえ代表されていない。なぜなら、現実に議員を送っている選挙区のいずれも、植民地と利益を共にしてはいないからだ。

そうなると、当然ながら、一つの疑問が浮かび上がってくる。選挙権をもたない集団が実質的に代表されているかどうか、つまりその集団の利益の代弁者がどこか他の選挙区から議会に送られているかどうかは、どのように判断すればよいのだろうか。バークはこの疑問にはっきりとは答えていない。しかし、彼の書いたものを見れば、答えは明らかだと思われる。まず、私たちは彼特有の利益概念に留意しなければならない。利益は、包括性があって、まとまりをもっており、容易にそれと見極めることができるのだから、知性をもった公平な観察者ならば、ある地方の利益を見定めて、その利益を議会で擁護している議員がいるかどうか判断することに何の問題もない。だが、これはあくまでも基本原則にすぎない。選挙権の拡張がどのような場合に正当化されるかを判断する基準として、バークが実際に参照しているのは、深刻で実体的な不満があるかどうかというただ一点である。表立って論じてこそいないが、バークが選挙権拡張を求める声に判定を下す根拠は、この基準に他ならない。もしある集団が深刻で実体的な不満をもち、議会がその不満に対処していないならば、それはその集団の利益が議会で守られていない証拠となる。さらにそこから、現実に議員を送っている諸地域のいずれとも異なるその集団独自の利益がある、ということも証明されるのである。バークの共感を得ようとするならば、集団はただ「そのように思っている」[speculative]だけの不満を示すだけでは不足で、「本当の」[real]不満を示さなければならない。だから、彼はアイルランドのカトリックについて、次のように記している。

選挙の特権を分け与えるよう要求しているのは、ただ権利がほしいと思っているだけではなく、自由の一般的原理に則ってのことでもない。自然権、さらには憲政上の権利までも含めて、所与の論理的前提から導かれる結論にもとづき要求しているわけでもない……選挙の特権から排除されていることによって害悪が加えられていると感じるという実際の感覚から人びとはそれを要求しているのである[They ask it from a practical sense of the evils they feel by being excluded from it]。人びとが勤労の果実と財産を自由に享受するためには、刑事民事両面で正義が公正に実現されるように保証するとともに、人びとにあの正当な評価と重要性が保証されることも必要だ。それなくしては、人間の法廷において、公正な正義の実現など覚束ないからである。[51]

しかしバークは、イングランド内で選挙権を与えられていないいくつかの地域からの要求を拒否し、嘲っている。なぜなら、彼からすれば、本当の不満など見当たらないからだ。そのような要求に関して、バークはこう尋ねている。「例えばコンウォールやウィルトシアでの道路や運河や牢獄や警察等々の地方的利益は、ヨークシアやウォリクシア、スタフォードシアよりも良好に満たされているか？　ウォリックは代表を有する。しかしウォリックやスタフォードがニューカスルやバーミンガムよりもずっと富裕であり幸福であり自由であるか。はたしてウィルトシアが甘やかされた寵児であるに反し、ヨークシアはあの奴隷の女子供のように砂漠に追放されているか？」[52]［旧約聖書では、アブラハムの妻であるサラが、一度は出産をあきらめて奴隷のハガルに夫の子、イシュマエルを出産させる。しかしサラも後にイサクを出産し、ハガルとイシュマエルを砂漠に追放する。訳者注］。それら地域には真の不満と呼ぶべきものがないので、バークはそれらの利益は配慮されていると考える。それゆえ、それら地域は実質的に代表されているのである。

この問題に対するバークの立場は、抽象的な推論、つまり自然権と自然法の主張に立脚した政治的建議に対して彼が一般的に示す反感と一致し、そして間違いなくその反感によって鼓舞されたものでもある。[53]バークは、自然権を根拠としていない選挙権拡張論にも時折反対しているが、それにしてもやはり「改革者のうち十中八九までは……自然権を根拠として主張する」と述べる。[54] 彼の『代表の状態に関する演説』は、もっぱら自然権理論を標的にしていると言ってもよい。実体的な不満もないのに改革を求める人びとに対して、彼は苛立ちを隠さずにこう述べている。「このように考える人間は、天秤椅子［statical chair］［体重から分泌を測定するために、大型の天秤竿の片方に椅子を吊り下げたもの。原注に説明あり。訳者注］に座ったままで生きている――彼らが生きていると言われるにしても――不幸な人間のようである。彼らはたとえて言えば、真の健康とは身体が本来の機能を果たす上での適正さであるとは考えず、ただ終始自己の脈拍に触れては個々の分泌の真の均衡がどうあるべきか、についての彼らの観念で健康を定義しようとする徒輩に等しい」。[55] いつも通りのバークの主張ではあるが、私たちは政治制度の形式ではなくその実体と効果に注意を向けなければならない。[56] 言うまでもなく、ある人が実体的な不満をもっているかどうか決めるのは、バーク自身である。しかし彼は、自分が事実を客観的に評価しているということを一切疑わない。私たちから見れば、イングランドで選挙権をもたない人びとに実体的な不満はない、という彼の判断は間違っているとも考えられる。だが、問題の中心は、実体的不満があると認める［sees］とき、そしてその場合に限って、バークは選挙権の拡張に同意するという点にあるのである。[57]

そしてこれこそ、現実の代表より優れている場合があるにもかかわらず、実質的代表が確実に存続し続けるためには現実の代表に基礎を置かなければならない理由である。英国議会のいずれかの議員が、選挙権をもたない地域の利益を代弁するという現象は、いついかなるときでも発生するかもしれない。しかし、そのような代弁者が議会に存在することを長期にわたって保証するためには、どこかの選挙区が現実に議員を送って、利益を共有していなければならない。だがそれには、議員が選出母体の選挙区の利益を守るとともに、似たような諸選挙区の利益もそれによって守るだろう、という重要な前提が伴っている。ブリストルが「選択で誤りを犯す」ことがなければ、ブリストルの議員は貿易利益を促進するだろうと期待できる。この利益もやはり代表の実体的な内容であって、選挙という形式的手続きに想定されているのはそれを保証することだ。しかし、今や私たちには、この形式によってほとんどの場合に実体が保証されるだろうとバークが想定している、ということが理解できる。そうでなければ、実体的代表の基礎としては役に立たないだろう。現実の代表は、個々の事例においては実体や「美徳」[virtue]を保証するものではない。しかし、長期的には最善の保証となるのである。[58]

そしてここで再度問われなければならないのは、バークはエリート主義的な立場から人民の能力に疑いを差し挟んでいるのに、いかにして選挙――つまりは現実の代表――によって有権者の利益と議員の活動との高度の調和さえもがもたらされると期待できるのか、という点である。有権者の意見や要望に対する議員の服従によってこれが達成されると彼が期待していないことは明らかだ。また、議員が職務遂行について総合的な評価に服するのは選挙の時だけである。そのうえ、バークは部分的に、かなりのエリート集団に選挙権を制限することを頼みにしている。少なくとも議員が物事をうまく進めているかどうかを判断するという点に限っては、彼が人びとの能力に期待している部分もある。だが何よりも、バークはここで、利益の性質に関するまだ述べられていない想定に議論を基礎づけているのである。彼は、私たちが今日科学的知識を見るのと同じように利益のことを見ている。利益は要望や意見から完全に独立していて、私たちの好悪とも関係はない。利益はただ単に利益である。[59] その意味するところはというと、一方では、知性があって正直な議員はそれを見出すことができる、ということであり、他方では、その議員を選んだ有権者もいずれはその利益を受け入れるだろう、ということである。十分に時間を与えられて熟考するならば、十分に知的で公正な人間である限り、誰でもそれが利益であるとわかる。なぜかと言えば、それが利益であるからにほかならない。議員と有権者の間に長期に及ぶ不一致が生じるとしたら、それは議員が堕落したか無能な場合に限られる。バークが、人民による議員の交代を論じる場合、それはほとんどいつも堕落や能力不足の観点から論じられているのであって、一般的な政策上の争いという観点から論じられているわけではないのである。

利益について最終的には代表と有権者が同意すると考える場合、その鍵となる要素は、時間と審議[deliberation]

である。意見は性急で、感情に左右され、公平ではなく、激しい変化を見せるがそれも長続きはしない、というようなものになりがちだ。だが、時間の経過は、これら逸脱の多くを正してくれる。そのため、バークは有権者に向って「私があなた方の意見に耳を傾けようとしているのは本当だ。だが、その意見とは、あなた方と私が今から五年後に抱いているに違いない意見である。ある日たまたまひらめいた考えに耳を傾けることはできなかったのだ」と述べる[60]。また、人びとは、自分たちの真の利益を見出そうにも、不利な立場に置かれている。議会での審議に参加することができないからだ。この不利を克服するのはさらに難しいが、それでもやはり時間の経過は役に立ってくれる。バークは、議会における理性的な審議と、もっとゆっくりしていて非理性的ではあるが、それでも社会の中で長い時間をかけて世論が賢明な方向へと移行していく過程とを、はっきりと類似したものとして扱っている。彼が言うには、「精神と精神とが相共に息づいていなければならない。我々が目標とする善をもたらしうる唯一のものたるそうした精神の一致を生み出すには、時間が必要なのだ[61]」。この点で英国議会は「統治の領域において社会全体の自然な性質を模倣している」。そして議会は、社会であれば間接的にしか、そしてもっとゆっくりとしかたどり着けない結論に、理性的な審議と賢明な判断を通じて到達するのである[62]。したがってバークは、性急な意見と人びとの「熟慮された意向」[deliberate sense]とをしばしば区別する。群衆は愚昧であるが人類は聡明である、と述べる彼の有名な一節さえも、実のところ以下のように始まっている。「群衆は、当面は[for the moment]愚昧であるが、それは熟慮せずに行為する間のことである[when they act without deliberation][63]」。

　そして、人びとの熟慮された要望が優位に立たなければならないと論じるとき、バークは急に支離滅裂になって似非民主主義者に転向しているというわけではない。彼が言っているのは、もし人びとの意思が変わらずにそのまま継続すれば、議員の意思を打ち負かすだろうということではない。彼が言っているのは、もし人びとが自分たちの利益について英国議会議員と違う見方をし続けるのならば、議会に何か問題があるに違いない、ということである。もし議会が適切に仕事をし、利益を正しく見出すならば、人びとは一般的に、そして長期的には同意するだろう。バークは本質的に、否定の形式で[negative]主張している。すなわち、議員と人びとの間で持続的に意見が食い違う場合、真の代表とは不整合[*inconsistent*]となる、というような形である。議会がいつまでも人びとを妨げていて、それなのに代表だと見なされる、などということはありえない。この主張も否定的な方向で[negative]定式化されていて、たとえばバークは、いかなる権力であっても、もし非常に強力であって、人びとの一般的で熟慮された要望を実際に妨害するほどであれば、恐るべき状況がもたらされるだろうと述べている。[64]「重要な問題について「王国の熟慮を経た意向」がわかっている場合、バークは「それは優位に立たなければならない」と述べた……人民が一団として……「時間をかけて熟慮したうえで強く、明確に」要望を表明するときには、それに応じて人びとの「一般的な意向」は賢慮であると考えられるべきである[65]」。

しかし、有権者が最終的には議会の賢明な決定に同意するか、そうでなくとも賢明な議員を再選することくらいはするだろう、というバークの想定を知ったからといって、彼の議論の根底にある短期的な姿勢を誤解してはならない。現在のいかなる個別問題に関しても、世論は信頼に値しない。したがって、議員の義務はそれを無視し、有権者の利益を追求することである。バークにとって、選挙にかかわるあらゆる仕組みは、代表を形式的に装飾するものにすぎない。その実体、あるいは「美徳」をなすのは、利益の促進である。

だが、こうした主張は、利益の代表のみに当てはまるものだ。そして、代表するということがこの一種類に限られるわけではないということも、バークにはわかっていた。彼は、人間[persons]の代表というものがまた別にあって、そこからはいくつか異なる帰結が導かれるだろうということも認識している。バークは、成年男子選挙権と平等選挙区の導入を唱える改革者たちを非難する。現体制のそのような再編がおこなわれれば、それによって「人間の代表」[personal representation]が導入されて、英国議会議員は母体となる選挙区の人びとを代表するようにさせられてしまう、というのである。[66] そうすると議員は選挙区民の代理人の役割を果たすことになり、人びとの意思に逆らえなくなる。バークの見解では、改革者たちは、「各人は自分自らを統治すべきものであり、本人が自ら出席できない場合にのみ彼が自分の代表を送らなければならないと主張している」[67]。

とはいえ、当時の政治体制がそのままで変更されない限りは、議員は人びとよりも利益を代表するものであった。庶民院は「個々人の集合としての国民を代表しないし、今までそのようなものであったこともない」[68]。ある者はこれを評して、バークがイングランドを「個人の集合体ではなく、諸結社か諸利益の集合体」と考えている、とまで断言している[69]。そこまでいくと言いすぎかもしれないが、それでも政治的に代表されるべきは利益である、というのは間違いない。議員が代表するのは利益であって、選挙区民はその利益について間違った意見をもっていると考える理由が十分にあるのだから、議員には有権者の言葉に従う義務などない。もし議員が人間としての選挙区民を代表しているならば話は別だろうが。選挙区の人びとと交流するためにブリストルに来たことは一度もないではないかという非難に対して、バークは自己弁護しつつ、選挙区民にこう答えている。「私は、皆さんが抱える問題を手がかりに皆さんに政治を説いて回っているのであって、皆さんの人格を手がかりに政治を語っているわけではないのです[70]」。

感情の反映

ただイングランドで現実に目にしている代表、つまり諸利益の代表について論じる場合でさえ、時にバークの言葉は、描写的代表観の支持者であるかのように聞こえることがある。私たちは、それらの部分を、彼の著作におけるまた別種の代表の構成要素として区別しておかなければならない。たとえばバークは、次のように述べる。

〔庶民院は、〕他のすべてのいっそう迂遠でいっそう永続的な立法部門よりも一段と切実で身近な関心で、民衆に関する万端の事柄を見守るであろうと希望されていた。たとえ時の流れや時代の必要上やむをえない便宜のためにどのような変化が導入されたにもせよ、この下院の性格はそれがあまねく民衆の実際的意向の刻印を自分に帯びようとする気概をもたない限り、絶対に維持されない。……下院の美徳と精神そして本質を成すものは、実はそれが国民感情の直接的な写し絵である、という一点に存する。[71]［強調はピトキンによる。注にその旨の記載なし。訳者注］

代表において正確に再生産され、反映されることになるのは、常に「心情」[sentiment]や人民の「感情」[feelings]である。私たちはこれまで、「利益」と「意見」、「理性」と「意思」の区別に注意してきた。だがバークはここで、また別の関連する概念があることに気づいている。それは、何かが足りていないこと、あるいは苦痛を被っていること、あるいは何か苦難の兆しの表明であり、彼が「感情」や「心情」や「要求」[desires]という言葉で言及しているものである。「感情」は、何かがおかしいこと、あるいは不平の単純な表明である。感情からは「意見」が生じてくる可能性があるが、意見は感情を超えてもっと抽象的な思索の領域に入ったものであり、問題の原因として何が考えられるか、そして利益の観点からは何が妥当な救済策と考えられるか、を示唆する。意見とは違って、感情は信頼できる。人間は、苦痛や何かの兆しに気づくとき、それが自分の身に起きる事であれ社会全体にかかわることであれ、滅多に間違えることはないのだ。感じたことをもとにして抽象的に思索しようとするときに、はじめて間違った意見をもつようになるのである。「この世の最も貧困で無学無知な被造物は、自分の身に受ける抑圧についての判定者となる。それは感情の問題であり、そのような人びとは通例この苦痛を最も多くなめていて、敏感すぎはしないために、その最も正確な判定者である。だがその真正な原因もしくは適当な救治策に関しては、決してこの両方の場合に彼らを相談に加えてはならない[72]」。

感情は、利益や科学的事実と違って本質的に人格的なものであり、ある人が何を感じるかについての信頼に足る権威は、その人自身をおいて他にない。だから、人びとの感情が正確に政府へと伝えられることが重要になる。これこそ、庶民院が「国民感情[feelings]の直接的な写し絵」でなければならない理由である。議員の役割は、理性的な審議を通して人びとの利益を見出すことであって、そのためには人びとの感情を熟知している必要がある。「民衆はわれわれの主人であり、彼らは自らの欲求を大まかに漠然と表明するだけでよい。われわれは熟練の専門家、腕の立つ職人として彼らの要求を完全な形にまとめ上げ、それに役立つ用具を選び出すのである。彼らは病気で苦しむ患者として自覚症状を告げるが、われわれは正確にその病気の原因をつきとめて、医術の定める通りの治療を施すわけである」[73]〔ピトキンの引用では中略の表記があるが、実際には略されていない。訳者注〕。

そうすると、ここから、実質的代表が「現実の代表制に基礎」をもたなければならないまた別の理由、すなわち選挙によって代表の実体的内容が保証されるもう一つの筋道が、現れてくる。欠かすことができないのは人びとの感情を反映することであって、選挙はそれを促進する助けとなるのである。それゆえ、バークが庶民院は国民を鏡のように映さなければならないと語るときも、対応関係の数学的な正確性を問題にしているわけではない。ただ、人びとの不満が英国議会で正確に表明されることを確実にしておきたいだけだ[74]。バークは議員を通さなくとも不満の正確な表明は可能だと主張しているが、そこにも何ら矛盾はない。たとえば、ビアーは、地方自治体や大学、聖堂参事会等々、さまざまな「公的窓口」[official outlets]を経由して提出される請願の果たす役割にも注目している[75]。ただ、人びとの感情を伝達する主たる責任は代表にある。だからこそバークは実質的代表、すなわち代表の実体的な中身を、「利益の一致と[and]感情ないし要求の共鳴」と定義する。両者はともに必要不可欠の要素なのである[76]。

バークにとって、ここで述べられている人びとの感情の正確な反映は、代表を構成するものであるとまでは言えず、代表の必要条件でしかない。ただそれでも、描写的代表に関する私たちの先の議論に照らして、このような記述がいかなる文脈で現れているのかに注目すると興味深い。バークが「写し絵」や「反映」のような言葉に依存するのは、彼がまさしく国民についての正確な情報に関心を抱いている場合のことなのである。

バークの国益観

しかし、この「反映」や「写し絵」という概念は、バークの他の代表の考え方とどのように関係しているのだろうか。彼の思考はどうしようもないほど断片化してしまっているのだろうか。私はそうは考えない。そして、私たちは今や必要な材料をすべて手にしていて、バークの種々の代表の考え方の間の関係と、その土台となる論理の一貫性とを再構成することができる。利益の代表と人間の代表との区別は、曖昧にされてはならない。バークにとって、この二つはともに活動としての代表[representing-as-an-activity]ではあるのだが、それでも種類は異なっている。人間を代表する者は、その人の要望に応じて行為しなければならない。利益を代表する者は、利益に応じて行為しなければならない。バークが関心をもっているのは後者の種類の代表である。なぜなら、それこそ彼が英国政治の中に見出し、またこれからも守っていきたいと考えているものだからである。

それ以外で残っているのは、全国民の代表というエリート主義的で推論的な代表の考え方、有権者の現実の代表と実質的な代表の考え方、そして人びとの感情の正確な反映という考え方である。はじめの二つは、ともに利益の代表の例示となっている。国民を代表することは、国益を代表することを意味する。他方で、ある選挙区を代表するということは、その選挙区が一部をなしている利益を代表する、ということとの形式ばった言い方である。とはいえ、これら二種類の利益の代表の間に、相容れない点はないのだろうか。前者の概念では、議員は地域の利益よりも国益に留意すべきである。逆に後者では、何か地方や職業上の利益に留意しない限り、代表しているとは言えない。前者では、自然的な貴族階級は「国家内の分離した利益ではない」。後者だと、良い議員には選挙区との「利益の一致」が必須とされる。前者では、議員はエリートの一部であり、知恵や理性的思考能力や判断力といったエリート的性質をもっているかどうかによって評価されるべきである。後者における評価基準は、代表の対象である利益に尽くしたかどうかである。前者は理性と審議を出発点としてそこから結論が導かれることを重視するが、後者は最初から取り組んでいる利益をそのまま支持するように求めていると思われる。さらに、感情の反映についてはどうなるのだろうか。

利益の代表と人間の代表を並べてみると、バークの思想にはまだ他にも不可解な諸特徴があると気づかされる。利益の代表概念のどちらにおいても――個別利益の代表でも国益の代表でも――ある地域や利益が何名の議員を英国議会に送るのかは重視されていないようだ。バークが、エリートは国民全体の善を発見し、そのために行為すると論じている際には、これははっきりしている。つまり、代表がエリートである限りにおいて、ある地域からいかなる手続きを経て、何名選出されてきているのか、は重要ではない。だが、個別利益の代表の場合にも、同じことが当てはまるように思われる。議会にただ出席している以外にも重要なことがあるというならば、ある地域が他の地域の議員に実質的に代表されることなど、とうていありえなくなってしまうではないか。議員の数が一人であっても多数であっても、明らかに違いはないのである。ただそれでも、バークにとって実質的代表は内容のない決まり文句ではない。結果次第で評価されるべきだからである。いったいどうすればバークは、たった一人の議員が、他のすべての議員の票数に負かされることもなく、みずからを選出したブリストルに加えて、バーミンガムの利益をも保護すると期待できるのだろうか。

これらの難問を解く最初の鍵は、またしても利益の性質という点にある。私たちは、特殊な利益とか地域的な利益というと、ほとんどその定義からして「全体の利益」に敵対的であると考えてしまうものだ。バークも、ごくわずかではあるが、こうした言い方をしてしまっている場合がある。しかし多くの場合、彼の根本的な考えにおいては、利益とはただ包括性があって客観的であるのみならず、加算可能な[additive]ものでもある。王国内の諸利益[the interests of the realm]は、まとめて加算されると、王国の利益[the interest of the realm]となる。国の中にあるさまざまな地方と職能集団は、みな一つの国家の一部分なのであり、したがって全体の福利に関心をもつ。ウィルトシアの道路の改善が本当にウィルトシアの利益となるためには、国防が犠牲にされて不備が生じないようにしなくてはならない。逆もまた然りで、国全体の利益が満たされるには、各部分がそれぞれ繁栄して適切に治められなければならない[77]。国を構成する客観的諸利益が理性的な審議を通じて正確に見定められたとき、それらの合計から国益が生まれる。政治において「便宜」[Expedience] とは、「共同体にとって、そしてその中のすべての個人にとって良いもの」のことである[78]。したがって、「社会全体の理想的な善のためにそれの特定部分を犠牲にする政策は、すべてがきわめて疑わしい」とされるのである[79]。

バークは決して能天気な楽観主義者ではなく、真理はどんな場合でもいずれ明らかになるとか、人間が心底意見を違えることはないなどと主張しているわけではない。また「真の意思」[real will] のヘーゲル的な擁護者であって、人が欲しているように見えるだけのものからそれを区別しているわけでもない。それらとは違い、彼の表面的主張の背後には、一つの想定が堅持されている。それは、解決を見出すことが可能な限りにおいて、解決は賢明な人びとによる理性的な問題の考察により見出される、という想定である。英国と大英帝国を形成する広範な諸利益は「考慮に入れられなければならず——相互に比較されねばならず——可能であれば、調停されなければならない」[80]。バークは、「可能であれば」、と言う。つまり、いつも可能だというわけではない、ということになる。それでも、これこそ立法府の役割であり、代表の本質であると論じているからには、彼はほとんどの場合にこれが可能だと考えていたのではないだろうか。バークが常に明晰で一貫しているというわけではない。だが、彼は基本的に「利益」を客観的で発見が可能なものと見なしており、その利益は秩序だった枠組み、つまり全体の利益に組み込まれることが可能だと考えていたのである。

バークの文章の中には、反対のことを意味しているように思われる部分もいくつかある。たとえばバークが英国議会とは「決して多様な敵対的利益を代表する使節団から成るところの会議体ではない……〔そうではなく〕一つの利益を有する一つの国民の討議集会」であると述べるとき、地域的で、それゆえ必然的に敵対する諸利益と、国益とを対比しているように見える[81]。だが、そのような部分は誤解を招くような見かけをしているだけであって、バークの見解の全体像を私たちに示しているわけではない。それらの部分は、不正確な利益概念を否定しているのではあるが、それと並んで不正確な代表理論を否定するためのものでもある。バークは、地域的で敵対的な諸利益があったとしても、議員はそれらを無視しなければならない、と言っているわけではない。彼が言っているのは、諸利益はただ地域的で敵対的なものにとどまるわけではない、ということである。製造業の利益は、全体の利益の一部をなす。それどころか、国益を見出すための審議の過程では、国益を構成するその他多くの種類の利益も提示されなければならない。ただもちろん、利益を提示するといっても、それに肩入れ[commitment]してしまって、見解が変化することもなく、思考の対象にもならず、いかなる推論も認められない、というようなことであってはならない。なぜなら、議会は委任された使節[commited ambassadors]から成る会議体ではないからである。真の利益は、審議によって見出されなければならない。そして、王国の国益の発見と、王国内の他の安定した持続的諸利益の発見とは、同時進行の過程なのである。

したがって、ある英国議会議員がたとえば貿易利益を代表していると考える一方で、それでもやはり議会の全議員が国益を代表していると考えたとしても、バークにとって本当の意味での矛盾は生じていない。両者ともに、同一の過程の一部である。諸部分も全体も理性的な審議によって生じるものであり、どちらも意見や意思が議会外のいかなる集団からであれ議員によって伝達される必要があるとは認めていない。諸利益は、議会での討論を経た後に、議会内ではじめて発見されるものである。ただし、利益が発見されるためには、すべての利益の代表者が参加し、討論の中であらゆる意見が表明されなければならない。バークにとってそれは、競合した要望をもつ集団間での妥協とは何の関係もない。統治は理性の問題であり、意思の問題ではないからだ。だが理性は、関係をもつあらゆる立場からの有能な審議人[deliberators]を必要としているのである。

そのうえ、理性には情報も必要である。何かがおかしいと気づかなければ、そして何がおかしいのかがわからなければ、議会には行為する理由も審議する理由もない。利益についての理性的な審議は真空中でおこなわれるわけではなく、対象となるデータを必要とする。データとは人びとの感情や、何かが足りないことや、苦難の兆候である。だからこそ立法府はそれらについての正確な情報を必要としており、したがってまさしく国民の感情の写し絵でなければならないのである。病気の兆候が明らかにならない限り、医者は治療に入ることができない。同じように、何が求められているのか明らかにならない限り、腕の立つ職人も仕事を始められない。したがって、人びとの感情が正確に伝達されることは、代表の前提条件である。感情の伝達は、バークにとってそれ自体で代表であるというわけではない。むしろそれは、代表が働きかける素材である。(82) それゆえ、感情についての情報が正確でさえあれば、議会がどこからその情報を得るのかは重要ではない。

この情報を基盤として、あらゆる利益から最低でも一人の有能な代表者が参加していれば、理性的審議によって国益は明らかとなる。バークの考えでは、この審議は意見の一致と合意をもたらすものであって、意見が割れて投票で多数派が勝つというような結果にはならない。議会は答えが見つかるまで審議を継続するべきで、しかもバークは答えを見つけることは可能だと想定している。特定の地域や利益から何名の代表が送られているかが問題とならないのは、そのためである。投票、つまり議会で頭数を数えることには、何の重要性もない。必要なのは、あらゆる事実と主張が正確にかつ思慮深く表明されることだからだ。これはまた、ある集団が正当な不満をもっていることがなぜ代表されていないことの証明になるのか、を説明する理由にもなっている。その集団の利益を主張する有能な議員がもし議会にたった一人しかいなくても、その利益は配慮されることになるだろう。なぜなら、重要なのは議員の票ではなく、議員の主張だからだ。議会が合意に達するだろうという想定は、長い目で見れば国民は有能な議員が国民の利益を考えてとった行動に同意すると期待できるという想定に対応している。両者ともに、同じ土台の上に立っているのである。

これら観念の複合体全体——エリートによる国民の代表、有権者の現実の代表と実質的な代表、議会審議、人びとの感情の正確な反映——は、一まとまりでバークの政治的代表論を形成している。最近のある評釈者による、バークが立法府の審議機能を「代表機能と対照させて」強調している、というような言い方は誤解を招きかねない。(83)

バークにとって審議は「代表機能」の中核をなす。彼の思想の大部分がそうであるように、バークの代表概念も非常に複雑なのである。

よって、議員には選挙区民の声を聞く義務はない、とバークは考える。もっとも、立法府は人びとの「感情」を正確に反映する必要がある、という非常に限定的な意味でならば、例外的にその声に耳が傾けられなければならない。ただその例外にしても、代表概念の一部をなすというよりは前提条件をなすと言った方がよく、またその条件は議員以外の多くの媒体によっても満たされうる。この問題に関するバークの見解は、彼の思想に含まれている他の諸要素と関連していて、それらすべてが相互に支え合っている。バークの見解は、選挙権の不必要な拡張に対する彼の反民主的でエリート主義的な敵意と結びついている。彼が人間の代表ではなくもっぱら利益の代表に関心を向けている、ということとも結びついている。彼が利益を客観的で人間にかかわらないものと見なしているということにも結びついている。そして、統治と政治は知識と理性の問題であって、意見や意思の問題ではない、という彼の見解とも、政治課題には正しい解があって、その解を発見することは可能である、という彼の考え方とも結びついている。

現代では上記のようなものの考え方や想定を共有する人はあまりにも少なく、したがって今日バーク的な代表観を採用する者はいない。もっとも『国家における真の代表理論』と題された小冊子の中で］ジョージ・ハリスなどは、力を増すデモクラシーの潮流に対して一八五七年になってもまだ最後の防衛戦を挑んでおり、「数で計測される利益」［the interest of numbers］は、国家を構成していて代表されるべきいくつかの利益の中のたった一つにすぎない、と主張していたのだが。[84] しかしバークの時代以降、代表理論を論じる者のほとんどが、政治的課題とは必然的に論争的であって正解はなく、利益とは誰かに属する［of］利益であってその定義については当人にも発言権があり、信頼に値するエリート集団など社会には存在しない、と考えてきた。その論者たちの多くにとって、政治の場で代表されるのは、利益ではなく人びとである。利益の代表についてまだ論じている者もいるが、それ以外の想定がすべて過去のものとなってしまった以上、利益の代表と人間の代表を区分する意義も、大方なくなっているのである。

第９章　利益を有する人びとを代表する——自由主義

すでにバークの時代から、私たちにとって彼のものよりももっとなじみ深い見解が、大西洋の両岸をまたいで表明されていた。それは、自由主義の理論家たちによるものである。米国では、代表とははっきりと人間の代表のことであって、諸利益は必要悪にすぎず、適切な制度を備えた政府によって制御されるべきものだと考えられていた。英国の功利主義では、人間の代表という考え方が望ましいとされるにとどまらず、利益がしだいに人間的な概念として理解されるようになっていった。自由主義の提唱者たちは一般的に、代表というものを、「法人」や「諸利益」や階級というよりも、各個人」の代表だと考えた。自由主義理論家は「経済に関して個人主義的な態度をとるが、それに呼応して、代表についても、理性的で独立した各個人に基礎づけられるものだと考えていた」のである。(1)

米国では、下院のために創設された平等選挙区［equal electoral districts］や「人口に応じた代表」［representation by population］の考え方に、この代表観が反映されている。憲法制定会議では、多くの発言者が「数」［numbers］に対抗し「財産」［property］を守る安全装置として上院を擁護したし、建国の父たちの多くも民主主義者というには程遠かった。だから、人民の代表といっても、必ずしも人民全員の代表ということが意味されていたわけではない。しかしながら、自由主義者たちが参政権への財産制限を望ましいと論じている場合でも、個人のもつ能力、堅実さ、そして親切心を測るおおよその指標として最善なのが財産だから、ということ以外の正当化理由はほとんど見られない。「財産に関して有権者に何らかの条件を課す真の理由は、過度に劣悪な条件の中で暮らしているために自分自身の意思をもつとは考えられないような人びとを除外することである」[2]。したがって、英国の自由主義においても米国版のそれにおいても、実質的代表に類するものはまったく議論されないのである[3]。

『ザ・フェデラリスト』の代表観

アレクサンダー・ハミルトン、ジョン・ジェイ、そしてとりわけジェームズ・マディソンは、『ザ・フェデラリスト・ペーパーズ』の中で、代表制統治とは直接民主政の代わりに採用された仕組み、多数の人びとが一か所に集まることはできないという理由で採用された、「本人が出席する市民の会議に代わるもの」だと論じている[4]。これまで検討してきたように、こうした説は古くからイングランドにあって、必ずしも直接民主政の方が何かしら好ましいという考えと結びつくわけではない。確かに、『ザ・フェデラリスト』において、代表は直接参加の代用品ではあるが、直接参加よりはるかに好ましい代用品でもある。それでも、バーク的な見解とはかなりの隔たりがあって、利益を代表するという考え方よりも人間を代表するという考え方との方がはるかに相性がよい。「代表なき課税は暴政である」という革命のスローガンが叫ばれてからまだ十年しか経過していない中で、『ザ・フェデラリスト』の著者たちが統治への参加を個人の権利として扱うというのは、ほとんど必然のことであった。ただ、民主政を恐れ批判もしていたので、そのように参加を認めながら同時に混乱を避けるためには、代表は望ましい方法であるように思われた。マディソンが述べているように、代表とは、全市民が「みずから」[in person]公的事柄を実行していく代わりに、「一般市民によって選出された少数の市民の手に政治が委ねられること」を意味したのである[5]。

しかし、たとえ代表とは人間の代表のことであるとされているにしても、それで諸利益が姿を消してしまうというわけではない。自由主義の心理学や政治学でも、利益は中心的な役割を果たす。ただしそこでの利益は、バーク的な意味での利益とはまったく異なる受け止め方をされている。『ザ・フェデラリスト』における利益概念は、バークがかつて考えたよりもはるかに多元的であり、また本質的に侮蔑的な意味合いをもつ。利益は「派閥」[factions]と同一視され、それゆえに悪である。マディソンは『ザ・フェデラリスト』第一〇篇で、人間の多様な能力が財産を生み出し、それゆえ社会にさまざまな利益が生じる、と論じた。もはや、諸利益とは明確に定義され、包括性があり、客観的に区分される諸集団であって、それらが寄り集まったものが国民となる、とは考えられていない。人びとや地域が利益に「属する」[belong to]とか「あずかる」[partake of]とも、もはや考えられていない。利益とは、何か人間が「感じる」[feel]ものである。[6] マディソンにとって、利益とは多様で移り変わる人びとの結びつきであり、主として主観的で、国民全体の福利と衝突する可能性をもつものなのである。

まだ「土地所有者の利益」や「製造業者の利益」などがあるにしても、「これらの階層は状況や土地の違いから生じる生産の相違、また商業や製造業の部門間の相違に応じてさらに細分化される可能性がある」。[7] こうした経済に依拠するまとめ方は、他の「政治、宗教、またはそれ以外の事柄に関してたまたま見解が相違しているということに基づく、あるいは指導的な人びとの中の誰と近い関係をもつかということに基づく」まとめ方によって補われたり、横断されたりもする。[8] 諸社会はさまざまな利益に分かれていて、「たとえば、富者と貧者、債権者と債務者、土地所有と製造業と商業の各利害関係者、こちらの選挙区の住民とあちらの選挙区の住民、こちらの政治指導者の支持者とあちらの政治指導者の支持者、こちらの宗派の信者とあちらの宗派の信者などから成り立っていたりするものである」。[9]

マディソンは必ずと言ってよいほど諸利益と複数形で語るが、バークの場合にもっとも多いのは、あの利益やこの利益などの「単数形の」言い方だ。[10] マディソンは、諸集団も、また国民全体でさえも、特定の争点について特定の行動方針を指示するようなただ一つの利益を有しているとは考えない。それどころか、各集団には、その時々のいろいろな必要や状況に応じて多くの諸利益がある。マディソンの思想において、「利益」という言葉は、バークが使う「意見」や「意思」とほぼ交換可能であり、さらには「感情」や「心情」とさえ交換可能である。これらの言葉のいずれも、客観的で人間と無関係だと見なされるものではないが、同様にマディソンが用いている意味での利益も、決して「人間にかかわらない」言葉ではない。ある人の利益とはその人が利益だと考えるもののことであり、それはその人の意見がその人の考えることであるのと変わらない。それどころか、マディソンにとっての利益は、バークが「意見」に割り当てていた性質をそのまま引き継いでいる。利益は、主観的で、人格にかかわり、移ろいやすく、当てにならない。また通常は国民の本当の福利と対立する。

マディソンにとっても、まだ「国民の本当の福利」とでも言うようなものは存在する。つまり、まだ客観的な善は存在している。それでも、「諸利益」は、この「本当の福利」に似ているところから、「意見」に似ている方へと、寝返ってしまっているのである。実際には、このような言い方でさえまだ十分に正確ではない。というのも、『ザ・フェデラリスト』では、時折二種類の利益がはっきりと区別されているからだ。一方には「真の利益」やある人の「より広範な永続的利益」と呼ばれるものがあり、他方には「一時的衝動とか目前の利益」や「目先の不相応なもうけを求めていらだっている貪欲」がある。(11)『ザ・フェデラリスト』における「利益」の中核をなしているのは、後者のような概念の意味づけ方である。前者はそれと対比される場合に出現するだけで、単独で用いられることはない。そうはいっても、より広範かつ長期的な意味で、客観的な福利や利得のようなものは存在すると考えられている。ただし、それに対して「利益」という言葉が当てはめられることは、普通はないのである。(12)

人びとの多元的で移ろいやすい諸利益は、マディソンの代表概念において重要な役割を演じている。たとえそれが人間の代表であるにしても、である。というのも、人びとは自分自身の利益によって動機づけられており、それらの多元的で移ろいやすい利益を促進していこうとするのが人びとの代表者たちだと想定されているからである。『ザ・フェデラリスト』は、代表者としての義務それ自体を論じていないので、この点については決して明瞭ではない。しかし、このような想定がなければ、代表制はマディソンが述べるような方法で派閥の弊害を匡正することができない。したがって、私たちは派閥の理論と派閥の弊害の匡正——マディソンの説の中でこれまで時々誤解されてきた部分である——について検討しなければならない。

派閥は、『ザ・フェデラリスト』第一〇篇の定義によれば、多かれ少なかれ利益集団と同義である。それは「全体中の多数であれ少数であれ、一定数の市民が、他の市民の権利あるいは共同社会の永続的・全般的利益に敵対するような感情または利益といった、ある共通の動機により結合し行動する」ものである。[13] この悪影響、派閥のもつ破壊的な要素は、適切に整えられた政府によってなんとかして無害化されなければならない。そしてマディソンは、新しい憲法体制こそまさしくその適切に整えられた政府である、とりわけそれが代表制政府であるからだ、と主張した。「私は共和政[republic]という言葉で、代表という制度をもつ統治構造をさしているのであるが、このような共和政こそまったく異なったひとつの展望を開き、かつわれわれが探し求めていた〔派閥の弊害の〕匡正策を約束するものなのである[14]」。

代表制は、いったいどのようにして派閥を無害化するのだろうか。この点でマディソンを評する者の中には、マディソンの解答がバークのエリート主義と本質的に類似していると主張する例が見られる。つまり、議員とは公平で優れた人間であって、理性に照らしつつ落ち着いて討議をおこない、選挙区民の派閥的な要求に屈することを拒否するだろう、というのである。代表者たちは「共通善」について審議するのであって、単に「人民の意思」を反映するのではない、とも述べられる。[15] そして、評者たちは『ザ・フェデラリスト』第一〇篇の有名な一節を引きつつ、代表をフィルターになぞらえる。そのフィルターは「選ばれた一団の市民たちという経路を通すことによって、世論を洗練し、その視野を広げる。その一団の市民たちは、賢明であるがゆえに、自国の真の利益を最もよく認識しうるのであり、また、その愛国心と正義への愛のゆえに、一時的なあるいは偏狭な考え方によって自国の真の利益を犠牲にするようなことが、最も少ないとみられるのである[16]」。だが、この一節の意味を適切に理解するためには、文脈に注意しなければならない。マディソンによれば、共和政と民主政の間には、二つの重要な点で違いがある。第一に、共和政には代表制度がある。すなわち、統治は少数者に対してそれ以外の市民から委任される。第二に、その結果として、共和政は民主政よりも広大な領域と多くの市民を包含することができる。先にフィルターによる濾過効果を論じたが、派閥の弊害に対してそのような効果がもたらされるのは、第一の相違があるからである。だが、マディソンは続けて以下のようにも論じている。代表制の下では

人民の代表によって表明された公衆の声のほうが、民意表明を目的として集合した人民自身によって表明される場合よりも、よりいっそう公共の善に合致していてもおかしくはない[may well happen]。

しかしまた他方では、結果が逆になることも考えておかねばなるまい。すなわち、派閥的な気分の強い人びとや、地方的偏見をもつ人びとや、悪意ある企みをもつ人びとが陰謀、買収、その他の手段に訴えて、まず人民の投票を獲得し、ついでその人民の利益を裏切ることがあるかもしれないのである。[17]［強調はピトキンによる。また改行もピトキンによる。ともに注に記載はない。訳者注］

こうなると、フィルターは民意を歪ませる仕組みに変質し、望ましくない素材ではなく望ましい素材を「濾過して取り除く」[filter out]ことになるかもしれない。マディソンは、優れた知恵による濾過過程であればいかなるものであっても心から信じている、というわけではない。なぜなら、たった一ページ前では、

賢明な為政者ならばこれら両立しがたい諸利益群を調整し、彼らすべてを公共の善に貢献せしめることができるであろう、などと主張しても、それは意味がない。賢明な為政者がつねに指導の座にあるとは限らないからである。それに多くの場合、このような調整は、遠望深慮を必要とするが、そのような見解が、一党派が他者の権利や公共の善を無視して重んずる自分の直接的利益をこえて、考慮されるなどということはまずありそうにもないからである。[18]

と主張されているからである。

賢明な議員たちによる濾過効果は、派閥の弊害に対する防波堤とはならない。そこでマディソンが真に頼みとするのが、共和政の第二の特徴、つまり共和国は広大であり、したがって多様なものとなりうる、ということである。広大で多様な国では、賢明で公共心に富んだ議員を見出せる可能性も高い。ただ、これもまた当てになるとは言えず、マディソンが真に期待をかけているのもこの点ではない。最後の望みがかけられているのは、大規模な国家では諸利益の分化がいっそう進行しているため、それら諸利益が結びついて党派的行為を効果的におこなう可能性が低くなる、という点である。

もし領域を拡大するならば、党派や利益群はいっそう多様化し、全体中の多数者が、他の市民たちの権利を侵害しようとする共通の動機をもつなどということは、おそらく、ますます少なくなるであろう。あるいは、もし、そのような共通の動機が存在するとしても、それを感ずるすべての人びとが、彼ら自身の強力さを自覚し、互いに団結して行為したりすることはいっそう困難になるであろう……

派閥の指導者の影響はある特定の州の内部で炎を煽ることもあるかもしれないが、それが他の州にも及んで広い大火を招くということはありえないであろう。[19]

マディソンが思い描いている体制では、行為こそが危険であり、膠着状態こそが安全弁である。膠着状態といっても、マディソン流に言えば、均衡となる。派閥的諸利害は、相互に「阻まれ」[broken]、「抑制され」[controlled]、「均衡させられ」[balanced]、それによって「安定」[stability]が産み出されなければならない。[20] もしバークがこれを聞いたら、奇妙に思うこと間違いなしである。バークにとって、国民の福利とは、賢明で理性的な議員たちが諸利益を正確に認識したうえで生み出されてくるものだが、その際に議員たちは人びとからほとんど干渉されることなく議会で審議をおこなう。『ザ・フェデラリスト』の執筆者たちも、そのような状況を想定しないわけではないのだが、彼らにとっては、議会指導者たちが故意に人民の利益に背くという状況も同じくらい容易に想像できる。これが人民自体であれば、わざわざそのようなことをするなどとは考えられないだろう[21]。

マディソンにとっての国民の福利は、行為しないことと安定とによって成就される。まれに積極的な行為が必要とされる場合もあるが、その場合大多数の人からの支持を確実に取りつけることに何ら困難はないだろう、というのが彼の考えである。彼の関心は、派閥的な諸利益に依拠した行為を防ぐことにあり、この目的のためにこそ代表制があるのだ。代表とは広大な共和国を可能にするもので、そこではいかなる派閥であろうとも多数派を形成するのがいっそう困難になる。さらにもっと広い意味では、マディソンは代表制のことを危険な社会対立を単一の中央広場へ持ち込むための方法と考えていて、その広場では対立を均衡させ膠着状態にすることにより、抑制することが可能になるのである[22]。

このように、代表制統治の役割は、ある意味で、社会の主要な諸勢力を立法府に引き入れ、時間が経過するまでそこに留めておくことにある。ここで私たちは、マディソンが派閥の利益ではなく、もっと理性的で、客観的で、持続的な利益――つまり彼が「真の」とか「より広範で永続的な」と称している利益――に言及していることの意味を、ようやく理解するに至る。なぜなら、マディソンが望んでいるのは、時間の経過によって激情や偏見が緩和され、「理性の穏和な声」が目先の利己的な利得に打ち勝つようになることだからである。したがって、代表制統治の役割は、穏和な声が本来の役割を果たせるようになるまで現状を維持することにある[23]。「利害関係のある人びと」[interested men]は、時に人民を間違った方向に導いて「何らかの異常な衝動や、何か不法な利益」を追求させたりするかもしれないが、人民はそのようなやり方を「後になると自身で大いに後悔し、責任を問うだろう[24]」。だからこそ「社会の冷静で思慮深い感覚が、あらゆる政府において最後には統治者の見解を支配すべきであるし、あらゆる自由政府では、実際にそうなるだろう」とされる[25]。マディソンも、バークと同じく、一般的な人でさえ十分な時間と情報があれば真実を見抜くことができるはずだ、と考えている。ただし、バークにとっての代表とは、議会で正しい解決策に達するとともにその解決策を法制化するための仕組みであって、人びともいずれは議会の行為を承認するだろうという点に望みがかけられている。対照的に、マディソンにとっての代表とは、立法府の行為を、ひいては社会における行為を手詰まりにさせ、人びとの間で知恵が勝利するまで待つための方法なのである。[26]

したがって、利益の代表ではなく人間の代表に取り組んでいるのにもかかわらず、マディソンはこの人間の代表という活動のことを、人びとの要望に応じつつその利益を追求することだ、と考えている。それぞれの議員が選挙区民の派閥的な諸利益を追求しようとしない限り、国民の有するさまざまな派閥利益が政府内で相互に均衡させられることもない。また、社会内の危険な諸勢力が立法府に引き入れられて均衡が保たれない限り、それらが無害になることもない。これをもってある人の評するに、『ザ・フェデラリスト』の執筆者たちは代表される者たちのことを「唯一無二である個人の集まりというよりも、いろいろな種類の諸利益や諸動機を並べた陳列所」のようなものと見なしている、と言う。[27] そこまで言うのは、言いすぎかもしれない。言い直すと、人びとは確かに個人として見られているが、ただすべての個人は主として利益によって動機づけられている、といったところだろう。利益と動機が相互に関連しているという言い方は、また別の形でマディソンの利益概念の主観性を強調していることにもなる。ただもう一つ重要なのは、個人としての人間にとって何が利益になるかはしばしば変化するから、利益のまとまり方も一時的なもので移ろいやすい、という点である。もし人びとが「いろいろな諸利益を並べた陳列所」にすぎないと言ってしまうと、この重要な真理が覆い隠されてしまう。だが、『ザ・フェデラリスト』が、政府を「諸利益を処理するために、抑制、均衡、そして調停する機構」として扱っているのは確かであって、それが代表の意味とされていることもまた間違いはないのである。[28]

『ザ・フェデラリスト』は利益と代表についていくつかの想定をしているわけだが、そこには問題も潜んでいる。一方で、代表制統治が著者たちの予期した通りの働きをするためには、議員たちは選挙区民たちの利益を追求しなければならない。他方で、これらの諸利益は、主観的で移ろいやすく、不安定である。議員は本当にそのような利益をしっかりと見極めて、追求することができるのだろうか。『ザ・フェデラリスト』の中では、この問題は論じられていない。ただ、憲法制定会議におけるマディソンの陳述からは、かなり悲観的な答えを推測することができそうだ。

もし人びとの意見が私たちにとっての導きの糸になるというのであれば、私たちがどのように進んで行ったらよいかを見定めるのは難しくなるでしょう。この会議に参加している者の中で、選出母体の人びとの現時点における意見がどんなものであるか言える人は誰もいないでしょう。まして、会議の参加者が今ここでもっているのと同じ情報や知識を人びとがもっているとしたらどのように考えるかを語ることができる人など、もっと考えられない。さらに言えば、今から半年後や一年後にどのように考えるかなど、わかるはずもありません。[29]

だが、利益と意見とは同一のものなのだろうか。議員が選挙区民の意見以上に選挙区民の利益の方をよりよく理解することは可能なのだろうか。主観的な利益観が代表理論に組み込まれた場合に発生するいくつかの難問は、すでにここに示されている。『ザ・フェデラリスト』に関して言えば、全体として、議員が有権者の利益を十分に理解し、その利益を追求することは可能だ、と想定しているように思われる。

しかしマディソンの論じる議員は、バークの論じる議員とは違って、有権者の利益を当人たちよりもよく理解しているわけではない。何か言えるとしても、この点では有権者とほとんど変わらない、といった程度である。議員が人びとの利益を促進しようとするのは、ほとんど有権者の要望に応じてのことだと考えられている。そして、いずれ視野の広い理性的な見解が行き渡るときには、その見解は立法府と人びとの心の中と、そのどちらにも行き渡ることになる。マディソンにとっての政治は、バークのそれのように知識と理性が支配する領域ではない。政治とはむしろさまざまな圧力や意見が支配する領域である。立法府議員は「訴訟事件の当事者であり、弁護人」であるのに、決定を下すのも議員たち自身であるのだから、利益は「彼らの判断を偏らせることはたしかであり、あるいは彼らの誠実さを腐敗させることもありえないことではない」と予想される。[30] 利益と政治は理性と知恵の問題である、というバークの見解と、適切な人びとによって運営されている限り統治の形式はさほど重要ではない、という彼の確信とは、切り離せない。同じように、マディソンの政治観と利益観も、適切な人びとにお任せにはできない(「賢明な為政者がつねに指導の座にあるとは限らない」)という彼の意向および政府の形式に関する彼の主張と、切り離すことはできないのである。[31]

功利主義の代表観

英国の功利主義者たちは、主観性重視の方向へとさらにもう一歩踏み込んでいる。その議論は、あらゆる人が常に自分自身の利益によって動機づけられる、というものから、ほとんどの人が普通は自分自身の利益によって動機づけられる、というものまで濃淡さまざまである。[32] 最大公約数をとれば、たいていの人がほとんどいつもと言ってよいほど誰か他の人の利益よりも自分自身の利益を優先する、といったところだ。マディソンならばこうした見解に間違いなく同意するだろう。ただそれでも彼は、利益について論じるとき、やはり人びとの集団が何物かを共有していると考えている。バークが論じるような利益にあずかっている集団に比べると、マディソンの集団はもっと小さく、もっと多様で、変化しやすい。だが、それでも集団は集団である。功利主義的な利益概念はこれよりもっと主観的で、基本的には各人に属する個人的なものである。少なくとも、それこそが功利主義者のものとしてもっともよく知られている利益概念であり、功利主義的な哲学および経済学研究で展開されているものなのである。この点についてもまた、功利主義中の政治理論となると話は別だ、ということはいずれ見ていくことにしよう。しかし、人間を経済的な生物として見るとき、功利主義者の目には個人の自己利益が作動しているように映っているのである。

さらに、各人は自分自身の利益について、唯一の信頼できる判定者ではないとしても、最善の判定者である。ベンサムが述べているように、「何があなたの利益になるかをあなたと同じほどわかっている人は他に誰もいない」[33]。

そうすると、各個人は自分自身の利益の唯一信頼できる守護者だということになる。理由は、他の人びとがあまりにも利己的であなたの利益を守ってくれないからであるかもしれないし、また、あなたの利益を十分に理解していなくて守りようがないからであるかもしれないし、その両方であるかもしれない。そうであれば、いかなる政府にとっても本当に被統治者の最善の利益を目指して行為するということは不可能である、という結論になるように思われる。あるいは少なくとも、被統治者自身の手に委ねられた場合に被統治者たち自身で可能であるほどには、政府はうまく行為できないということになりそうだ。[34] アダム・スミスの思想だと、この結論の行き着く先は、有名な「見えざる手」ということになる。すなわち、各人は、自分自身の利益を追求しながら、しばしば公的権威によるよりも適切に社会的善を生み出す、というのである。[35] そしてベンサムのような功利主義者も、少なくとも初期の経済学に関する著述では、この説にはっきりと同意している。「各個人は、自分が持つ富を維持し増やす手段について、政府が費やすまたは費やすことができるよりも、もっと多くの時間と注意を注ぎ込むのだから、自分にかかわることを自分のために政府にやってもらうよりも、もっと効果的な方針に即して進んでいける可能性が高い」[36]。それゆえ、政府にとって適切な指導原理は、「出しゃばるな」[be quiet]ということになる。

このような主観的利益観からどのような種類の代表理論が導かれるのか、予想するのは難しくない。もし誰も他の人の利益のために行為できないのであれば、議員にとっての座右の銘は政府のそれと同じになる。つまり、「出しゃばるな」ということだ。実体的な活動として代表するということは、不可能になる。議員は（人間である以上）自分自身の利益のために行為することしかできない。もっとも、利他主義に喜びを見出す人も現実にはいるし、もし議員が他人の利益を促進することが可能であるならば、何らかの制度を通じて、他人の利益の促進が議員個人にとっても利益になるようにすることもできる。しかし、議員に他人の利益を促進することはそもそもできない。なぜなら、議員は何が他の人の利益となるか知ることができないからだ。議員にできることは、せいぜい本人からの指示に従って行為することだけである。もし議員が本人に何度も尋ねて間違えないように行動するならば、本人の利益を促進することは可能である。しかしこれを突き詰めると、結局本人が直接行為するのと変わらなくなり、議員は他人の意のままになる操り人形と化してしまう。したがって、形式主義的な代表や、「写し出す」ものとしての代表は成立するかもしれないが、独立して議員自身の裁量で他の人のために行為するということは不可能なのである。

ところが、いたって奇妙なことに、功利主義者たちが実際に展開しているのは、このような代表理論ではない。功利主義者たちは、経済学以外の論題についても著述しているが、そこではまた異なる利益の考え方がとられているために、先のような代表理論を採用しなくてもよくなっているのである。(37) 功利主義論の著者は例外なく、「共通の」[common]または「一般的な」[general]利益、すなわち社会全体にとっての善が存在すると認めている。(38) ベンサムの場合だと、あらゆる社会には「普遍的利益」[universal interest]があるが、それは社会を「構成するさまざまな構成員の利益の総和」[sum of the interests of the various members who compose]ないし「総計」[aggregate]にすぎない、と主張される。これはスミスの見えざる手と同じように聞こえるし、先に見た通り、ベンサムの経済学では見えざる手理論が受け入れられている場合もあった。だが、ベンサムは立法府改革論者でもある。ならば、共通善がいつも私益追求から自動的に現れるものではない、ということを彼は非常によくわかっていることになる。(39)

そこで、立法という文脈では、各人が公益と私益の両方を、つまり社会的利益と自己に関する利益の両方をもつのだ、と彼は主張する。(40) この場合の公的・社会的利益は、「普遍的利益」と言い換えてもよい。全体の善は、個々の構成員の公的あるいは社会的利益の総計である。だが、ほとんどの人は、私的な、自己に関する利益の方を優先する。「どの人の胸の内でも、何らかの非常に強い刺激や誘因の結果である一時的で突発的な感情のほとばしりを例外として、自己に関する利益が社会的利益に優越する。つまり、ある人自身の個人的な利益が、他のすべての人の利益を合わせたものよりも、優越するのである」。(41) ベンサムは目を見張らせるような比較を用いて述べているのだが、例外が生じるのは非常に珍しいので、それよりも「普通に考えれば狂気の例の方がまだ目にする機会が多いと考えられる」[42]。

立法府議員の仕事は、自己に関する利益を求める行為に罰を与え、社会的行為に報いることによって、人びとに後者を望ませるようにすることである。共通善に反した行為が人びとにとって魅力的に映らないようにすること、そしてそれを促進する行為が魅力的に映るようにすることが法の務めである。そうすれば、自分自身の利己的な利益のために（罰を避けるために、または報酬を得るために）行為しても、それがそのまま全体の利益を促進することになる。経済学分野以外では、立法府議員の手がまさに見えざる手となるのである。

しかしそのためには、少なくとも立法府議員には、何が公的利益となるのかを知ることが可能でなければならない。さらに、議員自身の私的利益の観点からも、適切な法の制定に対する十分な動機を有することが可能でなければならない。私たちからすればそんなことは期待できないようにも思われるのだが、功利主義者たちは間違いなくそれが可能だと考えている。ベンサムは、それでもまだ明らかに一人の偉大な大立法者のことを考えていて、その立法者の利他主義に期待をかけている。つまり、大立法者は、他の人びとを助け幸福にすることに喜びを見出す希少な人びとの一人ということになるだろう[43]。だが、この唯一無二の[the]立法者が制度化された立法府に置き換えられる段になると、単純な利他主義の主張は、もはや説得的であるようには思われない。利他主義は、公的な利益を追求することがそのまま政府の私的利益にもなるような、制度上の防波堤によって置き換えられなければならないのである。功利主義者たちは、この点では『ザ・フェデラリスト』の執筆者たちに同意するであろう。「人間の利害を、その人の職務上の地位に伴う憲法上の権利と結合せしめなければならない……各個人の私的な利害が公の権利を守る番人となりうるように[44]」。ベンサムは、以下のように主張している。

現在、統治の失敗の原因は以下にある。すなわち、統治が、統治を自己の利益とする者たちに完全に握られているということである。その人びとの利益であるということは、必然的にその人びとの欲するものでもあるということであり、そしてその人びとに依拠している限りその人びとの決断に左右されるということでもある。すなわち、統治の失敗は終わることがない。必要なのは……良い統治が統治の失敗に取って代わることを利益とするような人びとの手に、政府の中枢をつかさどる部分が渡るよう、諸般整えることである[45]。

統治の利益と共同体の利益のこのような一致は、どうすれば実現が可能なのだろうか。それは、主に代表によってである。代表というものをどのように解釈し、どのように現実に当てはめるかについては、いろいろと異なるやり方があるが、代表を利用するという点については、功利主義者の間に合意が見られる。一つの可能性は、ジェームズ・ミルによって提示されている、かなり単純化された解決方法だ。「共同体はその利益に反する利益をもちえない」のであるから、必要なのは「代表者の利益を共同体の利益と一致せしめる」ことだけである[47]。それを実現するには、ミルの議論によれば、単に代表者たちを奉仕相手である公衆の一部にするだけでよい。任期は短く、公職には交代で就くようにしなければならない。そうすれば、各代表者は、みずから制定した諸法の下で、統治される者として生きなければならなくなる。したがって、良い法を制定することは、代表者にとっても利益となる。こうした考え方のもと、ミルは政府と共同体を個人になぞらえて論じている。自分自身の利益を理解して促進することができるのは各個人だけなのだが、共同体も利益を有していて、それを理解し促進するのは当該共同体である。そして、支配者が共同体の一部としてしっかりと組み込まれていれば、共同体と同じ利益をもつことになる。個人から社会へと、当たり前のように議論が移行しているのである[48]。

ベンサムの場合、単に支配者を支配される人民の一部にするだけで十分だとは考えられていない。彼は「交代可能性原理」[principle of dislocability]を導入する。これはおなじみの考え方で、公職に就いている者は再選を望むのだから、有権者の要求に従うだろう、というものだ。つまり、選挙をおこなうことによって、有権者利益の促進がそ

立法府は「その利益が共同体の利益に似れば似るほど……それに応じて良いものとなるであろう[46]」。

のまま公職者の利益となる、というのである。[49] それでもベンサムは、まるでジェームズ・ミルに同意するかのように、これは単一の、統合された利益——国民全体の利益——を支配者に促進させるという問題にすぎない、としばしば記している。「国民に問題があるというのか。だが、国民にとって、ひどく治められることに、どんな利益があるというのか。——自分たち全体にかかわる利益が、個々別々の対立する利益のため犠牲にされることに、どんな利益があるというのか」[50]。国民が選挙を通じて支配者を制御することができるならば、国民という存在の集合的な利益が法制化されるだろう。必要なのは「ある形式の政府であって、そこでもたらされる唯一の利益は全体の利益である」のであり、それはまた「全員」に投票を認めることで実現されるのである。[51]

しかし、共同体は諸個人から構成されており、それぞれの人は（ベンサムが指摘したように）「公的」利益と「私的」利益をともに有している。そして、政府への制御を国民に認めるということは、国民を構成している各個人それぞれにあまねく政府への制御を認めることに他ならない。そうなると、各個人は、それぞれ自分で良かれと思うように自己の力を用いるだろう。もし通常は人びとが自分自身の個別的で利己的な利益を優先させるのであれば、政府への制御を認めることによって、どのように公共の福利がもたらされるというのだろうか。功利主義者たちは、この難問をただ素通りするだけのこともあって、その場合には国民のことを単一の利益をもつ統合された全体としてのみ論じている。それがジェームズ・ミルの答えであり、ベンサムも時々同じ解答を示している。第二の可能性として、普通であれば人びとは自分自身の利己的な利益を優先させるという基本原則を、問題が生じた場合にはあっさり否定してしまう、という解法がある。普通選挙権を正当化するため、ベンサムはこう主張する。「有権者の一部——少なくとも、有権者の多数派の一部——についてのある想定によれば……そしてその想定が間違っていないことはすでに証明されていると考えられるが、その人びとの投票によっていかなる寄与がもたらされうるにしても、普遍的利益の促進に寄与しようという性質は現実に存在する[*does* exist]」。[52] 彼は、引用元の論考の中でこの想定がすでに証明されていると言っているわけではなく、経験によって証明されているという趣旨であって、特に感銘を受けているのはアメリカの例である[53]。それにしてもその同じベンサムが、公共の利益のために利己的な利益を犠牲にしようとするなど狂気よりも珍しいと考えていたとは、いったいどうしたことなのだろうか。

ジョン・スチュアート・ミルも、ほとんど同じディレンマに取り組んでいる。彼もまた、人間には根本的に利己的な性質があると認める。人間が自己の「利己的な利益を他の人びとと共有する利益よりも、目前の直接的な利益を間接的で遠い利益よりも」好むのは、「普遍的に観察されている事実」[universally observed fact]〔ピトキンの引用では observable となっているが、誤り。訳者注〕である[54]。まさにこの理由から、ミルは代表制統治と、普通選挙権と、比例代表制とを強く支持するのである。「被統治者の誰もが統治に関する発言権をもつということは重要である。なぜなら、声を聞いてもらえない者が声を聞いてもらえる者よりも不正に後回しにされるようなことはないだろうなどとは、とうてい期待できないからである[55]」。しかし、人間本性についてのこうした見解を所与とした場合、代表制政府はミルの期待した通りの役割を果たすことができるのだろうか。彼は、代表制政府はうまくいかないに違いないと論じている。「国家の一般的なことがらについて、世論を形成するのに必要な程度の利害を、だれも感じないか、あるちいさな部分しか感じないときには、選挙人たちはその選挙権を、かれらの私的利害やかれらの地方の利害に役立たせるほかには、いくらかでも利用することはめったにない」という状況においては、代表制政府は「永続しえない[56]」。

ミルは時にこのディレンマに対処しようとして、ある程度の数の人が公共の利益のために行為する限り、それ以外のほとんどの人はそうしなくてもよい、と主張している。というのも、利己的な利益はお互いに打ち消し合うからである。この考え方は、利己的な派閥が相互に均衡を保つことによって共通善が出現するようになる、という『ザ・フェデラリスト』で表明されている期待と、きわめてよく似ている。ミルは「階級」[class]という言葉をマディソンの「派閥」とほとんど同じように定義している。「もしわれわれが、同一の邪悪な利害をもつある数の人びと、すなわち、その直接で明白な利害が同一種類の悪い施策を目ざしている人びとを、政治的にいって一つの階級と考えるならば、望ましい目標は、どの階級も、結合しやすい諸階級のどの連合も、統治において、圧倒的な影響力を行使することができてはならないということであろう」[57]。多数派諸派閥の危険を防ぐため、代表制の体制は、英国議会において相争う階級の間で対等の均衡が保たれるようなつくりになっていなければならない。さらに、

二つの階級のあいだになにかの相違があるさいに、どちらの階級でも多数者は自分たちの階級利益に主として支配されると仮定しても、そういう考慮を、理性・正義・全体の善の下位におく少数者が、どちらの階級にも存在するだろうし、どちらかの階級の少数者は、他の階級の全体と連合して、優位を占めるべきではない自階級の多数者のいかなる諸要求にも反対して、秤を逆転させるだろう[58]。

マディソンは、広大な共和国では非常に多くの派閥が作られるため相互に均衡が保たれて膠着状態になると想定する際に、ある意味ではそれでうまくいくだろうと賭けに出ている。ジョン・スチュアート・ミルは広大な共和国を前にしているわけではないから、もっと大きな賭けを強いられることになる。「かなりうまく構成された社会において、正義と一般的利益が、たいてい結局はその言い分を通す理由は、人類の別々で利己的な諸利害が、ほとんどつねに分裂していることである」[59]。ジョン・スチュアート・ミルの主張では、マディソンとは違って、利己的な諸利益の均衡だけではなく、「理性・正義・全体の善」に基づいて行為する少数の人びとの存在も必要とされるのである。

ここから、功利主義が代表制統治を正当化するまた別の筋道が見えてくる。すなわち、事実、知識、そして理性が果たす役割である。仮に二種類の利益――利己的な私的利益と共有された公的利益――をもつとして、人びとはいったいどちらを追求すべきなのだろうか。功利主義者たちは、人びとが自分たちの利己的な私的利益を追求するだろうと論じることもあるが、それとは別に、相当多数の人が共有された公益に従って行為するだろうと論じる時もある。これは矛盾しているようにも見えるが、私の考えでは、功利主義者が根底にもっている確信、つまり共

有された公的利益は利己的な私的利益よりも良い［better］という確信に照らして理解されなければならない(60)。それゆえ、もし人びとが利己的な利益を追求するならば、それは無知であるがゆえのことであって、自分たちの本当の利益がどこにあるのかをわかっていない、ということなのである（もちろんこれは、個々の人がその人自身の利益の最善の判定者だというもともとの原則と、真っ向から矛盾している）。

ベンサムの思想でこの点がどうなっているかはどうもはっきりしない。貴族や王のように、明らかに「真正の」［genuine］邪悪な利害を有している者もいる(61)。それらの人びとが自分自身の利益と思われるものを追求するとき、社会全体の共通善と衝突するわけだが、それでもその人びとは誤った方向へ導かれているというわけではない。その人びとは、本当に全体の利益に反する利益をもっているのだ。だが普通の人びとに関してとなると、ベンサムはこのような論じ方が当てはまるとは考えていない。一般的な有権者が全体の善に反して行為するとき（共有された公共の利益よりも自分の利己的な利益を追求するとき）、その人は誤った方向へ導かれているのである(62)。

ジョン・スチュアート・ミルになると、もはやこの点について曖昧さはほとんど残されていない。いかなる人にとっても、真の利益とは公益におけるその人の取り分のことである。自分の利己的な利益を追求する場合、その人は誤った方向へと導かれているのである(63)。したがって、ミルは公益におけるある人の取り分をその人の「本当の」［real］利益と呼んで、「うわべの」［apparent］利益と区別する。本当の利益とは、長期的で、すぐには手に入らず、認識しづらいことが多い。だから、何が自分にとって最善となるのか、それはわからない。ゆえに、有権者は代表者の優れた知恵に敬意を表さなければならないのである(64)。

だが、当初の公理とも言えるような想定、各人は自分自身の真の利益を他の誰よりもよく知っている、という想定はどうなってしまうのだろうか。エア［1910–1989］は、功利主義を首尾一貫したものとするためには、この指針はもっと限定的に再解釈されなければならないのではないか、と論じる(65)。彼の主張によれば、功利主義者たちは本当のところ各人が自己の利益をもっともよく知っていると考えているわけではない。功利主義者たちが意味していたのは、苦痛と快楽のどちらがもたらされたかを権威をもって確実に言えるのは経験している本人だけなのだから、各人が自分自身の利益の最終的な判定者である、ということだった。[66] 靴を履くものだけが、その靴が小さすぎるかどうかわかる。だからといって、どの靴が小さいのか、履く本人にあらかじめわかるというわけではない。それどころか、靴の専門家の方が本人よりもよくわかっている、という場合の方がよほどありそうなことである。

このように、ある人の真の利益とは、その人がある経験をするときに快楽（もっとも広い意味で）をもたらすものである。功利主義者が前提としているのは、この各人の真の利益は全体の共通善の一部であり、各人の「普遍的利益における取り分」だ、ということである。見えざる手は、人びとが実際におこなうことに関する主張から、人びとの最善の利益に関する主張へと変貌を遂げる。ところが、自分に本当の快楽をもたらしてくれるものをどのようにして手に入れたらよいのか、たいていの人にはわからない（少なくとも政治においては）。なぜなら、目の前の利得に心を奪われてしまうからだ。このゆえに、代表者はしばしば、人びとの要望に背くことによって真の利益（個別の真の利益と共通の真の利益）を促進することができるのである。

ここまで来ると、誰も他の人のために行為できない、つまり代表できないという結論を、いかにして功利主義者たちが出さずにすんでいるのか、私たちにも理解できる。結局、客観的な利益と呼べるようなものが存在するのだ。何かが自分の利益になるかどうかを最終的に判定するのはその人自身だが、だからといって、何が自分の利益になりそうかを識別できるのも本人だけだ、ということにはならない。人間は他の人の利益を識別することが可能であり、知性、見聞、理性に優れた人は、おそらく他の人の利益をもっともよくわかっていることだろう。

自由主義の視点から代表を見た場合に、理論的に優れていて見事だと思われるのは、次のような点だ。一方では、代表というものにより、各個人はいわば自分用の靴が小さすぎないかどうかの最終判定者として政治に参加できるようになる。他方で、それでも支配者は、人びと自身に任せると視野の狭い性急な決定によって誤った行為をしそうな場合に、知恵と見聞を用いて人びとの真の利益を促進することができる。また同時に、代表によって、国民の利益のために行為することが支配者の利益にもなる――ただし、国民の一時の気まぐれに追従するのではなく、国民の真の利益のために行為する、という意味でだが。というのも、一時の気まぐれに追従しても、国民は本当には満足しないだろうからだ。店頭では非常に見栄えの良かった靴が、後で小さすぎたことがわかるというのと同じことだ。支配者がその知恵を国民の真の、長期的な利益を促進するために用いるときにのみ、国民は本当に満足し、投票所で支持票を投じるのである。

この論点では、ベンサムとジョン・スチュアート・ミルの立場は、結局のところバークの立場と非常に似通ったものになっている。バークが国民の「意見」と称しているものは、功利主義で言うと、国民が誤って導き出した短期的な利益に相当する。だから代表者はそれを無視しなければならない。さらに、国民は自分が快楽と苦痛のどちらを感じているのか区別できるのだから、もし代表者が国民の真の利益を促進するならば国民は必ず代表者を支持する、ということについても三人の意見は一致している。それでも、似ているところを過度に強調するのは禁物で、バークの代表とベンサムやミルの代表との間にはいくつかの重要な違いがあるということにも注意しておかなければならない。両者の間には、代表されるべきは人間なのか諸利益なのか、諸利益は人間にかかわるのかかかわらないのか、政治的な知識の性質とはどのようなものなのか、について見解の相違がある。これらの違いのゆえに、功利主義者的な代表者は本当の意味での専門家ではない。バークは、諸利益を認識することは可能だと確信していた――その確信が非常に強かったため、国民のもつ意見でさえ無意味に思われたのである。しかしベンサムとミルにとって、意見を代表することはきわめて重要である。二人は、信頼できる政治的知識のようなものがあるかどうか、もはや確信をもてない。あるいは、そのような知識をある程度獲得する人間集団が存在するかどうかについての確信がない。代表者は、有権者に比べるならば政治的知識を得るのに有利な立場にあるのかもしれないが、それでも非常に良い立場にあるとまでは言えないかもしれない。最善の解答があるということが事実だったとしても、もはやその解答を発見できるという保証はない。おそらく、結局のところ、多くの政治的問題に関して私たちにせいぜいできることと言えば、学びを経た意見[educated opinion]をもつようにすることくらいである。だからこそ功利主義者たちは、特定の集団それぞれからの代表者の数に強い関心を示して、バークとの違いを見せているのである。

最後に、人びとに対してどのような姿勢で向き合うかという点についても、根本的な違いが残っている。バークにとって、正しいものは正しい。したがって、大衆もひとたび正しいものを経験すればそれを受け入れると期待できるという事実も、さほど重宝なわけではない。自由主義にとっては、たとえ人びとが事前に判断をよく誤るとしても、何が正しいか最終的に定義するのは各個人である。また、ベンサムとミルの貢献によるところ大ではあるが、普通の人であっても、言われないと道を誤るかもしれないとはいえ、真の利益へ導かれることも不可能ではない、と説かれることもある。そうなると、結局のところ選挙権は十分な知的能力をもつ人びとに限定されることになるかもしれない。また、代表は正しいことをしなければならないのみならず、選挙区民に何が正しいかを説明しなければならないということにもなる。ベンサムによれば、立法府議員は「人びとを啓蒙しなければならず、公共的理性に心を向けなければならない。つまり、時間をかけて誤りを明るみに出さなければならない。健全な理性は、明確に示されるならば、誤った理性よりも当然強いのである[67]」。ジョン・スチュアート・ミルも、同じような調子で、英国議会の審議機能を擁護する。その理由は「自分の意見がしりぞけられる人びとは、かれの意見が、耳をかたむけられること、たんに意志による行為によってしりぞけられるのではなく、すぐれた道理と考えられ、そういうものとして国民のうちの多数派を代表する人びとに受け入れられているものによってしりぞけられることに、満足をおぼえる」からである[68]。

バーク的な思想から自由主義への変化は、双方向的であるといってよい。立法府議員たちが有する知識の確かさが疑わしくなるのに応じて、逆に人びとの意見は（間違えることも多いが）価値を増していく。後者に対する前者の相対的な優位性は目減りし、結果として代表者の役割も変化する。もし功利主義者たちが、完全に個人的で主観的な利益というもっと極端な利益観を一貫して主張さえしていたら、バーク的な見解との対比はもっと鮮やかに浮かび上がっていたことだろう。経済学に関する功利主義者たちの著作は、そのような場合に代表概念にどのような影響があるかについて、示唆を与えてくれる。しかし、政治理論家の中にもわずかではあるが、さらにはっきりとした例となる業績を著している者がいる。

ルソーは典型的な例だ。彼は利益について論じているわけではないが、なぜ代表を拒否しているかと言えば、その理由は、完全に主観的な利益理論を受け入れた場合に代表を（少なくとも実体的な活動としての代表を）拒否しなければならなくなる理由とまったく同じである。利益が主観的になればなるほど、それはその人自身にしか定義できないもの——その人の意見や、欲求や、意思——に近づいてくる。ルソーの主張によれば、立法府による代表は不可能である。なぜなら、それは「他者のために意思する」ことを意味するのだが、誰も他の人のために意思することなどできないからだ。[69] もちろん、他の人の代わりに意思することはできるのであって、それは私たちが形式主義的代表と呼んできたものに該当する。しかし、代表者の意思がいずれ本人の意思と一致する、と想定する理由はどこにも見当たらない。本人は、代表されていようといまいと、欲求をもち続ける。それゆえ、別の人の意思に本人の意思の代わりをさせるということは、その別の人に支配されるということにほかならない。[70] 同様に、もしある人の利益が主観的にしか定義できないとしたら、別の人がその人の利益になるように行為していると言ってみたところで、中身のない形式主義にしかならないのである。

現代の論者だと、多元主義者の中に、もっと穏健な形ではあるが、この種の困難と相対している者がいる。G・D・H・コールは、誰も他の人を代表することはできない、「なぜならいかなる人の意思も、他人の意思の代用とか代表としては扱われえないからだ」と論じている。[71] だがコールは、結社の共通の目標や目的を代表すること、したがって集団のために行為することは可能だと認めてもいる。なぜなら、あらゆる結社は「固有の目的ないし諸目的を有する」のであって、その目的は構成員たちによりあらかじめ望ましいものとして定められているからである。[72] 結社を代表するため、人はその諸目的を促進するように行為する。なぜそのようなことが可能なのかと言えば、それは明らかに結社の客観的諸利益を知ることが可能だからであり、だからといって各個人の主観的諸利益を知ることが可能だというわけではないのである。

現代の政治科学者たちでさえも、代表の可能性を断念している場合がある——何か新しい経験的な知見に基づいてということではなく、ただ代表が本当のところどのような意味でなければならないか、論理的に突き詰めて考えてきた結果としてそうなっているようだ。「誰かが他の人を、それもたった一人の人でさえ、完全に代表できるなどということは、代表者が明確な指示によって義務づけられていない限り、仮にあったとしてもごく稀なことでしかない」と、ある者は結論として記している。[73] さらに別の論者の判断では、集団でなく個々の人間の代表というのは、「不可能な仮定である——ある人の利益と意見を、別の人が、その人自身の利益や意見をもっているにもかかわらず、代表するということなのだから」。[74] 問題の所在は明らかだ。「代表する」という活動が実体的な意味をもつためには、「誰かの利益になるように行為する」とか「誰かの要望に応じて行為する」とか、何かそうした言い方で示されるような意味で代表がおこなわれなければならない。ところが、その言い方の鍵となる言葉の定義が完全に主観の問題であるとすると、定義上誰も本当の意味で他者のために行為することはできなくなってしまう。したがって、利益、意思、福利、またはそれ以外にも代表するという活動に含まれると考えられるものが、何であれ人それぞれにしか定義できない何かだと見なされている限り、活動として代表するということは不可能になる。残るのは、形式主義的、描写的、象徴的な意味での代表のみである。

第10章　政治的代表

バーク的な理論と自由主義的な理論は、他者のために実体的に行為するという私たちの代表観にとって、いろいろな意味で役に立つ可能性がある。まず、それら理論により、代表者の役割についてここまで論じられてきた内容がさらに豊かになり、例証されるはずだ。だがそれだけではない。これら論者たちは、はっきりと政治的代表に関心を寄せているのだから、そこでの考え方を借りれば、かなり抽象的な議論であっても、政治の現実ともっと直接的に突き合わせてみることができるかもしれない。かくして、私たちは今や、最後に到達した〔実体的〕代表観についての検討をまとめて、それを私たちが知っている政治の実態に照らして評価し、また両者を関連づけなければならない地点に至った、と言うべきだろう。私たちが到達した代表観の定式化は、おおよそ以下のようなものになる。代表するということは、この場合被代表者の利益になるように、被代表者の声に応じながら行為することを意味する。代表者は独立して行為しなければならない。代表者の行為には自由な裁量と判断の余地がなければならない。代表者こそが、行為者でなくてはならない。被代表者もまた、ただ世話をされるだけではなく、独自の行為と判断が可能で（あると見なされ）なければならない。その結果、代表者と被代表者との間で、何がなされるべきかについての対立の可能性も生じるのだが、それにもかかわらず通常その対立は発生してはならない。代表者は対立が生じないように行為しなければならず、もし争いが生じた場合には説明が要求される。代表者は、被代表者の利益の観点からして十分な理由もないのに、つまり、被代表者の要望とその利益がなぜ一致しないのかを十分に説明することなく、その要望にずっと背き続けるような状態にあってはならないのである。

実体的な代表に含まれる多様な見解

この見解はかなり複雑ではあるのだが、それでも実体的な意味での代表として何が認められるかについて、外枠を定めているだけである。その枠の範囲内でも多種多様な立場をとることが可能であり、どの立場をとるかは以下の諸点についての論者の見解次第である。まず、何が代表されているのかについての見解。次に、利益や福利や、要望の性質についての見解。さらに、代表者と有権者の相対的な能力の優劣についての見解。最後に、代表者が取り組まなければならない争点の性質についての見解である。これらのうち、最初のものはもっとも単純な基準でもある。代表が人間にかかわらない抽象概念についてのものだと考えられる場合、誰かの要望や意見を聞くことが代表するということの重要な一部をなすように見えるなどということは、およそ考えられない。バークは、代表することと、代表される者の意見を聞くこと、または代表される者が欲するように行動することとの間に、さほどの関連性があるとは考えていなかった。なぜなら、人間にかかわらない諸利益――いかなる特定個人もその諸利益に特別な関係を有していないため、誰もそれらを定義する特別な権利をもっていると主張することができない諸利益――の代表について論じていたからである。しかし、代表されているのが人間である場合には、自分たちの利益について発言権があるというその人びとの主張を無視することはできない。そうなると、論じている者が利益という言葉――あるいは、福利や要望、さらにこれらに類するもので論者が検討しているいかなる言葉であっても――をどのような概念として考えているかも、どのような立場をとるかに影響を与えるようになる。利益（あるいは福利やその他）が客観的なものだと見なされるほど、つまりその利益を有する本人以外の人びとによって確定可能であると見なされるほど、代表者が有権者の要望を聞かずにその利益を促進する可能性はますます高くなる。もし有権者が「真の」利益を有しているにもかかわらず、自身ではその利益が何なのかほとんどわかっていないとしたら、代表者はその場合、たとえ人びとの要望に反したとしても正当にそれを追求することができる。バークの理論は、この点を極限まで押し進めたものである。しかしこのような見解も、度が過ぎると代表と呼べる領域から完全に逸脱して、専門家が技術的な問題について決定を下し、無知な大衆の面倒を見る、というところにまで行き着いてしまう。それでは、親が子供の面倒を見るのと同じである。

対照的に、論じている者が、利益や欲求やそれに類するものを定義できるのはそれらを感じたり有したりしている本人だけだと考えるようになるにつれて、代表者は有権者の意見を聞いたり依頼に応じて行為したりしなければならない、と論じられる可能性が高くなる。ここでも度が過ぎると、他者のために実体的に行為することが不可能になって、理論家は他の代表観に頼るか、代表概念など幻にすぎないと断言せざるをえなくなってしまう。

以上に見られるさまざまな可能性は、代表者と被代表者の相対的な力量や能力をどのように想定するのか、という点とも密接にかかわっている。理論家が、バークのように、知恵と理性をもつ優れたエリート集団の構成員として代表者を見れば見るほど、被代表者の意見や、あるいは要望までも聞くように要請する意味は減じていくだろう。もし代表者に優れた知恵と能力があるのならば、それらを無知で劣った選挙区民の意見よりも下位に置いてはならない。反対に、能力、知恵、情報において代表者と有権者の間に比較的差はないと理論家が見なすならば、それに応じて有権者の見解が考慮に入れられるべきだと主張されるようになるだろう。もし代表者も誤りを犯す普通の人間であって、特別な知識も力量もないということならば、選挙区民を無視するのは独断専行であり、正当化ができないように思われる。この場合でも、両極端の見解は、代表概念の枠から完全に飛び出してしまう。無力な子供の世話をする純然たる専門家は代表者ではない。同様に、ただ意見を聞いて反映させるだけで行為しない者は、他者のために実体的に行為するという意味で代表しているとは言えない。それでも、中間には広大な領域があるのである。

ここまでの考察は、続けて、理論家が代表者のなすべき仕事をどのように考えるのか――代表者はどのような種類の争点や課題に取り組まなければならないのか――という論点とも関連する。理論家が政治的争点を知識にかかわる問題だと見なし、正しく、客観的に妥当な解を見つけることが可能だと考えるほどに、それに応じて代表者は専門家と見なされやすくなり、有権者の意見は無関係だと考えられやすくなるだろう。もし政治的争点が科学的な問題や、それこそ数学的な問題のようなものであるのならば、選挙区民の賛否を数えることで問題を解決しようとするのは馬鹿げている。他方で、政治的争点とは気分次第の非合理的な選択であり、思いつきや趣味の問題にすぎないと理論家が見なすのに応じて、なぜ代表者が自分自身で勝手に事を進め、代わりとして行為しているはずの相手方の趣味を無視するのか、しだいに説明がつかなくなっていく。もし政治的選択がたとえば二種類の料理のうちどちらを選ぶかというようなものであるのならば、代表者は自分の好みを満足させるか他の人の好みを満足させるかどちらかの選択肢しかないわけで、その場合後者が唯一正当化可能な選択だということになるだろう。ここでも、いずれかの極端に走れば、代表は消えてなくなってしまう。技術的問題を解決する専門的科学者は、決して代表者ではない。何かに判断を下しているわけでもなく、誰かの利益を追求しているわけでもない。気分次第の趣味の問題で他の人のために選択をする者も、やはり実体的な意味で誰かのために行為しているとは言えない。他の人びとの意思を自分の意思で置き換えてしまうか、それとも他の人びとの声を聞いてその望むままに行為するか、どちらかができるだけだ。選択が趣味の問題であり、利益がそこに含まれていないならば、その人びとの利益になるように独自に判断を下すことは不可能である。

一般的に政治的争点は中間の領域にあり、他者のため実体的に行為するという代表観がうまく当てはまるのもそこである。政治的問題は、二種類の料理間での選択ほど気分次第のものではないだろう。かといって、知識の問題であって、専門家により唯一の正しい解答が与えられるものだ、というわけでもない。それは行為に関する問題であり、何がなされるべきかに関する問題である。したがって、事実と価値関与の両方、そして目的と手段の両方が含まれる問題なのである。そして特徴的なのは、事実判断と価値関与と目的と手段が、政治においては分かちがたく絡み合っているということである。政治的価値への関与はしばしば深く重要な意味をもっていて、趣味の違いのように些細な問題ではない。政治には、人びとが深くかかわっているために、理性的議論には容易になじまず、いろいろな主張の受け止められ方が定まってしまっていて、おそらく生涯を通じて変わることもない、というような争点が満ち満ちている。そこでは合理的思考も何ら意見の一致を保証するものではない。だが同時に、理性的主張が意味をもち、意見の一致が可能となる場合もある。政治に携わることはただ気まぐれな選択をすることでもなければ、ただ個々の私的欲求の間の取引[bargaining]から結果を得ることでもない。それは常に取引と歩み寄り[compromise]の組み合わせである。そこでは競合して交わることのない価値への関与が見られるのと同時に、公共政策にかかわる共同の審議も生じていて、それについては事実と理性的議論が意味をもつのである。

しかし、まさにこの種の文脈でこそ、実体的活動としての代表が重要になる。なぜなら、科学的に正しい答えが期待できて、価値への関与や決断や判断の余地がないのであれば、代表は不必要だからであり、また求められているのが完全に気分次第の選択で、審議や理性の余地がないのであれば、代表は（形式主義的、象徴的、描写的な意味での代表を除いて）不可能だからである。私たちが代表を必要とするのは、まさしく専門家にお任せでは満足できない場合だ。だが同時に、利益を考慮に入れる必要がある場合、すなわち決断がただの気まぐれな選択でない場合にのみ、実体的な代表が可能になるのである。

だがそれにしても、もし政治的争点が諸価値に対する非理性的で、根深く、持続的な関与を部分的にでも含んでいるとしたら、代表するということを実体的な活動と見なす私たちの考え方をそのような価値への関与に対して当てはめることなど、そもそも可能なのだろうか。私たちはこれまで、代表者は有権者の利益を、少なくともその要望に応じる可能性を残しながら、追求しなければならないと論じてきた。また、両者の間に対立が生じた場合には、有権者の利益の観点から対立が正当化されなければならない、とも述べた。だが、何が自分たちの利益になるのかについて、人びとの間に根深い意見の違いが終生変わることなく残るかもしれないのであれば――その違いが熟慮と正当化と議論を経た上でも残るのであれば――、「利益」や「正当化できる」というような言葉はいったいどうなってしまうのだろうか。違いが残る程度に応じて、他者のために実体的に行為する可能性は消えていき、実体的な代表概念は政治と縁遠くなっていく。現実の政治においてそのようなことが生じれば生じるほど、私たちは描写的代表を当てにすることになるだろう。つまり、自分のもつ諸価値や、価値へ関与する姿勢を共有している代表を選ぶことで、解決が不可能な対立を避けるのである。それでもうまくいかなければ、象徴的代表へと退くことができる。すなわち、自分たちの利益が満たされているのかどうか疑わしくとも、感情的な結びつきに身を任せることはできる。また、それさえもうまくいかないのならば、形式主義的で制度的な代表の仕組みに、たとえ実体的な内容が欠けているように見えたとしても、すがりつくことも不可能ではない。私たちは、馬鹿げていると感じながらも、説明責任を有する代表者たちに服従し続けることはできるし、また私たちの利益のために尽くしてくれる者が現れなかったとしても、その代表者たちを次々と罷免し続けることもできる。

しかし、代表するという実体的な活動にそれでもこだわり続ける理論家がいるとしたら、その理論家は実体的な活動を政治や政治活動の構想と関連づけて理解しようとするだろう。それどころか、私たちがここで検討を続けている両者のさまざまな関連性は、代表概念を解明するために重要であるのみならず、政治システムの経験的理解にとっても同じように重要である、と主張する根拠もある。国民が全体的に平等主義的な見解をもっており、統治者とも対等で、統治者を評価することに何の問題もないと感じるようになればなるほど、国民は政治家の裁量の余地を狭めようとする傾向をもつ。同じように、重要な価値への関与について鋭く根深い溝が社会内に存在するならば、理性的な討論によっては合意に到達できない問題の数もおそらく増えてきて、その結果立法府議員の代表性[representativeness]を求める声が大きくなってくる、と予想してもおかしくはないだろう。その声が求めているのは、ある特定の集団の利益に即した行為がなされるための唯一の確実な保証として、当該集団から議員たちを選び出すということである。この場合、ますます多くの政治課題が、好きな菓子を選ぶのと同程度に気分次第のものだと見なされるようになるだろう。とはいえ、政治課題が菓子の選択と同程度に些末だ、というわけでは決してないのだが。フリードリヒの指摘によると、比例代表制導入が強く主張されている国々は、まさしくその導入がもっとも危険な国々でもあることが多い[1]。たとえそれが社会に蔓延する和解不能な反目を立法府に招き入れてしまうとしても、それらの国々は主張を変えない。なぜなら、それぞれの集団から選ばれた議員以外に各集団の利益のために行為できる人はいない、と各国の人びとが感じているからである。そして、それらの国々が正しいという場合も、時にはあるかもしれない。

どのような代表制度であっても、それが破綻することなく機能している場合には、立法府議員の性格と、議員が取り組んでいる特定争点の双方に対して、以下のように同じ考え方を当てはめることができる。自分自身の知識と確信を強く信じるような性格の議員は、その知識と確信に基づいて行為する傾向が強くなる。逆に、自分自身の見解に対して懐疑的で用心深く向き合うような議員は、選挙区民が何を考えているか知りたがる傾向が強い。いくつかの争点は、正誤がはっきり決まるものだと見なされやすい。だが他に、気分次第で、秩序だっておらず、意見の問題であるように思われる争点もある。こうした争点を絡めて考えた場合でも、議員は、何をすべきかについて確信をもてなければもてないほど、当該争点が有権者の感情や意見に左右されるものだと考える傾向が強くなる[2]。そのような性質の争点、そのような傾向をもつ代表にとっては、政治は正誤の問題であるよりも、意思の問題であるように見えるのである。なぜ代表を経験的に研究するのが難しいのか、一つの理由はここにある。代表の経験的研究は、単一の争点のみについての投票を検証するだけでは終わらない。研究の範囲を広げれば、その争点が関連する変数の一つでしかないことは「したがって、正誤がはっきりした争点とそうでない争点という複数の争点が研究範囲に含まれることは」、遅かれ早かれ明らかになるからだ[3]。やはり、「議員は自分自身が正しいと思うことをするべきか、それともあなたが欲することをするべきか」という問いに対する回答は、どうしても意見が分かれてはっきりしなくなってしまうのである。

実体的代表と政治

これらすべての要素——何が代表されるべきか、それは客観的に定めることができるものか、代表と有権者の能力を比べた場合に差があるのかないのか、決定が下されるべき争点の性質はどのようなものか等々——が、理論家がどのような見解をとるかに影響する。その見解は、あまりにも完全に「面倒を見る」ためもはや代表とは言えない、という片方の極端から、ただ消極的に「有権者の票を集める」のみなのでせいぜい描写的に「写し出す」ことをしているだけ、というもう一方の極端に至る、連続体のどこかに位置づけられる。だが、こうした知見が例証されるというだけではなく、バーク的な理論と自由主義の理論を検証することによって、私たちは他者のために実体的に行為するということにはまた別の次元があるということにもはたと気づかされる——それはつまり、政治的代表に固有の特徴と問題のことであって、私的に代表することと公的に代表することとの区別、個人としての本人[principal]や単一の集団のために行為することと選挙区民全体のために行為することとの区別、である。委任—独立論争に見られる政治的な複雑化要因を以前棚上げにしておいたが、今こそそこに立ち戻って、せめて私たちが進めてきた概念上の議論が政治にもやはり関連しているということや、またどのように関連しているのかという点だけでも示すことにしたい。

実体的な活動としての代表は、政治の現実からかけ離れている、とこれまで考えられることが多かったかもしれない。政治的代表者には——少なくとも選挙で選出されている立法府の典型的な構成員には——個人としての本人ではなく全選挙区民がいる。よって、そのように組織されていない一団が、本当に利益を有していて、それを代表者が追求できるのか、ましてや意思を有していて、それに対して代表者が応じるなどということが可能なのか、また意見を有していて、それに対して代表者が自身の行動を正当化しようとすることが可能なのか、といった問題が生じてくるのである。これらの問題は、少なくとも現代の大衆民主主義におけるそうした有権者団の構成員について政治科学が教えるところ――無関心、無知、流されやすさ――に鑑みると、いよいよその深刻さを増してくる。その上、選挙で選ばれた立法者である議員は、自分一人だけで、いかなる案件であれ、選挙区民を代表するというわけではない。議員は、他の議員とともに、制度化された状況の中で、ある特定の職務に携わる――国民や国家の統治という職務に。そうすると、おなじみの地方的または部分的利益対国益という問題と、それら利益に関して政治的代表者はどのような役割を果たすべきかという問題とが、再び登場することになるのである。

政治的代表だからといって、何か国益に関する問題が必然的に生じるというわけではない。たとえば、元首が象徴として国民を表すときには、そのような問題は無関係であるようにさえ見えるかもしれない。また、ある人や機関が国民のために行為することを認めながら、別の機関は各地方の代表者から構成されていて、全国民を統治したり全国民のために行為したりするわけではない、という制度設計になっている場合もあるかもしれない。[4] 国益の問題が生じるのは、代表制の立法府が、（言ってみれば）あちらこちらの選挙区を代表する人びとから成り立っていながらも、同時に国民全体を治め、国益を追求すると想定されている場合のみである。そのような状況を、理論家はしばしば古典的なディレンマの形に定式化する。すなわち、もしある人が立法府で特定の選挙区を代表するのであれば、その人の義務は当該選挙区の利益を追求することなのだろうか、それとも国民全体の利益を追求することなのだろうか、と。

委任―独立論争でもそうなのだが、理論家はあまりにも簡単に、これが真のディレンマで、相互に排他的な選択肢からなっていると認めすぎているように思われる。そうではなくて、やはり委任―独立論争でも見られたように、選択肢の双方にそれなりの理由があるのだ。一方で、もしある人が特定の選挙区を代表するのであれば、その際には、第6章から第9章の議論に従うと、その人の義務は選挙区の利益に対するものとなる。現実的にも、地方の利益や部分的な利益が国民の名のもとに遠慮なく踏みにじられたり犠牲にされたりすべきではないというのは、政治的にも社会的にも重要なことだ。他方で、誰かが統治の任を果たさなければならず、全国政府が国益を追求しなければならないというのも事実である。もし議員たちが一団としてこの職務を与えられるならば、それに応じて、国益に配慮することが役割となる。そして、やはり現実的な意味で言えば、地方の利益や部分的な利益によって国民全体の必要や利益が凌駕されてはならないというのも、政治的・社会的に重要なことである。

このディレンマを避けることは可能だが、そのためには誰が、あるいは何が代表されるかということについて、これまでの見方を変えなければならない。もし立法府議員が自身の選挙区民を代表するならば、実体的に「誰かのために行為する」という代表観の意味は、選挙区民の利益を追求しなければならないということになるだろう。そうなると、もし国益に対して義務を負うということを示したいのであれば、議員が代表しているのは本当は国民なのだ、と主張することになる。多くのヨーロッパ諸国の憲法が、その例として挙げられる。

ドイツ連邦議会の議員は、国民全体の代表者であって、命令あるいは指示に拘束されない。

［ポルトガル］議会の構成員は国民の代表者であり、議員を選出した選挙人団の代表者ではない。

［ベルギー］両院の構成員は国民を代表するものであって、地域のみを代表するのでも、議員を選出する地域の下位区分を代表するのでもない。

［イタリア］代議員は国民全体を代表するものであって、選出された各地域を代表するのではない。(5)

しかし、このような各憲法条文への定式化をもってしても、私たちが直面している理論的ディレンマが解消するというわけではない。なぜなら、これらの条文は、ただ選択肢の片方を拒絶し、選挙区の利益の代わりに国益の方を選んでいるだけだからだ。そのような代表者であれば、全国大で選出されたとしても差し支えはなかろう。(6) この見解は、選挙区の利益を頑強に擁護する見解を裏返しにしただけである。両者とも、選挙区民と国民、部分と全体の関係がどのようなものなのかについて、お茶を濁してしまう傾向があるのである。両者とも、まるで選挙区民と国民が相互に排他的で無関係な単位であるかのように考え、選択が真正の二者択一であると見なしている。また両者ともに、カリフォルニア州選出の議員が全国民の利益を「代表する」義務を負うというのは、まるでカリフォルニア州選出議員がニューヨーク州の利益を「代表する」義務を負うと言っているようなものではないか、と暗に主張している。だが、もちろんそうではない。なぜなら、カリフォルニア州は国の一部分でしかないからだ。もし国とその一部分とが、二つの敵対的な国同士のように対立すると想定するならば、それこそ問題は解決不可能になる。というのは、そうした場合に、国民の全体の福利があらゆるものに優ると認めてしまうと、地域を代表するということがまったく顧みられなくなってしまうと思われるからである。また逆に、もし国益が地域の利益に敵対することを避けられないのであれば、国益を強調することに地域が反対したとしても誰も責めることはできないだろう。[7]ところが、実際には、代表制統治のもっとも重要な特徴の一つは、全体の福利に関する共通の利益を土台として、各地域から出される要求の間の対立を解消する能力を有しているということなのである。

代表に関する文献には、もう少しだけ野心的な主張が見られることが多い。それは地方的利益と国益の間に自動的に調和がもたらされると仮定することによって、上記のような議論の弱点を克服している。いかなる争いであれ現実に発生するのを防ぐために、一種の政治的な「見えざる手」が想定される。国は諸部分からなる。したがって、国益は地方的諸利益や部分的諸利益の総計でなくてはならない。だが、この主張の問題点は、それが事実に反しているということである。私たちはみな、ある地域の利益が国益と衝突する場合があるとわかっている。その上、この主張の支持者たちが期待しているような成果が実際にもたらされることはないだろう。なぜなら、この主張は両方向に使えるからだ。下院議員は「私は自分の選挙区を代表してここにいる。それぞれの選挙区の多数派にとって良いことが、国にとっても良いことなのだ」と述べて、その主張をもとに選挙区利益の追求を正当化するかもしれない[8]。だがバークならば負けず劣らず、すべての地域は全体の一部なのだから国益に取り分を有していると主張して、それを根拠に議員が選挙区民の要求ではなく国民全体の福利に献身することを正当化できるはずである。

ここで難しいのは、明白な事実を言語を用いて正しく定式化することである。どういうことかというと、国民はある意味では各部分の総計である。だがまた別の意味では、国民は自分たち自身の福利のために、いくつかの部分に対してそれ自身の利益を犠牲にするよう要求しなければならない時がある。共同体が現在から未来へと存続し続けるためには、各構成員と各部分が、共同体の存在から何かの利得を得なければ、つまり共同体が永続することに利益を有していなければならない。その意味では、各選挙区は全体の一部であり、また国益も、独立した別個の利益として選挙区自体の利益に敵対するわけではない。しかし国益は、全国民の各部分の福利や、あるいは各個人の福利でさえも、ただ単に無視したり覆したりしてよいわけではない。議会において、国益は、国内諸利益や諸地域の競合する主張を素材に定式化されてくる場合が多い。ただ、これらの主張を合計するだけでは不十分なことも時にあるだろうし、また全国民の福利それ自体を直視し、公共心をもって留意することが必要になる場合もある。

一方で初期の利益要求[initial-interest-claim]とも称されるようなものと、他方で最終的な客観的利益[final-objective-interest]とも称されるようなものとを、区別しておくのが有益かもしれない。地域や集団からの初期の利益要求は、国民全体の初期の利益要求に反する可能性があり、また現実にしばしばそれと対立する。だが国民全体はその各部分や個々の構成員の福利にも利益を有していて、逆に各部分や構成員も国民全体の福利に利益を有する。したがって理論上は、いかなる場合でも理想的には最終的な客観的利益による解決が存在すべきであり(私たちがそれを発見できるか、そしてそれに合意できるかはわからないが)、あらゆる意見にはそれぞれの重みに応じた配慮がなされなければならない。全国民にもたらされる利得がさほどではないにもかかわらず、一部分が厳しい苦難を被るという代償が支払われるのであれば、それは正当化されえない。一部分にもたらされる利得がさほどではないにもかかわらず、全国民が深刻な損害を受けるという代償が支払われるということも、正当化できないだろう。最終的な客観的利益については、諸部分の利益の積み上げが全体の利益になるという可能性もないわけではないが、そのように楽観的な定式によって、初期の利益要求における明らかな対立がうやむやにされるということは許されない。政治には相争う要求間の調停が必須であり、普通はいずれの要求をする側にもそれ相応の正義がある。だから、最終的な客観的利益における調和は、創造されい[created]なければならないのである。[9]

国民的な統一があれば、各地域にも全体の福利にかかわる利益が生じるが、そのような統一は代表の成立にとってただ単に前提条件とされているわけではない。国民的統一は、議員たちの活動によって再創造され続けるものでもあるからだ。チャールズ・E・メリアムが述べたように、「特殊な諸利益は社会のあちこちにあるが、それらは一つの絵柄の中に織り込まれなければならない」のであって、その一つの絵柄とは、国民全体にとっての善のことである。[10]この役割が代表制機関によって遂行されないような制度体系もあるかもしれず、その場合には議員がそれぞれの選挙区の主張を君主やその他の行政官、または国レベルの裁判官に向かって弁護し、最終的な決定が下される。だが、現代の代表制統治では、そのような状況が典型的だとは言えない。

議員は、典型的には特別な弁護人であると同時に特別な裁判官でもあって、自分の出身地域の代理人であると同時に国民を統治する者でもある。その義務は地域的利益と国益とをともに追求することであるが、前者については代表者であるという理由で、後者については代表として果たすべき務めは国民を治めることであるという理由で、そうするのである。この二重の職務を果たすことは困難であるが、実践的にも理論的にも不可能ではない。

だが、国益の問題に加えて、考慮すべき政治的現実は他にも存在する。有権者、つまり代表されることになる投票者は、当然のことながら、理性的で、知識があり、関心も高い政治的に活発な市民ではないわけだが、私たちが求める解決では、それらが必要になると思われる。[11]たいていの人びとは政治について無関心で、多くの者はわざわざ投票しようとさえしない。投票する人の中でも、政党への昔からの忠誠心に基づいて投票する人が多数で、ただ時々候補者の個人的な特性が影響することもある。だが一般的には、個人的な特性も政策への支持の度合いも、あらかじめ形成された選好を後から正当化するために引き合いに出されるだけで、これから選択をするというときの根拠になるわけではない。投票者は、自分が好ましいと思う政策だったら何であれ、候補者も同じように支持していると見なす傾向がある。下院議員の［議会での］投票記録について何か知っているという人はわずかである。有権者の決定を動機づけるのは、主に第一次集団［社会学者のクーリーによる概念で、日常的な接触があり、一体感と連帯感を共有している集団のこと。訳者注］との接触のようだ。つまり、家族や、友人や、仲間と同じように投票するのである。このように、どのように投票するかは、主に習慣、心情、気質によって決まる。争点群に対して候補者や政党がとっている見解を、理性的、かつ十分な知識をもって考慮することにより決まるわけではないのである。

もしそのような投票者が議員と理性的な対話をするところを想像するならば、不自然さを免れることはできないように思われる。［有権者］「なぜあなたはこのように投票したのですか。逆の票を投じるようにお願いしたのに。」［議員］「ええ、しかし私はあなたが知らない事実をいくつか知っていまして、あなたは……ということを考えたことがありますか。」［有権者］「なるほど、わかりました。それなら事情が違ってきますね……。」間違いなく、選挙の実態とこれほどかけ離れたことはそうそうないだろう。

同様の問題は、議員と立法行動の現実とに目を向けたときにも生じてくる。議員は選挙区民の要望をしばしば聴取するものだろうか。あるいは、もし聴取しないとしたら、自身の専門知識を、選挙区民と国民全体のために何が最善なのか私心なく理性的に評価するために用いるのだろうか。どちらの想定に立つとしても、現実を見ればやはり深く幻滅することになるだろう。というのも、立法府議員の立場は、そのようなモデルによって示唆されているよりも、はるかに複雑だからである。現代の議員は、圧力と要求と義務が入り組んだ精緻なネットワークの中で行為する。そして、どのようにすればみずからの役割を適切に果たすことができるのか、立法府議員の間でもかなりの意見の相違が存在するのである。(12)

第一に、政治的代表者には、選挙区や有権者集団があるのであって、誰か一人だけ本人がいるというわけではない。代表者は多数の人びとによって選ばれている。そして、一個人の利益や要望を見定めるのも難しくはあろうが、数千人からなる選挙区民について同じことをする難しさは、とても比較できるようなものではない。多くの争点について、選挙区民が特に利害関心をもっていないということもありうるし、個々の選挙区民の間でいくつかの利害が対立するということもあるかもしれない[13]。そして議員には、有権者が知識不足、無関心、非合理的であり、その見解や利益もさまざまであるということがわかっている。その上、有権者が実際にどのような見解や利益を有しているのかについて、議員はめったに正確な情報を得ることができない[14]。

第二に、政治的代表者は政治制度の枠組みの中で活動する職業的な政治家であり[15]、政党に所属して再選を目指すとともに、他の議員たちとともに立法府の構成員ともなっている。代表者は（地域においても全国的にも）所属政党に気を配らなければならず、さまざまな集団や利害にも、それらが公的なもので私的なものであれ、配慮しなければならない。また、立法府構成員としての職務には、一定の義務や期待が伴う[16]。立法機関の規則や慣行の範囲を逸脱することのないよう、その伝統や動き方に従わなければならない。同僚議員、なかでも特定の有力な議員たちとは、良好な関係を築かなければならない[17]。効果的に行為するためには、立法機関の公式・非公式の規則だけでなく、統治機構全体の中での立法機関の位置づけにも注意しておかなければならない。

第三に、政治的代表者にも、少なくともいくつかの争点については、自身の見解や意見があるだろう。代表者は、法案の中に、本質的に根拠薄弱で、道義に反し、望ましくないものがあると感じるであろう。ただ同時に、代表者自身の意見も、周囲の人びとや情報源の影響を受けて形成されているかもしれない。ある法案に関する代表者自身の意見は、政党の指導者や他の同僚、友人や有力なロビイスト、あるいは郵便物によってさえ形作られるかもしれない。何かの争点について代表者の意見を形成するのはいったい何なのか、さらに議会での票の投じ方を決めるのは何なのかについてさえ、代表者自身が信頼できる情報源であるとは限らないのである[18]。そしてもろもろの争点も、それぞれに単独で眼前に現れるわけではなく、相互に関係しているため、代表者はある争点については妥協して、他の争点で点を稼ごうと欲するかもしれない[19]。ある一つの法案は多くの部分から構成されているだろうが、代表者はその一つ一つに異なる対応をする[20]。また、法案によっては、一見して目につく内容にとどまらない重要性をもつと考えることもあるかもしれない。たとえば、政党綱領の一部をなすような場合がそうである[21]。

このように、立法行動については、非常に複雑で多元的な決定要素が働いていて、その要素のかなり多くが立法府の決定に影響を与えている。立法府議員は、ただ選挙区民の望みに応えることによって代表しているわけでもなければ、提案にどのような利点があるかを公平かつ超然として判断することにより代表しているわけでもない。個人のレベルで他者のために行為するということを示す類比のいずれも、政治的代表者と有権者との関係を説明するのに十分だとは思われない。政治的代表者は、代理人でも、受託者でも、副官でも、地方行政官でもない。代表者は、単一の利益を有しているわけではない人びとのために行為するのであり、しかもその人びとの多くは、政治的諸課題について明確な意思を形成することができないように思われるのである。

実体的代表と制度化された政治

そうすると、私たちは、「誰かのために行為する」[acting for] という一番普通の意味での政治的代表という観念を放棄しなければならないのだろうか。そうした方がよいのではないか、という主張も時に見られる。つまり、政治における代表という話はおそらくフィクションであって、私たちの社会にある俗説 [folklore] の一部をなす神話にすぎないのだ、と。または、代表を再定義して、政治の現実に合わせなければならないのかもしれない。つまり、代表制統治と呼ばれているものは現実には公職をめぐる政党間競争にすぎない、という事実を率直に認めなければならないのかもしれない。ただし、代表を「再定義」[redefine] して代表制統治の経験的現実と一致させたとしても、その現実の中に私たちが普通であれば代表と呼ぶような要素が何も見つけられないとするならば、そのような再定義は無意味で誤解を招きかねないように思われる。

だがおそらく間違っているのは、政治的代表に取り組む際、さまざまな個人間の代表の類比——代理人や受託者や副官——に直接なぞらえすぎることなのだ。そのような取り組み方によって、描写的代表や象徴的代表のときもそうだったのだが、私たちは代表と称される関係性の中に含まれない特徴、含まれていなくてもよい特徴を期待したり要求したりしているのかもしれない。政治的代表や代表制統治などについて慣例通りに論じるとき、私たちはおそらく、代表者が選挙区民全体や個々の選挙区民と一対一、個人対個人の関係に、つまりは私的な代表者が本人に対する場合と同じ関係に立っているということを意味していたり、そのようであるべきだと主張したりしているわけではない。[22] 私たちが統治機関や統治システムを「代表的な」[representative]と称するときには、制度化された仕組みとしてのそれがどのような働きをするのかについて、何かもっと広範で一般的なことを論じているように思われる。そしておそらく、個々の立法府議員によっておこなわれる代表行為さえも、そのような文脈の中で、政治システム全体の内部に組み込まれたものとして理解されなければならないのである。

政治的代表とは、何よりもまず公的で制度化された仕組みのことであり、そこには多くの人びとや集団が含まれ、大規模な社会的仕組みとして複雑な仕方で機能する。何がそれを代表たらしめているのかと言えば、一参加者の何らかの一行為ではなく、システム全体の構造と機能の仕方、そして、多くの人びとの多彩な活動から生まれてくる諸々のパターンである。もし統治にかかわる行為の中に人びととの（または選挙区民の）存在を何らかの形で認めることができるのであれば、たとえその人びと自身が文字通り自分たちのために行為しているのではなくても、それは代表である。代表とは他者のために実体的に行為することだと考える限り、統治される者の利益のために独立して行為をすることが要求されるが、その際には少なくとも統治される者の声に応じる潜在的な可能性がなければならず、ただし通常は統治される者の要望との対立は生じない。もし検討方法や検討対象を誤らなければ、政治に関してであっても、こうした代表観は十分に意味をなすし、実現不可能ではないだろう。

たとえ議員があらゆる争点について自らの良心を国益に照らし吟味していなくとも、国益の促進を目指す行動方針に従っている可能性はまだ残っている。議員は、制度化された政治システムの中で込み入った役を演じており、それが私たちの目には代表しているように映る――それがつまりは代表しているということである[is]――かもしれない。もちろん、代表制システムの中で働いているという事実があったからといって、それだけで真に代表しているということの保証になるわけではない。それでも、個別の一代理人に許される代表の仕方よりも、もっと複雑で長期的な仕方での代表が可能になっているのである。

同様に、政治的代表者は選挙区民の意見を無視したり、それを覆したりすることさえあるかもしれないが、その場合にはなぜそうするのかを正当化する理由や説明が示されるかもしれない。実体的な代表者がそのようにする用意がなければならないというのとほとんど同じことだ。もし米国の立法府議員に、有権者の要望から独立して行為するか、もしそうするならその理由は何かと尋ねたら、議員は自身の知識および有権者の無知と真の利益の観点から以下の例のように答えるであろう。

私の選挙区民の多数は、当面の問題に関連する事実や状況について、時に知識を欠いています。私がこの点を考慮に入れないとすれば、立法府議員としての就任の宣誓に背くことになってしまうでしょう。自身の良心、判断、そして義務感への責務に背くことになるのは言うまでもありません。

私には、もし私に手紙を書き送ってきた五〇〇〇人の人びとが私と同じ知識をもっていたとしたら、少なくともその中の多数が〔私と〕同じ立場をとっていただろうということが十分にわかっていましたし、わずかの疑問も抱いてはいませんでした。

心情の多くはでっちあげられたものであって、著しく誤った情報からもたらされたものです。

……彼は、コネティカット州の世論を確かめる方法は知る限りでたった一つしかない、と答えた。それは、何が正しいかを確かめることだ、と。それを見つけ出せればコネティカット州からの承認を得られるだろう、と彼は確信していた。

……人びとは問題を本当には理解していません。

……人びとは関税が何かさえ知りません。……もちろん、自分たちが何について話しているのかもわかっていません。

私はその分野の問題を理解しています。私は農業部門にとって何が最善かわかっています。……私は自分の信ずるところに従って票を投じ、有権者が私の信ずるところに従ってくれるように望むだけです。有権者はこうしたことを期待しているのです——よく組織された集団が何かについてやたらと熱心になっているというのでなければ。有権者は一般に自分たちよりも議員が情報を豊富にもっていると期待しています。……私は自分の選挙区民に従おうとしますが——無視することは信託違反になるでしょうから——、それでもしばしば自分自身の判断に従うのは、選挙区民が正しい情報をもっていないからです。私には、もし選挙区民が自分と同じだけの事実を手にしていたら、私と同じように投票するだろうということがわかります。……私が知っていることを選挙区民が知っていたらどうだろうか、と心に描いてみるのです。……選挙区民は私の投票行動に理解を示すでしょう。(23)

これらの発言は、根拠となる証拠ではなく、ただ例を示しているにすぎない。実際、これらを持ち出したところで、証拠としては役に立たないだろう。立法府議員は、自分の投票行動の理由について多くの申し開きをするが、そのいずれもが正確だとは限らないのだから。だが、こうした発言からわかるのは、結局のところ実体的な活動としての代表観も、あまりにも抽象的で理念的だということはなく、現実の政治に適用できる可能性がある、ということである。

もしかしたら、人びと——無知で、無関心で、非政治的な市民たち——のことを、集合的行為や集合的判断が可能で、時には代表者が向き合うべき意思や意見をもつものとして論じることさえ、不可能ではないのかもしれない。だが、世論や人民の意思を過度に単純化して描く誘惑に屈してはならない。政治科学者はずっと以前から「投票とは本質的に集団的な経験である」ということに気づいていた。[24] 私たちがどのように投票するか、さらに言えば政治的現実をどのように認識するかは、普段接触をもつ他の人びとによって決まる。たいていの者は、マスメディアの情報を得る際に、二つの段階を踏まなければならない。つまり、他の人びとのメディア認識とメディアへの反応を経由しなければならないのである。自分自身の意見をはっきり述べることなど到底できないように思われる諸個人が行動する場合でも、その背後には多くの意見が潜んでいる可能性がある。最近のある研究は以下のように論じている。

> 議員と有権者の関係は、単純な双方向関係ではなく、あらゆる種類の媒介物が存在することで複雑になっている。たとえば、地域政党や、経済諸団体や、ニュースメディアや、人種的組織と全国組織、等々である。……下院議員と大衆との接点はこれらの媒介機関によって作られる場合が非常に多いので、議員の人となりや経歴に関する情報は、選挙人に届くまで何段階かを踏みながら拡散する間に、かなり変質させられてしまうかもしれない。その結果、公衆——またはその各部分——の心の中に生み出される評価の手がかりは、議員についてただ肯定か否定かの二者択一を迫るようなものでしかないかもしれない。その手がかりは、確かに立法府での行為を原因として生じたものだが、もはやそこに争点の内容を示す痕跡を見つけることはできないのである。[25]

市民Aがある候補者に投票しようとしていることは、Bと何ということもない会話をした結果であり、Bがその内容を仕入れたのは、CがDという刊行物に載っていた記事について論じているのを小耳に挟んだからである――この場合にAがその候補者に投票しようとしていることもある意味では世論の一部であるのだが、だからといってAはそのように投票する理由一つ絞り出すことさえできないかもしれず、また争点に直接関心をもっていないかもしれない。議員が耳を傾けなければならない世論、そして議員が責任を負う可能性がある世論とは、おそらくこのような種類のものなのである。

私は、有機体的な集団精神の存在をほのめかしているわけではない。公衆がおこなうことや考えることは、（理論上は）各個人の行動や意見に還元することが可能でなければならない。私が言いたいのは、この還元が単純なものでも自明なものでもない、ということだけだ。代表民主制国家内の国民の投票行動は、たとえ個々の有権者の多くが争点や政策に直接には反応していなくても、それらへの反応でありうる。投票行動の過程は、諸組織やニュースメディア、個人的関係などが相互に影響を及ぼしながら進むため、複雑なものであるかもしれない。たとえほとんどの人が、第一次集団からの圧力に影響されて非理性的に知識不足のまま票を投じているとしても、システムが全体として一定の「理性的な」[rational] 反応を示す可能性は残されているのである。

ここまで述べたことはすべて、おおよそ一つの枠組みを描き、その中で事の真相と思われることを主張できるようにするためのものに他ならない。その真相とは、政治的代表とは間違いなく代表なのであって、それも特に「誰かのために行為する」という意味での代表であり、さらに公共的なレベルで理解されなければならない、ということである。代表制のシステムは、公益 [public interest] に配慮し、世論 [public opinion] に応答しなければならない。例外が認められるのは、応答しなくても公益の観点から正当化が可能な場合に限られる。代表の過程はあくまでも公的かつ制度的なものである。個々の立法府議員は単独で行為するのではなく、代表機関の一構成員として行為する。それゆえ議員は、いつも自覚的に考え抜いた上で公益を追求し、世論に応答するとは限らない。その点は、個々の有権者が役割を果たす場合と大して変わりはない。代表は、有権者と立法府議員を含む多くの個人がそれぞれにまったく異なる目標を追い求めているような政治システムからでも、成立する可能性がある。私は、いかなるシステムからであろうと必ず代表が成立すると主張しているわけではない。そんな保証は存在しない。だが、代表が成立する可能性はあるのであり、そして実際に代表が成立する限りで、私たちはそのシステムを代表制政府であると見なすのである。

私たちがもう一つ注意しておかなければならないのは、各個人が公益を理性的に追求するわけではない、という点である。それがまったく不要だと言いたいわけではない。というのは、何人かの人が自覚的、理性的、かつ創造的に力を尽くさなければ、いかなる制度的枠組みがあろうとも代表が成立するとは思えないからである。しかし、政治システムは、ある程度まで無関心や無知や利己主義を許容できる。社会制度は、個々の構成員の多くに欠けていると思われる「合理性」[rationality]を産み出すことができる。この点に関しては、立法府議員のこととしてではなく、有権者のこととして考えた場合の方が、納得しやすいだろう。それももっともなことで、なぜなら立法システムの中では公衆の間においてよりも、各個人の高度な合理性や、高度な自覚的代表活動と公益の追求が要求されるからである。創造的なリーダーシップはいかなる政治システムにおいても間違いなく必要であるが、そのようなリーダーシップは、容易に手に入るわけではない。けれども、政治的代表について論じる場合、私たちはほぼ例外なく制度化された代表制システムの内部で行為する諸個人について論じている。そして、もしその人びとの行為が代表として成立しているのだとしたら、それはこのシステム全体を背景としてのことなのである。

私たちは今や、代表の意味や本質についてのさまざまな「見解」[views]を振り返って考えるべき地点にいる。それぞれの見解は、一過性のものではなく、妥当性がある。なぜなら、それぞれの基礎となっているのは、“repre-sent-”という語根をもつ集合に含まれる何らかの単語の、よく使われていて、妥当で、一般的で、問題のない用法だからだ。ただ、それぞれが正しい土台に基礎づけられているにもかかわらず、これらの見解は互いに両立せず、最終的には間違ってもいる。なぜなら、少ない事例からあまりにも無邪気に、そしてあまりにも広範に一般化をして、他の同じくらい妥当な事例を無視してしまうからだ。代表（物事としての代表、「世界に現れ出た」[out there in the world] もの）に関する正確で完全な見解、つまり代表とは何かについての正確で完全な見解は、「代表」（言葉としての代表、同じ語根をもつ集合に含まれる他の単語とともに）の正確で完全な理解、つまり「代表」が何を意味するかに依拠している。もちろん代表概念を再定義したり修正したりすることもできるのだが、私たちがまずしなければならないのは、それが今すでに何を意味しているのかを明らかにすることである。なぜなら、私たちは英語の話者であって、私たちの世界では、英語で代表が何を意味しているかということと、私たちにとって代表が何を意味しているか、そして私たちにとって代表が何であるのかということとが、分かちがたく結びついているからである。

さまざまな代表観は、それぞれ政治に適用された場合にある程度の意味をなすし、また政治の中にはそれぞれの代表観による解釈に適合しやすい諸側面もある。国家元首、選挙で選ばれた立法府議員、または政府職員は、一定の状況下で一定の目的を果たすために権威を付与された代表者であり、その名の下に行為している相手の人びとを義務づける権威をもつ。また、選挙で選ばれた政治的代表者は、一定の状況下において、「真の」代表者となるため、代わりに行為してあげている相手方に対しゆくゆくはみずからの行為を説明する責任を果たさなければならない。選挙で選ばれた立法府議員を、全国民の写像や反映、または代表標本として考えることが有益な場合もあるかもしれない。政治的儀式を分析したり、政治指導者が自分自身の人格を通じて忠誠心や国民統合の感覚を育む役割を果たすという現象に取り組んだりする場合には、象徴的代表が適切だろう。旗や正義を示す天秤のような、無生物の政治的象徴についても、同様である。その他の状況、その他の文脈では、実体的な活動として代表するということが、政治過程のまさしく本質のように見えることだろう。

しかし、これら代表観のそれぞれが政治に何らかの関連性をもつとしても、その事実をただ認めるだけでは十分ではない。代表とは、こちらではこれを意味していて、あちらではあれを意味する、と論じるだけでは不足である。

また、各論者には自身の見解を主張する権利があるのだからすべての代表理論が同じように妥当だ、という結論にもならない。というのも、各見解にはその基礎となるいくつかの単語があるが、それらの単語は“represent-”を含む語群の中に含まれていて、それら単語の日常的な用例をもとに、各見解それぞれが有する独自で固有の想定や含意が生じてきているからである。立法府を国民の絵画的な表現や代表標本と考えるならば、必然的に立法府の活動よりも構成に注目が集まることになるだろう。その同じ立法機関を象徴だと考えてみると、国民と立法府との対応関係の何らかの正確さよりも、人びとの心に対する心理的な影響の方が重視されるのは、ほぼ必然である。今度はそれを代理人や代理人の集まりと考えてみよう。そうすると、また別の事柄にもっぱら興味関心が向けられるであろう。このように、必要とされているのは、それぞれの見解が何を含意し何を想定しているのか、そしてある状況の下ではどの代表観が適切なのか、を理解することなのである。

すべての見解が政治に関連しているといっても、また同じ一つの概念に関する見解であるという意味ではすべての見解が結びついているとしても、それらが相互に交換可能であるわけでもなければ、同じ状況で同じようなやり方で政治に当てはめられるわけでもない、ということなのだ。その場に存在しない何かは、それがどのような種類のものであるかに応じて、多様な方法で存在させられうる。だが、あらゆる物がいかなる方法によってでも存在させられうる、というわけではない。描写的代表も象徴的代表も同じく代表ではあるが、だからといって最善の描写型の代表者が最善の象徴的な代表者であるわけではないし、またいずれも活動として代表するという役割をもっともうまく果たせるわけではないだろう。それどころか、一種類の代表、一種類の「存在させる」ことを完璧に実現することによって、他の種類の代表を完璧に実現することが不可能になってしまうということも、いつでも起こりうる。そもそもあらゆる文脈であらゆる種類の代表が成立するということさえ言えないだろう。

政治において、代表が具現化されていると思われる局面は、きわめて多種多様である。政府は全体として、国家機構としての国や、国民としての国や、郷土としての国や、人民などを代表していると言われることがある。こうした主張はあらゆる種類の政府について可能かもしれないが、私たちが「代表制」政府と呼ぶものをそれ以外の政府から区別するために用いられる可能性もある。国家の内部に目を向けると、代表しているのは立法府であると考えるのがもっとも一般的だが、立法府を構成するそれぞれの議員が国民や選挙区民や政党を代表すると考える理論家もいるかもしれない。そのような理論家は、比例代表制の場合には個々の議員は選出した人びとを代表し、職能代表の場合には職業を代表し、地理的な選挙区については当該選挙区や選挙区の住民や選挙区の利益を代表すると主張するかもしれない。また、団体としての代表機関が立法府であったり主権を有していたりしなければならないわけではなく、顧問団であってもかまわない。それだけでなく、行政の長による代表について論じることも可能で、それが直接選挙された大統領であっても間接的に選出された首相であってもかまわない。君主や名目上の元首による代表について論じられることもある。裁判所や裁判官や陪審員も国家の代表組織だとこれまで論じられてきており、また同じく私たちは行政上の代表もありうると認識している。大使は国外で自国を代表する。あらゆる公務員や政府職員について、政府を代表していると言われることがあるかもしれないが、それはその人の行為が国家の公式の行為でもあるという意味である。私たちはまた、政府機関を「前にした」[before]或る人びとの活動も、政治的代表だと受け止める。だからロビイストは、下院や下院の委員会を前にして或る集団や利益を代表していると言われるのである。代理人や専門家は、行政裁判所を前にして或る利益を代表するかもしれない。そして弁護士も、それが政治的代表だと見なされることは普通はないのだが、法廷を前にして依頼人を代表する。

とはいえ、これら多くの人や制度がすべて同じ意味で同じように代表しているというわけではない。政治的な代表は、代表それ自体と同様に範囲が広く、多彩である。そのような多様性に直面して、私たちに望むことができるのは、せいぜいのところ、ある論者がどの代表観を用いているのか明らかにすること、またその見解とそれに付随する想定や含意とが、論者が当てはめようとしている事例に本当にうまく当てはまっているのかを明らかにすることくらいである。政治的代表の領域で、もっとも重要な表現の一つを考えてみよう――「代表制政府」である。私たちは、多種多様な意味で、ある政府が代表しているという言い方をすることができるのだが、そのすべての場合に代表制政府という観念が当てはまるというわけではない。多くの理論家がこの点で間違いを犯しており、政府が或る一つの意味で代表していると言えるとわかっただけで、すぐにそれこそが「代表制政府」の本当の意味に違いないという結論に飛びついてしまう。

権威付与型論者によく見られるのだが、被統治者に対して権威をもちそのために立法するという意味では、あらゆる政府が人びとを代表するのだ、と論じられることがある。[26] 政府は間違いなくそのような権威をもっているし、立法の権限もまさしく統治の意味の一部分をなすように思われる。しかし、権威は代表と同じことを指し示しているわけではない。代表していなくとも、命令を出す権威を手にすることは可能だからだ。ただ、政府は被統治者の名において行為してもいる。そこで、この見解をやや修正するならば、すべての政府は形式主義的な意味で代表するのだが、それは政府の行為によって被統治者が義務づけられることを意味するだけではなく、その行為が被統治者へと[to]帰属させられることも意味する、ということになるだろう。[27] 政府が行為する場合には、国民が行為したということになる。それでも、このような代表活動を基準にして代表制政府を他の形式の政府から区別することはできないだろう。「代表制政府」[representative government]に含まれる代表と統治が同義になって、同語反復となるだけではないだろうか。

他に、国民たる被統治者の名において行為する政府の法律上の[de jure]権威を、国民から支持や服従を獲得する事実上の[de facto]能力によって補う論者たちも見られる。[28] その場合、政府が代表すると言えるのは、被統治者が法令を受け入れ、それに従う限りでのことだ、と論じられるかもしれない。この説は、デ・グラツィアとゴスネルの見解、すなわち代表するということは代表される者を満足させられるかどうかの問題だという見解に近い。このような考え方だと、被統治者から獲得した高度な服従、同意、支持によって、代表制政府を他の形式の政府から区別することが可能になるかもしれない。そして、デ・グラツィアやゴスネルの場合と同様に、そうした同意や支持がどのようにして作り上げられ、実現されるのかは、まったく重要ではないと思われる。支配者が支配される者に歩み寄るべきだと論じてもよいが、同様に、支配される者を支配者からの要求に歩み寄らせることも可能であるからだ。どれほど人気があるかによって定義される代表制政府は、選挙やその他の民主的諸制度を必要としない。

政府が依拠している意思は、たとえその意思が形成されるにあたって寡頭政治的な影響や金権政治的な影響が強かったとしても、民主的と言えるかもしれない。強い利害関心をもった少数者が情報や提案の手段を統制しているために、多数者が自分たち自身の利益に反する説得に応じてしまうという可能性も、十分に考えられる。指導者の決断により、その指導者の威信が地に落ちていれば人びとから反対されていたような諸法案に対して、何百万人もの人が賛成に回るということもありうるのである。[29]

そして、ここに述べられていることのすべてが、代表および代表制政府と完全に両立可能であるように見えてしまう。

最後に、政府は、被統治者の利益を追求し、その福利に配慮する限りで代表的なのであり、ただ単に人気があればよいというわけではない、と主張する者もいる。ある論者によれば、「すべての政府はある程度まで代表制であって、それは人びとの利益と一致している限りにおいてなのである……」とされる。[30] だが、このような分析の視点から考えた場合、被統治者の利益を極限まで追求している点において、代表制政府を他の政府から区別することができるかもしれない。

しかし、これらの意味のいずれも、（いくつかの）政府がそれぞれの意味で代表しているという言い方はできるのだが、私たちが代表制政府という言い方をするときの意味とは異なっている。政府が被統治者を義務づける正当な権威をもっているか、被統治者は服従する義務を負うているか、というのは主として哲学者が扱う問題である。一般の人や政治家にとって、それらはそもそも疑問に思われない。約束が守られるべきものであるように、普通は法も従われるべきもの、それによって義務を課されるべきものだからである。思弁的な政治哲学者以外の者が被統治者を義務づける政府の権利に疑いをもつのは、抵抗や革命の時代に限られる。自称革命家であれば、みずからを正当化しようとして、この政府はもはや自分たちを代表していないと主張するかもしれない。国際問題を扱う法律家は、ある国の正当な代弁者はどの政府であるのかを定めなければならないかもしれず、それはどの政府が実効的に統治をおこなっているかによって決まるかもしれない。そのような場合、たとえば北京政府と台湾の政府のどちらが中国を代表しているというのが適切か、また国連においてコンゴを代表すべきはいずれの政府の派遣団か、などを検討することになるかもしれない。

また、政府の行為に対して被統治者が負うことになる「責任」[responsibility]に、関心が向けられる場合もある。この場合の責任とは、法に従う義務とは別のことを意味している。第二次世界大戦が終わり、ニュルンベルク裁判が開かれている間、ドイツ国民の戦争犯罪について、さまざまな憶測が流れた。ドイツ国民は、ヒトラー政権により国民の名において犯された残虐行為の責めを負うのか、ということである。これに関して取り上げられたさまざまな議論は、私たちにも間違いなくよく知られている。ヒトラーはどれほど人びとから支持されていたのか。ドイツ国内で彼に対してどれほどの抵抗が見られたのか。政権によっておこなわれていたことを人びとがどのくらいまで知っていたのか。人びとは、知り得た事実について、それでよいと是認していたのか。だが、これらの疑問と、ナチス・ドイツが代表制政府であったかどうかという問題とは、同じことを問うているわけではない。ナチス・ドイツが代表制政府でなかったということについては、私たちの間に意見の相違はないかもしれない。私たちが関心をもっている情報については、ナチス・ドイツと同じ政策を採用する代表制政府があったとしたら、はたしてドイツ国民は支持したであろうか、という問い方をすれば、なんとか近似値が得られる可能性がある。その場合、多くの人は、たとえナチス政権が代表制でないとしても、ドイツ国民には責任がある、と主張するのかもしれない。だが私たちは、代表制政府だった場合には責任はもっと明確になる、ということにも同意するのではないだろうか。(31)

いずれにしても、これらの議論は、ある政府が代表制かどうかを決めるにあたって関連性があると一般的に考えられているような議論とは、まったく異なっている。私たちは、特定の政府を代表制政府と呼ぶが、それ以外の政府にはその呼び名を用いようとしない。アメリカ合衆国、英国、スイスなどは、普通は代表制政府だと考えられている。独裁制、純粋な君主制、そして押しつけられた植民地統治などは、普通は代表制政府だと見なされない。では、ソヴィエト連邦は代表制政府だろうか。南アフリカ連邦はどうか。ガーナはどうか。アメリカ合衆国も、「本当に」そうなのだろうか。私たちは、少なくとも一般的には、そのような疑問に対してどういった議論が関連しているかわかっている。議論の出発点は、おそらく支配者が選挙で選ばれているかどうか、であろう。だが、すぐにそれだけではおさまらなくなる。選挙がどれほど真正なものであるのか、投票権をもっているのは誰か、選挙で選ばれる公職者は有効に統治権力を行使できるのか、どの程度まで政府への反対が認められているのか、といったことについても、私たちは知りたいと考えるのである。

まず注意しておかなければいけないのは、どんな論点がこれらの疑問に含まれていないのか、という点である。ある政府が代表制かどうかを決めるにあたって、拘束力をもつ法を市民の名において定める権威があるかどうかが問われることはない。すべての正統な政府がこの権威を有している。また、そうした権威がどれほど実効的かも問われることはない。犯罪率が低く抵抗があまり見られないからといって、その国に代表制政府があるとは限らない。では、ある政府の政策が慈善的で被統治者の福利を促進することが示されれば、その政府が代表制であると示されたことになるだろうか。この基準は、少なくとも他に比べれば魅力的に思われる。だが、慈悲深い独裁政治によってなされる行為は、民衆の福利を目標としながらも、民主的参加に類する要素を何ら容認することがないかもしれない。もちろん、それでは代表制政府とは言えまい。私たちは、確かに代表制政府に人びとの福利の促進を期待する。そして、おそらく他の形の政府では、そのようになる可能性は低いと考える。だが、政府が被統治者の利益に配慮するとしても、その事実だけではその政府を代表制と呼ぶ根拠のせいぜい一部にしかならない。その事実は、必要条件ではあっても、十分条件ではないのである。

被支配者を常に満足させ、政策も広く受け入れられているような政府だったらどうだろうか。被統治者に人気があると証明することで、その政府が代表制であると示したことになるのだろうか。この場合、その通りだと言いたくなるのは山々なのだが、やはり慎重さを欠いてはならない。反対の例を想像することもできるのではないだろうか。眠気を誘われるほど穏やかな南の島（第二次世界大戦以前の、と言っておいた方がよいだろう）が、植民地省から送られた慈悲深い独裁者によって感じよく治められているとしよう。現地の人びとも独裁者を気に入っている。しかしもちろん、これは代表制政府ではない。また、独裁者が精神を鎮める薬を完成させて、あらゆる被統治者にこの「幸せの薬」[happy-pills]〔精神安定剤の俗語。訳者注〕を与えることにより、人びとが独裁者のおこなうことすべてを心の底から認めてしまう、という場合を考えてみよう。もちろん、これも代表制政府ではない。被統治者の満足も、やはり代表を定義するのに十分ではないのである。

個人個人の議員が選挙区民を満足させただけでは代表していることにならないのと同じで、政府による統治のレベルでも、有権者の黙従により代表を定義するだけでは不十分だろう。人びとは時に世襲君主を支持することもありうるし、独裁者のことをまったく悪く言わない（批判的な人たちが一掃されてしまっている場合には）ということもありうる。独裁政治は「積極的で圧倒的な」同意を得るかもしれないが、それで代表制政府になるというわけではない。


もし、体制への支持が、マスコミュニケーションの媒体に対する管理を独占することによって捏造されており、反対派への厳しい弾圧もそれを補っているとしたら……もしある政治体制が、宣伝活動の非常に組織的な独占に過度に依存しているとしたら……そして、あらゆる政治的異論を容赦なく抑圧しているとしたら、その体制に人びとの支持が集まっている証拠をどれだけ見せられたとしても、人びとの真正な利益が少数の支配者

の利益のために搾取されているわけではないと証明することはできない、という結論が出てくるのは必然である。(32)

これと同じ理由で、どれほど人びとの支持があっても、それで政府が代表制であるということの証明に代えることはできない。支配者が多数の受け身の支持者を操作して自分の意思に一致するように仕向ける場合、支配者が支持者を代表しているという表現を用いることに、私たちはためらいを感じる。また同じく、もし利益集団が大規模な大衆宣伝のキャンペーンを繰り広げ、公衆を説得して何か施策への支持を得ようとする場合、この活動が公衆を代表するものだとは、私たちには考えられない。

ある政府が代表制であるということを示そうとする場合、私たちは政府が被統治者を統御しているということを論証するのではなく、反対に被統治者が政府の行動を統御しているということを論証しているように思われる。政府の行為は、形式的・法的な意味では、すべて被統治者に帰属させられる。しかし代表制政府においては、この帰属には実体的な内容が伴っている。つまり、人びとは自分たちの政府を通じてまさしく本当に行為しているのであって、ただ政府の行為を受動的に受け取っているわけではないのである。代表制政府は、ただ統制するだけ、ただ公益を促進するだけにとどまってはならず、人びとの声に応じなければならない。この考え方は、実体的な活動として代表するという代表観と深く結びついている。なぜなら、代表制政府においては、統治される者も行為し判断することが可能でなければならず、統治に関する活動を被統治者自身が始める可能性がなければならないからだ。それによって、政府が人びとの声に応じていると見なされることも可能になる。非政治的な代表の場合と同様に、本人の側は自身の要望を実際に表明する必要はなく、またはっきりとした要望をもっている必要さえない。ただ、そうすることができるようにはなっていなければならない。そして、実際に要望が示された場合には、それに反するだけの（本人の利益の観点からの）十分な理由がない限り、その要望は実現されるべきである。これと同じように、代表制政府にも代表される者の要望を表明するための機構が必要であって、政府はそれに反するだけの十分な理由がない限り代表される者の要望に応じなければならない。常に声に応じて活動する必要があるわけではないが、持続的に応答性［*responsiveness*］がある状態、すなわち潜在的に声に応じる準備ができている状態にはなっていなければならない。政府が代表していると言えるのは、人びとの要望が表明され、それに応じて行為している間のみだ、ということを言っているわけではない。代表制政府とは、人びとに何らかの要望がある場合に、それに応じる用意がある政府のことだ、ということである。それゆえ、これら要望に対する応答性を得るための制度化された仕組みがなければならない。ここでもやはり、こうした考え方と、政府が十分な理由なしに人びとの意思を阻んだり、その意思に抵抗したりすること、また体系的に、あるいは長期にわたってそれを阻んだりそれに抵抗したりすること、といった代表の考え方とは、両立しない。私たちは、たとえほとんどの場合人びとが政府の行動に無頓着であったとしても、その人びとが政府を「通じて行為している」と見なすことはできる。ただしそれは、その人びとがいったん望めば自ら行為を始めることができるだろう、と私たちが感じる限りにおいてのことなのである。[33]

こうした種類の政治的代表で必要とされるのは、潜在的な応答性だけである。つまり、実際に権力を使わなくても権力への経路さえあればよいのだから、リーダーシップとも、新しい状況や緊急事態に対処する行為とも、両立可能である。他方で、公衆の操作や公衆の抑圧とは両立しない。確かに、リーダーシップと操作を区別する線は細く、線引きは困難かもしれない。しかし、そこには間違いなく相違が存在し［is］、その相違によってリーダーシップと代表が両立可能とされる一方、操作と代表は両立不可能とされる。[34]これは、リーダーシップが或る意味では導かれる側の人びと次第で左右されるものだからである。リーダーシップがうまく発揮されるためには、人びとが進んでそれに従わなければならない。したがって、代表される者が明白な意思を有している場合には自分たちで思い通りに行動できなければならない、という要請とも両立不能ではない。他方で、支配者による操作は被支配者に押しつけられたものであり、その人びとが政策を拒否したり新しい政策を提起したりする能力を脅かす。ある人がリードされながらもみずからの自由意志で進むことは可能だが、操作されているものはそれ自身で動くことができない。無生物は操作されうるが、リードされえない。これもまたただの言葉遊びではなく、現実に存在する区別、つまり支配者と被支配者間の民主的な関係と独裁的な関係との違いを、正確に名指ししているのだ。政府の行為を実体的な意味で人びとに帰属させることが適切であると思われる場合に限って、私たちは代表制政府のことを論じるのである。(35)

以上のように見てくると、代表制政府という考え方は、非常に印象論的、直観的で、一過性のものであるように見えてしまう。だが私たちは、実際にそこまでのものとして代表制政府を論じているわけではない。ある政府が代表制であると判断することは、単にある種の全体的な感覚的印象を心に描くこととは異なる。判断が難しい境界線上の事例はあるかもしれないが、すべての事例が境界線上にあるわけではないからだ。またこの種の代表性は、周期的に現れてきたり消えていったりするものでもない。私たちは、政府がたまたま今日は人びとの要望に応じたからといって当該政府を代表制とは称さないし、次の日に人びとを失望させたからといって代表制ではなくなったと言ったりもしない。代表制政府とは、特定の時点の特定の行為によって定義されるものではない。長期的で体系的な仕組み――つまり諸制度の存在とそれらの機能の仕方――によって定義されるものなのである。人びとの要求に従ういかなる特定の行為があったとしても、代表制政府の存在が証明されるわけではない。ただ、人びとの正当な要求を挫く深刻な事例がいくつかあれば、反証になるであろう。ジョン・プラムナッツは、独裁者が被支配者の望み通りに行動することを選んだとしてもやはり代表者とは言えないかもしれない、と指摘する。独裁者が自身の決定を制度の枠組みにはめ、気が向いたときにたまたま人びとの声に応じるだけでなく、規則的で体系的な応答性を示す場合に、独裁者ははじめて代表者となるのである。そして私たちは、このようなことは選挙無しでは不可能である、と感じることが多い。選挙や選挙の仕組み、そして特に選挙が自由で真正なものかどうかに関心をもつのは、体系的な応答性を確保するためにそのような仕組みが不可欠であると確信しているからである。ある体制の人気がどの程度かについて関心をもつのも、潜在的な応答性を測る操作的な尺度を発見しようとする試みの一環である。人びとの要求がすべて実現されているという事実は、人びとが望むならいつでもその要求が実現される可能性がある、ということを示唆してはいる。とはいえ、それは決定的な証拠ではない。だからこそ操られた、あるいは強制された黙従では、私たちは満足できないのである。

そしてここにおいて、形式主義的で説明責任型の代表観や描写的代表観、またおそらくそれ以外の代表観も、代表制政府に関連をもつようになってくる。というのも、私たちの掲げている要請を満たすのは、一定の種類の制度的な仕組みだけだからである。絶対君主や独裁者が、自分自身の都合で世論調査の実施を選択し、人びとが望んでいると思われることを実行したとしても、それではまだ代表制政府であるとは言えない。私たちは、公益や世論に政府が確実に応答するように工夫され、また実際にもその通りの働きをする制度が、有効に機能していることが必要だと考える。そのような政府には大統領がいるかもしれないし、首相に率いられているかもしれないし、会議体形式の政府であるかもしれない。選挙区は地区別であるかもしれないし、比例代表制かもしれないし、それ以外の議席割当て制度をとっているかもしれない。政党はないかもしれないし、弱い政党や強い政党があるかもしれないし、政党数の多少もあるかもしれない。これらすべての形式が代表制政府である可能性を有しており、またその中には比較的うまくいっている事例とそれほどでもない事例が含まれているのである。

代表制政府を識別するために私たちが基本としている要件の数は、ごくわずかであるように思われる。どのような体制であっても、「自由」[free]な、あるいは「真正」[genuine]な選挙が定期的におこなわれなければ、それを代表制政府と見なすことはためらわれるであろう。(36) さらに、顧問的な資格にとどまらない、何らかの団体的な代表機関が含まれていなければ、やはりその政府を代表制だとは考えにくくなるだろう。(37) 政府の全機構が一人の支配者の手中にある体制は、たとえその支配者が定期的に再選されなければならないにしても、容易に代表制だとは認められないだろう。社会のさまざまな「諸部分」[parts]によって派遣された代表者たちから構成される団体組織があるべきだというのは、おそらく歴史に根差したただの伝統にすぎない。それは、描写的代表に根強い同型対応や一対一対応の要素と関係しているのだろう。あるいは単に、多くの少数派や反対派の視点が政府内で活動することが公的に認められないようであれば、その政治システムが真の意味で人びとの声に応じることができるとは私たちには考えられない、ということなのかもしれない。

私たちが考える代表制政府は、したがって、非常に一般的、抽象的、そしてほとんど比喩的な観念——ある国の人びとがその政府の行為の中に複雑な仕方で存在しているという観念——と、そのような結果が確実に生じるようにするためのかなり具体的、実践的、そして歴史的な伝統をもつ諸制度との両方を組み込んだものであるように思われる。この考え方には、実体的な構成要素と形式的な構成要素の両方が含まれている。このように、代表制政府は、人間の諸々の実践とそれら実践に対応した諸概念に広く共通すると思われる現象の見事な実例なのである。その現象とは、つまり、目的と制度化からなる二元性と緊張関係のことだ。

この現象が生じてくるまでには、以下のような過程があると想定できるかもしれない。人びとが目的や目標を心に抱き、その内容を実現したいと考える。それを実現するためには、特にそれが時間もかかり多くの人びと、おそらくは何世代もの人びとを巻き込むものでもあるならば、人びとは制度を創設する——法の制定、行政機関の設置、教育訓練のプログラムの準備等々である。だが、諸制度は次第にそれ自身の趨勢や慣性をもつようになる。したがって、いつも意図した通りに機能するというわけではなく、創設時に目的とされていた成果を生み出さないかもしれない。ここに至って人びとは、最初の目的にこだわり続けることと、その目的を達成するために合意され創設された制度的な経路に関与し続けることとの間で、自身が引き裂かれていることに気づくかもしれない。また、これとは別の過程も考えられる。因果の順序は逆の方向に進むのかもしれない。理由が何であっても、そして意図された共通の目的がなくとも、人間は何かをおこなうための決まったやり方を徐々に発展させていくかもしれない——つまり、習慣化を経て制度化された行動ということだ。このパターン化された行動から、人びとは、その行動が何のためのものであり、いかになされるべきで、どんな原理や目的がその基礎をなすのか、ということについての明確な観念を抽象化して取り出そうとし始めるかもしれない。そして、やがてそれらの原理自体が、制度を修正するための新しい目的として、つまり制度がどのように機能しているかを評価し改善するための批判的な基準として、用いられるようになるかもしれない。実践と原理との間の緊張関係は、このようにしても生じうるのである。

この種の緊張関係は、しばしば相互に関連する一連の諸概念に組み込まれていて、結果としてそれら概念の意味は、形式的な「外部の」[outer]制度的側面と実体的な「内部の」[inner]目的的側面の両方から同時に構成されているように思われる。この言い方だと曖昧でわかりにくいが、もっと具体的に二種類の想像上の因果関係を例証してみることができるかもしれない。前者のパターンについては、人間の実践や制度、たとえば、刑罰を考えてみよう[38]。哲学者たちは、刑罰の意味について、もう長いこと悩まされてきている。一方で、刑罰とはある人に報いとして害が及ぼされることを意味しているように思われ、その理由は法に違反したから、規範を侵害したからだとされる。その意味では、もし悪事を犯していないならば、その人を罰することはできない――つまり論理的には不可能である。いかなる状況でいかなる種類の害が及ぼされたとしても、それだけで刑罰となるわけではない。それが刑罰になるのは、罪を犯したという理由によって害が加えられる場合に限られるのである。しかし、もう一方で、私たちは犯罪者処罰のために公式の諸制度を創設したり、またそこまで公式のものではないが社会的諸規範を作って、たとえば子供を罰したりもする。その場合、これら制度が通常通り運用されていたり、これらの規範に沿った行動が平常通りに実施されていたりするならば、個々のケースで罰せられる人が実際に罪を犯していようといまいと、私たちはそれら制度の運用や行動の実施について「罰している」と表現する。だから、不正な刑の執行の後で「無実の人が罰せられた」と語っても、問題なく意味が通じるのである。このように、刑罰の概念には実体的な側面と、形式的または制度的な側面があるように思われる。私たちは無実の人を罰することはできないと主張したくなる一方で、無実の人を罰することは、そうすべきではないにもかかわらず、もちろん可能なのだとも主張したく思うのである。

後者の因果関係も同種の緊張関係に至ることを例証するために、公正さの観念を考えてみよう。ピアジェが提唱しているところによれば、子供は友達とゲームをしながら公正という考え方の大部分を身に着けていく[39]。彼は、スイスの男の子たちがどのようにビー玉遊びをするのかを研究し、彼らがどのようにゲームを覚えていくかをたどった。彼らは、ほとんど同時に（ただ、いくつかの段階を経ながら、とピアジェは主張しているが）、そのゲームはどのように遊ぶものなのか、ルールはどうなっているか、何を目的とするゲームなのか、ルールとは何なのか、ルールを破ってはいけないということ、ルールは変更可能であること、ルールを変える適切な方法はどのようなものか、等々を学ぶ。彼らはまた、明らかにルール自体を評価する基準も発達させる——一方では公正さという観念を、他方ではピアジェが「ゲームの精神」[the spirit of the game] と称しているものを[40]。したがって、ゲームのルールを理解し、ルールが人の手によるもの（この場合は子供の手によるものだが）だということ、それからどのようにしたらルールを変えることができるのかということがわかると、ルール変更の提案に対し、公正さにかなっているか、ゲームの精神に適合しているかという観点から評価することが可能になる。ところで、「公正」[fair] であることの意味を、何らかのゲームとそのゲームのルールや進め方に結びつけて学んだ人は、そのゲームやルールや進め方にいつまでも固執し続けるものだと、つまり、その人たちにとってはそれこそが「公正」であることの意味となった [meant] のだと思われるかもしれない。だが、実際には明らかにそうではない。ピアジェの研究した子供たちは、古いルールから基準や原則を抽出して、ゲームに加えられる変更を評価したり、またそれゆえに古いルール自体を評価したりもする（なぜなら、彼らは時々古いルールを修正して、ゲームの刷新を受け入れるからである）。これをもっと一般化して言えば、私たちは、すべての判断基準を現存の社会的パターンとのつながりの中で学んでいるにもかかわらず、社会的パターンを批判し変更するためにその基準を使うことが可能で、また実際に使ってもいる。ある意味では「公正さ」（あるいは「ビー玉ゲーム」）の実体や意味を定義づけているように見える実践が、それにもかかわらず公正さ（あるいはビー玉ゲームの精神）の具体的な制度化としては完全ではない、ということが発見されることもあるのである。

この種の二重性や緊張関係が代表の実践や概念の中に存在しているということは、誰の目にも明らかなはずだ。というのも、私たちがたどってきた、形式主義的見解から他者のために実体的に行為するものとしての代表に至るまでの議論全体の構造の中に、それが組み込まれていたからである。(41) バークの議論を検討した際にも、私たちは代表の美徳または本質と現実化された代表との区別に遭遇した。実体であれ美徳であれ本質であれ、代表はその場にないものをそれにもかかわらず存在させることを意味していて、一定の状況の下でそのように思われるならば、私たちはいつでも代表について論じることができる。逆にそうは思えない状況であれば、いかなる代表も成立していないと論じることになるかもしれない。だが、一定の慣例化され制度化された代表（たとえば、政治的な代表）のあり方も存在する。刑罰がそうであったように、私たちは「代表」という言葉を諸制度に適用する。それは、制度全般の構造ゆえのことであり、またもともとの目的がそれら制度に体現されていると想定するからであって、個々の事例で代表の実体がもたらされるかどうかは関係がないのである。

タスマンにならって、これら二つの側面（形式と実体）を、政治および社会生活の「二つの主要な叙法」[two great moods]［叙法は、直接法や仮定法など言い表し方の違いを意味する。訳者注］と呼んでもよいだろう。ほとんどの社会理論家は、このうちのいずれかを強調してきた。(42) 頑固な現実主義者、行動科学に依拠する社会科学者、憲法学者などは、制度や行動や現実に遂行されたことなどを強調する傾向がある。代表の定義を問われた場合には、操作的な定義を試み、「代表者が実際に何をするのか」に注意が向けられるだろう。代表を改革するように依頼されれば、望ましいとされる行動をとらせるためのルールを定めた諸制度を構築するだろう。これまで私たちが論じてきたさまざまな代表観に照らして見るならば、この種の人は形式主義的代表観や描写的代表観の論者である可能性が高い。

他方で、理想主義者、道徳面での改革を志向する者、教育者は、実体や目的、意図、あるいは動機さえも強調するだろう。つまり、「ただの外向きの見かけ」よりも、「本当の、内に秘められた本質」を強調する傾向が強いのである。代表の定義を問われた場合には、代表の理想化された役割、私たちが代表を評価する時の基準、代表が現実に何をするかではなく何をすべきか、といった点に注意が向けられるだろう。代表を改革するように依頼されれば、人びとに利他主義を教えたり、他の人の利益や公益にも関心を払うように教えたりして、それらの人びとを良き代表者へと育てるだろう。私たちが議論してきた代表観の中で言えば、この種の人は他の人のために実体的に行為するものとしての代表という見方を採用する可能性が高い。

私たちには、この二つの主要な叙法が必要であって、どちらも欠かすことはできない。代表を制度的・操作的に定義すると、それについて判断し、評価し、改善し、改革しようとする望みをすべて捨てることになってしまい、また代表者の役割を果たしている人に対して指示を出すことさえまったく望めなくなってしまう――あるいは少なくともこれらを理性的で恣意的ではない形で実行する望みをいっさい捨てることになる。そうやって、もし「あなたが見ているときに代表者が実際におこなうことなら何でも」代表になるならば、代表者の行動で代表でないものはありえないということになってしまう。他方、代表を理念に従って定義し、美徳や本質だけに注目して制度の観点を退けることは、現実に対して代表を適用する望みをいっさい捨ててしまうことと、おそらく同義になる。その場合、バークの議論がそうであったように、私たちは制度体系に内在するはなはだしい不平等を最終的に是認することになってしまうかもしれない。なぜなら、不平等が存在しているにもかかわらず、代表の本質は、いついかなる特定の時点でも、制度体系によって産み出されているように見えてしまうからである。私たちは、その場その場の短期的な成果を基準として受け入れがちになって、自分たちの理想とする目的を体系的かつ持続的に実現していくこと――すなわち制度化すること――がまったくできなくなってしまうかもしれない。代表者がおこなっていること、それも代表者がおこなっていることの実態は、私たちには無関係に感じられ、そうして私たちが有する代表の構想は、プラトン的なイデアの世界で永遠に無力なままにとどまってしまうのではないだろうか。

いかなる制度体系も、代表の本質、代表の実体を保証できるわけではない。また、制度が望ましい行動を引き出すことができるかという点についても、過度に楽観的になるべきではない。最善の代表制度でさえ、そのシステムを運用する人びとの信念や姿勢、意図がなければ、またたとえそうした信念や姿勢、意図があったとしても、魔法のように、自動的に代表を成立させてくれるとは期待できないからである。[43] マディソンの金言である「人間の利害を、その人の職務上の地位に伴う憲法上の権利と結合せしめなければならない」には耳を傾けるべき点があるが、タスマンの金言にも同様に聞くべき点がある。人は市民としての資格において「自分自身の私的な財ではなく公共の利益に関心をもつ」義務があり、また「私的な問題ではなく公的な問題を尋ねられる。つまり、「私たちにはもっと多くの公立学校が必要だろうか」と問われるのであって、「私にはもっと税金を払う意思があるだろうか」と問われているわけではない」。[44] こうした理由からも、私たちには、代表を制度化することに加えて、代表の実体という理念をもち続ける必要がある。そのような理念を参照できないとしたら、私たちは、制度を運用しようとする人びとに、何を望んでいるかをどうやって伝えたらよいのだろうか。それどころか、私たち自身も、何を望んでいるかを忘却したままになってしまうのではないだろうか。[45]

マーティン・ドラスが指摘しているように、制度化なしでは、代表の理念は空疎な夢にとどまるか、せいぜいのところ時折繰り返して現れる気まぐれで不可解な恩恵となってしまうだろう。そして、私たちにはそれを作り出す力も、持続させる力もない。[46] 歴史的に発展してきた制度の形、そして文化的に深く浸透した行動の基準は、抽象的な理念に肉づけをし、現実的な意義と有効な意味を与えてくれる。[47] したがって、代表制度の発展と改善、そして他者の声を聞きながらその利益に配慮することができる人材の育成は、代表の観念を構成する精緻な構想が私たちの実生活において何らかの有効性をもつために、必要不可欠である。ただ同時に、制度や習慣的な振る舞い、代表者の現実の行動などを、評価基準や理念にしてはならない。私たちが慣例上「代表制」と呼んでいる政府であっても、それが真正の代表を伴っているかどうかについては、常に議論の余地が残されている。私たちがこの世界で代表だと称しているものが本当に代表（という概念によって私たちが意味しているもの）であるかどうかは、その構造や機能の仕方が現実においてどのような働きを見せるのか、という観点から常に判断されなければならないだろう。[48]

どのような代表制度が必要とされてきたかと言えば、それは歴史の中のどの時点かによって異なっている。[49] しかし人間は、理念が要求する結果を実際に生み出してくれる制度を求めて努力し続けてきた。それゆえに、代表していると自称する諸制度や諸個人も、実際には代表していないではないか、という非難にさらされ続けてきたのである。「代表」というレッテルを使うと、批評を招いてしまうようだ。つまり、それは擬制なのか、空虚な決まり文句なのか、それとも本当に代表の実体であるのか、等々の疑問が向けられることになるのである。それゆえ、以下のような主張も現れてくる。「代表制統治は、理念において最善の統治の形式である。その理由はまさしく、適切に組織されるとともに条件づけられない限りは、実際に代表制の性質をもつようにならないからである。本質において、それは信託のシステムである。……代表制だと主張される制度は、そのような信託の機能が確立され維持される限りにおいてのみ、みずからの代表制としての性質を正当化することができるのである[50]」。

このように、代表の概念とは、理念と成果の間にある持続的な緊張関係のことである。この緊張関係があるからといって、私たちは理念を放棄するべきではない。操作的定義のみにとどまって、普通代表者がおこなうとされていることなら何であっても代表であると承認してしまったりするべきではない。他方で、制度化を放棄して、政治の現実から撤退するべきでもない。むしろ、この緊張関係を、終わることはないが、それでもまだ望みが残されている挑戦として受け止めるべきである。その挑戦とはすなわち、制度を作り、各個人を教育して、公益の追求、つまりは公衆の真正な代表に従事させること、そして同時に、それらの制度や教育に批判の目を向け続け、常に新たな解釈と改革に開かれたものにしておくことなのである。

補遺　語源について

古代ギリシアには、私たちであれば「代表」という言葉を当てはめるような多くの制度と実践があったが、代表に対応するような言葉も概念も存在しなかった。この言葉はラテン語起源で、ただしラテン語においても、もともとの意味は代理や統治とは関係がなかった。また、ローマの生活には、私たちであれば代表の事例だと考えるかもしれない制度が存在するが、それら制度のいずれとも関連はない。ラテン語の *repraesentare* は、「存在させたり、明らかにしたりする、または再び見せる」ことを意味する。そして古典ラテン語では、まったくと言っていいほど無生物だけにしか用いられていない。[1] それは無生物を文字通り存在させること、誰かの眼前に持ち出すことを意味しうる。そこから、召喚状に応じて法廷に現れること、つまり文字通りみずからを存在させること、も意味するようになる。また、抽象概念を、物体を通じて、また物体の中に現れさせる、ということも意味しうる。たとえば、徳が、ある表情を写し描いたものの中に具現されているように見える場合がそうである。さらに、あるものの代わりに別のものを用いること、置き換えること、また、ある出来事を急がせ、それを実現させる、ということも意味しうる。したがって、「すぐに実行する」とか「現金で支払う」ということさえも意味しうる。ある人びとが他の人びとや、さらにはローマ国家さえも代表する、などということとは何ら関係がないのである。

中世になると、この言葉は、キリスト教の文献の中で、ある種の神秘的な具象までをも意味するようになり、「キリスト教共同体のもっとも霊的な側面に適用される」ようになった。[2] だが、本当にその意味が広がり始めるのは一三世紀ないし一四世紀初頭に入ってからのことである。その時期にはしばしば、ローマ教皇や枢機卿たちがキリストや使徒たちの人格を代表するという言い方がされている。[3] 委任や代理といった意味はまだ含まれていない。教会指導者たちはキリストや使徒たちの具象やイメージであって、「継承により」[per successionem] その地位を占める。同時に、中世の法学者は、この言葉を集合的生活の人格化のために用い始める。共同体は、人間ではないにもかかわらず、人格と見なすことが可能である（*persona repraesentata, repraesentat unam personam, unium personae repraesentat vicem*）。強調点は、結びつきが擬制的な性格をもっている、ということである。つまり、現実の人格ではなく代表によってのみ構成される人格（*persona non vera sed repraesentata*）が強調されているのである。

一方、ローマ法注釈者たちの間では、君主や皇帝がローマ人民のために、ローマ人民に代わって行為したり、ローマ人民の福利に配慮したりするという、ローマ法由来の考え方が流布していた。一三世紀には教会法学者がこの観念を採り入れ始め、さらにそれを研ぎ澄まし発展させて、宗教的な共同生活に当てはめるようになっていく。ローマ法注釈者たちも教会法学者たちも、こうしたローマ法の諸観念を練り上げていくに際して、まだ「代表」という言葉を使ってはいない。だが、こうした考え方は寓意的な教会思想と非常に近い関係にあったため、一三世紀中葉にもなると、両分野に精通した論者は、統治者は国全体のイメージを代表する、と論じることができるようになった。[4] ここで、寓意的、あるいはイメージにかかわる代表概念が、世俗の統治者にも使われるようになったのである。

ジョルジュ・ド・ラガルドは、一三世紀末のある法学者の著作の中に、非常に興味深い一節を見出している。そこでは、イメージによって共同体を代表するという意味と、法的な代理の考え方とが、いわば正面から衝突しているのである。法学者アルベール・ド・ガウディーノは、犯罪の裁判において、共同体が弁護士を通じて（*par procureur*）弁論することが可能かどうか検討している。彼によれば、ある意味でそれはできないと答えたくなるという。なぜなら、私的な人格としてはあらゆる人が自分自身で出廷しなければならず、集合体（*universitas*）もまた一つの人格だと見なされるからだ。しかし、別の意味では、弁護士は共同体のまさしく擬制的な人格を代表している。したがって、もし弁護士が出廷すれば、それはあたかも共同体が自分自身で出廷したかのごとくになる。ここでは、擬制による一つの人格（*unimus personae repraesentat vicem*）と見なされた集合体だけではなく、その人格に代わって出廷する（*qui repraesentet vicem universitatis*）弁護士も、私たちの視野に入ることになる。法廷における弁護士の通常の活動は、この時点ではまだ「代表している」とは呼ばれていない。ガウディーノも *intervenire* や *respondere* という言葉を用いている。(5) しかし、一三世紀末以降、法学者や同時代の論者たちは、*repraesentare* という言葉を用いて、統治者や弁護士がどのように共同体の代わりになったり共同体のために行為したりするのかを表し始めている。

なるほど、新しい用法がすぐ皆に受け入れられたというわけではない。たとえばオッカムは、代表という考え方はきわめて抽象的で神秘的な性質をもつと考え続けたため、新しい用法でこの語を用いてはいない。私たちであれば代表と呼ぶであろうものについて語るときでさえ、彼は代表という言葉を当てていない。そうした中で、オッカムはすべてのキリスト教信者が、みずからに関連する問題につき、公会議において意見を聴取される権利をもつ、と主張する。自ら出席しない者に関しては、使節を派遣することが許されているが、ただオッカムはその使節のことを、派遣した者の *personas habentes auctoritates et vices*［権威と務めを有する者の意。訳者注］と称するのみで、“representatives”だとは言っていない。そうはいっても、新しい用法が完全に消滅してしまうということはなかった。後期ラテン語においては、新しい用法が代表という言葉の通常の意味として広く認められるようになるのである。

同じような展開は、フランス語においても生じたようである。『リトレ』［エミール・リトレ［1801–1881］による辞書、*Dictionnaire de la langue française* のこと。訳者注］によれば、*représenter* という言葉は、少なくともイメージや無生物が抽象概念を具現化している場合に用いられていて、その後かなり経ってから、ある人が他の人のために行為するというようなことを意味するようになった。(6) しかし、一三世紀までには、代官について、領主の人格を代表するものだと語ることができるようになる。

これと同じ一連の展開が英語でも生じているが、それは"represent"という単語が英語に入ってきた後、おそらく一四世紀も終わりに近い頃のことである。その時点では、『オックスフォード英語辞典』を見る限り、「自分や他の誰かを誰かの前に連れ出す」「象徴で表したり具体的に表現したりする」「心に思い浮かべる」などの意味を示すために、その単語が使われている。形容詞の"representative"は、「表現したり、かたどったり、描写したり、象徴で表したりするのに役立つ」という意味である。一五世紀中にrepresentingの意味は拡大して、「描写する、描く、詳細に描写する」という意味も含むようになる。無生物が何かまたは誰かの「代わりになったり、それらに一致していたりする」場合に、その無生物について使われるようにもなる。また、「劇を上演する」ということも意味するようになるが、これは明らかに舞台上での一種の描写である。同時に、名詞の"representation"も導入され、「写像、肖像、絵画」を意味している。ところで、人間という要素がこれら初期の用法において完全に抜け落ちていたわけではない。それは二つの経路で現れてくる。第一に、代表は無生物やイメージが人間を写し出すということを意味しうる。だが、これは私たちの観点からすると、主要な事例ではない。第二に、代表することは人間による活動であるが、ただし他者のために行為することではない。それは提示し、描写し、絵画を描き、芝居を上演するといった活動である。"represent"が「別の何か（誰か）の位置を占める、埋める、代わりになる」ことを意味する例が見られるようになのは、一六世紀になってからのことである。そして、「ある人のために、権威をもつ代理人や副官として行為する」という意味での代表の例を見出すには、一五九五年を待たなければならないのである。

一三世紀と一四世紀の初めにラテン語で生じた"represent"の意味の展開、そして、一三世紀にフランス語で少なくとも進行中であった同様の意味の展開は、本当に一六世紀になるまで英語では起こらなかったのだろうか。それとも、変化自体はもっと前から生じていたのに、『オックスフォード英語辞典』が単に早い時期の例を載せていないだけなのだろうか。考えられるのは、「誰かのために行為する」という意味での代表ということが一番現れやすいと考えられる著作、すなわち、法律や法学、そして政治にかかわる著作が、イングランドにおいてさえも、これほど遅い時代になるまで英語では執筆されていなかった、ということである。そのような著作は、むしろラテン語やフランス語で記述されていたのかもしれない[7]。一三六二年の法律で法廷では英語が用いられるべきだと定められていたにもかかわらず、判決は一五〇〇年に至るまでなおフランス語で記録されている[8]。そして、法律は一五世紀を通じてラテン語で記述されていた[9]。いち早く英語で書かれた請願として知られているのは、一四一四年のものである[10]。

代表の概念がどのようにして代理や政治的活動の領域に入ってきたかを理解するためには、諸々の制度がどのような歴史的発展を見せてきたのか、それに応じて制度に対する解釈もどのように展開してきたのか、また私たちが今取り組んでいる一群の言葉は語源学的にどのように発展してきたのか、に注意しておかなければならない。今では広く認められていることだが、州選出の議会構成員と都市選出の議会構成員が国王や貴族と共に英国議会に集うよう召喚され始めたのは、国王の行政上かつ政治上の便宜をはかってのことであった[11]。州選出議会構成員と都市選出議会構成員は、税に同意したり、情報をもたらしたり、訴訟となっている事件についてその地の法廷から「記録を提出」したり、また自身が属する共同体へ情報を持ち帰ったりするために議会に来ていた[12]。当初重要だと考えられていたのは、賦課される税について共同体を義務づける権威を構成員たちが有していることである。しばらくすると、共同体は議会構成員たちを国王に不平を申し立てる手段として用い始め、税に同意する前に不平の原因を取り除くよう主張することも試みられた。こうした展開に伴って、議会構成員は共同体に税の義務を負わせるだけではなく、共同体の利益を促進することもできるということが次第に認められるようになっていく[13]。英国議会に出席した州選出の議会構成員と都市選出の議会構成員は、派遣元共同体の使用人、または共同体の代理人だと考えられ始めた。議会構成員たちは共同体から支給を受けていて、帰還した際には、議会で何をしたのか説明を求められるかもしれなかった[14]。議会構成員たちは共同体を義務づける権威をもって議会へとやって来たが、その権威には特別な制限がかかっていたり、指示が伴っていたりすることがしばしばであった。議会構成員の中には、特別な税に同意する場合はその前に共同体の意見を聞かなければならない、とされている者も存在した。[15]

一四世紀から一七世紀にかけて、英国議会で州選出議会構成員と都市選出議会構成員による共同での行動が次第に発展していった。[16] 議会構成員たちは共通の不満をもっていることに気づき、別々の請願だけに頼る代わりに共同の請願を提出し始める。議会構成員たちは、英国議会の「議員」[members]と呼ばれるようになった。この共同行為とともに、自分たちが単一の団体を構成しているという意識もだんだん強くなってくる。議会が長期に及ぶと、議員たちも再選され、それによってお互いをよく知り、ともに働くようになった。共同行為はしばしば国王に反対するものであって、一つの集合体として行動することにより、彼らは国王に反対する力を手に入れた。こうした展開は、大内乱期、護国卿時代、共和国期に頂点に達したが、その時代には反対や同意の対象となる国王が存在しなかった。突然、英国議会だけが存在するという状況が生まれ、その議会が国民を統治し、国民の名において支配者を評価するようにさえなったのである。

政治理論の展開とは、すなわち英国議会が何をおこなっているかについての解釈の展開のことであるわけだから、これら現実に起きている展開と並行関係にあった。はじめの頃、州選出議員と都市選出議員は、共同体の使用人、弁護人、訴訟代理人などと見なされていたが、[17] 代表と呼ばれることはなかった。なぜなら、代表という言葉にはまだそのような意味がなかったからである。同様に、法廷の弁護士についても、代表するという表現は用いられなかった。一五世紀までには、庶民院は一つのまとまった団体として行動するようになり、その構成員たちはまとめて「すべての州の訴訟代理人、弁護人であり……また王国民すべての訴訟代理人、弁護人でもある」と言われることもあった。[18] 構成員たちは自分たちのことを「王国民に共通に属する」者と見なし始めており、また人びともそのように考え始めていた。[19] この観念は、各構成員が派遣元である個々の地域のために弁論する、という見解ともまだ両立している。つまり、集団を足し合わせれば全国民と等価になる、と考えるのである。この観念がさらに練り上げられ、各構成員が全国民のために行為すると考えられるようになるまでには、さらに時間が必要であった。この原理は、一七世紀の早い段階で知られており、コーク[1552-1634]も『イギリス法提要』で以下のように記している。「ある者がある特定の州や都市から選ばれているとしても、議員として選出され議席に着いたときには、彼は全王国のために奉仕すべきである。なぜなら、選挙実施の令状にもあるように、彼がそこに来る目的は一般的なものだからである」[20]。

議会の構成員がいかなる役割を果たすべきかについてのこのような見解の変化は、またこれとは別の二つの思想の伝統と結びつくようになった。一つはあらゆる人が英国議会に出席しているという観念、もう一つは支配者が全王国を象徴し、体現しているという観念である。前者は本質的に法的な擬制で、おそらくローマ法に由来する中世の quod omnes tangit［すべての者に触れる事柄］理論に根差しており［quod omnes tangit ab omnibus approbetur；すべての者に触れる事柄は、すべての者に承認される。訳者注］、訴訟において法律上の権利が問題とされている当事者は判決に際してその場に出席する権利もしくは少なくとも意見を聴取される権利を有するとされる[21]。この考え方に従って、英国議会は立法機関であるよりもむしろ法廷であると見なされ、すべての納税者の参加と同意が得られている、との想定がなされていた。一四世紀までには、裁判官は、法を知らないからといって言い訳にはならない、と論じることができるようになっていた。なぜなら、英国議会が議決する場合、すべての人が出席していると考えられるからである[22]。もちろんこの当時のことであるから、これはまだ民主的な理論とはなっていない。

英国議会に関する思想の伝統を豊かにしているもう一つの観念は、ちょうど教会がキリストやキリスト以降は教皇に体現されるように、全国民が何らかの形で支配者に体現される、というものである。これは中世的で、神秘的な概念化の仕方である。つまり、国王はただ国民団体の長であるだけではなく、全王国の所有者であるだけでもない。彼こそまさに王権、王国、国民で*ある*[is][23]。この観念は、現在の私たちが代表や象徴化と見なすものの枠をはみ出し、「理論的分析によって分解することがほぼ不可能な」神秘的統一を含むものとなっている[24]。ラテン語の *re*-

praesentare は、次第にこの種の観念群と関連づけて用いられるようになる。そして、英国議会の権威が増し、法を宣告する役割が広く認識されるようになるにつれて、この象徴的な地位は、単一の身体あるいは団体としてまとまった「議会における王」[king-in-Parliament] に帰せられるようになる。[25] こうして、王国を統治する「議会における王」は、王国の神秘的な等価物や具現化とも見なされるのである。

これらさまざまな観念や説が収斂するのはきわめて自然なことである。「議会における王」は全王国の神秘的な等価物または具現化であって、王国内にいる者はすべてそこに出席していると見なされるべきである。貴族、僧侶、そして国王自身はみずから出席する。他方で、平民は全体として（しばらくは一つの身分として）、その代理人を通じ一つの集団として出席する。[26] 最後に、個々別々の州選出議員や都市選出議員は、全平民のために、つまり王国全体のために行為していると考えられる。

これら観念が発展していった結果、どのような状態が生じたかを手際よくまとめたものとして、一五八三年に出版されたトマス・スミス卿の *De Republica Anglorum*［イングランド共和国の意。訳者注］における記述を挙げることができる。[27] スミスの著作はまた、英国議会に対し "represent" という言葉が使われたことがわかる、もっとも初期の例の一つでもある。スミスはこの言葉を一度だけしか使っていないが、使われているのは非常に重要な部分であって、以下のように記されている。「イングランド議会は、全王国を代表してその権力をもつ [representeth and hath the power of the whole realme] のであり、頭であって身体でもある。なぜなら、すべてのイングランド人は、自分自身で、あるいは代理人や弁護人によってそこに出席している、というように意図されているからである。……そして、議会の同意はすべての人の同意だと見なされる」。[28] スミスは、議会が全王国を代表すると述べる（または、全王国の権力を代表するということだろうか）が、議会の議員たちの一団についても、また平民の代理人や弁護人として出席している個別の議員についても、代表するという言葉を用いてはいない。これは、初期の段階でイングランドの議会諸制度にこの言葉が用いられる場合すべてに共通するパターンであるように思われる。すなわち、全王国を代表するのは、全体としての議会（しばしば国王を含む）なのである。

スミスが「代表する」[represent]という言葉をこのように使った時期の直前には、それは何を意味していたのだろうか。それは人間や人間集団について、二つのかなり異なる意味ですでに用いられる場合があった。まずそれは、イメージを創り上げたり、芝居を上演したり、何かを出現させたり（もっと言えば）存在させたりする活動を意味していた。しかしまた、人間自身が、何かのイメージや具象、象徴としての役割を果たし、その場にないものを写し出す、ということにも用いられていた。この点では、一五〇九年の例として、『オックスフォード英語辞典』に、亡くなった女性の慈悲深いおこないをたたえた葬送の説教が載せられている。彼女は、見知らぬ哀れな人びとを家に泊まらせた。「彼女は、救い主その方自身を自宅に招き入れたのではありませんでした……それでもやはり、救い主その方をまさしく体現する人びと[them that dothe represent his persone]を受け入れたのです」。これは、象徴によって写し出す代表である。体現者は、積極的に働きかけるというよりも、働きかけられている。体現される者は宗教的・歴史的な形象であって、人間よりは抽象概念に近いと言ってよい。これに対して、「代表する」という言葉が、他者のために行為するという意味にわずかであれ近いものとして用いられた例は、『オックスフォード英語辞典』だと一五九五年にはじめて現れる。スミスの著作から一二年後のことである。

そうすると、スミスの言っていることは次のうちのどちらかだということになりそうだ。画家が主題に対して、また劇団が芝居に対してそうするように、英国議会も全王国を描き、それを顕在化させるものだということ、または、旗や紋章、中世では国王についてもそう言われたように、英国議会が全王国を象徴し、神秘的に体現していたということ、である。ことによると、彼はこの言葉を用いることで、両方の観念を表現していたのかもしれない。さらに当時この言葉が用いられた場合の実際の意味以外にも、周囲の状況によって言葉の意味はもっと膨らまされていたことだろう――つまり英国議会の構成や、すべての人が議会に出席しているという理論によって、である。いずれにしても、スミスは人びとへの民主的な責任については語っておらず、また弁護士が依頼人を代表するのと同じように人びとのために行為する、ということについても語ってはいない。

スミスの著作からおよそ半世紀を経た頃に、英国議会について再び「代表する」という表現が用いられている。だがここでのこの言葉の復活は突如のことで、意味が拡大している。一七世紀の第二の四半期、大内乱期以前からその最中にかけてのパンフレットの発行や政治に関する議論に触発されて、「代表する」という言葉やそのさまざまな関連語は、政治的な専門用語となった。この展開は、複雑であるため、混乱しやすい。

一六二〇年代までには、名詞の“representation”と形容詞の“representative”は、芸術や宗教、演劇などもともと使用されていた分野から範囲を拡大し、代わりとして存在するものであれば何でも指し示すようになっていて、その中にはある人びとが他の人びとを写し出すということも含まれていた。またそれらの言葉は英国議会にも適用されていて、一六二八年に議会という団体がどのように表現されているかを見てみると、「あなた方にとってそれは拭い去ることのできない不名誉となるだろう、代表の地位にある者よ[the State representative]」（ここでこの言葉は形容詞として使われている。名詞の出現はもっと後のことである）と言われている[29]。これらの言葉は、そのすぐ後で、みずからの憲法理論を説明しようとするエドワード・コーク卿に用いられる。『英国法提要』の中では、議席を占める州選出議員と都市選出議員は「王国全体の全平民を代表する」と記される。また「そして上院議員でない者、上院に所属していない者はすべて、本人が、または代表によって[by representation]、庶民院に所属する」とも記される[30]。さらに、「議会は王国全体を一体として代表する」とも述べられている[31]。一六四一年には、庶民院議員たちがみずからを「全王国の代表団体」と呼んで、「特別な人びと」でしかない上院議員たちと区別している[32]。同じように、その当時の政治的パンフレットでも、英国議会は王国の「人びとを代表する、選挙され、指示を受けた会議」だと論じられている。あるいは「共同体全体が、根本的存在たる陛下のもとに集い、公正を期する……そして共同体自体の大きさがいかほど巨大であっても混乱は生み出されないだろうが、それは選挙と代表[representation]によってである。少数が多数のために行為するのである」とも論じられる[33]。一六四三年には、あれほど保守的なチャールズ一世も、英国議会を「王国民の代表団体」と称している。[34]

一六四〇年代に入ると、明らかにいくつか新しい言葉が政治の場に登場している。名詞の"representative"がはじめて英語で使われ、二つの別々のことを意味するようになる。それはまず見本や標本を意味する（一六四七年には、「根本的な高貴さの写し絵や見本[Representative]としての彼に目を向けさせるものすべて」という用法が見られる）。また、それは議会全体や、それに似た集会を意味する（今ではこの意味は廃れているが）。一六四八年、チャールズ一世の処刑後に出された王政廃止法には「この法において定められた王政の廃止は、我ら国民が自分自身の代表集会[its own Representatives]、あるいは全国から集まっての会議によって統治されるという、古来の正しい権利に復帰するもっとも幸福な方法であり（もし神がそれを良いと認めて下さるならば）……そしてそれら集会では次回以降未来に至る代表集会[the next and future Representatives]の選出、会合、会期などが注意深く確定されるだろう[35]」。この用法は、一八世紀まで続いた後、廃れることになる。

このように、代表に関連する一群の言葉は、最初は議会全体、あるいは一集団としての庶民院に当てられていたようだ。[36]そしてこれらの言葉の意味は明らかに、早い時期の「写し出す」[standing for]という意味から、代用や代わりの存在という意味を経て、「誰かのために行為する」[acting for]というような意味へと変遷しつつある。これらの言葉は当初、権威や権力、威信などの表現として、またそれらを有しているという主張として、用いられたようだ。つまり、貴族院議員たちに配慮させよう、王国全体を代表するのは庶民院議員なのだ、そして、王に配慮させよう、王国を代表するのは英国議会なのだ、ということである。ただ、この時期にこれらの言葉が庶民院の個々の議員とそれぞれの選挙区との関係を表すものとして用いられることは一度もなかった。また、その議員に代表されている人びとの要望に従う義務があるということも、議員が選挙区民を義務づける力をもつということも、あるいはそれらに類するいかなることも述べられてはいない。議会の構成員は自身が属する共同体の弁護士や代理人である、という観念はもちろん存在する。しかし、その観念は"representation"という用語で表現されてはいないのである。

一六四〇年代に入るまで、"represent"という文字列を含む語群の中に、英国議会の個々の構成員について用いられるものはなかった。そして、一般の弁護士や代理人に対して使われるようになるのは、さらに後になってからのことである。この時期、興味深いことに、議会の構成員について、さまざまな呼び名が一斉に現れる。"representative"はまだ英国議会のような人間の一団のことを示していたが、個々の構成員は"representers"、"representors"、"representants"、"representees"などと呼ばれ始める。(37) かくして、『オックスフォード英語辞典』には、一六四三年の例として以下が掲載されている。「代表者[Representors]において同意されているのだから、同意によって……平民には義務が課されるべきである」。一六四四年の例では、庶民院の構成員が「庶民の代表者[Representees]」と呼ばれている。そして一六四八年の例には、「議会とは、すなわち、貴族と平民からなるものであって、人民の代表者[Representees]は、法に基づく自由な議会に会する」とある。

これらさまざまな語彙の中で、"representer"が特に興味深い。なぜなら、この言葉は大内乱期以前から使われているからだ。この言葉は、一五世紀末から、特に絵を描いたり、劇を演じたり、創作活動をしたり等々の活動に従事する人に対して用いられている。そして、英国議会の構成員について用いられる以前には、それが唯一の意味である。私たちは、これをもって、全体としての英国議会については、国民を描く画家や表現者のようなものだという考えよりも、国民のシンボルあるいは具象であるという考えの方が強かった、ということを示すさらなる手がかりとしてもよいかもしれない。そのように考えれば、少なくとも、なぜ議会全体が"representer"とは呼ばれず、むしろ"representative"と呼ばれたのか、が説明できる。後者には、前者に見られるような活動的な意味合いが背景として存在しないのである。両者の対比をくっきりと浮かび上がらせてくれる例が、『クラーク文書』[ウィリアム・クラーク卿[1623?–1666]による、パトニー討論の記録を含む文書。訳者注]の中に見られる。一六四七年のパトニー討論[清教徒革命中にロンドン近郊のパトニーで開かれた議会軍の将校と兵士の会議。訳者注]からの例と、一六五三年になってからの例である。(38) 立法府全体は常に"the Representative"と呼ばれるが、その構成員たちは常に"representors"

と呼ばれている。

私の知る限りでもっとも早く名詞の“representative”が英国議会の構成員[member]に用いられたのは一六五一年のことで、息子の方のアイザック・ペニントン[1616-1679]がこう記している。「人民の基本的な権利、安全、自由、それらは根源的には人民自身に属し、そこから派生して議会という集団[*the* Parliament]に、すなわち人びとの代役あるいは代表者たち[*representatives*]に属する」[39]。護国卿時代の議会においてこの用法の頻度は増していき、ついにはこの名詞の主たる意味となって、競合していたさまざまな言葉が廃れることになる[40]。

だが、この語源学的展開の只中にある一六五一年は、ホッブズが『リヴァイアサン』を出版した年でもあった。彼が代表概念を用いる場合に常に依拠しているのは、それが法的な代理行為の形式的な諸側面と同じものだという考え方である。すなわち、権威の付与や、規範的帰結を負わせることが基礎となっている。ホッブズは、すでにこの方向へと考え方を変化させており、それが自身の主張にとってどのような意義を有するかも理解していた。主権を有する立法府は、“Representative”と呼ばれるが、他のあらゆる代表者たち――代理人や弁護士など――と同じようなものだと考えられている。つまり、その行為が他の人に公式に負わせられる者、とされるのである。このような理論が当てはまるところ以外では、ホッブズの用語法は当時の一般的な用語法に従っている。『リヴァイアサン』の最初の方では、諸個人が代表することについてしか論じられておらず、その場合には“Representers”という呼称が使われている[41]。その後、用法の変遷を示す一節の中に“Representative”が現れ、競合する用法は駆逐される。この一節の中で、群衆は「かれらの代表者[Representative]がかれらの名において、言ったりおこなったりするすべてのことについて、……本人たち[authors]として理解される。各人はかれらの共通の代表者[Representer]に、個別的なかれ自身から権威を与えるのであり、……代表者[Representer]がおこなうすべての行為を自己のものとしてひきうける」と記される[42]。その後ホッブズは、たとえ一人の支配者や一つの私的団体に言及する場合であっても、“Representative”のみを用いている。

ホッブズは、才気に溢れて新たな用法を試みているのだろうか、それともこれらの言葉をそのような概念として用いることが当時すでに一般的になっていたということが示されているだけなのだろうか。私たちには知る由もなく、現今の目的のためには知る必要もない。重要なのは、代表の形式主義的な意味と、それに関連する実体的な意味、つまり「誰かのために行為する」[acting for]という意味が、ともにこの時期に出現したことであり、またそれらの意味は明らかに英国議会が王国全体を代表するという観念を経由して現れてきたということであり、さらにその観念は神秘的で象徴的な「写し出す」[standing for]という考え方に始まるものであった、ということである。

この時期の語源学的展開は込み入っていて、私たちが手にしている証拠も決定的なものではない。だが、そこから読み取れるのは、"represent"やそれに類する語は当初全国民の写し絵としての英国議会に対して用いられたのであって、その時期には代理人や弁護士、そして議会の個々の構成員に対してはまだ使われていなかった、ということである。[43] 英国議会がいったん全王国を代表する団体と見なされると、すぐに個々の議員にも代表に関する言葉が用いられるようになった。庶民院議員全体が王国の全人民と見なされうるのならば、個々の州選出議員や都市選出議員についても、どのように考えるべきかわかりきったことではないだろうか。当然ながら、各議員は選出母体たる個々の州や都市に相当する者として代わりを務めており、そこには代表概念にしばしば含意される部分ごとの同型の考え方が見られる。そして、この段階がいったん踏まれれば、議会の各構成員を限定された責任をもつ弁護士や代理人とする説が整い、それが"representative"という言葉と結びつくのを待つだけとなる。

この発展過程全体は、英国議会の個々の構成員が次第に選挙区の代理人ではなくなっていく中で生じた。構成員個人に"represent"という表現が使われるようになるのは、議員が全王国のために行為していると考えられるようになった後、また議員が所属する英国議会という団体が全国民を代表していると考えられるようになった後に限られる。

このように、大内乱期前の時期における英語での代表概念の展開と、ラガルドの研究がたどった一四世紀初めのラテン語における展開には、驚くほど似ている部分がある。どちらの場合でも、よく知られていた言葉が突然頻繁に用いられるようになった。どちらの場合でも、使用頻度の上昇とともに、意味が顕著に拡大した。そしてどちらの場合でも、「誰かのために行為する」という意味と形式主義的な意味という代表の二つの意味の出現を確認することができる。これらの展開があった時期以前には、"represent"は芸術におけるイメージや、文芸作品の再現や、宗教的ないし神秘的具象を示す言葉であった。これらの非常に狭い意味において、この言葉は政治的権威——教皇、王、「議会における王」——に用いられるようになった。そして、この用法の後に、またこの用法を経ることによって、この言葉は代理、諸個人の法的な代表、代表するという活動を指し示すようになったのである。

ラガルドは、一三世紀の教会会議の構成がもたらした影響に注意を促している。[44] 教皇は、一三世紀に教会会議を拡大し、主教だけではなく、さまざまな聖堂参事会や修道会からの使節、また世俗の君主までも含めるようにしたため、人びとは次第にそれを全キリスト教徒の「忠実な写し絵」[une image fidèle]だと考えるようになっていった。かくして、全キリスト教者からなる団体を本当に代表するのは教皇かそれとも教会会議か、との疑問をパドヴァのマルシリウスがもった際、彼には教会会議の方がより良い、より代表的な写し絵であることは明らかであるように思われた。このような思想傾向は、教会大分裂を原因とする現実上の困難によってさらに促進されることになる。教皇権自体が議論の対象となっているときに、教会会議以外の誰が真の教皇を決めることができるというのであろうか。

ここにもまた、英語での変化がたどってきたこととの顕著な類似がいくつか見られる。もともと、王国の長であり象徴的な具象であったのは、王である。その後次第に英国議会がこの役割に関与し参加するようになって、王国を象徴的に代表するのは「議会における王」という集合体だということになる。しかし、問題が王を職から解くこと、王を交代させること、そしてもしかしたら王を裁き斬首することにまで及んでくるにあたって、さらなる展開が生じる。もし英国議会が全王国を体現するのならば、他に王国の名において王を退位させるように行動できる集団などあるだろうか。議会が全人民を代表するという主張は、国王に異議を申し立てるための武器として長く用いられていた。それが、大内乱期になると、王政廃止を正当化する理由となる。反対に国王は、議会の構成員をそれまでと同等の地位に留めようとして、各議員はそれぞれの母体である個々の共同体のためにのみ発言するものであって、集合的に王国を「代表する」[represent]ものではない、と主張した。[45]

この時期の歴史から読み取ることができるのは、代表するということの形式主義的で権威付与型の意味は、実体的な「誰かのために行為する」という意味よりも少し早く現れていたかもしれない、ということである。王国の具象または象徴化に引き続いて、まず王国から与えられた[from]権威の主張が現れ、それが今度は権威の座にある者に対する制約に結びつけられる。まず、「議会における王」は、写し絵として「写し出す」[standing for]という意味で王国を代表する。統治しているという事実によって代表している、と言ってもよい。その後、王に対抗してみずからの権威を擁護しようと、英国議会は、王よりももっと適切に代表していると主張する。つまり、王国の各部分に「応じている」[corresponds to]とか、人民によって遣わされた、などと主張するのである。全人民を代表しているのであるから、議会には拘束力のある法を制定する権利がある。この場合、英国議会は、代表しているという事実により、統治する権威を得るのである。このように、議論は一巡りした。だがその過程で、代表の意味は拡張されてきた。英国議会の統治する権威は、それが本当に代表的であると言えるかどうかという点に結びつき、それによって左右されるようになった。議会の構成員各個人が代表と呼ばれたため、代表という言葉は代理行為にかかわるあらゆる成文法と不文法とに関連づけられるようになり、またかつて州選出者と都市選出者が派遣元の共同体に対して負った義務とも結びつけられるようになった。リチャード・オーヴァートンが一六四七年に記したように、「人民は、国王のものでないのと同様に、英国議会のものでもないのであって、人民が自分の持ち物に対して有するような所有権はないのだから、(国王や議会は)人民を好きなように使ってよいわけではない[46]」。そして、彼が主張するところによれば、健康な身体[body]は病にかかった構成員を「代表団体」[the body representative]から切り離してもよく、また「英国議会の真の代表能力[the true representative capacity of Parliament]が完全に失われ、その能力に対する看過しがたい背信があった場合には」、団体の維持を断念して解散することさえも許されるのである。(47)

訳者あとがき

本書は、Hanna Fenichel Pitkin, *The Concept of Representaion*, University of California Press, Berkeley and Los Angeles, California, 1967 の全訳である。ピトキンの著書としては、初めての邦訳となる。

ピトキンの経歴

ハンナ・フェニヘル・ピトキンは、一九三一年、精神分析家で『神経症の精神分析理論』[*The Psychoanalytic Theory of Neurosis*, 1945] の著者でもある父オットー・フェニヘル [Otto Fenichel] と、製図工であり一時は保育園教師でもあった母クレア [Cläre] の間に生まれた。出生地はベルリンだが、ユダヤ人家庭ということもあり、一家は一九三三年にドイツからノルウェーのオスロへと逃れる。その後さらにプラハを経て、ピトキンが七歳になろうとする直前、ロサンゼルスへと移住した。(1)

両親は、ピトキンの言葉を借りれば「無所属の知識人」[unaffiliated intellectuals] で、共産党員ではなかったが「批判的マルクス主義者」[critical Marxists] であり、左派に属していた。両親の言動に関して、フロイトやマルクスの影響は無視できない。家庭のこのようなイデオロギー的属性や、亡命者としての日々、さらには幼少期に四か国語を学んだ経験は、その後の自身の学問形成に影響を与えた、とピトキン自身が語っている。

本書『代表の概念』の中には多くの言葉遊びが見られるが、そうした言葉遊びは子供の頃から日常的に家庭内でおこなわれていたようだ。詩の創作、パズル、歌、朗読などが家庭での日常的な経験であったことは、住居地の変更による多国語経験と合わせて、言葉に対するピトキンの感性を研ぎ澄ます結果となった。

カリフォルニア大学ロサンゼルス校（ＵＣＬＡ）への進学の際、ピトキンは専攻分野として政治学を選ぶのだが、そこには偶然の要素が強く働いており、もともと数学を専攻しようとしていたところ、友人のアドバイスがきっかけで進路を変更することになった。また、大学院でのカリフォルニア大学バークレー校への入学とＰｈ・Ｄの取得についても、多くの偶然の要素が絡んでおり（もっと言えば『代表の概念』を含めてピトキンの著作のほとんどが偶然の産物とも言える）、これほど精緻な研究がこれほど偶然の要素に左右されて生まれてくるものか、と驚かされる。

Ｐｈ・Ｄを取得後、ウィスコンシン大学他で教鞭を執った後、ピトキンは一九六六年にバークレーに戻った。この時期にバークレーに所属していたピトキンを含む政治理論研究者たちについて、「バークレー学派」という呼称が用いられることがある。ピトキンがシェルドン・ウォーリンのティーチング・アシスタントを務めたことがあるなど一定の人的つながりが存在すること、また当時のバークレーでの学生運動に政治理論研究者たちがそろって共感を示すなど共通の政治的姿勢が見られたこと、などがその理由である。しかしピトキン自身は、いわゆるバークレー学派を構成するとされる研究者たちの研究はそれぞれ独立しており、相互に交流や影響はあったとしても学派と呼ぶのは適切ではない、と語っている。その後、バークレーで長く政治理論を教えた後、ピトキンは同校の名誉教授となっている。

『代表の概念』の成り立ち

『代表の概念』は、ピトキンが執筆した最初の研究書である。その後、ヴィトゲンシュタインやマキャヴェリ、アレントなどについての著作も発表されていくが、本書は、狭い意味での政治理論の範囲を超える射程をもつ点で、ピトキンの業績の中でも独特の位置を占める。それはピトキン自身が執筆当時を回想して、政治学の広い領域の議論を橋渡しする「全方位型政治科学者」[all-round political scientist] の役を果たそうとしていた、と述べていることと関連しているだろう。ピトキン本人は、その後の業績があるにもかかわらずいまだ処女作が注目され続けることに違和感もあるようだが、出版後半世紀を経ても評価を受け続ける本書の、古典としての重要性を否定することはできまい。

本書の出版は一九六〇年代後半だが、ピトキンがUCLAでMAの取得に向けて大学院での研究を始めた時、当時出版されたばかりだったT・D・ウェルドンの『政治の論理』[*The Vocabulary of Politics*, 1953]がセミナーで取り上げられた。『政治の論理』は、言語の日常的な用法の分析を重視する日常言語学派の影響下にあり、政治理論において言語分析・概念分析が本格的に導入されていくきっかけを作った著作であるが、その内容に応じて、セミナー参加者たちは政治に関する概念をそれぞれ一つ選びレポートを執筆することになる。(2) このセミナーでピトキンが選んだ概念が「代表」であった。ここから日常言語学派へのピトキンの関心がふくらんでいき、またセミナーのレポートでしかなかったものが、後にバークレーの大学院での研究を経て、『代表の概念』へと結実していくことになる。

ピトキン自身、『代表の概念』が日常言語学派の影響を受けていると明記しているが、そうした分析枠組みが当時の政治学の潮流に対して、あるいは現在の政治学の潮流に対しても、いかなる意味をもつのか、またそもそも意味をもちうるのか、は判断が難しい。概念分析が政治学においてどのような役割を果たすべきかについては、現在でも学術的な論争がある。ただ、少なくとも本書に限って言えば、概念分析の意義についての細かい学術的文脈を問題にするよりも、「言葉が日常的にどのように用いられるか」とか「政治にかかわらない文脈にも注意を向ける」などと序論に記されているように、かなり一般的な枠組みとして日常言語哲学の手法が採用されている点に注目しておいた方がよいと思われる。というのも、一読していただければわかることだが、私たちは学術的にではなく日常的に政治を語るときにもさまざまな比喩や類比を利用して代表を考えており、その比喩や類比の違いによって、噛み合ってもよいはずの議論が噛み合わなくなっていることも多いからである。その意味で、代表概念についての言語分析の必要性は、学術的なものであるのと同時に、あるいはそれ以上に、私たちの日常経験に根差したものであるといってもよいだろう。本書は、そうした私たちの日常の必要に応えるものとなっているのである。

『代表の概念』の内容

『代表の概念』は、単純に読むならば、私たちが日常的に「代表」という概念で意味している事柄を、いくつかの主要なカテゴリーに分類して、詳細に説明したものである。それぞれの分類について、多彩な例を引きながら、その分類での「代表」という概念にはどのような特徴があるのか、またその特徴からどのような政治的帰結が生じるのか、が論じられる。たとえば、描写的代表観を扱った章では、代表が鏡や絵画における表現との関係から類似や反映を意味するものとされ、したがって政治的局面では議会の正しい構成とはいかなるものかという論点と結びつけられやすい、という議論が説得的に提示されている。こうした個々の代表観については、豊富な具体例や言葉遊びを用いたピトキンの記述をぜひ味わっていただきたく、ここでの概説は控えたい。翻訳者としてはこうした個々の部分から得られる発見が翻訳作業中の一番の楽しみだったこともあって、読者の皆様にもぜひ同じ楽しみを味わっていただきたいと考えているからである。ただ、個々の代表観の記述が魅力的であるからこそ、本書の全体的なメッセージが曖昧になってしまわないように、読む側も注意しなければならない。

本書の主たる目的は、個々の代表観の詳細かつ魅力的な分析それ自体ではない。個々の代表観それぞれが代表の概念のすべてであると誇張されれば、代表概念の理解に歪みが生じてしまう。個々の代表観の詳細な分析は、それぞれがどのような歪みをもたらす可能性があるのかを明らかにし、それ以外の代表観との関係を整理するためのものである。だから、いずれの代表観についても、必ず問題点が指摘され、それ以外の代表観とどのような関係にあるのかが検討される。代表の概念は、さまざまな代表観に目を配りながら総合的に理解されなければならない。逆に言えば、個々の代表観をどれほど詳細に分析してもそれだけでは代表の概念を適切には理解できない、というのが本書の主たるメッセージである。極論すれば、個々の代表観は否定されるために持ち出されているのであって、いずれの代表観も肯定的には扱われていないのである[3]。

もちろん、それぞれの代表観について、ピトキンなりの評価はある。たとえば、最初に権威付与型代表観が持ち出されるのは、それが相対的に強い影響力をもった見方だからである。これに対して、権威付与型と同じように形式主義的代表観に含まれていても、説明責任型代表観はそれほど明示的に議論されていないとピトキンは判断している。また、実体的代表観についても、明確な定義として論じられるほど定式化が進んでいないと考えられている。しかしこれらの評価は、代表という概念について人びとが語るときにどのような語り方をすることが一般的か、という点についてのピトキンの判断であり、どの代表観が優れているかについて優劣の評価をしているというわけではない。ピトキンにとってはどの代表観もそれぞれにいわばくせをもつものであって、くせのない普遍化可能な代表観というようなものがあるわけではない。代表は定義可能だとされてはいるが、その定義は序論にあるように「現実に、または文字通りに存在しないものを、それにもかかわらず何らかの意味で存在させるようにすること」というものであって、その定義自体にパラドクスが内在しているとされる。ピトキンが本書で取り組んでいるのは、このパラドクスを解消することではなく、パラドクスの構造を明らかにすることである。

学問的な厳密性を求めるのであれば、いずれかの代表観をさらに洗練し、これこそ決定版の唯一の代表概念であるとして提示すべきだ、という考え方もありうるかもしれない。しかし、ピトキンはそうした立場をとっていない。なぜなら、正しいか間違っているかはともかく、私たちは代表という言葉を日常的に、それもいろいろな意味で、使ってしまっているからである。鏡や絵画について用いられるのと同じ言葉が政治にも用いられる以上、私たちは相互の影響を完全に拭い去ることはできない。法律用語と同じ言葉が政治にも用いられる以上、私たちは相互の影響を完全に拭い去ることはできない。統計用語と同じ言葉が政治にも用いられる以上、私たちは相互の影響を完全に拭い去ることはできない。相互の影響を完全に拭い去ることは、私たちが用いている言語の体系そのものの根本的な更新を意味するだろう。それは不可能ではないかもしれないが、当面すぐに実現するものだとも考えられない。ことは、学術的な用語法の問題ではなく、日常的に私たちが使用する言葉の問題だからだ。また更新した体系によって、代表概念に関連して問われていた諸問題から私たちが完全に解放されるという保証もない。ピトキンは、自分の両親が過度の抽象化や理論化によって現実との接点を失うことを嫌っていたと語るが、そのような「現実に向き合い事実に即して考える態度」[down to earth matter-of-factness]を彼女自身も引き継いでいるという。代表概念にかかわる問題は、ピトキンにとってまさに事実に即した問題であり、私たちが日常的に経験する現実の中で向き合っていかなければならない問題と考えられている、と言ってよいだろう。

日本語への翻訳と日本語での受容について

本書は、当該分野の先端研究でも頻繁に参照される、現代の古典ともいうべき著作である。(4) 代表を論じようとする者は、今でも本書を無視することはできない。今回翻訳を試みた理由も一つはそこにあるわけだが、ただ翻訳すればそれでいいかというと、そうもいかない。本訳の出来不出来の問題は、当然ある。ただ、仮にどれほど良い翻訳が出現したとしても、大きな問題が残されるのは必須ではないかと思われる。それは、原書が英語を用いて英語の使用者のために書かれたものだからである。本書の内容自体は、日本の政治と政治学を語る際にも不可欠の論点を含んでいる。だが、それを日本語の言語体系の中で完全に消化するためには、もう一段の慎重さが必要なのだ。

具体例をいくつか考えてみよう。ピトキンは、trust という概念について、受託者が信託財産に対する権原を有するのであれば、必ずしも受益者の声を聞く必要はない、と記している。また、trust は、受益者に行為する能力が欠けているという考え方や、受託者の方が受益者より有能であるという考え方と結びつけられたりすることが多い、とも記されている。では、日本語で「信託」といった場合に、私たち日本語の使用者はそこからどのようなニュアンスを感じ取るのであろうか。たとえば、日本国憲法前文には「そもそも国政は、国民の厳粛な信託によるものであつて、その権威は国民に由来し、その権力は国民の代表者がこれを行使し、その福利は国民がこれを享受する」とある。これに対応する憲法英文は“Government is a sacred trust of the people, the authority for which is derived from the people, the powers of which are exercised by the representatives of the people, and the benefits of which are enjoyed by the people”となっているが、ピトキンの trust 概念の分析を踏まえた場合、英語で表現されていることと、日本語で表現されていることとは、どの程度まで同じで、どの程度まで異なっているのだろうか。そしてもし「信託」に trust と異なるニュアンスがあるとしたら、私たちもまた私たちなりの或る一定のくせに基づいて、日本語における「国民の代表者」を理解しているとは言えないだろうか。

また別の例を見てみよう。訳者としては不自然さがあまり表面化しないように努力したつもりなのだが、描写的代表観の章での representation の翻訳は、主として「代表」ではなく「表現」になっている。文章の中で代表から表現へと訳が移り変わるときには、「表現」の後に[representation]と挿入して、文章の流れを切らないまま変化を理解していただけるように工夫している。だが、そもそも、こうしなければならないということ自体が大きな問題である。つまり、英語では政治家が国民を represent するように絵が対象を represent するのだが、日本語では政治家が国民を代表するにしても、絵は対象を代表せずに、対象を表現するのである。では、絵が対象を代表せずに表現するとしたら、政治的に何か違いが生じるのだろうか。絵が対象を代表しない日本においても、実際のところ、定数配分や比例代表制の議論の際に議会は国民の意見を正確に反映するべきだと主張されることは少なくないと思われる。したがって、少なくとも何らかの意味で代表が「写し出す」ものであることは、日本語でも英語と同様であると考えてよさそうだ。ただし、その際に絵や地図の比喩が持ち出されることは珍しいだろう。ところで、絵や地図について、ピトキンはその「映す」[mirror]機能に加え、そこに含まれる画家や地図作成者の活動をも論点の一つとして挙げていた。それは描写的代表観の中で唯一発生する活動であり、情報を積極的に提示し、申し立てる活動であった。描写的代表観の中でこの活動にはきわめて限定的な役割しか与えられていなかったのだが、それでもこの活動に基づいて、代表者の役割は有権者の声をただ伝達するだけにとどまるものではなく、代表者たち自身による討議もまた重要である、という論点が導き出されていた。しかし、英語では represent という同じ言葉によって政治の領域へと媒介されていたこの積極的な活動の含意は、絵はあくまでも「表現」するものであり、政治家はあくまでも「代表」するものであるという区別によって、日本語では感じられにくくなっているのではないだろうか。つまり、政治家の主体的な活動や討議の意義というものが、「表現」と「代表」を区別する日本語の言語体系ゆえに、比例代表制や定数配分の問題を論じる際に相対的に論じられにくくなるということもあるのではないだろうか。

最後に、象徴についても考えてみたい。英語では map に symbol が使われるが、日本語では地図に「象徴」は使われない（と思うのだがどうだろうか）。使われるのは記号である。英語では algebra に symbol が使われるが、日本語では代数に「象徴」は使われない（と思うのだがどうだろうか）。使われるのは未知数である。つまり、本書で conventional symbols（慣習的象徴）と呼ばれているものは、日本語では象徴とは呼ばれないのが通例である。ピトキンは、慣習的象徴でない象徴は「表現する」のではなく「象徴する」のだと論じ、その「象徴する」機能が過度に一般化されて代表概念に歪みが生じることを懸念している。では、そもそも「象徴する」象徴しか象徴と呼ばれない日本で、なおかつ政治的な問題が生じた場合に、私たちは象徴にどのようなニュアンスを感じ取るのだろうか。表現する象徴が存在しないがゆえに、象徴する象徴こそ本来の象徴であるといっそう強く感じ、その政治における重要性を否定することはできないと考えているのだろうか。それとも、象徴は象徴するものでしかありえないからこそ、政治における代表とはまったく異なるものであり、現実の政治とはさほどかかわりがないものだ、と切り離して考えているのだろうか。

以上の例については、翻訳をしながら私が感じた疑問をそのままに書き留めただけであり、それぞれについて何か分析をしてみたというものではない。私自身、これらの問題について何か解答をもっているわけではない。ただ、いずれにしても、日本語と英語では代表をめぐる言葉遣いが違う以上、ピトキンの問題提起までは共有できるとしても、その分析についてはせいぜい一部を共有できるだけか、場合によってはまったく異なる分析枠組みを一から組み立てる必要が出てくるかもしれない。そしてむしろその点こそ、代表制民主主義をめぐりこれほど強い不信感が表明されている日本で、本書が深く読まれなければならない理由であるとも言える。ピトキンの分類が妥当かどうかという論点は英語でも当然提示することができるわけだが、日本語の使用者が日本語を参照しながら本書を読んでいく場合には、英語であれば妥当な分類が日本語に移すと妥当ではなくなってしまう（逆に、英語で妥当でない分類が日本語では妥当ということもありうる）、という問題にも対処しながら、思考を深めていかなければならないのである。

代表民主制と直接民主主義

日本での本書の受容を考える場合に、翻訳をめぐる問題を別にすれば、もっとも大きな論点は代表民主制と直接民主主義の関係をどのように考えるかという点であるように思われる。従来から参加民主主義や市民運動に関する研究は日本でもさかんに発表されてきている。さらに近年においては、議会制民主主義や政党政治に対する不信感を背景として、デモをめぐる論争が繰り広げられたり、比較的直接民主主義的な動向と親和性が高い熟議が注目されたりするなど、直接民主主義への志向は無視できない潮流となっている(5)。

そのような中で、ピトキンによる本書は、代表あるいは表現一般を分析の対象としながらも、特に後半部分において代表民主制の意義を再確認させるものとなっている。代表制を理念的に追い求めるだけでは現実政治との接点を失いかねないが、かといって代表を制度の側面からのみ理解するのでは制度批判の契機を失いかねない。両者相まってはじめて代表民主制は機能するのであり、だからこそ私たちが政治を総合的にどう理解するのかが重要だ、とピトキンは主張する。

ただし、さまざまな代表観の間で優劣をつけるということが本書の目的ではなかったように、代表民主制と直接民主主義の優劣を評価するということも本書の目的ではない。もしピトキンが代表民主制を擁護していると考えるならば、それは現在の論争の文脈の中にピトキンの議論を読み込みすぎることになるだろう。ピトキンがおこなっているのは、もし代表民主制の適切な機能や役割があるとしたら、それは理念と制度の双方に配慮しないかぎり実現されることはない、という議論であって、適切な機能や役割を備えた代表民主制は直接民主主義よりも優れているという議論ではない。ピトキンにとって、本書執筆の時点では、代表民主制は現代民主体制にとって所与の制度でしかないのである。

ピトキンは、二〇〇三年にヨハン・スクデ政治学賞を受賞するが、その受賞演説で、『代表の概念』出版後およそ三〇年経過した段階の代表民主制に対し、非常に悲観的な見方を示している[6]。近年になって、政治的争点のスケールは大きくなり、民主主義の学校ともいうべき地方政治で政治参加の実感が得られなくなっている。富の偏りも、政治参加への疑念を増幅させている。さらに、メディアの発達によって、かえって情報が正確に伝わらなくなり、また市民が観客化している。こうした問題がある中では、代表民主制は適切に機能しないというのである。『代表の概念』執筆当時には、「私は、民主主義と代表とは同じようなものだと考えていた[7]」。だが、今やこれほどに機能しなくなった代表民主制を目にして、ピトキンもそれを所与とは考えられなくなっている。では、もし代表制が民主主義を実現しないとしたら、その際にはどうすればよいのか。この点について、ピトキンは語っていない。というよりもむしろ、大規模な政治体では直接民主主義は（地方政治以外では）不可能で、代表制を用いる以外に民主主義を実現することはできない、という枠組みから外に出てはいないように読める。代表制の諸問題がいかに深刻かを実感し、その一因が代表制による民主主義のいわば乗っ取りにあるとピトキンが考えていることは間違いない。「代表がこの嘆かわしい現状をもたらした唯一の犯人[culprit]でないことは明らかだが、それでも犯人の一人であることは否定できない」とは、ピトキン自身の言葉である[8]。ただ、だからといってピトキンが直接民主主義を支持するようになったというわけではない。実際ピトキンの見方では、地方レベルでの参加民主主義が機能しないからこそ、一国レベルでの代表民主制が機能しないのであり、直接民主主義と代表民主制の危機は同時進行の関係にある。どちらかをどちらかに取り換えれば問題が解決するというわけではない。代表民主制と直接民主主義について論じる場合には、両者の優劣を評価するためにピトキンの議論を用いるのではなく、その前提となる代表制の理解に限定してピトキンの議論に依拠する、という姿勢がもっとも適当だと考えられる。

翻訳の意義をめぐって

私たちは、政治的代表の役割や義務について、国境を越えて議論している。ピトキンの代表論は、その国境を越えた現代代表論の起点となる著作である。その意味で、代表論には普遍性がある。ところが、自分たちとしては同じ対象について同じ内容を議論しているつもりであっても、私たちはもしかしたら相当にすれ違った議論をそれと知らずに展開しているだけなのかもしれない。お互いに理解し合っていると思っていることが、実際には相互にまったく理解されていないのかもしれない。

この点は、決して研究者だけにかかわる問題ではない。代表をどのように考えるかは、有権者（さらには有権者以外も）の問題であり、まさに民主主義の問題でもある。私たちは、身近な地方政治についてでさえ、代表とはどのような人のことであり、どのような人であるべきであり、どのように行動するべきか、等々の基準を前提にして判断している。だとすれば、私たちすべてが、代表について自分がどのように考えているのかをもう一度見直してみる必要がある。私たちは、意見が異なる場合に、お互いになぜこれほど政治的見解が違うのかと不思議に思うことがあるが、それはそもそも代表の概念についての見方が異なっていることが一因なのかもしれない。ある人が代表とは当然こうあるべきだと思っていても、他の人はまったく異なる理解をしているのかもしれない。英語と日本語の間のずれを感じることは、そうした相違について自覚化することを意味する。そうした自覚化抜きでは、これほど政治問題が複雑化し、有権者の意見もさまざまに分かれるようになった現在、有効な討議は難しいだろう。したがって、本書の訳文は、できるだけ研究者以外の方にも読みやすいように、私なりに工夫して作ったつもりである。逆に研究者の方に関しては、たとえ翻訳をかなり崩したとしても、原書を併読して正確な理解を得ていただけるだろうと甘えてしまっているところがある。翻訳の基本的な姿勢としては、まだ作業を始めて間もない頃、出版社に、「学術的というか逐語的な正確な訳と、意訳のほぼ中間くらい、ただし学者の訳としては多少意訳に近くなっている部分があってもかまわない、というくらいの考え方」をとる、と記したメールを送らせていただいた。その言葉通りの成果となっているかどうかについては確信がないが、少しでも読みやすい文章になっていれば幸いである。

横のものを縦にしただけの本訳書は、学術的には意味がないかもしれない。だがその理由は、翻訳とは翻訳者のオリジナルな作品ではないため独創性が欠如しているからでもなければ、英語の本であるならば英語を専門としている人が翻訳した方が正確だからでもない。もし日本語でも代表を論じたいのであれば、日本語での代表論が必要であり、それがなければ日本語の使用者にとっての本訳書の価値が十分に明らかになることはない、という点が最大の理由である。したがって、本書は、英語圏の研究者からの、それ以外の言語圏の研究者に対する挑戦でもあり、本訳書はその挑戦の翻訳でもある。(9) その挑戦にどのように対応すべきかについては、人によって考えが異なるであろう。原書はすでに出版から半世紀を経ており、今さらその内容を議論することに価値はないという立場もあるかもしれない。実際、ピトキンの個々の論点に対する批判や否定を通じた学問的蓄積は、言語にかかわりなく膨大なものとなってきている。近年では、代表や代表制民主主義をめぐって、新たな論点も活発に提示されている。(10) 本訳書は、そうした業績を否定しようとするものではない。ただ、そうした業績が起点としている一著作について、可能な限り正確な理解を深める手助けをすることができれば、それもまた学問の一つの礎になるのではないかと思っている。学問は、新発見だけによって成り立っているわけではない。過去の業績を少しずつ受け入れ、批判し、あらため、一歩前進する。その煩瑣な過程が、学問全体の土台を固め、強くする。時には、時代を切り開く重要な成果を、数多くの古い業績や小さな業績、さらには否定された業績までもが支えていることもある。だからこそ、過去の業績は正確に、丁寧に理解されなくてはならない。本訳書は古い業績の丁寧な理解を助けるための、ごくわずかな支えにすぎない。そのわずかな支えが、いずれ現れる優れた研究の礎石の一つになるようなことがあるとしたら、翻訳者としてそれ以上に望むことはない。

原書の翻訳を依頼されたのは、二〇一五年の七月のことだった。名古屋大学出版会の橘宗吾氏から電子メールをいただき、東京駅近くでお会いしてお話しした際に、正式な依頼をいただいた。翌年の二〇一六年四月から一年間、アメリカ合衆国マサチューセッツ州のタフツ大学で在外研修をおこなうことが決まっていたため、その期間を使って翻訳を進めるということで了承をいただいた。在外研修までの間にも序論について多少の試訳を作ったりはしていたが、本格的に翻訳作業に入ったのはタフツ大学に着任してからである。タフツ大学では、ティッシュ・ライブラリーの教員用執筆室を使用させていただいた。個室は私にとっては暗く感じられたため、共用スペースで作業をすることが多かったのだが、窓外のよく整えられた芝生の上でリスが走り回る姿を見ながらの翻訳作業であった。同図書館スタッフと、在外研修の受け入れを認めていただいたリンダ・ビアズリー氏に深く感謝している。

引用を確認するため同図書館の蔵書を存分に利用することができたのは幸運だったが、その結果、原書の引用や引用注に必ずしも正確ではない部分が含まれていることがわかった。そのため、そうしたところについてはカッコ書きや訳者注を入れておいた。単純な間違いについては特に何も注記せずそのまま修正してしまおうかとも考えたのだが、私自身が訳しながら「もしかしたらこれは誤りではなく自分が知らない独特な言い回しなのではないか」と迷うことも多かったため、あえてこのような手法をとっている。今のように電子メディアが発達する以前の著作であるから、これほど多くの引用や注のすべてに目を通し完成度を高めるためには相当の労苦を強いられたであろう。あくまでも原書の本来の価値を多くの方に理解していただきたいがための対処法であって、ことさらに誤りをあげつらうという趣旨ではないので、ご了解いただきたい。

また、本書に取り上げられているさまざまな論文や著書については、先達による多くの翻訳を参考にさせていただいた。ただ、訳語の選択や文脈の関係から、訳を大きく改めているところが少なくない。そのこともあって、参考文献に邦訳書名は加えてあるのだが、対応するページ数を注に記載してはいない。これも先達の成果を軽視するという趣旨ではなく、その助けがなければ作業は大きく滞っていたであろうことを、ここに明記しておきたい。

在外研修中には、多くの方々に公私にわたってお世話になった。リンダ・ビアズリー氏、ケン・ビアズリー氏には、生活面のサポートもしていただくとともに、原書に見られる慣用表現について教えていただいた。ラッセル・ミューアヘッド氏とは、原書の政治理論上の位置づけについて議論させていただいた。御礼申し上げたい。私と同時期にボストン近郊に滞在ないしはボストン近郊を訪問されていた荒見玲子氏、伏見岳人氏、平松彩子氏とは、特にそれぞれの専門分野に関連して、訳語についての相談や、翻訳の考え方についての意見交換などをさせていただいた。またそれと同時に、ＮＢＡのボストン・セルティックスの試合観戦やボストン交響楽団のコンサートなどにもつき合っていただいた。私にとっては楽しい思い出の一つなのだが、一般的には年上の同業者からの誘いは気詰まるものでもあるし、もしかしたらご迷惑ではなかったかとも考えている。とはいえ、翻訳作業に没頭していて他に主だった楽しみもない中では、お誘いしないという選択肢は個人的にはありえなかった。今は、ただただどうもありがとうとお伝えしたい。大学が学問の場ではなくなりつつあるように思われる昨今、立正大学法学部は、私に一年間の研修期間を迷いなく与えてくれた。また途中、私事で一時帰国した際にも、調整にご尽力いただいた。当時の舟橋哲法学部長、新井敦志法学研究科長、末岡諭法学部事務長に特に御礼を申し上げたい。もちろん、法学部全関係者、より広くは立正大学全関係者にも感謝している。なかでも、河井宏幸氏には、立正大学所蔵資料の調査について、御教示と御協力をいただいた。立正大学は、もともと日蓮宗大学と称していた日蓮宗の研究・教育機関が、新しい時代の仏教と社会との接点を求め、一九二四年に旧制大学へと昇格したものである。最先端の学問手法を取り入れることが昇格の目的でもあったため、海外との積極的な交流は発足当初からの校是であった。今回の在外研修も、そして海外文献の翻訳も、その建学の精神に沿うものであると私なりに考えているのだが、この伝統が今後も維持されていくように願っている。私事になってしまうが、一人息子の滞米期間中、体調を保ってくれた両親にもありがとうと伝えたい。そうでなければ、落ち着いて翻訳に取り組むことは不可能であった。

最後に、名古屋大学出版会の橘宗吾氏、山口真幸氏には、翻訳作業の多くの局面にわたって助言をいただき、また訳文のチェックをしていただいた。単独訳だったために編集者からの助言はきわめて重要だったのだが、本訳書が編集者の労に報いるものとなっているように願っている。なお、初校校正の段階でも、編集者からご指摘いただいたものを含めて、予想していた以上に多くの誤訳が見つかった。できるかぎり修正したつもりではあるのだが、それでもいまだに多くの誤りが残されていることは想像に難くない。その誤りの責任が訳者である私にあることは言うまでもない。

二〇一七年九月

早川　誠

（1）ピトキンの経歴や発言については、以下のインタビューを参照している。Hanna Pitkin and Nancy Rosenblum, "A Conversation with Hanna Pitkin," in *The Annual Review of Political Science*, 18, 2015, pp. 1–10 ; "An interview with Hanna Fenichel Pitkin," in Dean Mathiowetz ed., *Hanna Fenichel Pitkin : Politics, justice, action*, Routledge, 2016, pp. 278–290.

(2) 政治哲学におけるウェルドンの位置づけ、またピトキンとの関係については、松元雅和『応用政治哲学――方法論の探究』風行社、二〇一五年、特に第二章「分析的政治哲学の系譜論」を参照。

(3) 読んでいくと個々の詳細な分析に引き込まれてしまうだけに、この点について誤読が生じる危険性は高い。訳者自身、拙著『代表制という思想』風行社、二〇一四年、一二一頁において、「ピトキンはこれらの代表観への対案として「実質的代表」(substantive representation) の概念を提示する」と記述しているが、これは誤りというべきであろう。確かにピトキンは本訳書の訳語でいわゆる「実体的代表」を、権威付与型代表観など一般に普及している代表観とは異なるものとして、自分なりに再構成し新たに提示している。しかし、それはピトキンが権威付与型よりも実体的代表の方が望ましいと主張しているということではなく、あくまでも日常的に見られる代表という言葉の用法から実体的代表ともいうべき代表観を抽出して独自に定式化をおこなっているということにすぎない。

(4) 日本でも、本書の議論を組み込んだ業績が以前から発表されてきている。小川晃一「政治的代表の論理」『北大法学論集』三七巻一号、一九八六年、一-四九頁や、山岡龍一「政治におけるアカウンタビリティー――代表・責任・熟議デモクラシー」『早稲田政治経済学雑誌』三六四号、二〇〇六年、二〇-三三頁を参照。

(5) 両者の関係を扱った研究として、山崎望・山本圭編著『ポスト代表制の政治学――デモクラシーの危機に抗して』ナカニシヤ出版、二〇一五年を参照。

(6) Hanna Fenichel Pitkin, "Representation and Democracy : Uneasy Alliance," *Scandinavian Political Studies*, Vol. 27, No. 3, 2004, pp. 335–342, reprinted in Dean Mathiowetz ed., *Hanna Fenichel Pitkin : Politics, justice, action, op.cit.* このピトキンの変化については、山崎望・山本圭「ポスト代表制の政治学に向けて」『ポスト代表制の政治学――デモクラシーの危機に抗して』前掲書所収、が言及している。

(7) Pitkin, "Representation and Democracy," *op. cit.*, p. 336.

(8) *Ibid.*, p. 340.

(9) ピトキンは、ドイツ語を例に挙げながら、代表概念を余すところなく分析するためには、「言葉と社会の、そして政治と文化の歴史を、いくつか並行して詳細に説明すること」が必要だと述べている。Hanna Fenichel Pitkin, "Representation," in Terence Ball, James Farr, Russell L. Hanson eds., *Political Innovation and Conceptual Change*, Cambridge University Press, 1989, p. 133.

(10) 日本語で読めるそうした業績の中で、ピトキンの議論が扱われているものとしては、田畑真一「代表関係の複数性――代表論における構築主義的転回の意義」『年報政治学二〇一七-I　世界経済の変動と政治秩序』、二〇一七年七月、一八一-二〇二頁を参照。また、ラクラウの議論を経由して部分的にではあるが、山本圭『不審者のデモクラシー――ラクラウの政治思想』岩波書店、二〇一六年も、ピトキンの象徴的代表論に言及している。

《訳者略歴》

早川《はやかわ》　誠《まこと》

1968年神奈川県生まれ。東京大学大学院法学政治研究科修了，博士（法学）。
現在立正大学法学部教授。
主著　『政治の隘路——多元主義論の20世紀』（創文社，2001年）
『代表制という思想』（風行社，2014年）
ダール『政治的平等とは何か』（共訳，法政大学出版局，2009年）他

代表の概念

2017年12月10日　初版第1刷発行

定価はカバーに
表示しています

訳　者　早　川　　誠
発行者　金　山　弥　平

発行所　一般財団法人　名古屋大学出版会
〒464-0814　名古屋市千種区不老町1 名古屋大学構内
電話(052)781-5027/FAX(052)781-0697

印刷・製本 ㈱太洋社　ISBN978-4-8158-0892-1
乱丁・落丁はお取替えいたします。

索　引

＊イタリック体は「注」の頁番号である。

ア　行

カ　行

サ　行

タ　行

ナ　行

ハ　行

マ　行

ヤ　行

ラ行・A–Z

参考文献

Abell, Walter. *Representation and Form*. New York : Charles Scribner's Sons, 1936.

Adams, John. *Works*. Boston : Little, Brown and Co., 1852–1865.

Adams, Randolph G. *Political Ideas of the American Revolution*. 3d ed. New York : Barnes and Noble, 1958.

Allport, Gordon W. *Personality*. New York : Henry Holt and Co., 1937.［オールポート，託摩武俊・青木孝悦・近藤由紀子・堀正訳『パーソナリティ――心理学的解釈』新曜社，1982 年］

Anson, William R. *Principles of the English Law of Contract, and of Agency in Its Relation to Contract*. 21st ed. Ed. A. G. Guest. Oxford : Clarendon Press, 1959.

Appleby, Paul H. *Morality and Administration [in Democratic Government]*［[ ]内は原書で欠落。訳者注］. Baton Rouge : Louisiana State University Press, 1952.

Arendt, Hannah. *Between Past and Future*. Cleveland : World Publishing, 1963.［アーレント，斎藤純一・引田隆也訳『過去と未来の間』みすず書房，1994 年］

Arneson, Ben A. "Do Representatives Represent ?" *National Municipal Review*, XVI (December, 1927), 751–754.

Austin, J. L. *Philosophical Papers*. Oxford : Clarendon Press, 1960.［オースティン，坂本百大監訳『オースティン哲学論文集』勁草書房，1991 年］

Ayer, A. J. *Philosophical Essays*. London : Macmillan & Co., Ltd., 1954.

Bagehot, Walter. *The English Constitution*. London : Oxford University Press, 1928.［バジョット，小松春雄訳『イギリス憲政論』2011 年，中央公論新社］

Bailey, Samuel. *The Rationale of Political Representation*. London : R. Hunter, 1835.

Banfield, Edward C. *Political Influence*. Glencoe, Ill. : Free Press, 1961.

Barker, Ernest. *Essays on Government*. 2d ed. Oxford : Clarendon Press, 1951.

――――. *Reflections on Government*. London : Oxford University Press, 1942.［バーカー，足立忠夫訳『現代政治の考察――討論による政治』勁草書房，1968 年（抄訳）］

Barrows, Herbert. *Reading the Short Story*. Boston : Houghton Mifflin Co., 1959.

Bay, Christian. *The Structure of Freedom*. Stanford University Press, 1958.［ベイ，横越英一『自由の構造』法政大学出版局，1979 年］

Beard, Charles A., and John D. Lewis. "Representative Government in Evolution," *American Political Science Review*, XXVI (April, 1932), 223–240.

Beer, Samuel H. "The Representation of Interests in British Government : Historical Background," *American Political Science Review*, LI (September, 1957), 613–650.

Belloc, H., and G. K. Chesterton. *The Party System*. London : S. Swift, 1911.

Bentham, Jeremy. *Jeremy Bentham's Economic Writings*. Ed. W. Stark. London : George Allen and Unwin, 1954.

———. *Works*. Ed. John Bowring. Edinburgh : William Tait, 1843.
［ベンサムの翻訳については，山下重一訳「道徳および立法の諸原理序説」関嘉彦責任編集『世界の名著 49　ベンサム／J. S. ミル』1979 年，中央公論社（中公バックス）所収を参考にした］

Bentley, Arthur F. *The Process of Government*. Evanston, Ill. : Principia, 1949.［ベントリー，喜多靖郎・上林良一訳『統治過程論——社会圧力の研究』法律文化社，1994 年］

Berelson, Bernard R., Paul F. Lazarsfeld, and William N. McPhee. *Voting*. University of Chicago Press, 1954.

Bernheimer, Richard, *et al. Art : A Bryn Mawr Symposium*. Bryn Mawr Monographs, IX. Bryn Mawr, 1940.

Blaisdell, Donald C., ed., *Unofficial Government : Pressure Groups and Lobbies*. American Academy of Political and Social Science, *Annals*, Vol. 319 (September, 1958).

Bluntschli, J. C. *Die Lehre vom modernen Staat*. Vol. II : *Allgemeines Staatsrecht*. Stuttgart : J. G. Cotta, 1876.

Bonilla, Frank. "When Is Petition 'Pressure' ?" *Public Opinion Quarterly*, XX (Spring, 1956), 39-48.

Bornhak, Conrad. *Allgemeine Staatslehre*. 2d ed. Berlin : Carl Heymanns, 1909.

Bromage, Arthur W. *Political Representation in Metropolitan Agencies*. Michigan Governmental Studies No. 42 : Ann Arbor : University of Michigan, 1962.

———. "Political Representation in Metropolitan Areas," *American Political Science Review*, LII (June, 1958), 406-418.

Brown, Louise Fargo. "Ideas of Representation from Elizabeth to Charles II," *Journal of Modern History*, XI (March, 1939), 23-40.

Burdick, Eugene, and Arthur J. Brodbeck, eds. *American Voting Behavior*. Glencoe, Ill. : Free Press, 1959.

Burke, Edmund. *Burke's Politics*. Eds. Ross J. S. Hoffman and Paul Levack. New York : Alfred A. Knopf, Inc., 1949.

———. *Selected Writings and Speeches*. Ed. Peter J. Stanlis. Garden City : Doubleday, 1963.

———. *Works*. Vol. I. New York : Harpers, 1847.［バークの翻訳については，中野好之編訳『バーク政治経済論集——保守主義の精神』法政大学出版局，2000 年を参考にした］

Callender, Clarence N., and James C. Charlesworth, eds. *Ethical Standards in American Public Life*. American Academy of Political and Social Science, *Annals*, Vol. 280 (March, 1952).

Cam, Helen M. *Liberties and Communities in Medieval England*. Cambridge, England : Cambridge University Press, 1944.

———. "The Theory and Practice of Representation in Medieval England," *History*, XXXVIII (February, 1953), 11-26.

Campbell, Angus, Philip E. Converse, Warren E. Miller, and Donald E. Stokes. *The American Voter*. New York : John Wiley and Sons, 1960.

———, Gerald Gurin, and Warren E. Miller. *The Voter Decides*. White Plains, N. Y. : Row, Peterson and Co., 1954.

Canavan, Francis P. *The Political Reason of Edmund Burke*. Durham, N. C. : Duke University Press, 1960.

Cantril, Hadley. *Public Opinion 1935-46*. Princeton University Press, 1951.

Carney, Francis M. "Concepts of Political Representation in the United States Today." Unpubl. diss., University of California at Los Angeles, 1956.

Carpenter, William Seal. *Democracy and Representation*. Princeton University Press, 1925.

Carr, Robert H. [正確には Robert K. 訳者注], Marven H. Bernstein, and Donald H. Morrison. *American Democracy in Theory and Practice*. 3d ed. New York : Rinehart, 1959.

Cary, Joyce. *Art and Reality*. New York : Harper and Bros., 1958.

Cassinelli, Charles William, Jr. "The Concept of Representative Government." Unpubl. thesis, University of California, Berkeley, 1950.

———. "Representative Government : The Concept and Its Implications." Unpubl. diss., Harvard University, 1953.

———. "Some Reflections on the Concept of the Public Interest," *Ethics*, LXIX (October, 1958), 48-61.

Cavell, Stanley. "The Availability of Wittgenstein's Later Philosophy," *Philosophical Review*, LXXI (1962), 67-93.

———. "Must We Mean What We Say ?" *Inquiry*, I (1958), 172-212.

Chisholm, Hugh. "Representation," *Encyclopaedia Britannica*, 11th ed. (1910-1911), XXIII, 108-116.

Chrimes, Stanley Bertram. *English Constitutional Ideas in the Fifteenth Century*. Cambridge, England : Cambridge University Press, 1936.

Christensen, A. N., and E. M. Kirkpatrick, eds. *The People, Politics and the Politician*. New York : Henry Holt and Co., 1941.

Chubb, Basil. "Vocational Representation," *Political Studies*, II (June, 1954), 97.

Cicero, Marcus Tullius. *De Oratore, libri tres*. Ed. Augustus S. Wilkins. Oxford : Clarendon Press, 1879-1892. [キケロー，大西英文訳『弁論家について（上)』岩波書店（岩波文庫)，2005 年]

Clark, Carroll D. "The Concept of the Public," *Southwestern Social Science Quarterly*, XIII (March, 1933), 311-320.

Clarke, Maude V. *Medieval Representation and Consent*. London : Longmans, Green and Co., 1936.

Coke, Sir Edward. *The Fourth Part of the Institutes of the Laws of England*. London : W. Clarke and Sons, 1809.

Coker, Francis W., and Carlton C. Rodee. "Representation," *Encyclopaedia of the Social Sciences*, XIII (1935), 309-315.

Cole, G. D. H. *Social Theory*. London : Methuen, 1920. [コール，野田福雄訳「社会理論」『世界の思想第 17——イギリスの社会主義思想』河出書房新社，1966 年所収（抄訳)]

Commons, John Roger. [正確には Rogers. 訳者注] *Proportional Representation*. New York : Thomas Y. Crowell Co., 1896.

Congar, Yves M.-J. "Quod Omnes Tangit ab Omnibus Tractari et Approbatur Debet," *Revue Historique de Droit Français et Etranger*, 4th ser., XXXVI (April-June, 1958), 210-259.

Crane, Wilder W., Jr. "Do Representatives Represent ?" *Journal of Politics*, XXII (May, 1960), 295-299.

Dahl, Robert A., and Charles E. Lindblom. *Politics, Economics and Welfare*. New York : Harpers, 1953. [ダール／リンドブロム，磯部浩一訳『政治・経済・厚生』東洋経済新報社，

1961 年］
Davy, Georges. *Thomas Hobbes et Jean Jacques Rousseau*. Oxford : Clarendon Press, 1953.
De Grazia, Alfred. "General Theory of Apportionment," *Law and Contemporary Problems*, XVII (Spring, 1952), 256–267.
————. "The Nature and Prospects of Political Interest Groups," American Academy of Political and Social Science, *Annals*, Vol. 319 (September, 1958).
————. *Public and Republic*. New York : Alfred A. Knopf, Inc., 1951.
De Grazia, Sebastian. "What Authority Is *Not*." *American Political Science Review*, LIII (June, 1959), 321–331.
Dewey, John. *Art as Experience*. New York : Minton, Balch and Co., 1934.［デューイ，栗田修訳『経験としての芸術』晃洋書房，2010 年］
————. *Interest as Related to Will*. Second Supplement, Herbart Yearbook for 1895, reprinted by National Herbart Society. University of Chicago Press, 1899.
————. *The Public and Its Problems*. New York : Henry Holt and Co., 1927.［デューイ，阿部齊訳『公衆とその諸問題——現代政治の基礎』筑摩書房，2014 年］
Dexter, Lewis Anthony. "Candidates Must Make the Issues and Give Them Meaning," *Public Opinion Quarterly*, XIX (Winter, 1955–56), 408–114.
————. "The Representative and His District," *Human Organization*, XVI (Spring, 1957), 2–13.
————. "What Do Congressmen Hear : The Mail," *Public Opinion Quarterly*, XX (Spring, 1956), 16–27.
Dicey, Albert V. *Introduction to the Study of the Law of the Constitution*. 8th ed. London : Macmillan & Co., Ltd., 1924.［ダイシー，伊藤正己・田島裕訳『憲法序説』学陽書房，1983 年］
Diggs, Bernard J. "Practical Representation," *Representation* (Nomos X). Eds. Roland Pennock and John Chapman. New York : Atherton (in press).
Douglas, Paul H. "Occupational vs. Proportional Representation," *American Journal of Sociology*, XXIX (September, 1923), 129–157.
Downs, Anthony. *An Economic Theory of Democracy*. New York : Harpers, 1957.［ダウンズ，古田精司監訳『民主主義の経済理論』成文堂，1980 年］
Dowse, Robert E. "Representation, General Elections and Democracy," *Parliamentary Affairs*, XV (Summer, 1962), 331–346.
Drath, Martin. *Die Entwicklung der Volksrepräsentation*. Bad Homburg v.d. H. : Gehlen, 1954.
Duguit, Léon. *Traité de Droit Constitutional*. Vol. II. 3d ed. Paris : Boccard, 1928.
Ebenstein, William. *Great Political Thinkers : Plato to the Present*. 2d ed. New York : Rinehart, 1956.
Edward, J. G. "The *Plena Potestas* of English Parliamentary Representatives," *Oxford Essays in Medieval History Presented to H. E. Salter*. Oxford : Clarendon Press, 1934.
Emden, Cecil S. *The People and the Constitution*. 2d ed. Oxford : Clarendon Press, 1956.
Emerson, Ralph Waldo. *Representative Men*. Boston : Phillips, Sampson, 1852.［エマソン，酒本雅之訳『エマソン選集 第 6 巻 代表的人間像』日本教文社，1961 年］
England, Leonard：[:は.でよいと思われる。訳者注］"The Personal Impact of British M. P.'s on Their Constituencies," *International Journal of Opinion and Attitude Research*, IV (Fall, 1950), 412–414.
Epstein, Leon D. "British M. P.'s and Their Local Parties : The Suez Cases," *American Political

Science Review, LIV (June, 1960), 371–390.
Esmein, A., and H. Nézard. *Eléments de Droit Constitutionel Français et Comparé*. Vol. I. 8th ed. Paris : Recueil Sirey, 1927.
Eulau, Heinz, *et al*. "The Role of the Representative : Some Empirical Observations on the Theory of Edmund Burke," *American Political Science Review*, LIII (September, 1959), 742–756.
Fairlie, John A. "The Nature of Political Representation," *American Political Science Review*, XXXIV (April, June, 1940), 236–248, 456–466.
Farrand, Max, ed. *The, Records of the Federal Convention of 1787*. New Haven : Yale University Press, 1927.
Ferguson, George. *Signs and Symbols in Christian Art*. New York : Oxford University Press, 1954.［ファーガソン「図像の辞典」中森義宗編訳『キリスト教図像辞典』近藤出版社，1970 年所収（抄訳）］
Fergusson, Francis. *The Idea of a Theater*. Princeton University Press, 1949.［ファーガソン，山内登美雄訳『演劇の理念』未来社，1958 年］
Field, Guy C. *Political Theory*. London : Methuen, 1956.
Finer, Herman. *The Theory and Practice of Modern Government*. Rev. ed. New York : Henry Holt and Co., 1949.
Firth, Charles, ed. *The Clarke Papers*. Vols. I, III. Camden Society, 1891.
Ford, Henry J. *Representative Government*. New York : Henry Holt and Co., 1924.
Frankel, Charles. "Introduction," to Jean Jacques Rousseau, *The Social Contract*. Ed. Charles Frankel. New York : Hafner, 1951.
Friedrich, Carl J., ed. *Authority* (Nomos I). Cambridge : Harvard University Press, 1958.
————. *Constitutional Government and Democracy*. Boston : Ginn and Co., 1950.
————. "Representation," *Encyclopaedia Britannica*, XIX (1960), 163–167.
————. "Representation and Constitutional Reform in Europe," *Western Political Quarterly*, I (June, 1948), 124–130.
————, ed. *Responsibility* (Nomos III). New York : Liberal Arts Press, 1960.
Fryer, Douglas. *The Measurement of Interests in Relation to Human Adjustment*. New York : Henry Holt and Co., 1931.
Gadave, René. *Thomas Hobbes, et Ses Théories du Contrat Social et de la Souveraineté*. Toulouse : Ch. Marqués, 1907.
Gage, Nathaniel L. *Judging Interests from Expressive Behavior*. Washington, D. C. : American Psychological Association, 1952.
Garner, James Wilford. *Political Science and Government*. New York : American Book Co., 1928.
Gibbons, Philip Arnold. *Ideas of Political Representation in Parliament 1651–1832*. Oxford : Blackwell, 1914.
Gierke, Otto von. *Das deutsche Genossenschaftsrecht*. Vol. III : *Die Staats- und Korporationslehre des Alterthums und des Mittelalters und ihre Aufnahme in Deutschland*. Berlin : Weidmann, 1881.［ギールケ，阪本仁作訳『中世の政治理論』ミネルヴァ書房，1985 年（抄訳）］
————. *Johannes Althusius*. Breslau : M. and H. Marcus, 1913.［ギールケ，笹川紀勝・本間信長・増田明彦訳『ヨハネス・アルトジウス――自然法的国家論の展開及び法体系学説史研究』勁草書房，2011 年］

Gleeck, L. E. “96 Congressmen Make Up Their Minds,” *Public Opinion Quarterly*, IV (March, 1940), 3–24.

Glickman, Harvey. “Viewing Public Opinion in Politics : A Common Sense Approach,” *Public Opinion Quarterly*, XXIII (Winter, 1959–60), 495–504.

Glum, Friedrich. *Der deutsche und der französische Reichswirtschaftsrat*. Berlin : Walter de Gruyter, 1929.

Godwin, Parke. *Political Essays*. New York : Dix, Edwards, 1856.

Goffman, Erving. *The Presentation of Self in Everyday Life*. University of Edinburgh, 1958.［ゴッフマン，石黒毅訳『行為と演技——日常生活における自己呈示』誠信書房，1974 年］

Gombrich, Ernst H. *Art and Illusion*. New York : Pantheon, 1960.［ゴンブリッチ，瀬戸慶久訳，岩崎美術社，1979 年］

Gooch, G. P. *English Democratic Ideas in the Seventeenth Century*. 2d ed. Ed. Harold J. Laski. Cambridge, England : Cambridge University Press, 1954.

Gosnell, Harold Foote. *Democracy, The Threshold of Freedom*. New York : Ronald Press Co., 1948.

Graham, George A. *Morality in American Politics*. New York : Random House, 1952.

Great Britain. Parliament. House of Commons. *Journal of the House of Commons*. Vol. II.

Griffiths, A. Phillips, and Richard Wollheim. “How Can One Person Represent Another ?” Aristotelian Society, Supplementary Vol. XXXIV (I960), 187–224.

Guilford, J. P., *et al.* “A Factor Analysis Study of Human Interests,” *Psychological Monographs : General and Applied*, LXVIII (1954), no. 4.

Guizot, M. *Representative Government in Europe*. Trans. Andrew R. Scoble. London : Henry G. Bohn, 1861.

Hadley, Arthur T. *Standards of Public Morality*. New York : The Macmillan Co., 1907.

Halévy, Elie. *The Growth of Philosophical Radicalism*. Boston : The Beacon Press, 1955.［アレヴィ，永井義雄訳『哲学的急進主義の成立Ⅰ・Ⅱ・Ⅲ』法政大学出版局，2016 年］

Hallam, Henry. *Constitutional History of England*. Vol. I. New York : Widdleton, 1871.

Hamilton, Alexander, James Madison, and John Jay. *The Federalist*. Ed. Max Beloff. Oxford : Blackwell, 1948.［ハミルトン／ジェイ／マディソン，斎藤眞・武則忠見『ザ・フェデラリスト』福村出版，1998 年］

Hamilton, Howard D. *Legislative Apportionment, Key to Power*. New York : Harper and Row, 1964.

Handcock, W. D. “What Is Represented in Representative Government ?” *Philosophy*, XXII (July, 1947), 99–111.

Hare, R. M., *et al.* “Symposium on the Nature of Analysis,” *Journal of Philosophy*, LIV (November, 1957), 741–765.

Hare, Thomas. *The Election of Representatives, Parliamentary and Municipal*. 4th ed. London : Longmans, Green, 1873.

Harris, Errol E. “Political Power,” *Ethics*, LXVIII (October, 1957), 1–10.

Harris, George. *The True Theory of Representation in a State*. London : Longmans, Green and Co., 1857.

Hartmann, George W. “Judgments of State Legislators Concerning Public Opinion,” *Journal of Social Psychology*, XXI (February, 1945), 105–114.

Haskins, George L. *The Growth of English Representative Government*. Philadelphia : University of

Pennsylvania Press, 1948.
Hatschek, Julius. *Englisches Staatsrecht*. Vol. I. Tübingen : J. C. B. Mohr, 1905.
Hauck, Albert. "Die Rezeption und Umbildung der allgemeinen Synode in Mittelalter," *Historische Vierteljahrschrift*, X (1907), 465–482.
Hermens, F. A. *Democracy and Proportional Representation*. Public Policy Pamphlet No. 31. University of Chicago Press, 1940.
———. *Democracy or Anarchy?* Notre Dame, Ind. : Notre Dame University Press, 1941.
Herring, E. Pendleton. *Group Representation before Congress*. Baltimore : Johns Hopkins Press, 1929.
Hintze, Otto. "Typologie der ständischen Verfassungen des Abendlandes," *Historische Zei[t]schrift*, CXLI (1929–1930), 229–248.
Hoag, Clarence Gilbert, and George Hervey Hallett, Jr. *Proportional Representation*. New York : The Macmillan Co., 1926.
Hobbes, Thomas. *The Elements of Law*. Ed. Ferdinand Tönnies. Cambridge, England : Cambridge University Press, 1928.
———. *English Works*. Ed. Sir William Molesworth. London : Longmans, Brown, Green and Longmans, 1839–1845.
[ホッブズの翻訳については，水田洋訳『リヴァイアサン 1・2・3・4』岩波書店（岩波文庫），1982–1992 年を参考にした]
Hogan, James. *Election and Representation*. Cork University Press, 1945.
Holdsworth, William S. *A History of English Law*. Boston : Little, Brown and Co., 1922–1938.
Horwill, G. *Proportional Representation, Its Dangers and Defects*. London : G. Allen and Unwin, 1925.
Hospers, J. *Meaning and Truth in the Arts*. Chapel Hill : University of North Carolina Press, 1946.
Hoy, Terry. "Theories of the Exercise of Suffrage in the United States : A Critical Analysis." Unpubl. diss., University of California, Berkeley, 1956.
Hume, David. "Of the Original Contract," *The Social Contract*. Ed. by Ernest Barker. New York : Oxford University Press, 1960. [ヒューム，小松茂夫訳『市民の国について（上）』岩波書店（岩波文庫），1952 年所収]
———. *A Treatise of Human Nature*. Everyman's ed. New York : E. P. Dutton and Co. [1920]. [ヒューム，大槻春彦『人性論　1・2・3・4』岩波書店（岩波文庫），1948–1952 年]
Hutchins, Robert M. "The Theory of Oligarchy : Edmund Burke," *The Thomist*, V (January, 1943), 61–78.
Hutchison, T. W. "Bentham as an Economist," *Economic Journal*, LXVI (June, 1956), 288–306.
Hyneman, Charles S. "Who Makes Our Laws ?" *Political Science Quarterly*, LV (December, 1940), 556–581.
Isenberg, Arnold. "Perception, Meaning and the Subject-Matter of Art," *Journal of Philosophy*, XLI (1944), 561–575.
Jacob, E. F. "English Documents of the Conciliar Movement," *Rylands Library Bulletin*, XV (July, 1931), 358–394.
Janowitz, Morris, and Dwaine Marvick. "Competitive Pressure and Democratic Consent," *Public Opinion Quarterly*, XIX (Winter,1955–56), 381–400.
———. *Competitive Pressure and Democratic Consent*. Ann Arbor : University of Michigan Press,

1956.

Jellinek, Georg. *Allgemeine Staatslehre*. 2d ed. Berlin : O. Häring, 1905. ［イェリネク，芦部信喜他訳『一般国家学』学陽書房，1976 年］

Jones, Charles O. "Representation in Congress," *American Political Science Review*, LV（December, 1961）, 358-367.

Kantorowicz, Ernst. *The Kings Two Bodies*. Princeton University Press, 1957. ［カントーロヴィチ，小林公訳『王の二つの身体　上・下』筑摩書房（ちくま学芸文庫），2003 年］

Kaplan, Morton. "How Sovereign Is Hobbes' Sovereign ?" *Western Political Quarterly*, IX（June, 1956）, 389-405.

Katz, Elihu, and Paul F. Lazarsfeld. *Personal Influence*. Glencoe, Ill. : Free Press, 1955. ［カッツ／ラザースフェルド，竹内郁郎訳『パーソナル・インフルエンス――オピニオン・リーダーと人びとの意思決定』培風館，1965 年］

Kelsen, Hans. *The Pure Theory of Law*. Berkeley and Los Angeles : University of California Press, 1967. ［ケルゼン，長尾龍一訳『純粋法学　第 2 版』岩波書店，2014 年］

――――. *Vom Wesen und Wert der Demokratie*. 2d ed. Tübingen : J. C. B. Mohr, 1929. ［ケルゼン，長尾龍一・植田俊太郎訳『民主主義の本質と価値』岩波書店（岩波文庫），2015 年］

Kern, Fritz. *Kingship and Law in the Middle Ages*. Trans. S. B. Chrimes. Oxford : Blackwell, 1939. ［ケルン，世良晃志郎訳『中世の法と国制』創文社，1968 年（抄訳）］

Klöti, Emil. *Die Proportionwahl in der Schweitz*. Bern : Schmid and Francke, 1901.

Knight, F. H. *Intelligence and Democratic Action*. Cambridge : Harvard University Press, 1960.

Koellreutter, Otto. *Grundriss der allgemeinen Staatslehre*. Tübingen : J. C. B. Mohr, 1933.

Korzybski, Alfred. *Science and Sanity*. New York : International Non-Aristotelian Library, 1933.

Lagarde, Georges de. "L' Idée de Représentation dans les Oeuvres de Guillaume d' Ockham," International Committee of the Historical Sciences, *Bulletin*, IX（December, 1937）, 425-451.

Laird, John. "The Conception of Authority," Aristotelian Society, *Proceedings*, XXXIV（1934）, 87-110.

Landry, Bernard. *Hobbes*. Paris : F. Alcan, 1930.

Langer, Susan. *Philosophy in a New Key*. Mentor, 1942. ［ランガー，矢野萬里・池上保太・貴志謙二・近藤洋逸訳『シンボルの哲学』岩波書店，1960 年］

Larsen, J. A. O. *Representative Government in Greek and Roman History*. Berkeley and Los Angeles : University of California, 1955.

Laski, Harold J. *Democracy in Crisis*. Chapel Hill : University of North Carolina Press, 1933. ［ラスキ，岡田良夫訳『危機にたつ民主主義』ミネルヴァ書房，1957 年］

Laslett, Peter, ed. *Philosophy, Politics and Society*. New York : The Macmillan Co., 1956.

Lasswell, Harold D., and Abraham Kaplan. *Power and Society*. New Haven : Yale University Press, 1950. ［ラスウェル／カプラン，堀江湛・加藤秀治郎・永山博之訳『権力と社会――政治研究の枠組』芦書房，2013 年］

Lazarsfeld, Paul F., Bernard Berelson, and Hazel Gaudet. *The People's Choice*. New York : Columbia University Press, 1948. ［ラザースフェルド／ベレルソン／ゴーデット，有吉広介監訳『ピープルズ・チョイス――アメリカ人と大統領選挙』芦書房，1987 年］

Leibholz, Gerhard. *Strukturprobleme der modernen Demokratie*. Karlsruhe : C. F. Müller, 1958. ［ライプホルツ，阿部照哉・初宿正典・平松毅・百地章訳『現代民主主義の構造問題』木鐸

社，1974年]
————. *Das Wesen der Repräsentation*. Berlin : Walter de Gruyter, 1929. [ライプホルツ，渡辺中・廣田全男監訳『代表の本質と民主制の形態変化』成文堂，2015年]
Leiserson, Avery. *Administrative Regulation*. University of Chicago Press, 1942.
————. "Problems of Representation in the Government of Private Groups," *Journal of Politics*, XI (August, 1949), 566–577.
Lewis, Ewart. *Medieval Political Ideas*. New York : Alfred A. Knopf, Inc., 1954.
Lewis, George Corn[e]wall [本文と注でもeが欠落。訳者注]. *Remarks on the Use and Abuse of Some Political Terms*. Oxford : James Thornton, 1877.
Lieber, Francis. *Manual of Political Ethics*. Vol. II. Boston : Little, Brown and Co., 1839.
Littré, E. *Dictionnaire de la Langue Française*. Paris : Libraire Hachette, 1875.
Locke, John. *Two Treatises of Government*. Ed. Peter Laslett. Cambridge, England : Cambridge University Press, 1960. [ロック，加藤節訳『完訳統治二論』岩波書店（岩波文庫），2010年]
Lodge, Eleanor C, and Gladys A. Thornton, eds. *English Constitutional Documents 1307–1485*. Cambridge, England : Cambridge University Press, 1935.
Loewenstein, Karl. *Beiträge zur Staatssoziologie*. Tübingen : J. C. B. Mohr, 1961.
————. *Political Power and the Governmental Process*. University of Chicago Press, 1957. [レーヴェンシュタイン，阿部照哉・山川雄巳訳『新訂　現代憲法論——政治権力と統治過程』有信堂高文社，1986年]
————. *Volk und Parlament*. Munich : Dreimasken, 1922.
Lowell, A. Lawrence. *Public Opinion and Popular Government*. New York : Longmans, Green and Co., 1921.
Luce, Robert. *Legislative Principles*. Boston : Houghton Mifflin Co., 1930.
Luepp, Francis. "Do Our Representatives Represent ?" *Atlantic Monthly*, CXIV (October, 1944), 433–443.
Mabbott, J. D. "Punishment," *Mind*, XLVIII (1939), 152–167.
McBain, Howard Lee. *The Living Constitution*. New York : The Macmillan Co., 1948.
Machiavelli, Niccolò. *The Prince and the Discourses*. Ed. Max Lerner. New York : Modern Library, 1940.
[マキァヴェッリの翻訳については，マキァヴェッリ，永井三明訳『マキァヴェッリ全集2 ディスコルシ』筑摩書房，1999年を参考にした]
MacIlwain, C. H. "Medieval Estates," *Cambridge Medieval History*. Vol. VII：*The Decline of Empire and Papacy*. Cambridge, England : Cambridge University Press, 1932.
MacIver, Robert M. "Interests," *Encyclopaedia of the Social Sciences*, VIII (1935), 144–148.
————. *The Modern State*. Oxford : Clarendon, 1926.
————. *Society, Its Structure and Changes*. New York : Ray Long and Richard R. Smith, 1931.
Mackenzie, W. J. M. *Free Elections*. New York : Rinehart, 1958.
————. "Representation in Plural Societies," *Political Studies*, II (February, 1954), 54–69.
McKisack, May. [*The Parliamentary*] [前記部分が欠落。訳者注] *Representation of the English Boroughs during the Middle Ages*. London : Oxford University Press, 1932.
MacRae, Duncan, Jr. *Dimensions of Congressional Voting*. Berkeley and Los Angeles : University of

California, 1958.
————. "Roll Call Votes and Leadership," *Public Opinion Quarterly*, XX (Fall, 1956), 543-558.
Maitland, Frederick William. *Roman Canon Law in the Church of England*. London : Methuen, 1898.
————. *Selected Essays*. Ed. H. D. Hazeltine *et al*. Cambridge, England : Cambridge University Press, 1936.
［メイトランドの翻訳については，メイトランド，青嶋敏他訳『信託と法人』日本評論社，1988年を参考にした］
Malé, Émil.［正しくは Mâle Émil。訳者注］*Religious Art in France XIII Century*. Trans, from 3d ed. by Dora Nussey. New York : E. P. Dutton and Co., 1913.［マール，田中仁彦・池田健二・磯見辰典・細田直孝訳『ゴシックの図像学　上下』国書刊行会，1998年］
Mayo, Bernard. *Ethics and the Moral Life*. London : Macmillan & Co., Ltd., 1958.
Mayo, Henry B. *An Introduction to Democratic Theory*. New York : Oxford University Press, 1960.
"Medieval Representation in Theory and Practice," *Speculum*, XXIX (April, 1954), Part 2.
Merriam, Charles E. *Systematic Politics*. University of Chicago Press, 1945.［メリアム，木村剛輔訳『体系的政治學　1』鎌倉文庫，1949年（抄訳）］
Michels, Robert. *Political Parties*. Trans. Eden and Cedar Paul. Chicago : Free Press, 1915.［ミヘルス，森博・樋口晟子訳『現代民主主義における政党の社会学』木鐸社，1990年］
Mill, James. *An Essay on Government*. New York : Library of Liberal Arts, 1955.［ミル，小川晃一訳『教育論・政府論』岩波書店（岩波文庫），1983年］
Mill, John Stuart. "Thoughts on Parliamentary Reform," *Dissertations and Discussions*. Vol. IV. New York : Henry Holt and Co., 1874.
————. *Utilitarianism, Liberty, and Representative Government*. Everyman's ed. London : J. M. Dent and Sons, 1947.
［ミルの翻訳については，ミル，水田洋訳『代議制統治論』岩波書店（岩波文庫）1997年，およびベンサム／ミル，関嘉彦責任編集『世界の名著 49　ベンサム／J. S. ミル』中央公論社（中公バックス），1979年を参考にした］
Miller, Warren E., and Donald E. Stokes. "Constituency Influence in Congress," *American Political Science Review*, LVII (March, 1963), 45-56.
Milrath［正しくは Milbrath。訳者注］, L. W. "Lobbying as a Communications Process," *Public Opinion Quarterly*, XXIV (Spring, 1960), 32-53.
Mirabeau, Honoré Gabriel Riquetti. *Oeuvres*. Vol. I. Paris : Lecointe et Pougin, Didier, 1834-1835.
Müller, F. Max. *Biographies of Words*. London : Longmans, Green and Co., 1888.
The New Yorker, XXXVII (April 29, 1961).
Oakeshott, Michael. "Introduction" to Thomas Hobbes. *The Leviathan*. Ed. by Michael Oakeshott. Oxford : Blackwell, 1957.
————. *Rationalism in Politics*. New York : Basic Books, 1962.［オークショット，嶋津格他訳『増補版　政治における合理主義』勁草書房，2013年］
Oliver, Henry M., Jr., "Attitudes toward Market and Political Self-interest," *Ethics*, LXV (April, 1955), 171-180.
Oxford English Dictionary. Oxford : Clarendon Press, 1937.
Padover, Saul K. *The Complete Madison*. New York : Harpers, 1953.
Parkin, Charles. *The Moral Basis of Burke's Political Thought*. Cambridge, England : Cambridge

University Press, 1956.
Pasquet, D. *An Essay on the Origins of the House of Commons*. Trans. R. G. D. Laffan. Cambridge, England : Cambridge University Press, 1925.
Pease, T. C. *The Leveller Movement*. Washington, D. C. : American Historical Association, 1916.
Peters, R. S., P. G. Winch, and A. E. Duncan-Jones. "Symposium on Authority," Aristotelian Society, Supplementary Volume, XXXII (1958), 207–260.
Piaget, Jean. *The Moral Judgment of the Child*. Trans. Marjorie Gabain. New York : Collier, 1962.［ピアジェ，大伴茂訳『臨床児童心理学 III　児童道徳判断の発達』同文書院，1956 年］
Pinney, Harvey. "Government—by Whose Consent ?" *Social Science*, XIII (October, 1938), 296–302.
Pitkin, Hanna. "Hobbes' Concept of Representation," *American Political Science Review*, LVIII (June, December, 1964), 328–340, 902–918.
Plamenatz, John P. *Consent, Freedom and Political Obligation*. London : Oxford University Press, 1938.［プラムナッツ，森本哲夫・萬田悦生訳『政治理論とことば』昭和堂，1988 年］
————. "Interests," *Political Studies*, II (February, 1954), 1–8.
Polin, Raymond. *Politique et Philosophie chez Thomas Hobbes*. Paris : Presses Universitaires de France, 1953.
Pollard, A. F. *The Evolution of Parliament*. 2d ed. London : Longmans, Green and Co., 1926.
Post, Gaines. "*Plena Potestas* and Consent in Medieval Assemblies," *Traditio*, I (1943), 355–408.
————. "Roman Law and Early Representation in Spain and Italy 1150–1250," *Speculum*, XVIII (1943), 211–232.
————. "A Roman Legal Theory of Consent, *Quod Omnes Tangit* in Medieval Representation," *Wisconsin Law Review*, January, 1950, pp. 66–78.
Pufendorf, Samuel. *Of the Law of Nature and Nations*. Trans. by Basil Kennett. London, 1729.
Rader, Melvin, ed. *A Modern Book of Esthetics*. New York : Henry Holt and Co., 1952.
Ranney, Austin, and Willmoore Kendall. *Democracy and the American Party System*. New York : Harcourt, Brace and Co., 1956.
Ranney, John C., and Gwendolen M. Carter. *The Major Foreign Powers*. New York : Harcourt, Brace and Co., 1949.
Rawls, John. "Two Concepts of Rules," *Philosophical Review*, LXIV (January, 1955), 3–32.
Redslob, Robert. *Die Staatstheorien der französischen Nationalversammlung von 1789*. Leipzig : Von Veit, 1912.
Rheinfelder, H. "Das Wort 'Persona,' " *Beihefte zur Zeitschrift für Romanische Philologie*, LXXVII (1928).
Rice, Stuart. *Quantitative Methods in Politics*. New York : Alfred A. Knopf, Inc., 1928.
Riemer, Neal. "James Madison's Theory of the Self-Destructive Features of Republican Government," *Ethics*, LXV (October, 1954), 34–43.
Ross, J. F. S. *Parliamentary Representation*. New Haven : Yale University Press, 1944.
Rossiter, Clinton. *The American Presidency*. Mentor, 1956.［ロシター，下島連訳『アメリカ大統領の地位』日本外政学会，1960 年］
Rousseau, Jean Jacques. *Oeuvres Complètes*. Paris : Libraire Hachette, 1905–1912.
［ルソーの翻訳については，ルソー，中山元訳『社会契約論／ジュネーヴ草稿』光文社（光

文社古典新訳文庫)，2008 年を参考にした]
Royce, Josiah. *War and Insurance*. New York : The Macmillan Co., 1914.
Sait, Edward McChesney. *Political Institutions*. New York : D. Appleton-Century, 1938.
Saussure, Ferdinand de. *Course in General Linguistics*. Trans. Wade Baskin. New York : Philosophical Library, 1959. [ソシュール，町田健訳『新訳ソシュール一般言語学講義』研究社，2016 年]
Schlesinger, Arthur M. *New Viewpoints in American History*. New York : The Macmillan Co., 1948.
Schlossmann, Siegmund. *Persona und πρόσωποτ* [正しくは ν と思われる。訳者注] *im Recht und im Christlichen Dogma*. Kiel, 1906.
Schmitt, Carl. *The Necessity of Politics*. London : Sheed and Ward, 1931.
————. *Verfassungslehre*. Berlin : Duncker and Humblot, 1954. [シュミット，阿部照哉・村上義弘訳『憲法論』みすず書房，1974 年]
Schumpeter, Joseph A. *Capitalism, Socialism and Democracy*. 2d ed. New York : Harpers, 1947. [シュムペーター，中山伊知郎・東畑精一訳『資本主義・社会主義・民主主義』東洋経済新報社，1995 年]
Small, Albion W. *General Sociology*. University of Chicago Press, 1905.
Smend, Rudolf. *Verfassung und Verfassungsrecht*. Munich : Duncker and Humblot, 1928.
Smith, Adam. *An Inquiry into the Nature and Causes of the Wealth of Nations*. New York : Modern Library, 1937. [スミス，山岡洋一訳『国富論——国の豊かさの本質と原因についての研究　上下』日本経済新聞出版社，2007 年]
Smith, E. Baldwin. *Early Christian Iconography*. Princeton University Press, 1918.
Smith, Maynard. "Reason, Passion and Political Freedom in the *Federalist*," *Journal of Politics*, XXII (August, 1960), 525-544.
Smith, Sir Thomas. *De Republica Anglorum*. Ed. L. Alston. Cambridge, England : Cambridge University Press, 1906.
Smith, T. V. *The Promise of American Politics*. University of Chicago Press, 1936.
Sorauf, Frank J. "The Public Interest Reconsidered," *Journal of Politics*, XIX (November, 1957), 616-639.
Sterne, Simon. *Representative Government and Personal Representation*. Philadelphia : J. B. Lippincott Co., 1871.
Stevenson, Charles L. *Ethics and Language*. New Haven : Yale University Press, 1944. [スティーヴンソン，島田四郎訳『倫理と言語』内田老鶴圃，1990 年]
Stoke, Harold W. "The Paradox of Representative Government," *Essays in Political Science in Honor of W. W. Willoughby*. Ed. John M. Mathews. Baltimore : Johns Hopkins Press, 1937.
Stout, Hiram Miller. *British Government*. New York : Oxford University Press, 1953.
Stout, Rex. *Three at Wolfe's Door*. New York : Viking Press, 1960.
Strauss, Leo. *The Political Philosophy of Hobbes*. University of Chicago Press, 1952. [シュトラウス，添谷育志・谷喬夫・飯島昇藏訳『ホッブズの政治学』みすず書房，1990 年]
Sutton, Francis X. "Representation and the Nature of Political Systems," *Comparative Studies in Society and History*, II (October, 1959), 1-10.
Swabey, Marie Collins. *Theory of the Democratic State*. Cambridge : Harvard University Press, 1937.
Taylor, John. *An Inquiry into the Principles and Policy of the Government of the United States*.

Fredericksburg : Green and Cady, 1814.
Tierney, Brian. *Foundations of the Conciliar Theory*. Cambridge, England : Cambridge University Press, 1955.
Tindall, William York. *The Literary Symbol*. New York : Columbia University Press, 1955. ［ティンダル，田崎淑子訳『文学の象徴』篠崎書林，1957 年］
Tönnies, Ferdinand. *Thomas Hobbes, Leben und Lehre*. Stuttgart : Fr. Frommanns (H. Kurtz), 1925.
Trendlenburg. “Zur Geschichte des Wortes ‘Person,’” *Kantstudien*, XIII (1908), 1.
Truman, David B. *The Governmental Process*. New York : Alfred A. Knopf, Inc., 1959.
Tsarnoff, Radoslav A. “Moral Principles and National Interests,” *Ethics*, LXII (October, 1951), 11-15.
Turner, Julius. *Party and Constituency : Pressures on Congress*. Baltimore : Johns Hopkins Press, 1951.
Tussman, Joseph. *Obligation and the Body Politic*. New York : Oxford University Press, 1960.
————. “The Political Theory of Thomas Hobbes.” Unpubl. diss., University of California, Berkeley, 1947.
Voegelin, Eric. *The New Science of Politics*. University of Chicago Press, 1952. ［フェーゲリン，山口晃訳『政治の新科学――地中海的伝統からの光』而立書房，2003 年］
Wahlke, John C., *et al*. “American State Legislators’ Role Orientation toward Pressure Groups,” *Journal of Politics*, XXII (May, 1960), 203-227.
————, and Heinz Eulau, eds. *Legislative Behavior*. Glencoe, Ill. : Free Press, 1959.
Waldman, Theodore. “A Reëxamination of the Notion of Consent and Political Obligation.” Unpubl. diss., University of California, Berkeley, 1956.
Walker, Harvey. *The Legislative Process*. New York : Ronald Press Co., 1948.
Warrender, Howard. *The Political Philosophy of Hobbes*. Oxford : Clarendon Press, 1957.
Webb, Sidney, and Beatrice Webb. “Representative Institutions in British Trade-Unionism,” *Political Science Quarterly*, XI (1896), 640-671.
Weber, Max. *The Theory of Social and Economic Organization*. Trans. A. M. Henderson and Talcott Parsons. Glencoe, Ill. : Free Press, 1947.
————. *Wirtschaft und Gesellschaft*. Tübingen : J. C. B. Mohr, 1956.
［ウェーバーの翻訳については，ウェーバー，濱嶋朗訳『権力と支配』講談社（講談社学術文庫），2012 年およびヴェーバー，清水幾太郎訳『社会学の根本概念』岩波書店（岩波文庫），1972 年を参考にした］
Weldon, T. D. *The Vocabulary of Politics*. London : Penguin, 1953. ［ウェルドン，永井陽之助訳『政治の論理』紀伊國屋書店，1957 年］
Wilkinson, B. “The Political Revolution of the Thirteenth and Fourteenth Centuries in England,” *Speculum*, XXIV (October, 1949), 502-509.
Williamson, René de Visme. “The Fascist Concept of Representation,” *Journal of Politics*, III (February, 1941), 29-41.
Wilson, Francis Graham. *The Elements of Modern Politics*. New York : McGraw-Hill Book Co., 1936.
Wilson, James. *Works*. Ed. James DeWitt Andrews. Chicago : Callaghan, 1896.
Wittgenstein, Ludwig. *Philosophical Investigations*. Trans. G. E. M. Anscombe. New York : The Macmillan Co., 1953. ［ヴィトゲンシュタイン，丘沢静也訳『哲学探究』岩波書店，2013

年］
Wolfe, Don M., ed. *Leveller Manifestoes of the Puritan Revolution*. New York : Thomas Nelson and Sons, 1944.
Wolff, Hans J. *Organschaft und juristische Person*. Vol. II：*Theorie der Vertretung*. Berlin : Carl Heymanns, 1934.
Wolin, Sheldon S. *Politics and Vision*. Boston : Little, Brown and Co., 1960.［ウォーリン，尾形典男・福田歓一他訳『西欧政治思想史』福村出版，1994 年，および 2004 年原書 Expanded Edition の翻訳としてウォーリン，尾形典男・福田歓一他訳『政治とヴィジョン』福村出版，2007 年］
Woodhouse, A. S. P. *Puritanism and Liberty*. London : J. M. Dent, 1951.
Ziff, Paul. *Semantic Analysis*. Ithaca : Cornell University Press, 1960.

注

第1章　序　論

（1）*Baker vs. Carr*（1962）, 369 U. S. 186. その後の判例と展開を概観するには，以下を参照。Howard D. Hamilton, *Legislative Apportionment, Key to Power*（New York, 1964）.

（2）J. A. O. Larsen, *Representative Government in Greek and Roman History*（Berkeley and Los Angeles, 1955）を参照。“representation”の語源と代表制統治の発展に関するさらに詳しい議論として，本書末の補遺を参照。

（3）ラテン語での展開については，以下を参照。Georges de Lagarde, “L'Idée de Représentation dans les Oeuvres de Guillaume d'Ockham,” International Committee of the Historical Sciences, *Bulletin*, IX（December, 1937）, 425–451 : Albert Hauck, “Die Rezeption und Umbildung der allgemeinen Synode im Mittelalter,” *Historische Vierteljahrschrift*, X（1907）, 465–482 ; Otto Hintze, “Typologie der standischen Verfassungen des Abendlandes,” *Historische Zeitschrift*, CXLI（1929–1930）, 229–248.

（4）英国における議会代表の起源に関して競合する諸説を概観するには，以下を参照。C. H. MacIlwain, “Medieval Estates,” *Cambridge Medieval History*, VII : *The Decline of Empire and Papacy*（Cambridge, England, 1932）, 664–715 ; Helen M. Cam, *Liberties and Communities in Medieval England*（London, 1944）, chap. 15.

（5）A. F. Pollard, *The Evolution of Parliament*（London, 1926）, pp. 109, 158–159 ; Charles A. Beard and John D. Lewis, “Representative Government in Evolution,” *American Political Science Review*, XXVI（April, 1932）, 230–233 ; Henry J. Ford, *Representative Government*（New York, 1924）, p. 101n ; James Hogan, *Election and Representation*（1945）, pp. 142–143.

（6）1647年10月29日，パトニー討論でのレインバラ大佐の発言。「……イングランドでもっとも貧しい者といえども，もっとも大いなる人と同様に，生きるべき生命をもっていると本当に思うからである。それゆえ，実際のところ，よろしいか，ある政体の下で生きねばならぬ人は誰であれ，まず自分自身の同意によって我が身をその政体の下に置くべきということは明確だと思われる。それに，イングランドのもっとも貧しい人でも，厳密な意味では，我が身をその下に置くための投票権を持たされていない政体になど，少しも縛られはしないのではなかろうか」。以下に引用されている。Charles Firth, ed., *The Clarke Papers*（Camden Society, 1891）, I, 301. ［パトニー討論やクラーク文書の解説と翻訳については，大澤麦・澁谷浩訳『デモクラシーにおける討論の生誕――ピューリタン革命におけるパトニー討論』聖学院大学出版会，1999年，を参照。訳者注］

（7）この考え方の起源は中世にあるが，スローガン自体はアメリカ大陸の植民地でダニエル・グーキン［Daniel Gookin, 1612–1687］により広められた。グーキンはアイルランド系の入植者で，ヴァージニアからボストンへと移り，マサチューセッツの立法府の議長となって，人民の権利を熱心に主張した。Hugh Chisholm, “Representation,” *Encyclopaedia Britannica*, XXIII,（1910–1911）, 109. 革命期におけるこのスローガンのさまざまな解釈と，

それが鬨の声として果たした役割については，以下を参照。Randolph G. Adams, *Political Ideas of the American Revolution* (New York, 1958), pp. 86–106 ; Arthur M. Schlesinger, *New Viewpoints in American History* (New York, 1948), pp. 160–183.

(8) たとえば，以下を参照。Samuel Bailey, *The Rationale of Political Representation* (London, 1835), p. 6 ; Gerhard Leibholz, *Das Wesen der Repräsentation* (Berlin, 1929), p. 66 ; Cecil S. Emden, *The People and the Constitution* (Oxford, 1956), p. 2 ; Martin Drath, *Die Entwicklung der Volksrepräsentation* (Bad Homburg v.d.H., 1954), pp. 7, 27.

(9) John Stuart Mill, *Considerations on Representative Government*, first published in 1861. ミルのこの著作は，以降の引用では *Representative Government* と表記する。私が本書で用いているのは，the Everyman's edition である。*Utilitarianism, Liberty, and Representative Government* (London, 1947), pp. 175–393. ミルは代表制統治を定義してはいるが（chap. 5, p. 228)，代表を定義していない。また，代表制統治の定義を代表の意味に結びつけてもいない。

(10) Stanley Cavell, "Must We Mean What We Say ?" *Inquiry*, I (1958), 200–202. 特に "representation" に関して，次と比較のこと。Leibholz, *Das Wesen der Repräsentation*, pp. 105–106.

(11) Pollard, *op. cit.*, p. 151 ; Robert Luce, *Legislative Principles* (Boston, 1930), p. 199 ; Chisholm, *op. cit.*, p. 108 ; Francis Luepp, "Do Our Representatives Represent ?" *Atlantic Monthly*, CXIV (October, 1914), 434–435. 次と比較のこと。Heinz Eulau *et al.*, "The Role of the Representative : Some Empirical Observations on the Theory of Edmund Burke," *American Political Science Review*, LIII (September, 1959), 742–743 ; Joseph Tussman, *Obligation and the Body Politic* (New York, 1960), p. 61.

(12) たとえば，以下を参照。Beard and Lewis, *op. cit.*; Alfred De Grazia, *Public and Republic* (New York, 1951) ; John A. Fairlie, "The Nature of Political Representation," *American Political Science Review*, XXXIV (April, June, 1940), 236–248, 456–466 ; Harold Foote Gosnell, *Democracy, the Threshold of Freedom* (New York, 1948), esp. chap. 8 ; Luce, *op. cit.*, esp. chaps. 9 and 21 ; Luepp, *op. cit.*

(13) Henry B. Mayo, *An Introduction to Democratic Theory* (New York, 1960), pp. 95, 103.

(14) 特に次を参照。Austin's *Philosophical Papers* (Oxford, 1961). 私は，論文がほぼ完成した後で，ポール・ジフの *Semantic Analysis* (Ithaca, 1960) とルードヴィヒ・ヴィトゲンシュタインの著作に接した。前者からは，私の記述に当てはまるものを取り入れ，また学ぶところも多かった。後者は言語と哲学に対する私の考え方をあまりにも大きく変えてしまったので，改稿の過程でヴィトゲンシュタインの考え方を記述に組み入れることは（少数の注を除いては）試みていない。したがって，本書は主にオースティン的な方向性をとっていて，ヴィトゲンシュタイン的ではない。もし今もう一度あらためて執筆するようなことがあれば，それはまったく異なった本になることだろう。スタンリー・カヴェルからは，言語哲学について，彼の論文から学び取ることができるよりもはるかに多くのことを学んだが，それにもかかわらず論文が非常に有用であることに何ら変わりはない。

(15) Charles William Cassinelli, Jr., "The Concept of Representative Government" (unpubl. thesis, 1950), p. 12 ; "Representative Government : The Concept and Its Implications" (unpubl. diss., 1953) ; F. A. Hermens, *Democracy or Anarchy ?* (Notre Dame, Ind., 1941), pp. 4–5 ; Gosnell,

op. cit., p. 148. 類比と非政治的用法の重要性に気がついているのは Hans J. Wolff, *Organschaft und juristische Person* (Berlin, 1934), p. 22 だけのようだが，それにもかかわらず多くの評者が何らかの類比を用いている。

(16) Stanley Bertram Chrimes, *English Constitutional Ideas in the Fifteenth Century* (Cambridge, England, 1936), pp. 85-86. クライムズは “estates” という語について論じているのだが，彼の議論には一般的な妥当性がある。

(17) Carl J. Friedrich, *Constitutional Government and Democracy* (Boston, 1950), p. 267 ; “Representation,” *Encyclopaedia Britannica*, XIX (1960), 163-167. Fairlie, *op. cit.*, p. 236 ; Friedrich Glum, *Der deutsche und der französische Reichswirtschaftsrat* (Berlin, 1929), p. 27 ; Leibholz, *Das Wesen der Repräsentation*, p. 26 ; Wolff, *op. cit.*, pp. 18-29.

(18) 特に以下を参照。Carl Schmitt, *The Necessity of Politics* (London, 1931), p. 69 ; Glum, *op. cit.*, pp. 25-36 ; Leibholz, *Das Wesen der Repräsentation*, pp. 26-35, 46, 166-175.

(19) *Op. cit.*, p. 29. 英語への翻訳は，本書著者による。

(20) この比喩は，私自身が思考する中で，練り上げられてきた。私は後にジフの業績の中によく似た比喩があるのを見つけたが，私の比喩はまったく独自に練り上げられたものである。*Op. cit.*, p. 181 を参照。「要素 m1 は，いくつかの条件群の集まりである Cm1 と結びつけられうる。m1 のことを一つの宝石と，また Cm1 に含まれる各構成要素のことを宝石のカットされたそれぞれの側面と考えよう。その場合，どの側面に光が当たるかは，どのような文脈に置かれているか，そして言語的な環境がどのようになっているか，すなわち背景次第で変わってくる。そこで，「彼は私の兄弟である」[He’s my brother] と言ったり，「彼はずっと私の兄弟分だ」[He’s been a brother to me] と言ったり，「彼は修道会の修道士だ」[He’s a brother of the order] と言ったりするわけだが，そのそれぞれの場合に，普通であれば，言葉の異なる側面にそれぞれ光が当てられているのである」［原書の引用文中，brother of the order.’” となっている部分の最後の” は，ジフの原書では：である。訳者注］。

私自身がこのような考え方をするようになったのは，シェルドン・ウォーリンの次の記述から示唆を受けてのことであるかもしれない。「政治現象を「見る」[seeing] 形式をつくりだすのは政治哲学であり，これらの現象を視覚化する仕方が決まるのは，おおむね観察者がよって「立つ」[stands] 場所」，観察者特有の「展望」[perspective]，または「視角」[angle of vision] によってである。*Politics and Vision* (Boston, 1960), p. 17. ヴィトゲンシュタインの読解を踏まえると，概念や言語を論じるに際して比喩を用いることにはいくつかの点で深刻な誤解を招く危険がある，と私は確信するようになった。しかしたまたまではあるが，代表の概念については比喩がかなりうまく役割を果たしてくれる。比喩は本書の立論の中核をなすものであるので，私はそれをそのままにしておくことにした。

(21) *The Literary Symbol* (New York, 1955), p. vii.

第 2 章　トマス・ホッブズの問題

(1) *English Works*, ed. Sir William Molesworth (London, 1839-1845) は，これ以降 *E. W.* として引用する。カール・レーヴェンシュタインは，代表の原理とホッブズ的な理論は両立しないとまで述べる。Karl Loewenstein, *Volk und Parlament* (Munich, 1922), p. 35. ホッブズを評する者の中で，代表の重要性に気がついているのは以下に限られるようだ。Fer-

dinand Tönnies in *Thomas Hobbes* (Stuttgart, 1925), p. 238, and by Joseph Tussman in "The Political Theory of Thomas Hobbes" (unpubl. diss., 1947), pp. 89–119. 代表に関連する「人格」[person] の概念については，フランス語文献で一定の注目を集めている。以下を参照。Raymond Polin, *Politique et Philosophic chez Thomas Hobbes* (Paris, 1953), chap. 10 ; René Gadave, *Thomas Hobbes* (Toulouse, 1907), pp. 93–101 ; B. Landry, *Hobbes* (Paris, 1930), chap. 10.

(2) *The Elements of Law* は 1640 年に完成したが，出版は 1650 年であった。*De Cive* は 1642 年に完成し，最初はラテン語で出版され，英語での出版は 1651 年のことであった。その年は『リヴァイアサン』が出版された年でもある。

(3)「人格」との結びつきは，以下の著作でも同じように強調されている。Carl Schmitt, *The Necessity of Politics* (London, 1931), p. 60 :「人格 [a person] だけが代表することができる……」。以下と比較のこと。Harold Foote Gosnell, *Democracy* (New York, 1948), p. 132 ; De Grazia, *Public and Republic* (New York, 1951), p. 7.

「人格」概念は，神学や心理学，法学分野で興味深い展開を見せてきている。以下を参照。Gordon W. Allport, *Personality* (New York, 1937), pp. 24–50 ; F. Max Müller, *Biographies of Words* (London, 1888), pp. 32–47 ; Siegmund Schlossmann, *Persona und πρόσωπον im Recht und im Christlichen Dogma* (Kiel, 1906) ［ピトキンの注，文献一覧では πρόσωποτ のように見えるが，おそらく誤植と思われる。訳者注］; Trendlenburg, "Zur Geschichte des Wortes 'Person,'" *Kantstudien*, XIII (1908), 1 ; H. Rheinfelder, "Das Wort 'Persona,'" *Beihefte zur Zeitschrift für Romanische Philologie*, LXXVII (1928).

(4) *E. W.*, III, 147.

(5) Tönnies, *op. cit.*, pp. 238–239 ; Gadave, *op. cit.*, p. 139.

(6) *E. W.*, III, 148.

(7) *Ibid.*, 538.

(8) *Ibid.*, 148.

(9) *Ibid.*, 149.

(10) *Ibid.*, 152.

(11) この点に関するホッブズの両義性は，彼特有の権利の考え方と間違いなく関係しており，その考え方は自然状態の観念に依拠している。以下の拙論を参照。"Hobbes' Concept of Representation——II," *American Political Science Review*, LVIII (December, 1964), 902–918.

(12) *E. W.*, III, 148.

(13) *Ibid.*, 151.

(14) *Ibid.*, 148.

(15) *Ibid.*, 149–150.

(16) Howard Warrender, *The Political Philosophy of Hobbes* (Oxford, 1957), p. 23.

(17) *E. W.*, III, 150.

(18) *Ibid.*, 149.

(19) *Ibid.*, 147.

(20) *Ibid.* 強調は本書著者による。

(21) 自己の概念を，私たちが演じることを引き受けた役割だと考えるのは，完全に正しいと言えないのは明らかであるにしても，非常に示唆的ではある。アーヴィング・ゴッフ

マンの非凡な研究を参照のこと。Erving Goffman, *The Presentation of Self in Everyday Life* (1958). だがもちろん，私たちは普通自分自身を演じたり表現[represent]したりするわけではない。ゴッフマンの本のタイトルが示しているように，それはせいぜい眼前に存在させる[*pre*sentation]ということを意味するにすぎない。そしてその場合でさえ，自己と仮面が完全に区別されるわけでもなければ，自己が仮面に完全に取って代わられるというわけでもない。

(22) *E. W.*, III, 148.『リヴァイアサン』では典拠が示されていないが，ホッブズは以下で同じ部分を引用している。"Letter to Bishop Bramhall" (*E. W.*, IV, 310). そこでは，キケロからアッティクスへと送られた手紙の中の一通からの引用だとされている。結局私はこの引用が以下にあるのを見出した。II *de Oratore* 102.

(23) *E. W.*, IV, 310.

(24) ここでの私の主張が成立するのは，ホッブズが "he's not his own person" を通俗的な表現だと記す際に，本当は "he's not his own man" という表現を意図していた，という場合のみである。そうでなければ，"he's not his own person" という表現が 17 世紀にすでにあって，ホッブズが示唆しているように誰か他の人の権威に基づいて行為することだと定義されていた[*was* defined]，ということになるだろう。私はそのような用法があったという証拠を発見することができなかった。『オックスフォード英語辞典』にはそうした用法は掲載されていないが，他方で "he's not his own man" は掲載されている。この表現の初出は 14 世紀にまで遡り，それ以来ずっと使われ続けている。その意味はホッブズが示した意味ではなく，私が示唆した意味と一致している。ホッブズが "he's not his own man" という表現を意図しながら権威付与型の定義に誤って引きずられてしまった，という可能性が非常に高いように思われる。

(25)「本人」[Author]はラテン語の *augere*，つまり「(何かを) 成長させる」という意味の言葉から派生している。この結びつきに注目しているのは以下の著作である。Harvey Pinney, "Government──by Whose Consent ?" *Social Science*, XIII (October, 1938), 297. 最近では以下でより詳細な検討がなされている。Hannah Arendt, "What Is Authority ?" *Between Past and Future* (Cleveland, 1963).

(26) より詳細な議論については，先に注(11)で挙げた拙論を参照。

(27)『リヴァイアサン』における義務については，以下の研究に含まれる議論が最善である。Warrender, *op. cit.*

(28) *E. W.*, III, 159-160.

(29) *Ibid.*, 151.

(30) *Ibid.*, 158. 強調は本書著者による。

(31) *Ibid.*, 158-159, 207-210.

(32) *Ibid.*, 322.

(33) 以下を参照。Warrender, *op. cit.*, pp. 125-134. 彼が指摘するように，獲得による主権の場合には，主権者が契約の当事者本人である[is]から，この主張の説得力は急減する。しかし，獲得によるコモンウェルスの設立においては，主権者は征服された人びとの命を助けることを契約時に約束したにすぎないのだから，その段階ですでに義務を果たし終えていて，その後被統治者に対してそれ以上の義務を負うことはない，と論じることは可能である。*E. W.*, III, 190 を参照。

(34) *E. W.*, III, 163.

(35) *Ibid*., 137.

(36) 主権者への権威付与の重要性に関する私の説明に対して，ウォレンダーはそれに代わる（私の考えでは）誤った解釈を提示している。Warrender, *op. cit*., pp. 109–110, 129–131, 178. 彼の主張では，主権者への権威付与が意味するのは「主権者の行動は，市民が関心の対象としてよいような，道徳的で公然たる侮辱とはなりえない。権威付与は，そのような理由による市民への説明責任から主権者を免除するのに役立つ」ということにすぎない。*Ibid*., p. 110.

私の見るところ，被統治者が主権者に対して有効な主張をすることができないのは，主権者の説明責任が免除されているからではなく，主権者が被統治者へのいかなる義務にも違反することができないからであるように思われる。これも権威付与の結果ではあるが，説明責任を放棄することとはまったく異なっている。ウォレンダーが引用している一節（p. 131）では，重要なのは説明責任の欠如ではなく義務の欠如であると示されている。以下を参照。*E. W*., III, 200.

だがさらに重要なのは，権威付与とは主権者が被統治者に対して説明責任を負わないということを意味するにすぎないと言ってしまうと，権威付与のもっとも重要な役割を見逃すことになる，という点である。権威付与は，主権者に対して[to]［被統治者が］負う義務の源泉である。権威付与を通して，主権者には被統治者に義務を負わせる権限が授けられ，あたかも主権者の意思が被統治者の意思であるかのようになる。

ウォレンダーはこの点を見逃している。なぜなら，彼は被統治者のあらゆる義務は契約のみから生じていると考えているからである。よって，権威付与とは被統治者が主権者を裁いたり説明責任を求めたりすることができないということを意味するだけだ，と結論づけている。ウォレンダーはこれが被統治者に対して「主権者を権威ある者にする」（p. 130）のだと論じる。しかし，権威ある者とは，ただ私たちによって裁かれると想定されていない人のことを言うのではない。その判断を私たちが受け入れる人のことでもある。同じように，被統治者はただ主権者を裁かないことに同意しているだけではない。自分たちのために主権者に判断してもらうということにも同意しているのである。

ウォレンダーによれば，被統治者は主権者の命令に道徳的に責任を有するわけではない。なぜなら，「ある人格が他の人格の行為について道徳的責任をとることは不可能である」からだ（p. 110）。しかし，これでは議論は完全に裏返しである。ホッブズの述べるところでは，主権者が神法に反する命令をして，被統治者がそれを実行する場合，被統治者ではなく主権者が責任を負う。*E. W*., II, 152 ; IV, 140–141, 185. そしてもちろん，このようなことが起こりうるのは，ある人が他の人の行為について道徳的に責任をとることが可能である[can]場合に限られる。ある人が道徳的に有責であるのは自分自身の「自然で本当の意思」[natural and very will]についてのみであり，主権者がその人の名において意思することにまでその人が責任をとるわけではないのである。

(37)「そのような状況下で，代表制政府は明らかに名前だけ[only in name]のものになるだろう。というのは，代表システムにおける永久委任というのは，語義矛盾だからである」。James Wilford Garner, *Political Science and Government*（New York, 1928）, p. 642. 強調は本書著者による。

「代表者として行為するように主権者を権威づける場合，あらゆる人が権威づけるということのいかなる文字通りの[literal]意味においてもそうするというわけではない」。Morton Kaplan, “How Sovereign Is Hobbes’ Sovereign ?” *Western Political Quarterly*, IX（June,

1956), 395. 強調は本書著者による。

(38) Kaplan, *op. cit.*, p. 400.

(39) De Grazia, *Public and Republic*, p. 9.

(40) この言葉は以下から引用している。Charles L. Stevenson, *Ethics and Language* (New Haven, 1944), chap. 9. だが，この段落の残りの部分からもわかるように，私はスティーヴンソンの概念にはいささか異論がある。

(41) 私の経験だと，学部生はしばしばこのような誤りを犯す。ひとたびホッブズが代表概念を用いていることに気がつくと，そこからすぐに結論に飛びつき，主権者は本当のところ被統治者の要望を聞いたり利益を追求したりしなければならないと考えることが多いのである。

(42) ここからデ・グラツィアは，「ホッブズは，君主制のシステムを組み立てようとして，“representative” という言葉に含まれる肯定的な特色を利用しようとあまりにも懸命に努めすぎたために，その言葉からほとんどの意味を奪い去ってしまったのである」と論じる。*Public and Republic*, p. 25. しかしホッブズは，その言葉が一般的な意味を保った [preserved] 限りでしか，その「肯定的な特色」を利用できなかった。(デ・グラツィアの著作から引用したこの一節は，前に注(39)で引用したものと矛盾しているように見える。)

(43)「哲学病の主な原因――偏食。思考がたった一種類の例で養われている」。Ludwig Wittgenstein, *Philosophical Investigations*, trans. G. E. M. Anscombe (New York, 1953), p. 155.

第 3 章　形式主義的代表観

(1)「代表というのは主として特定の団体所属員（代理者）の行為が，そのほかの成員に帰せられるか，それとも，かれらによって「正当」なものとみなされ，また，かれらに拘束力をおよぼすべきものとされ，事実上そのような力をもつようになる事態，というほどの意味である」。Max Weber, *Wirtschaft und Gesellschaft* (Tübingen, 1956), I, 171 [「主として」は，ウェーバーの原文では強調されているが，ピトキンの引用では強調が抜けている。訳者注]. この著作は 1911 年から 1913 年の間に書かれた。ウェーバーからの引用はこの部分も，またこれ以外の文章も私自身による英訳である。英訳としては以下が利用可能である。*The Theory of Social and Economic Organization*, trans. A. M. Henderson and Talcott Parsons (Glencoe, Ill., 1947). だが，私が関心をもっている引用部分のヘンダーソンとパーソンズによる訳は，私自身の特化された関心からすると漠然としすぎている。ウェーバーが行為の帰属のみを含意している一方で，翻訳はしばしば規範的帰結の帰属をも含意している（これらの言葉の意味は，これ以降で説明される)。

(2)「伝統的秩序や実定的秩序によって，ある社会的関係がメンバーの上に次のような結果を生むことがある。すなわち，(1) この関係のメンバーの誰か一人の特定の行為がメンバー全体（連帯責任者）の責任になることがあり，また，(2) 特定のメンバー（代表者 [Vertreter]）の行為が他のメンバー（被代表者 [Vertretenen]）の責任になることがあって，そのため，チャンスや結果が他のメンバーの利益あるいは負担になるということがある」。Weber, *Wirtschaft*, I, 25. 以下も参照のこと。I, 171–176 ; II, 438–440.

(3) この理論家集団は共通して血讐と集合的責任に言及している。Georg Jellinek, *Allgemeine Staatslehre* (Berlin, 1905), p. 553 ; Hans J. Wolff, *Organschaft und juristische Person*

(Berlin, 1934), pp. 37–41.

(4) *Wirtschaft*, pp. 17–18.

(5) Robert Redslob, *Die Staatstheorien der franzosischen Nationalversammlung von 1789* (Leipzig, 1912), p. 119 ; J. C. Bluntschli, *Die Lehre vom modernen Staat*, Vol. II : *Allgemeines Staatsrecht* (Stuttgart, 1876), 49–56.

(6) Otto von Gierke, *Johannes Althusius* (Breslau, 1913), pp. 224–225 ; Jellinek, *op. cit.*, pp. 552–579 ; Redslob, *op. cit.*, p. 129 ; Karl Loewenstein, *Volk und Parlament* (Munich, 1922), p. 201 ; Conrad Bornhak, *Allgemeine Staatslehre* (Berlin, 1909), pp. 113–115.

(7) John A. Fairlie, "The Nature of Political Representation," *American Political Science Review* XXXIV (April, 1940), p. 237. 以下を参照。Harold Foote Gosnell, *Democracy* (New York, 1948), p. 146 ; John Dewey, *The Public and Its Problems* (New York, 1927), pp. 18, 67, 75–77 ; James Hogan, *Election and Representation* (1945), pp. 120–121, 141.

(8) Dewey, *The Public*, p. 75. 以下を参照。Bluntschli, *op. cit.*, p. 50 ; Jellinek, *op. cit.*, pp. 569–575 ; Joseph Tussman, *Obligation and the Body Politic* (New York, 1960), p. 21 *et passim*.

(9) Hogan, *op. cit.*, p. 120.

(10) Jellinek, *op. cit.*, p. 552.

(11) たとえば，立法府議員に対して人民が継続的に力を有すると彼が強調する時（*ibid.*, pp. 569–571）や，*Repräsentativverfassung* という言葉を用いて選挙で選ばれた立法府を有する統治体制のみを示している場合（p. 571），または絶対君主を代表と呼ぶことは意味がないと論じている場合（pp. 576–577）などである。

(12) *Ibid.*, p. 552. また以下も参照。pp. 565–566, 568, 573, 576–578.

(13) こうした考えもすでにフランス革命の時代に議論されていた。Redslob, *op. cit.*, p. 119 ; Loewenstein, *Volk und Parlament*, p. 202. また，以下とも比較すること。Redslob, *op. cit.*, p. 129 ; Jellinek, *op. cit.*, p. 552 ; Bornhak, *op. cit.*, p. 115. やや異なる議論の仕方としては，以下を参照。Hans Kelsen, *The Pure Theory of Law* (Berkeley and Los Angeles, 1967), pp. 299–302.

(14) 例外として，以下を参照。Francis X. Sutton, "Representation and the Nature of Political Systems," *Comparative Studies in Society and History*, II (October, 1959), 1–10. サットンは，みずからの人類学の著作にウェーバーの定義を採用している。

(15) Edward McChesney Sait, *Political Institutions* (New York, 1938), p. 476 ; Avery Leiserson, "Problems of Representation in the Government of Private Groups," *Journal of Politics*, XI (August, 1949), 566 ; Sir Ernest Barker, *Greek Political Theory*, p. 35, cited in Fairlie, *op. cit.*, p. 459.

(16) Karl Loewenstein, *Political Power and the Governmental Process* (Chicago, 1957), p. 38. レーヴェンシュタインが実際に論じているのは「法的本質」[the legal essence] についてだが，文脈を考えれば，これによって一般的な定義，すなわち他者を拘束する権威なくして真の代表はない，ということを意味しているのは明らかである。

(17) Harvey Pinney, "Government――by Whose Consent ?" *Social Science*, XIII (October, 1938), p. 298. 以下を参照。George Corn [e] wall Lewis, *Remarks on the Use and Abuse of Some Political Terms* (Oxford, 1877), p. 98. ルイスは多くの点で権威付与型と言える見解を展開しているが，権威を与えた側の者に代表者を従属させることについて "authorization" という言葉を用いることは拒んでいる。

(18) Joseph Tussman, "The Political Theory of Thomas Hobbes" (unpubl. diss., 1947), pp. 117–118.

(19) John P. Plamenatz, *Consent, Freedom and Political Obligation* (London, 1938), pp. 4, 12.

(20) *Ibid.*, pp. 15ff.

(21) *Ibid.*, pp. 16–17.

(22) Eric Voegelin, *The New Science of Politics* (Chicago, 1952), pp. 31, 1.

(23) *Ibid.*, p. 33.

(24) *Ibid.*, pp. 32, 30.

(25) *Ibid.*, p. 50.

(26) *Ibid.*, p. 36.

(27) *Ibid.*, p. 37.

(28) *Ibid.*, p. 40. 以下も参照。pp. 38–39, 45, 47. フェーゲリンがそのような結合の拡大を望ましいと考えたかどうか見極めるのは容易ではない。かれはアテネ民主政を称賛している（p. 71)。だが，受け入れる用意のない社会に対して代表制の諸制度を安易に移植することには反対だし，またそれに伴って，代表制統治があらゆる人民にとって望ましいものであると想定することにも反対している（pp. 50–51)。おそらく，結合は外部から押しつけられたり借用したりするようなものではなく，その社会自体の歴史を通じて有機体的に育まれなければならない，ということだろう。

(29) *Ibid.*, p. 47. 次も参照。pp. 41–49.

(30) *Ibid.*, pp. 54, 75.

(31) *Ibid.*, pp. 53, 70, 73.

(32) *Ibid.*, p. 54. 強調は本書著者による。

(33) *Ibid.*, pp. 28–31.

(34) *Ibid.*, p. 75.

(35) A. Phillips Griffiths and Richard Wollheim, "How Can One Person Represent Another ?" Aristotelian Society Suppl. Vol. XXXIV (1960), 187–224.

(36) *Ibid.*, p. 189.

(37) *Ibid.*, p. 192.

(38) *Ibid.* この興味深い区別は，以下の著作に引用されている過度に民主主義的な一節が，なぜ無視し難い強い印象を与えるのかを説明してくれる。Alfred De Grazia, *Public and Republic* (New York, 1951), pp. 46–47. その一節は実質的代表論，つまり選挙権を与えられていない者もやはり英国議会に代表されているので不満を申し立てる根拠はない，人びとは「現実に」[actually] ではなく，「実質的に」[virtually] 代表されている，という説に対する批判である。ジェレミー・ベンサムの著書の編集者が，この実質的代表論を嘲って，以下のように評しているのである。「なぜ寡頭制の独裁者たちは，みずから「大食漢クラブ」を組織して，全国民のために食事し，飢えた人びとに向って，お前たちは実質的に食べ物を与えられたのだ，と言わないのだろうか」。この議論は，参政権の制限に対する批判としては，際立った説得力をもっている。ただそれは，本文でグリフィスが明らかにしてみせた，誤った考え方に基づいている。いかに民主的に選出されていようと，いかに他の人びとを満足させたいと熱望していようと，誰も正真正銘他者のために食べることなどできない。

(39) *Ibid.*, pp. 192–193.

(40) *Ibid.*, p. 193.
(41) *Ibid.*, p. 192.
(42) *Ibid.*
(43) 以下を参照。Gerhard Leibholz, *Das Wesen der Repräsentation* (Berlin, 1929), p. 37 ; Kelsen, *Pure Theory of Law*, pp. 158-163, 299-302.
(44) 以下を参照。Harold D. Lasswell and Abraham Kaplan, *Power and Society* (New Haven, 1950), p. 164 :「代理権とは，簡単に言うと，権威と同じではないが権威の一形態であり，その効力は先行する権威に依拠している」。
(45) Robert M. Hutchins, "The Theory of Oligarchy : Edmund Burke," *The Thomist*, V (January, 1943), 64.
(46) *Constitutional Government and Democracy* (Boston, 1950), pp. 263-264.
(47) Howard Warrender, *The Political Philosophy of Hobbes* (Oxford, 1957), pp. 109-110 における見解を考えてみよ。この見解によれば，ホッブズにとって代表者への権威付与は，単に代表者をいかなる説明責任からも解放するということを意味する。また，ジョセフ・タスマンの "Political Theory," p. 118 における主張によれば，任期が終わるたびに選挙が繰り返されても，以前の選挙で「従属行為が発生したという事実を変える」ことはできない。
(48) Henry J. Ford, *Representative Government* (New York, 1924), p. 157.
(49) Terry Hoy, "Theories of the Exercise of Suffrage in the United States" (unpubl. diss., 1956), pp. 92, 97.
(50) F. H. Knight, *Intelligence and Democratic Action* (Cambridge, 1960), p. 27. 次も参照。p. 127. そして，次での彼の主張も参照。"Political Responsibility in a Democracy," *Responsibility* (Nomos III), ed. Carl J. Friedrich (New York, 1960), pp. 179-180.
(51) Arthur W. Bromage, "Political Representation in Metropolitan Areas," *American Political Science Review*, LII (June, 1958), 407. 強調は本書著者による。
(52) *Ibid.*, p. 412. 以下を参照。Bromage, *Political Representation in Metropolitan Agencies* (Ann Arbor, 1962), p. 4.
(53) Ford, *op. cit.*, p. 158 が例である。
(54) Hutchins, *op. cit.*, p. 64 が例である。
(55) Dewey and Tufts, *Ethics*, pp. 338-339, cited in Friedrich, *Responsibility*, p. 73. 以下を参照。Friedrich's Introduction to F. A. Hermens, *Democracy or Anarchy ?* (Notre Dame, Ind., 1941), p. xxi.
(56) 以下でドイツ語の用法に注意するよう論じられている。Friedrich Glum, *Der deutsche und der französische Reichswirtschaftsrat* (Berlin, 1929), p. 27 ; Albert Hauck, "Die Rezeption und Umbildung der allgemeinen Synode im Mittelalter," *Historische Vierteljahrschrift*, X (1907), 479. 意味の区別については，次の著作も留意している。Tussman, "Political Theory," pp. 98-99, またもっと最近のものとして Griffiths and Wollheim, *op. cit.*, pp. 188-189.

第4章 「写し出す」——描写的代表

(1) John Adams, "Letter to John Penn," *Works* (Boston, 1852-1865), IV, 205. 次も参照。p. 195.

(2) John Adams, "Defense of the Constitution of Government of the United States of America," *ibid*., p. 284. だが，彼は "Defense" の中で，君主や世襲貴族も選挙で選ばれた集会とまったく同じように国民を代表することができる，とも主張した。カロライナのジョン・テイラーは，"Defense" に対するかなり物知り顔な批判の中で，この矛盾を咎めている。*An Inquiry into the Principles and Policy of the Government of the United States* (Fredricksburg, 1814), pp. 109-111, 146, 431, 483, 527. アダムズはテイラーへの書簡の中で以下のように自説を擁護している。「「下院と，法を制定する国民との類似」については，どう説明すればよいでしょうか。それはおそらく，縮図が，もっと大きな絵と比べても遜色なく，もとの物に類似している，または似ることができる，ということなのです。しかし，どうか次のことははっきりと言わせてください。それは，絵が小さかろうと大きかろうと，彫像や胸像が真鍮で作られようと大理石で作られようと，金が素材になっていようと銀が素材になっていようと，もとの物を完璧に表現したり，もとの物に完璧に似ていたりしたことなどいまだかつてなく，それと同じように，いかなる代表制政府といえども，もとの国民や人民を完璧に代表したり，国民や人民に完璧に類似していたりすることなどかつてなかったのです」。*Works*, VI, 462. このやり取りは，このような比喩の利点と曖昧さを同時に示している。

(3) 以下に引用されている。*The Records of the Federal Convention of 1787*, ed. Max Farrand (New Haven, 1927), I, 141-142, 132 ; James Wilson, *Works*, ed. James DeWitt Andrews (Chicago, 1896), I, 391.

(4) Edmund Burke, "Thoughts on the Cause of the Present Discontents" (1770), *Burke's Politics*, eds. Ross J. S. Hoffman and Paul Levack (New York, 1949), p. 28.

(5) ジョージ・ケイヴ卿[Sir George Cave]の 1918 年英国庶民院における発言は，以下に引用されている。Cecil S. Emden, *The People and the Constitution* (Oxford, 1956), p. 4. 以下も参照。Robert Luce, *Legislative Principles* (Boston, 1930), p. 282 ; Charles A. Beard, "Whom Does Congress Represent?" in *The People, Politics and the Politician*, eds. A. N. Christensen and E. M. Kirkpatrick (New York, 1941), p. 340. Robert H. Carr *et al.*, *American Democracy in Theory and Practice* (New York, 1959), p. 302 ; Ernest Bruncken, "Some Neglected Factors in Law-Making," *American Political Science Review*, VIII (1919), 222, cited in Stuart Rice, *Quantitative Methods in Politics* (New York, 1928), p. 192 ; Charles A. Beard and John D. Lewis, "Representative Government in Evolution," *American Political Science Review*, XXVI (April, 1932), 225.

(6) Henry J. Ford, *Representative Government* (New York, 1924), p. 146 ; ハーバート・H・アスキス[Herbert H. Asquith]の 1917 年 7 月 4 日英国庶民院における発言は，以下に引用されている。Clarence Gilbert Hoag and George Hervey Hallett, Jr., *Proportional Representation* (New York, 1926), p. 304 ; Sheldon S. Wolin, *Politics and Vision* (Boston, 1960), p. 278.

(7) William Seal Carpenter, *Democracy and Representation* (Princeton, 1925), pp. 40, 53.

(8) 以下に引用されている。Carl J. Friedrich, *Constitutional Government and Democracy* (Boston, 1950), pp. 304-305.

(9) *Ibid*., p. 286.

(10) レイモン・ポアンカレ[Raymond Poincaré]の 1929 年 2 月 20 日仏上院における発言は，以下で翻訳され，引用されている。Hoag and Hallett, *op. cit*., p. 314.

(11) George Wharton Pepper, in the Pennsylvania Commission on Constitutional Amendment and

Revision in May, 1920, cited *ibid.*, p. 311 ; *ibid.*, p. 3 ; Asquith, cited *ibid.*, p. 304.

(12) Honoré Gabriel Riquetti Mirabeau, *Oeuvres* (Paris, 1834), I, 7. 英訳は本書著者による。

(13) J. C. Bluntschli, *Die Lehre vom modernen Staat* (Stuttgart, 1876), p. 60. 英訳は本書著者による。

(14) この誤りは，おそらくブルンチュリの引用の示し方に起因している。引用は一つの段落の中に組み込まれていて，その段落にはブルンチュリ自身の考えも書き込まれており，引用は引用符によって区切られているにすぎない。最初に間違いを犯したのは Simon Sterne, *Representative Government and Personal Representation* (Philadelphia, 1871), p. 61 のようで，おそらくその次に Emil Klöti, *Die Proportionwahl in der Schweitz* (Bern, 1901), p. 178 が続いた。エスマンは両者を批判し，ミラボーは決して比例代表制の擁護者ではなかったと指摘する。A. Esmein and H. Nézard, *Eléments de Droit Constitutionel Français et Comparé* (Paris, 1927), I, 347–348. 以下も同様の批判である。F. A. Hermens, *Democracy or Anarchy ?* (Notre Dame, Ind., 1941), p. 13.

(15) Sterne, *op. cit.*, p. 61.

(16) Victor Considérant, "La Représentation Nationale Est un Mensonge," *La Phalange*, June 17, 1842, trans. and cited by F. A. Hermens, *Democracy and Proportional Representation* (Chicago, 1940), p. 2.

(17) Thomas Hare, *The Election of Representatives* (London, 1873), p. xxix.

(18) Hoag and Hallett, *op. cit.*, pp. xvii–xviii, 3, 117 ; John Roger Commons, *Proportional Representation* (New York, 1896), p. 8.

(19) たとえばジョン・スチュアート・ミルが比例代表制を支持したのは，より正しい代表が実現されるからというより，より正しい民主政治が実現されるからであった。彼が数に比例した代表を提案したのは，「民主政治の第一原理」[the first principle of democracy] として，である。彼は一つの団体としての英国議会と国民全体とがいかなる関係にあるかを論じていない。また，英国議会が国民を代表しているかについても論じていない。*Representative Government*, chap. 7, p. 260, in *Utilitarianism, Liberty, and Representative Government* (London, 1947). だが，異なる解釈もあり，それについては以下を参照。Carl J. Friedrich, Introduction to Hermens, *Democracy or Anarchy ?* p. xxi.

(20) Mill, *Representative Government*, chap. 5, pp. 239–240.

(21) Sterne, *op. cit.*, p. 50. 以下も参照。Harold Foote Gosnell, *Democracy* (New York, 1948), p. 126 ; Ford, *op. cit.*, p. 3.

(22) Friedrich, in Hermens, *Democracy or Anarchy ?* p. xx.

(23) Mill, *Representative Government*, chap. 5, p. 239. 次も参照。p. 235.

(24) Esmein and Nézard, *op. cit.*, p. 351.

(25) Thomas Gilpin, *On the Representation of Minorities of Electors to Act with the Majority of Elected Assemblies* (1844), cited in Alfred De Grazia, *Public and Republic* (New York, 1951), p. 196.

(26) Sterne, *op. cit.*, pp. 50–51 ; De Grazia, *Public and Republic*, p. 196. 次もまた参照。Poincaré, cited in Hoag and Hallett, *op. cit.*, p. 314.

(27) Walter Bagehot, *The English Constitution* (London, 1928), chap. 5. この著作は 1867 年初版である。比例代表制に対する批判については，以下を参照。The works of F. A. Hermens ; Friedrich, *Constitutional Government*, chap. 15 ; G. Horwill, *Proportional Representation, Its*

Dangers and Defects (London, 1925); James Hogan, *Election and Representation* (1945), pp. 108–113.

(28) Albert V. Dicey, *Introduction to the Study of the Law of the Constitution* (London, 1924), p. lxix.

(29) よって，それは「代表機能だけではない機能」(“nicht nur repräsentative Funktionen”) を有する。Gerhard Leibholz, *Strukturprobleme der modernen Demokratie* (Karlsruhe, 1958), p. 58.

(30) Hogan, *op. cit.*, p. 89. カール・J・フリードリヒはこの定式化を以下で肯定的に引用している。Carl J. Friedrich, “Representation and Constitutional Reform in Europe,” *Western Political Quarterly*, I (June, 1948), 128. さらに同著者の次の著作も参照。*Constitutional Government*, chaps. 15, 16.

(31) *Democracy or Anarchy ?* pp. 8, 4. Emden, *op. cit.*, pp. 310–312 においては，選択は「正確な代表か効果的な決定か」の間のものだと考えられている (p. 310)。

(32) *Op. cit.*, pp. 130–133. この区別について言えば，比例制への支持・不支持を特に論じていない者によっても，時々採用されている。以下を参照。Heinz Eulau *et al.*, “The Role of the Representative,” *American Political Science Review*, LIII (September, 1959), 744 ; Avery Leiserson, *Administrative Regulation* (Chicago, 1942), p. 9n ; A. Phillips Griffiths and Richard Wollheim, “How Can One Person Represent Another ?” Aristotelian Society Suppl. Vol. XXIV (1960), 212.

(33) *English Works*, ed. Sir William Molesworth (London, 1839–1845), III, 151–152.

(34) 特に以下を参照。Ernst H. Gombrich, *Art and Illusion* (New York, 1960). これは，私が知る限りで，芸術における表現[representation in art]についての最善の議論である。だが，以下も参照のこと。Walter Abell, *Representation and Form* (New York, 1936); Richard Bernheimer *et al.*, *Art* (Bryn Mawr, 1940); Joyce Cary, *Art and Reality* (New York, 1958); John Dewey, *Art as Experience* (New York, 1934); J. Hospers, *Meaning and Truth in the Arts* (Chapel Hill, N. C., 1946); Arnold Isenberg, “Perception, Meaning and the Subject-Matter of Art,” *Journal of Philosophy*, XLI (1944), 561–575 ; Susan Langer, *Philosophy in a New Key* (Mentor, 1942); Melvin Rader, ed., *A Modern Book of Esthetics* (New York, 1952).

(35) Gombrich, *op. cit.*, pp. 370, 90.

(36) 以下からの例である。Langer, *op. cit.*, pp. 55–56.

(37) この語句は以下に引用されている。Funk and Wagnall's *New Standard Dictionary of English* (1960) from Rawlins' *Herodotus*.

(38) Langer, *op. cit.*, pp. 56–57. 彼女は，この理由として，絵は疑似対象物ではなく，描いている対象の象徴だからだ，と主張する。前半部分は確かにその通りだが，私には絵が象徴であるとも思われない。象徴は普通，表現している対象に似ておらず，対象の絵ではない。(第5章を参照。)

(39) だが，以下を参照。Isenberg, *op. cit.*, p. 565. そこでは，具象芸術が「いくつかの点で自然の形象に似た形象を含む諸作品」と定義されている。

(40) *Ibid.*

(41) 『オックスフォード英語辞典』[*Oxford English Dictionary*] からの例である。

(42) William R. Anson, *Principles of the English Law of Contract, and of Agency in Its Relation to Contract*, ed. A. G. Guest (Oxford, 1959), p. 201.

(43) *Words and Phrases* (St. Paul, Minn., 1955), vol. 37, p. 35. 強調は本書著者による。
(44) Anson, *op. cit.*, p. 201.
(45) *Words and Phrases*, vol. 37, p. 36.
(46) Gombrich, *op. cit.*, pp. 90, 299.
(47) Paul Ziff, *Semantic Analysis* (Ithaca, 1960), p. 88.
(48) Alfred Korzybski, *Science and Sanity* (New York, 1933), p. 58.
(49) *Ibid.*
(50) Karl Löwenstein, *Volk und Parlament* (Munich, 1922), p. 21 ; Otto von Gierke, *Johannes Althusius* (Breslau, 1913), p. 217.
(51) George Harris, *The True Theory of Representation in a State* (London, 1857), pp. 23–24 ; Carpenter, *op. cit.*, p. 49.
(52) Harold J. Laski, *Democracy in Crisis* (Chapel Hill, N. C., 1933), p. 80.
(53) De Grazia, *Public and Republic*, p. 185.
(54) Luce, *op. cit.*, pp. 199, 201.
(55) A. Lawrence Lowell, *Public Opinion and Popular Government* (New York, 1921), pp. 239–240. 次も参照。Joseph Tussman, *Obligation and the Body Politic* (New York, 1960), p. 61.
(56) Marie Collins Swabey, *Theory of the Democratic State* (Cambridge, Mass., 1937), p. 25.
(57) *Ibid.*
(58) *Ibid.*, pp. 25–26.
(59) *Ibid.*, p. 28.
(60) ピーター・オデガード[Peter Odegard]教授は，晩年に，アメリカ政治の授業でこの見解を用いた。また，以下の著作の中にもこの見解が現れていると見てよいかもしれない。Robert A. Dahl and Charles E. Lindblom, *Politics, Economics and Welfare* (New York, 1953), p. 313 :「したがって，問題は，あらゆる市民が間違いなくあらゆる争点について政治的に活動的であるようにすることよりも，すべての市民にほぼ平等な行為の機会が間違いなく行き渡るようにすることである。ここでの「機会」[opportunity]は，法的な意味ではなく，現実的な意味で用いられている。もしすべての市民がほぼ平等に行為する機会をもつのであれば，実際に行為する人びとが行為しない人びとをおおよそ代表している可能性は高くなる」。以下を参照。Francis P. Canavan, *The Political Reason of Edmund Burke* (Durham, N. C., 1960), p. 160.
(61) エルンスト・ハース[Ernst Haas]教授は，ある空想科学の物語（残念なことに，題名ほかの情報はわからないのだが）を私に教えてくれた。その中では，コンピューターと標本抽出の技術を用いてもっとも典型的なアメリカ人が選ばれ，残りのすべての人びとのために投票する。結末は，もちろん破滅的なものである。
(62) 各代表者が出身選挙区を映し出したり反映したりするべきだという考えは，たとえば以下で提起されている。Henry Clay speaking in the Senate in 1838, cited in Luce, *op. cit.*, p. 470 ; Francis Luepp, "Do Our Representatives Represent ?" *Atlantic Monthly*, CXIV (October, 1944), 434. アーネスト・バーカーは，奇妙なことに，各々の選挙区が全国民の「小宇宙，そして鏡」であるべきだ，と提唱している。*Reflections on Government* (London, 1942), p. 42.
(63) Friedrich, *Constitutional Government*, p. 319.

(64) Rice, *op. cit*., p. 189.

(65) *Ibid*., p. 206. ライスの研究に対する批判的な議論としては，以下を参照。Friedrich, *Constitutional Government*, p. 319. 代表性を代表の本質と安易に同一視する例としては，他に以下を参照。Avery Leiserson, "Problems of Representation," *Journal of Politics*, XI (August, 1949), 569 (だが，彼の定義も参照のこと。p. 566); H. G. Nicholas, *The British General Election of 1950*, p. 64, cited in Bernard Mayo, *An Introduction to Democratic Theory* (Oxford, 1960), p. 102 ; Herman Finer, *The Theory and Practice of Modern Government* (New York, 1949), p. 219.

(66) Friedrich, *Constitutional Government*, p. 267.

(67) Rice, *op. cit*., p. 194.

(68) Harvey Pinney, "Government──by Whose Consent ?" *Social Science*, XIII (October, 1938), 299.

(69) Carr, *et al*., *op. cit*., p. 302. この部分は標本抽出と反映という，おなじみの観念から始められている。「議会がアメリカ国民の正確な断面図 [cross section] でないのは明らかだ。それにもかかわらず，議員たちはアメリカ国民をかなりうまく映し出している [mirror] と言えるだろう」。

(70) Reinsch, *American Legislatures*, p. 290, cited in Luce, *op. cit*., pp. 279-280.

(71) Eulau, *op. cit*., p. 743.

(72) De Grazia, *Public and Republic*, p. 3 ; Gosnell, *op. cit*., p. 130. ここで二人の著者を並べて論じているのは，それぞれの主張の中で，今論じられていることと関連している部分に，類似性が見られるからである。デ・グラツィアは自分の著作を執筆する以前，ゴスネルが著作を執筆するに際して，それらの章の準備を手伝っている（次を参照。Gosnell, *op. cit*., pp. 124n, 143n, 199n, 221n)。

(73) Gosnell, *op. cit*., p. 131.

(74) ゴスネルはさらに，代表性と政治的代表を結びつけようとして，伝統的な代理の概念には代表者である代理人の諸特徴が含まれていると主張する。代理人によっておこなわれる諸行為は「本人の何らかの諸特徴が想定されるということに基礎づけられていると考えられ，また法律上もそのような想定に基づいていなければならない。代理人はいわば本人の目を通して見ていると見なされる」(pp. 131-132)。この比喩の意味を明らかにしようと，ゴスネルは注を書き加えている。「A は B を代理人に任命し，自分のために甲という土地を購入させようとする。B は甲地が滅多にない掘り出し物だと考え，B 自身のためにその土地を購入する。B は代理業務に関して違反したのであるから，A はその土地を取り戻すことができる。このように，法は，B が A だったらそうするであろうように行為すべきときには，B が自分自身の利益のために行為することを妨げる」。ここにどのような形で「諸特徴の相似」[similarity of characteristics] が含まれているのかについては説明がなく，私にはこれが誤った考え方であるように思える。代理人は本人に似ている必要などまったくない。似ていなければならないと論じても，「写し出す」[standing for] と「誰かのために行為する」[acting for] との関係をわかりにくくしてしまうだけである。

ゴスネルは，ラテン語の *impersonare* の意味の一つは，法人団体においてそうであるように，「代表する」[to represent] ということだと指摘する。またそこから，「言い換えれば，誰かあるいは何かの「特徴をもつ」ということは，ずっと「代表」という言葉の

含意の一つであったように思われる」という結論を導き出している。しかしもちろん，法人を代表することは，その諸特徴をもつということを意味しない。ゴスネルは *persona* という言葉に含まれる多様性を過小評価しているだけであって，その言葉は代理人によって行使されることが可能な法的人格性［personality］も，一定の特徴を有する心理的人格性も，ともに意味することが可能なのである。次を参照。Gordon W. Allport, *Personality* (New York, 1937), pp. 24–50.

他方でデ・グラツィアは，代理人は「可能な限り依頼者に「扮する」［impersonate］義務があるのであり，またそれどころか“impersonate”という言葉は“representation”という言葉と起源を同じくする」と主張している。*Public and Republic*, p. 7. この文の前半部分も後半部分も誤りである。

(75) *Public and Republic*, pp. 5, 8.

(76) *Ibid.*, pp. 5–6. 強調は本書著者による。

(77) *Ibid.*, p. 6.

(78) Hans J. Wolff, *Organschaft und juristische Person* (Berlin, 1924), pp. 64–65.

(79) *Public and Republic*, p. 6.

(80) Rice, *op. cit.*, p. 193. 以下も参照。Martin Drath, *Die Entwicklung der Volksrepräsentation* (Bad Homburg, 1954), p. 27.

(81) Ralph Waldo Emerson, *Representative Men* (Boston, 1952). 私は以下で参照されているのを見て，エマーソンの著作に注目するようになった。A. F. Pollard, *The Evolution of Parliament* (London, 1926), p. 151. ただしポラードは，エマーソンの言う代表的人間は選挙で選ばれてはいないと論じているだけである。実際は，タイトルに含まれる“representative”という言葉の意味は複合的なものであるように思える。エマーソンは，第一に，偉大な人間はその他の人類に，自身が発見した道徳的または科学的真理への入り口を示すから，他の人に対してこれらの真理を代表するのであり（p. 14），第二に，偉大な人間がこれら真理を手にするのは，自分たち自身が道徳的または物理的な自然本性の一部であるからであって，それゆえ（妙な話だが）偉大な人間はその自然本性の代表であり（p. 17），第三に，そのような人びとは私たちの代理人［proxies］であり（それゆえ代表者［representatives］であり），それは私たちがその人びとのなすことから利得を得たり，その人びとの目を通して理解したりすることを意味する，等々の主張をしている。しかし，さらに根本的なところで作品全体を支える土台となっているのは，人間の価値を決める尺度となるべきは人間の中から現れる偉大な人びとであって，そのような人びとが人類の模範とされるべきであり，また実際もそうなっているということ，それゆえに代表となっているのは，平均的な人ではなく偉大な人である，という考えである（chap. 1, *passim*）。

(82) Griffiths and Wollheim, *op. cit.*, p. 188.

(83) Francis Lieber, *Manual of Political Ethics* (Boston, 1839), II, 485–486 ; Parke Godwin, *Political Essays* (New York, 1856), pp. 40–42 ; Austin Ranney and Willmoore Kendall, *Democracy and the American Party System* (New York, 1956), p. 73. 以下も参照。Gosnell, *op. cit.*, p. 148 ; Ernest Barker, *Greek Political Theory* (1913), p. 35, cited in John A. Fairlie, “The Nature of Political Representation,” *American Political Science Review*, XXXIV (April, June, 1940), p. 459（「代表機関は常に蓄音機というよりも濾過器のようなものでなければならない……」）; petition from the citizens of Paris cited in Loewenstein, *Volk und Parlament*,

p. 21（代表者が有権者に対して有する義務は「有権者の要望を国民議会に届けること」（“porte [r] leur voeu à l’Assemblée nationale”）である）.

（84） Mill, *Representative Government*, chap. 5, pp. 239–240.

（85） Griffiths and Wollheim, *op. cit.*, p. 212.

（86） Anthony Downs, *An Economic Theory of Democracy* (New York, 1957). ダウンズの著作に関するより詳細な議論については，本書第 10 章注(35)を参照。

（87） Downs, p. 89, and, more generally, pp. 88–91.

（88） この観点に対する鋭い批判として，以下を参照。Hogan, *op. cit.*, pp. 108ff.

（89） Gaines Post, “A Roman Legal Theory of Consent, *Quod Omnes Tangit* in Medieval Representation,” *Wisconsin Law Review*, January, 1950, pp. 66–78 ; “*Plena Potestas* and Consent in Medieval Assemblies,” *Traditio*, I (1943), 355–408 ; “Roman Law and Early Representation in Spain and Italy 1150–1250,” *Speculum*, XVIII (1943), 211–232 ; Yves M. J. Congar, “Quod Omnes Tangit ab Omnibus Tractari et Approbatur Debet,” *Revue Historique de Droit Français et Etranger*, 4th ser., XXXVI (April-June, 1958), 210–259 ; J. G. Edward, “The *Plena Potestas* of English Parliamentary Representatives,” *Oxford Essays in Medieval History Presented to H. E. Salter* (Oxford, 1934). イングランドに関しては，以下を参照。Helen M. Cam, “The Theory and Practice of Representation in Medieval England,” *History*, XXXVIII (February, 1953), 11–26 ; *Liberties and Communities in Medieval England* (Cambridge, England, 1944), esp. chap. 16. 巻末の補遺も参照のこと。

（90） 1365 年，C・J・ソープは判決理由に以下のように記している。「当該カウンティーでまだ布告されていないとしても，あらゆる人は議会で制定されたその時点から法律を知っているとされる。なぜなら，議会が何らかの決定をするやあらゆる人がその知識を得たことになると法は定めており，それは議会が全王国を一体として代表しているからである……」。Y. B. 39 Edward III, Pas. pi. 3, fo. 7 (App. no. 8), cited in Stanley Bertram Chrimes, *English Constitutional Ideas* (Cambridge, England, 1936), p. 76. だが，クライムズが指摘するように，こうした定式化は「長年の間独特なものだったようである」。後にこのような考え方を述べている中でもっとも有名なものの一つとして，以下を参照。Sir Thomas Smith, *De Republica Anglorum*, ed. L. Alston (Cambridge, 1906), Bk. II, chap. 1. この著作は 1583 年初版である。

（91） ［直接民主制の代用という考え方の］非常に早い時期の例として以下を参照。Chrimes, *op. cit.*, p. 174 :「私は，今救い主を代表しているあなた方に話しているのではなく，あなた方を送り出した人びとに向けて話しているのです。その人びとは数が多くてまとまりもなく，多様であるがゆえに，どうにかして一か所に集まり法を定めるということができないのです」。ゲオルグ・イェリネクは，同様の考えがローマ法学においても知られていたことを示している。*Allgemeine Staatslehre* (Berlin, 1905), pp. 555–556.

（92） アメリカの例としては，以下を参照。Farrand, *op. cit.*, I, 132, 561. しかしカーペンターが以下のように述べているのは誇張である。「憲法制定会議 [the Federal Convention] においては，代表とはただ人民の直接参加による立法に代わるものであると考えられていた」。*Op. cit.*, p. 39. 彼の見解を以下と比較せよ。Luepp, *op. cit.*, p. 435 :「憲法の父たちは彼等自身の〔代表の〕考え方を有していた……それは明らかに保護者の被後見人に対する関係である」。フランス革命期については以下を参照。Finer, *op. cit.*, p. 224 ; Loewenstein, *Volk und Parlament*, pp. 21, 184. 現代の例については以下を参照。Hogan, *op. cit.*, p.

108 ; Friedrich, Introduction to Hermens, *Democracy or Anarchy ?*, p. xxii ; Ernest Barker, *Essays on Government* (Oxford, 1951), p. 69 ; H. Belloc and G. K. Chesterton, *The Party System* (London, 1911), p. 16 ; George H. Sabine, “What Is the Matter with Representative Government ?” in Christensen and Kirkpatrick, *op. cit.*, p. 406.

(93) Farrand, *op. cit.*, I, 132. 次も参照。Wilson, *op. cit.*, II, 14.

(94) Adams, *op. cit.*, IV, 205. 次も参照。194-195.

(95) *Op. cit.*, p. 6. 次も参照。a petition from the citizens of Paris of December 5, 1789, cited by Loewenstein, *Volk und Parlament*, p. 21 :「市民の数の多さゆえに各人それぞれが全国三部会にそれぞれ個別の代表を有することができないのだから，複数の市民が同じ一人の代表を有して，国民議会に声を届けてもらうことが必要である」。このイメージが，どのように機械的な「票を運ぶ」というイメージと結びついているかに留意すること。

(96) Sterne, *op. cit.*, pp. 24-25, 50. 代表が民主制の次善策であるという見解と鏡の比喩とのつながりについては，以下を参照。Mayo, *An Introduction to Democratic Theory*, p. 101.

(97) この難点は別の比喩を用いることである程度回避できるが，その比喩を私は以下の著作以外で見たことはない。De Grazia, *Public and Republic*, p. 242. すなわち，代表は「政府の公職者を，行為する大衆の正確な実動模型[working model]にするというだけのこと」だと考えられるかもしれない，という比喩である（強調は本書著者による）。

(98) Eulau, *op. cit.*, p. 743.

(99) Charles S. Hyneman, “Who Makes Our Laws ?” *Political Science Quarterly*, LV (December, 1940), 556-581.

(100) Griffiths and Wollheim, *op. cit.*, p. 190. 正気でない人は政治哲学者が好んで引き合いに出す例だが，その人が政治の現実に関して意味をもつか疑問に思う人は，以下の記事を参照のこと。The *San Francisco Chronicle*, November 10, 1960 :「AROMA (France), Nov. 9 (UPI) ──ピエール・エシャロン[Pierre Echalon]村長は本日，このフランスの村をうまく切り回していくことは不可能だと訴えた。なぜなら，この選挙区では，精神病の症例数が健康な人の数を超えたからである。エシャロンが地方政府要職者に語ったところによると，アロマの人口は，148人の健康な村民と，精神病院に収容された161人の患者からなり，法の不備から，投票権をまったく制限されないままでいる。地方官は「問題を調査する」と約束した」。

(101) Griffiths and Wollheim, *op. cit.*, p. 190.

第5章 「写し出す」──象徴的代表

(1) Carl J. Friedrich, *Constitutional Government and Democracy* (Boston, 1950), p. 267. 以下も参照。p. 357, and his “Representation and Constitutional Reform in Europe,” *Western Political Quarterly*, I (June, 1948), 127.

(2) Hiram Miller Stout, *British Government* (New York, 1953), p. 58. 次も参照。A. Phillips Griffiths and Richard Wollheim, “How Can One Person Represent Another ?” Aristotelian Society, Suppl. Vol. XXXIV (1960), 189. また以下の注も参照。Notes 32 to 34.

(3) Rudolf Smend, *Verfassung und Verfassungsrecht* (Munich, 1928), p. 28. 英訳は本書著者による。

(4) Maude V. Clarke, *Medieval Representation and Consent* (London, 1936), p. 278. 以下の著作に彼女の主張が継承されていることは明らかである。Alfred De Grazia, *Public and Repub-*

lic (New York, 1951), pp. 4–12 ; Harold Foote Gosnell, *Democracy* (New York, 1948), pp. 145–147. ハンス・J・ウォルフは，以下の著作で同様の結論に到達している。Hans J. Wolff, *Organschaft und juristische Person* (Berlin, 1934), pp. 11–16.

(5) Clarke, *op. cit.*, p. 279.

(6) Wolff, *op. cit.*, pp. 12–13.

(7) この一連の相違を理解するのは難しく，私も自分の考えを述べるにあたってはかなりのためらいがある。他にも，以下は有用な試みである。George Ferguson, *Signs and Symbols in Christian Art* (New York, 1954), p. xii ; Griffiths and Wollheim, *op. cit.*, pp. 188–189 ; Susan Langer, *Philosophy in a New Key* (1942), chap. 3 *et passim* ; Gerhard Leibholz, *Das Wesen der Repräsentation* (Berlin, 1929), pp. 35–36 ; Ferdinand de Saussure, *Course in General Linguistics*, trans. Wade Baskin (New York, 1959), pp. 65–70 ; William York Tindall, *The Literary Symbol* (New York, 1955), pp. 15–21 *et passim* ; Wolff, *op. cit.*, p. 21. 私はこれらすべての議論に負うものがあるが，それでもいくつかの点では意見を異にしている。ティンダルとウォルフの著作がおそらくもっとも鋭い理解を示している。

(8)『オックスフォード英語辞典』より。

(9) Wolff, *op. cit.*, p. 21.

(10) この情報，そしてそれに続く情報は，『オックスフォード英語辞典』による。ティンダルの定義は，『ウェブスター』からのもので，以下の語句を含む。「意図的でない類似によって」[but not by intentional resemblance]。*Op. cit.*, p. 5. 次も参照。p. 12.

(11) Saussure, *op. cit.*, p. 68.

(12) ティンダルは，夢に出てくる象徴に対するフロイトとユングの論じ方の違いを論じている。*Op. cit.*, pp. 65–66.

(13) Langer, *op. cit.*, p. 117.

(14) Tindall, *op. cit.*, pp. 41–43.

(15) *Ibid.*, p. 6.

(16) たとえば以下を参照。*Ibid.*, pp. 6, 11, 16–20, 31 ; Langer, *op. cit.*, chap. 3 ; Ferguson, *op. cit.*, p. xii ; Saussure, *op. cit.*, p. 68. ライプホルツは反対に，恣意的な象徴を象徴の定義の中核であると考え，それゆえに価値を体現する象徴は例外的で，「真の代表」に近似するものだと見なす。*Das Wesen der Repräsentation*, pp. 35–36.

(17) Langer, *op. cit.*, p. 49.

(18) Tindall, *op. cit.*, pp. 19–20.

(19) *Ibid.*, p. 6. 私が提起している象徴することと表現することとの間の区別は，バロウズによる象徴主義と寓意との区別に似ている。「寓意が明確で間違えようのない結びつきを抽象的観念とその物理的実体化との間に打ち立てるのに対して，象徴主義はそのような点と点の結びつきを示すのではなく，ただ見えるものと見えないもの，抽象と具体の間にそのような関係性が存在するということだけをほのめかし，その関係性が正確にはどのような性質をもつのかという点の解釈については，私たちの想像力に任せているのである」。Herbert Barrows, *Reading the Short Story* (Boston, 1959), p. 14. ここでもまた「象徴」は「象徴する」という意味の範囲から出ないようにされており，恣意的な象徴は含まれていない。

(20) Griffiths and Wollheim, *op. cit.*, p. 189. 慣習的象徴は態度の焦点ではなく，行為の対象それ自体である[is]。たとえば，数学における計算などの行為の対象となる。

(21) Langer, *op. cit.*, p. 42. 強調は本書著者による。

(22) Friedrich, *Constitutional Government*, p. 267.

(23) Wolff, *op. cit.*, p. 75 ; Friedrich Glum, *Der deutsche und der französische Reichswirtschaftsrat* (Berlin, 1929), p. 28 ; Carl Schmitt, *Verfassungslehre* (Berlin, 1954), p. 209.

(24) De Grazia, *Public and Republic*, p. 3.

(25) たとえば，以下を参照。Friedrich, "Representation and Constitutional Reform," p. 127 ; De Grazia, *Public and Republic*, pp. 6-11 ; Gosnell, *op. cit.*, pp. 136-137 ; Tindall, *op. cit.*, pp. 12, 167 ; Clarke, *op. cit.*, p. 290.

(26) Clinton Rossiter, *The American Presidency* (1956), p. 11. 次も参照。Glum, *op. cit.*, p. 27.

(27) Smend, *Verfassung und Verfassungsrecht* (Munich, 1928), p. 28.

(28) Glum, *op. cit.*, p. 30. したがって（困ったことなのだが），もしある国の政策に強く反対しているのであれば，その国の大使館は，窓を割ったりデモをしたりするにはうってつけの場所である。

(29) De Grazia, *Public and Republic*, p. 175.

(30) Ernest Barker, *Essays on Government* (Oxford, 1951), p. 4.

(31) De Grazia, *Public and Republic*, p. 175.

(32) John C. Ranney and Gwendolen M. Carter, *The Major Foreign Powers* (New York, 1949), p. 159.

(33) *Ibid.*, p. 162. 次も参照。p. 166.

(34) John A. Fairlie, "The Nature of Political Representation," *American Political Science Review*, XXXIV (April, 1940), 237.

(35) Avery Leiserson, *Administrative Regulation* (Chicago, 1942), p. 100. しかしこの本の別の部分では，彼は異なる見解を採用している。以下も参照。Glum, *op. cit.*, p. 28 ; Leibholz, *Das Wesen der Repräsentation*, pp. 140ff ; John P. Plamenatz, *Consent, Freedom and Political Obligation* (London, 1938), p. 12 ; Schmitt, *Verfassungslehre*, p. 209 ; Wolff, *op. cit.*, p. 75（しかし，次も参照。p. 29）; Martin Drath, *Die Entwicklung der Volksrepräsentation* (Bad Homburg, 1954), pp. 24-27.

(36) Gosnell, *op. cit.*, p. 130 ; De Grazia, *Public and Republic*, p. 4.

(37) *Public and Republic*, p. 3.

(38) *Ibid.*, p. 4.

(39) Friedrich, "Representation and Constitutional Reform," p. 127.

(40) F. A. Hermens, *Democracy or Anarchy?* (Notre Dame, Ind., 1941), p. 4. 以下も参照。Bernard J. Diggs, "Practical Representation," *Representation* (Nomos X), eds. J. Roland Pennock and John Chapman (New York, in press); Josiah Royce, *War and Insurance* (New York, 1914).

(41) Hermens, *Democracy or Anarchy?* p. 4 ; James Hogan, *Election and Representation* (1945), pp. 181-182. 本書巻末の補遺の議論も参照。

(42) Wolff, *op. cit.*, pp. 84-85.

(43) Leibholz, *Das Wesen der Repräsentation*, p. 42.

(44) De Grazia, *Public and Republic*, p. 3.

(45) Gosnell, *op. cit.*, p. 133.

(46) たとえば，以下を参照。Wolff, *op. cit.*, p. 70 ; Leibholz, *Das Wesen de*[*r*] *Repräsentation*,

pp. 76, 145, 166–167, 171 ; Smend, *op. cit.*, pp. 25–27, 42, 94.

(47) Smend, *op. cit.*, p. 42.

(48) Clarke, *op. cit.*, p. 290.

(49) W. D. Handcock, "What Is Represented in Representative Government ?" *Philosophy*, XXII (July, 1947), 107.

(50) René de Visme Williamson, "The Fascist Concept of Representation," *Journal of Politics*, III (February, 1941), 39.

(51) De Grazia, *Public and Republic*, p. 20.

(52) Frances Fergusson, *The Idea of a Theater* (Princeton, 1949), pp. 89–92.

(53) Williamson, *op. cit.*, p. 35.

(54) Gentile, *Che Cosa e il Fascismo ?* (1925), p. 91, cited in De Grazia, *Public and Republic*, p. 20.

(55) Henry B. Mayo, *An Introduction to Democratic Theory* (New York, 1960), p. 97. 以下も参照。Williamson, *op. cit.*, pp. 35ff.; Fergusson, *op. cit.*, pp. 89–92 ; Leibholz, *Das Wesen der Repräsentation*, pp. 145, 190 (そこではファシズム理論へのさらなる参照が見られるといってもよい).

(56) Otto Koellreutter, *Grundriss der allgemeinen Staatslehre* (Tübingen, 1933), p. 113.

(57) *Ibid.*, p. 112. 英訳は本書著者による。

(58) Smend, *op. cit.*, pp. 32–33, 38–39.

(59) Hogan, *op. cit.*, p. 144. 次も参照。Gerhard Leibholz, *Strukturprobleme der modernen Demokratie* (Karlsruhe, 1958), p. 10.

(60) Ernest Barker, *Reflections on Government* (1942), p. 377. 次も参照。Francis W. Coker and Carlton C. Rodee, "Representation," *Encyclopaedia of the Social Sciences*, XIII (1935), 312 において著者たちは，ファシスト体制について，「何らかの形での本当の人民代表を確立しようとする試みは見られなかった」と論じている。

(61) Heinz Eulau *et al.*, "The Role of the Representative," *American Political Science Review*, LIII (September, 1959), 743.

第 6 章 「誰かのために行為する」ものとしての代表

(1) James Wilson, *Works* (Chicago, 1896), I, 389 :「連鎖は一つの結び目からできているかもしれないし，複数の結び目があるかもしれない。だが，その連鎖が十分に強く，認識可能でなければならない，ということに変わりはない」。(cf. p. 533.) 以下も参照。Hans J. Wolff, *Organschaft und juristische Person* (Berlin, 1934), p. 37 ; James Hogan, *Election and Representation* (1945), pp. 116–118 ; Gerhard Leibholz, *Das Wesen der Repräsentation* (Berlin, 1929), p. 153 ; Léon Duguit, *Traité de Droit Constitutionel* (Paris, 1928), II, 549 ; Wilder W. Crane, Jr., "Do Representatives Represent ?" *Journal of Politics*, XXII (May 1960), 295 ; Ben A. Arneson, "Do Representatives Represent ?" *National Municipal Review*, XVI (December, 1927), 751.

(2) 次の文献に見られるように。Charles E. Merriam, *Systematic Politics* (Chicago, 1945), p. 139.

(3) この語句は次の中にある。W. D. Handcock, "What is Represented in Representative Government ?" *Philosophy*, XXII (July, 1947), 107. 以下も参照。Elie Halévy, *The Growth of*

Philosophical Radicalism (Boston, 1955), p. 122 ; Simon Sterne, *Representative Government* (Philadelphia, 1871), pp. 44–45 ; Gerhard Leibholz, *Das Wesen der Repräsentation* (Berlin, 1929), p. 104.

(4) Avery Leiserson, "Problems of Representation," *Journal of Politics*, XI (August, 1949), 570.

(5) Hogan, *op. cit.*, p. 121.

(6) 次がそのような場合の一例である。Simon Sterne, "Representation," *Lalor's Cyclopedia of Political Science*, III, 581, cited by Robert Luce, *Legislative Principles* (Boston, 1930), p. 199.

(7)「確かに，合衆国連邦最高裁は，もし人民によって選出されていたとしたら，ほとんどの人から今よりも代表的ではないと見なされるだろう。なぜかと言えば，あらゆる代表とはそれをどのように考えるかということと関連しているのであって，その考え方を通じてはじめて，ある物や人が別の物や人によって存在させられるというように考えることが可能になるからである」。Carl J. Friedrich, "Representation," *Encyclopaedia Britannica*, XIX (1960), 163. 同著者による次も参照。*Constitutional Government and Democracy* (Boston, 1950), pp. 260, 267.

(8) Arthur F. Bentley, *The Process of Government* (Evanston, Ill., 1949), p. 393.

(9) Robert M. MacIver, *The Modern State* (Oxford, 1926), pp. 372–373. マッキーヴァーは，裁判官のことを，集団からの圧力が集まる焦点としてよりも，「法典の精神と，法典研究の訓練を積んだ偉大な職業の精神」に導かれる者として理解している。

(10) Leibholz, *Das Wesen der Repräsentation*, pp. 38–39. 次も参照。Carl Schmitt, *The Necessity of Politics* (London, 1931), p. 76.

(11) Niccolò Machiavelli, *The Prince*, chap. 16. 私が用いているのは以下の版である。The Max Lerner edition, *The Prince and the Discourses* (New York, 1940), pp. 57–60. この点についてのマキャヴェリの洞察力は，「暴力の効率」という，彼のもっと広範な見解に照らして理解されなければならない。次を参照。Sheldon S. Wolin, *Politics and Vision* (Boston, 1960), chap. 7, esp. pp. 220–228.

(12) フランシス・リーバーの次の記述を参照。「受託者になれば，そうでない時と比べて，誰もが責任をはるかにはっきりと感じるようになる。興奮した群衆の中から突然一人の人を選び出して委員会の構成員にし，群衆のためにじっくり考えさせて結論を出させてみるとしよう。そうすれば，その人はすぐに何が違うか感じ取ることになるだろう」。*On Civil Liberty and Self-Government*, p. 167, cited in Luce, *op. cit.*, p. 494.

(13) Francis Luepp, "Do Our Representatives Represent ?" *Atlantic Monthly*, CXIV (October, 1944), 435.

(14) Luce, *op. cit.*, p. 434.

(15) Harold Foote Gosnell, *Democracy* (New York, 1948), p. 146. 以下も参照。Samuel Bailey, *The Rationale of Political Representation* (London, 1835), p. 122 ; Helen M. Cam, "Theory and Practice of Representation," *History*, XXXVIII (February, 1953), 18–19.

(16) 本章を通じて，指示のない限り，語源に関する情報は『オックスフォード英語辞典』からのものである。

(17) *Words and Phrases* (St. Paul, Minn., 1955), vol. 2A, pp. 453, 570 ; vol. 37, p. 63.

(18) *Ibid.*, vol. 2A, pp. 539–544.

(19) *Ibid.*, pp. 455, 578–582. これはこの段落全体にかかわる。

(20) *Ibid*., vol. 37, pp. 61–63. これはこの段落と次の段落にかかわる。以下も参照。vol. 2A, pp. 469, 488–489, 512–522, 578.

(21) *The New Yorker*, XXXVII (April 29, 1961), 152. "VIENNA, Apr. 10 (AP). ――国連外交法会議は，外交官がいない場合にお手伝いや運転手が在外大使館を代表してはならないと決定した。――*The Herald Tribune*."

(22) だが，Ewart Lewis, *Medieval Political Ideas* (New York, 1954), p. 101 には，英国では人民は「代表によって……討議する」[debate...by representation]，という旨のブラックストーンの記述が引用されている。

(23) Paul Ziff, *Semantic Analysis* (Ithaca, 1960), p. 180.

(24) Henry J. Ford, *Representative Government* (New York, 1924), p. 148.

(25) Ernest Barker, *Essays on Government* (Oxford, 1951), p. 56.

(26) たとえば，以下を参照。John Stuart Mill, *Representative Government*, chap. 12, p. 318, in *Utilitarianism, Liberty and Representative Government* (London, 1947); Bailey, *op. cit*., pp. 72, 143–145.

(27) Frederick William Maitland, "Trust and Corporation," *Selected Essays*, eds. H. D. Hazeltine *et al*. (Cambridge, England, 1936), p. 120.

(28) William R. Anson, *Principles of the English Law of Contract* (Oxford, 1959), p. 511 ; *Words and Phrases*, vol. 2A, pp. 456–457, 475 ; Wolff, *op. cit*., p. 6.

(29) Ford, *op. cit*., pp. 147–148. だが，次も参照。pp. 156–157.

(30) "Thoughts on the Cause of the Present Discontents" (1770), *Burke's Politics* (New York, 1949), pp. 27–28.

(31) たとえば，以下を参照。Robert M. Hutchins, "The Theory of Oligarchy," *The Thomist*, V (January, 1943), 64. Hogan, *op. cit*., p. 161 は明らかにハッチンスの論文に倣っている。

(32) "Speech on Fox's East India Bill" (1783), *Burke's Politics*, p. 257. 強調は本書著者による。

(33)「それでは，東インド会社が誰に対して説明責任を負うようにさせればよいでしょうか。何のことはない，当然議会にです。信託元である議会に対してです……」。*Ibid*. バークは別のところで，国王，貴族院，庶民院は「それぞれの公的な資格においては，その行動について説明責任を問われることはありえない」と明言している。"Reflections on the Revolution in France" (1790), *ibid*., p. 293. しかし，彼は神に対する説明責任ということをほのめかしてもいる。*Ibid*., pp. 314–315.

(34) *Words and Phrases*, vol. 2A, pp. 441, 456–457, 470, 590–593. 保護者についても同様である。*Ibid*., pp. 485, 537.

(35) よって，「私たちが他の信託と同様に立法においても望んでいるのは，正直な受託者であり，私たちの要望に従って義務を遂行してくれる人びとである」と論じるのは，誤解を招く。Parke Godwin, *Political Essays* (New York, 1856), pp. 41–42.

(36) たとえば，以下を参照。Luepp, *op. cit*., p. 434 ; John A Fairlie, "The Nature of Political Representation," *American Political Science Review*, XXXIV (April, 1940), 237.

(37) 法的な状況は複雑である。保護者が被保護者の名において起こせる訴訟もあるが，起こせない訴訟もある。被保護者は保護者が犯した不法行為の責任を負う時もあるが，一般的には責任は負わない。この点で，保護者は受託者（信託受益者は決して責任を負わない）と代理人（[代理を依頼した］本人が責任を負うことが非常に多い）のどこか中間に位置する。*Words and Phrases*, vol. 2A, p. 537.

(38) *Op. cit.*, pp. 4, 7-10.

(39) Fairlie, *op. cit.*, p. 247 ; Harvey Walker, *The Legislative Process* (New York, 1948), p. 128.

(40) この区別は以下で指摘されている。Georg Jellinek, *Allgemeine Staatslehre* (Berlin, 1905), p. 568 :「帝国宰相の代理人は，代理権限内で自身により実行された行為に関して，帝国宰相にではなく，連邦参議院と帝国議会に責めを負う。君主の名において判決を下す裁判官に対して，君主は判決にかかわるいかなる職務命令を与えることもできない」。以下も参照。Leibholz, *Das Wesen der Repräsentation*, p. 160 ; Harold D. Lasswell and Abraham Kaplan, *Power and Society* (New Haven, 1950), p. 162 ; *Words and Phrases*, vol. 2A, p. 525.

(41) *Op. cit.*, p. 4.

(42) Bernard J. Diggs, "Practical Representation," in *Representation* (Nomos X), eds. Roland Pennock and John Chapman (New York, in press).

(43) *Remarks on the Use and Abuse of Some Political Terms* (Oxford, 1877), p. 104.

(44) 代表者の適切な役割に関する議論では，しばしば以下の事実が見過ごされる。それは，代表者は，有権者が「声」をもつ場合――組織されていて代表者に指示を与えられる場合――にしか命令や指示を受け取ることができない，という事実である。したがって，指示に拘束されている使節の例が歴史上見出されるのは，普通は有権者団の中に何らかの政府や組織があって，代表者を自分たちの要望に従わせようとする場合のことである。これは合衆国上院だと非常にはっきりしていて，指示を与えるという実践は，上院議員が直接選挙によって選ばれるようになるまでは一般的であったが，その後になるとほとんど見られなくなった［1913年の改正まで，憲法上，上院議員は州議会による選出だった。訳者注］。James Wilford Garner, *Political Science and Government* (New York, 1928), pp. 670-671 ; Francis Lieber, *Manual of Political Ethics* (Boston, 1839), II, 481, 521 ; Luce, *op. cit.*, chap. 20 ; Alfred De Grazia, *Public and Republic* (New York, 1951), pp. 125-126.

(45) Thomas Hare, *The Election of Representatives* (London, 1873), pp. xxxv-xxxvi. 次も参照。Hogan, *op. cit.*, p. 141.

(46) *Ibid.*

(47) 先に注(42)で取り上げたディグスを参照。

(48) たとえば，以下を参照。Macaulay cited in Lieber, *op. cit.*, II, 555n ; Hans Kelsen, *Vom Wesen und Wert der Demokratie* (Tübingen, 1929), p. 29.

(49) Gosnell, *op. cit.*, p. 146.

(50) Bailey, *op. cit.*, p. 122. 次も参照。Cam, "Theory and Practice of Representation," pp. 18-19.

(51) Gosnell, *op. cit.*, p. 146. 以下も参照。F. H. Knight, *Intelligence and Democratic Action* (Cambridge, 1960), pp. 185-186 ; Fairlie, *op. cit.*, p. 237 ; Luce, *op. cit.*, p. 434.

(52) Knight, *op. cit.*, pp. 185-186. 以下も参照。Bailey, *op. cit.*, pp. 77-80 ; Francis W. Coker and Carlton C. Rodee, "Representation," *Encyclopaedia of the Social Sciences*, XIII (1935), 312 ; Gosnell, *op. cit.*, p. 146 ; Macaulay cited in Lieber, *op. cit.*, II, 555n ; John A. Schumpeter, *Capitalism, Socialism and Democracy* (New York, 1947), pp. 250-251.

(53) Coker and Rodee, *op. cit.*, p. 312.

(54) Bailey, *op. cit.*, p. 124. 次も参照。Macaulay cited in Lieber, *op. cit.*, II, 555n.

(55) Bailey, *op. cit.*, pp. 77-80.

(56) Knight, *op. cit.*, pp. 185-186.

（57）Gosnell, *op. cit*., p. 146.
（58）*Ibid*., pp. 146–147.
（59）チャールズ・ハイネマン[Charles S. Hyneman]は，弁護士が立法府議員になる頻度が非常に高いのは，まさに（いずれの職務においても）私たちの「職業的代表者」[professional representor]だからではないか，と論じている。“Who Makes Our Laws ?” *Political Science Quarterly*, LV（December, 1940）, 564–569.
（60）少なくとも私立探偵については，専門家による証言を挙げることができる。レックス・スタウト[Rex Stout]の次の作品を参照。“Method Three for Murder,” in *Three at Wolfe's Door*（New York, 1960）, p. 83. 有名な探偵の事務所で，ある若い女性が探偵に近寄り話しかけている場面である。「彼女はくるりと顔を向けて言った。「あなたがネロ・ウルフね。思っていたよりも大きいのね」。彼女は何と比べて大きいと思ったのかは言わなかった。「私はジュディー・ブラムよ。あなたが，私の友人，ミラ・ホルトの代理なのかしら[Are you representing my friend Mira Holt ?]。」彼は，眼を細くして彼女を見据えた。「「代理する」[Representing]というのは適切じゃありませんね，ブラムさん。私は探偵でして，弁護士ではないんですがね……」」。
（61）A. Phillips Griffiths and Richard Wollheim, “How Can One Person Represent Another ?” Aristotelian Society, Suppl. Vol. XXXIV（1960）, 195–196.
（62）*Ibid*., p. 196. よってグリフィスの主張では（p. 191）「帰属的代表と利益の代表は，人間による[by]以外には不可能である」，なぜならそこで意味されているのは「代表者の側と本人の側の行為」だからである。彼はこのように，利益も象徴化されうるということ，また利益そのものは行為できないということを認識しそこなっている。しかし，代表するということは実体的に「誰かのために行為する」ということを意味していて，代表者は生命を有していなければならない，という彼の主張についてはまったくその通りである。
（63）Joseph Tussman, *Obligation and the Body Politic*（New York, 1960）, pp. 12–13.

第7章　委任—独立論争

（1）Carl J. Friedrich, “Representation and Constitutional Reform,” *Western Political Quarterly*, I（June, 1948）, 127 :「代表，特に政治的代表は，制度的な取り決めと関係している。その取り決めの目的は，「代表者」[representative]が，代表される者のために行使するいかなる権威についても，「その人びとの代わりに」とか「もしその人たちが自分たち自身で関与できていたとしたら，そのようにしていただろう」と言えるようなやり方で，間違いなく関与するようにすることである」。

James Hogan, *Election and Representation*（1945）, p. 141 には次のように記されている。「有権者自身があたかもそこにいるかのように行為する代表者」。タレーラン＝ペリゴール[Talleyrand-Perigord]の1789年フランス国民議会での発言は，次の著作の中で，以下のように引用されている。Karl Loewenstein, *Volk und Parlament*（Munich, 1922）, p. 193. 代表[deputy]［フランス語でdeputéは，代表者，代表を意味する。訳者注］とは「バイイ裁判所が，その名において要望することを委任した者であるが，ただし裁判所が全体集会の場に移動することができるとしたらそれ自体が要望するであろうことを要望するように委任されている」。また，ペンシルヴァニア州選出の上院議員ウィリアム・マクレー[William Maclay]の言葉は，次の著作の中で，以下のように引用されている。Robert

Luce, *Legislative Principles* (Boston, 1930), p. 462 :「もし地元の選挙区民たちがここにいるとしたら，その人たちは一体どのようにするだろうか」。

（2）たとえば，次を参照。Senator Maclay cited in Luce, p. 462.

（3）たとえば，次を参照。Richard Overton, "A Remonstrance of Many Thousand Citizens" (1646), *Leveller Manifestoes of the Puritan Revolution*, ed. Don M. Wolfe (New York, 1944), p. 113.

（4）たとえば，次を参照。Luce, *op. cit.*, p. 507 ; Lewis Anthony Dexter, "The Representative and His District," *Human Organization*, XVI (Spring, 1957), 3.

（5）Henry J. Ford, *Representative Government* (New York, 1924), pp. 147–148. マディソンとジェームズ・ウィルソンの見解は，以下に引用されている。John A. Fairlie, "The Nature of Political Representation," *American Political Science Review*, XXXIV (April, 1940), 243–244. この主張はしばしば，政治的問題は世論が取り組むには複雑で難しすぎる，という見解と一組になっている。たとえば，次を参照。Sir Henry Maine, *Popular Government*, pp. 89–92, cited in Luce, *op. cit.*, p. 492.

（6）"Speech to the Electors of Bristol" (1774), *Burke's Politics* (New York, 1949), p. 115. 以下も参照。Hogan, *op. cit.*, p. 109 ; T. D. Woolsey, *Political Science*, I, 296, cited in Luce, *op. cit.*, p. 479.

（7）これはバークによってしばしば提示される論点である。以下も参照。Loewenstein, *Volk und Parlament*, pp. 193–194 ; James Wilford Garner, *Political Science and Government* (New York, 1928), p. 666.

（8）この主張はドイツの理論家の間でよく見られるものである。Gerhard Leibholz, *Das Wesen der Repräsentation* (Berlin, 1929), pp. 73, 92–93, 140, 166 ; Hans J. Wolff, *Organschaft und juristische Person* (Berlin, 1934), pp. 54–60.

（9）たとえば，次を参照。Howard Lee McBain, *The Living Constitution* (New York, 1948), p. 208 ; Anthony Downs, *An Economic Theory of Democracy* (New York, 1957), pp. 89–90 ; Garner, *op. cit.*, p. 665.

（10）Gerhard Leibholz, *Strukturprobleme der modernen Demokratie* (Karlsruhe, 1958), pp. 75–76 *et passim* ; Hans Kelsen, *Vom Wesen und Wert der Demokratie* (Tübingen, 1929), pp. 21–22. この見解は，現代の委任説――選挙での争点について，多数党は投票者による決定を順守しなければならないという義務――と結びついている。次を参照。Cecil S. Emden, *The People and the Constitution* (Oxford, 1956).

（11）Leibholz, *Das Wesen der Repräsentation*, pp. 98–101, 104, 113–114 ; Simon Sterne, *Representative Government* (Philadelphia, 1871), pp. 51–61.

（12）たとえば，以下を参照。Carl J. Friedrich, *Constitutional Government and Democracy* (Boston, 1950), p. 263 ; William Howard Taft, *Popular Government*, p. 62, cited in Luce, *op. cit.*, p. 495.

（13）たとえば，次を参照。Jeremy Bentham, "Constitutional Code," p. 44, cited in Samuel Bailey, *The Rationale of Political Representation* (London, 1835), p. 142. もう一つ妥協的な立場として挙げてよいのは，エイブラハム・リンカーンが 1836 年のイリノイ州議会に立候補した際のものであろう。「もし選ばれたならば，私は選挙区民であるサンガモンの人びとすべてに配慮し，私を支持してくれたか私に反対したかで態度を変えたりはしない。選挙区の人びとの代表者として行動する以上，あらゆる問題について，有権者の意思を

知ることができる場合には，私は自らをそれに従えるだろう。そして，有権者の意思を知る手段がない場合，そうした問題については例外なく，自分自身の判断に照らして選挙区民の利益がもっとも促進されると思われることを実行するだろう」。Luce, *op. cit.*, p. 471.

(14) たとえば，以下を参照。Heinz Eulau *et al.*, “The Role of the Representative,” *American Political Science Review*, LIII (September, 1959), 748 ; John C. Wahlke and Heinz Eulau, eds., *Legislative Behavior* (Glencoe, Ill., 1959), p. 6.

(15) 選挙人団は，厳密に言えば，これに当てはまる例ではない。なぜなら，選挙人を義務づけるかどうかは州法の問題であって，選挙人を義務づけていない州もわずかながら存在するからである。

(16) Wahlke and Eulau, *op. cit.*, pp. 179–189 ; Dexter, “The Representative” ; Frank Bonilla, “When Is Petition ‘Pressure’?” *Public Opinion Quarterly*, XX (Spring, 1956), 39–48 ; Eulau, *op. cit.*; L. E. Gleeck, “96 Congressmen Make Up Their Minds,” *Public Opinion Quarterly*, IV (March, 1940), 3–24 ; George W. Hartmann, “Judgments of State Legislators Concerning Public Opinion,” *Journal of Social Psychology*, XXI (February, 1945), 105–114 ; John C. Wahlke *et al.*, “American State Legislators’ Role Orientation toward Pressure Groups,” *Journal of Politics*, XXII (May, 1960), 203-227 ; Charles O. Jones, “Representation in Congress,” *American Political Science Review*, LV (December, 1961), 358–367.

(17) Wahlke and Eulau, *op. cit.*, pp. 121–149, 197–217 ; Duncan MacRae, Jr., *Dimensions of Congressional Voting* (Berkeley and Los Angeles, 1958); Julius Turner, *Party and Constituency : Pressures on Congress* (Baltimore, 1951).

(18) Hadley Cantril, *Public Opinion 1935–46* (Princeton, 1951), p. 133. 以下の質問は，カントリルが報告している調査において尋ねられたものである。「あなたは，下院議員はいかなる問題についても，選挙区有権者の多数が望むように投票すべきだと思いますか，それとも自分自身の判断で投票すべきだと思いますか」「下院所属議員は自分自身の最善の判断に従って投票すべきですか，それとも選出された選挙区の人びとの意向と同じように投票すべきでしょうか」「下院議員の意見が選出された選挙区の人びとの多数派の意見と異なる場合，特別な事情がなければ，議員は自分自身の最善の判断に従って投票すべきだと思いますか，それとも選挙区の多数派の意向と同じように投票すべきだと思いますか」。調査結果は，有権者の意向に従うべきとする回答が 3 分の 2 というものから，代表者自身の判断に従うべきとする回答が過半数というものまで，幅があった。

(19) H. Belloc and G. K. Chesterton, *The Party System* (London, 1911), p. 17.

(20) Lord Brougham, *Works*, XI, 35–36, cited in Luce, *op. cit.*, p. 442. 以下も参照。Hogan, *op. cit.*, p. 112 ; Emden, *op. cit.*, p. 4 ; Leibholz, *Strukturprobleme*, pp. 21, 145.

(21) 選挙人団は，この文脈で，異例なほど頻繁に用いられる例である。その理由はおそらく，もともと選挙人団には現在実際にそうなっているのとはまったく異なる役割が期待されていたからであり，したがって，代表の両極に位置する一見すると対照的な二つの例をうまく示してくれるからだろう。以下を参照。Tussman, “Political Theory,” pp. 117–118 ; Luce, *op. cit.*, p. 211 ; Arthur T. Hadley, *Standards of Public Morality* (New York, 1907), p. 106 ; Guy C. Field, *Political Theory* (London, 1956), pp. 151–152.

(22) *Op. cit.*, p. 17.

(23) ターナーは逆説的な二重性に気づいているが，それを代表概念の特徴というよりも，

アメリカ政治の特徴であると見なしている。*Op. cit.*, p. 164.

(24) A. Phillips Griffiths and Richard Wollheim, "How Can One Person Represent Another?" Aristotelian Society, Suppl. Vol. XXXIV (1960), 188.

(25) 次を参照。Wolff, *op. cit.*, pp. 46–47.

(26) この二つの意味の中間とも言えるような曖昧な言い回しでよく使われるのは,「利害関係をもつ (有する)」[to have (or possess) an interest] というものである。この言い回しを二つの意味のうちどちらかを示すものとして使おうとする著者は, 困難に直面する。たとえば, 以下を参照。Harold D. Lasswell and Abraham Kaplan, *Power and Society* (New Haven, 1950), p. 24 ; Charles William Cassinelli, Jr., "Some Reflections on the Concept of the Public Interest," *Ethics*, LXIX (October 1958), 48. 私は, この二つの意味 [two senses] が, 十分に区別された二つの意味づけ [two meanings] とまで言えるかどうかについては, 確信がない。次を参照。Paul Ziff, *Semantic Analysis* (Ithaca, 1960), pp. 176–180.

(27) 語源学的には, "disinterested" と "uninterested" のもともとの意味は, ほぼ正反対であった。"uninterested" は, 当初は公平であることを意味し, "disinterested" は, 公平であることか無関心であることのいずれかを意味していた。だが, 18 世紀の終わりまでには, "disinterested" の意味の後者の方は廃れ, その意味を示す機能は "uninterested" に引き継がれた。おそらくこうした変化の過程があるから, 私たちには両者を混同する傾向が見られるのである。

(28)『オックスフォード英語辞典』による。

(29) ある言葉が, ある状態や状況について, 実体と外観の双方を意味するのは珍しいことではない。だから,「慎重に」[deliberately] という言葉は,「よく話し合いをしてから」[with deliberation] ということだけでなく,「よく話し合いをしたかのように」[*as if* with deliberation] ということも意味するのである。J. L. Austin, *Philosophical Papers* (Oxford, 1960), p. 147.

(30) たとえば, 以下を参照。John Dewey, *Interest as Related to Will* (Chicago, 1899); Douglas Fryer, *The Measurement of Interests in Relation to Human Adjustment* (New York, 1931); Nathaniel L. Gage, *Judging Interests from Expressive Behavior* (Washington, D. C., 1952); J. P. Guilford *et al.*, "A Factor Analysis Study of Human Interests," *Psychological Monographs: General and Applied*, LXVIII (1954), no. 4.

(31) 心理学の文献の中でこの言葉のもう一方の意味に言及されている例としては, デューイが注の中でその意味を道徳的に劣位なものとして拒否しているところ以外私は知らない。「利益という言葉が明らかに軽蔑的な意味でも使われているというのは事実である。私たちは, 利益を原理と反対のものとして論じ, 自己利益を自分だけが個人的に得をしようとする行為への動機として論じる。しかし, これらはこの言葉が使われる場合の唯一の意味というわけではないし, この言葉の支配的な意味でもない。こうした使い方が, この言葉の正当な意味を狭め, 貶めているのではないかという疑問をもつのは, 当然といってもよいだろう」。*Interest*, p. 13n.

(32) このような区別は, 次の文献に見られる。Fryer, *op. cit.*「主観的」利益を「客観的」利益から区別する別の方法は, 心理学分野ではデューイによって, 社会学分野ではマッキーヴァーによって提起されている。デューイによれば, 人が興味を抱くもの [what one finds interesting] は, 主観的でもあり (なぜなら, 興味をもつというのは, 内的で心理的な状態のことだから), 客観的でもある (なぜなら, 客体, つまり自分の外部にあ

るものに興味をもつから)。*Interest*, pp. 13-15. マッキーヴァーによれば，ある集団の客観的利益とは，その集団が得ようとする目標や対象のことであって，その対象に向けられる態度とは区別されなければならない。富が集団の客観的利益であれば，貪欲が集団の態度だということになるかもしれない。マッキーヴァーは，主観的利益の概念を拒否していて，明らかにそれを上記の意味での態度と同じものだと考えている。Robert M. MacIver, *Society* (New York, 1931), pp. 48-49 ; "Interests," *Encyclopaedia of the Social Sciences*, VIII (1935), 147.「利益」と「客観的」「主観的」の区別に関して根本的に異なる論じ方については，次を参照。Albion W. Small, *General Sociology* (Chicago, 1905), pp. 372-396, 425-442, esp. p. 435.

(33) Christian Bay, *The Structure of Freedom* (Stanford, 1958), p. 97. 次も参照。John P. Plamenatz, *Consent, Freedom and Political Obligation* (London, 1938), pp. 11, 159. だが，彼の後の見解については，次を参照。"Interests," *Political Studies*, II (February, 1954), 1-8.

(34) Errol E. Harris, "Political Power," *Ethics*, LXVIII (October, 1957), 2.

(35) Lasswell and Kaplan, *op. cit*., p. 23.

(36) Plamenatz, "Interests," pp. 1-2, 4, 6. だが，彼の以前の見解については，以下を参照。*Consent*, pp. 11, 159.

(37) John Dickinson, "Social Order and Political Authority," *American Political Science Review*, XXIII (May, 1929), 295, cited in Frank J. Sorauf, "The Public Interest Reconsidered," *Journal of Politics*, XIX (November, 1957), 635.

(38) MacIver, *Society*, p. 49.

(39) *Ibid*., p. 158. より一般的には次を参照。pp. 152-171.［定義の］変遷に伴う困難は，以下でも同じように生じている。Avery Leiserson, *Administrative Regulation* (Chicago, 1942), pp. 5-6.

(40) このようにして混乱が生じる可能性は，以下の文章に見られるように顕著である。「認識というものは何かへのかかわりによって強く条件づけられているから，私たちは利害関係のない政治 [politics of disinterested] ではなく，反対に利害関係に基づいた政治 [politics of interest] を相手にしなければならず，ある人が政治においてとる行動はすべて利害関心に基づいた行為 [interested action] に違いないと想定することができる。その人が参加している集団はすべて，まさしくその人がその集団に関心をもっている [he is interested in them] という意味で利益集団 [interest groups] である……自分自身の利害関係を他の利害関係に比べて重視する人もいる」。Alfred De Grazia, "The Nature and Prospects of Political Interest Groups," American Academy of Political and Social Science, *Annals*, Vol. 319 (September, 1958), p. 115. 次も参照。Cassinelli, "Some Reflections," p. 48.

(41) Cassinelli, "Some Reflections," p. 51.

(42) 先の注(34)を参照。同じことはディキンソン [Dickinson] とプラムナッツにも当てはまる。John Dewey, *The Public and Its Problems* (New York, 1927), p. 27 を参照すると，利益は，何らかの問題が自分たちに関係していると人びとが気づく [aware] ときに「発生させられる [generated]」。

(43) David B. Truman, *The Governmental Process* (New York, 1959), p. 34.

(44) *Ibid*.; Lasswell and Kaplan, *op. cit*., p. 23.

(45) Arthur F. Bentley, *The Process of Government* (Evanston, Ill., 1949), pp. 211, 214. 以下も参照。Cassinelli, "The Concept of Representative Government," (unpubl. thesis, 1950), pp.

22–25 ; Leiserson, *Administrative Regulation*, pp. 5–6 ; MacIver, *Society*, pp. 49, 152–171.

(46) 次を参照。T. V. Smith, *The Promise of American Politics* (Chicago, 1936), p. 163. または，マキャヴェリをひもとくと，「人間というものは，生命とか財産のこととなると，完全にはこれを投げやりにできない」と説かれている。この文は以下に引用されている。Lasswell and Kaplan, *op. cit.*, p. 24.

(47) Harold Foote Gosnell, *Democracy* (New York, 1948), pp. 134–135.

(48) ルイス・アンソニー・デクスターは，この点についていくつかの世論調査を的確に批判している。それによれば，そうした世論調査は人びとから「意見」を引き出そうとする傾向があるが，人びとは問われなければ意見を言うことはないかもしれず，あるいは問われた主題について自分自身が意見をもっているなどと考えることさえないかもしれない。Lewis Anthony Dexter, "Candidates Must Make the Issues and Give Them Meaning," *Public Opinion Quarterly*, XIX (Winter, 1955–56), 408–414.

(49) 選挙区民への1812年の演説において。以下に引用されている。Emden, *op. cit.*, p. 27.

(50) 相対主義的な見解をもつ現代の読者は，「良い代表であること――それそのもの」といったようなものは存在せず，「あなた自身から見て良い代表であること」「選挙区民から見て良い代表であること」「スミス氏から見て良い代表であること」等々ということしかありえないのではないか，と感じるかもしれない。私には，この見解は正しくないように思われる。これらの言い回しはそれぞれ異なることを意味していて，それぞれわずかに異なった状況に応じて用いるのが適切である――そして最初の言い回しも例外ではない。実際私たちは，たとえ選挙区の代表者が再選されて，選挙区民が代表者に満足していても，その代表者が選挙区民を適切に代表していないと批判することがある。そしてそのような批判は十分に意味をなす。

(51) Austin Ranney and Willmoore Kendall, *Democracy and the American Party System* (New York, 1956), p. 74.

(52) 先の注(18)を参照。これらの質問を，ハートマンによって立法府議員に尋ねられたもっと洗練された質問，そして彼がどのような回答を得たかと比較せよ。Hartmann, *op. cit.* また，次も参照。Jones, *op. cit.*, p. 365 :「代表過程に関するさらに詳細な分析のいくつかは，議会のシニア・メンバーたちによる回答から得られた。それによれば，政策についての代表は，一方で独立した判断，他方で選挙区民の要望のどちらかをただ選べばそれですむというほど簡単なものではない」。

第8章　人間にかかわらない利益を代表する

(1) James Hogan, *Election and Representation* (1945), p. 157.

(2) Philip Arnold Gibbons, *Ideas of Political Representation in Parliament 1651–1832* (Oxford, 1914), p. 34.

(3) Robert M. Hutchins, "The Theory of Oligarchy," *The Thomist*, V (January, 1943), 63, 78. 次も参照。Robert Luce, *Legislative Principles* (Boston, 1930), pp. 199, 313.

(4) "Reflections on the Revolution in France" (1790), *Burke's Politics* (New York, 1949), p. 301. 次も参照。Francis P. Canavan, *The Political Reason of Edmund Burke* (Durham, N. C., 1960), pp. 98, 143.

(5) 自然的な貴族階級がいなければ，「国民は存在しない」。そのような貴族階級は，単に世襲であればよいというだけではない。そのきわめて優れた資質は，責任感を養うこと

に依拠しており，何世代にもわたって完成されなければならない。“Appeal from the New to the Old Whigs”（1791）, *Burke's Politics*, pp. 397-398. 自然的な貴族階級がいなければ，「いかなる支配も，ただの専制となるに違いない」との引用が以下にある。Canavan, *op. cit*., p. 98.

（6）“Appeal,” *Burke's Politics*, p. 397 ; Canavan, *op. cit*., p. 143. 以下も参照。“Reflections,” *Burke's Politics*, p. 328 ; Hogan, *op. cit*., p. 159 ; Ernest Barker, *Essays on Government*（Oxford, 1951）, p. 199.

（7）“Appeal,” *Burke's Politics*, p. 393.

（8）Samuel H. Beer, “The Representation of Interests in British Government : Historical Background,” *American Political Science Review*, LI（September, 1957）, 616.

（9）Barker, *Essays on Government*, p. 230. 次も参照のこと。Charles Parkin, *The Moral Basis of Burke's Political Thought*（Cambridge, England, 1956）, p. 38.

（10）“Reflections,” *Burke's Politics*, pp. 305, 316 ; Canavan, *op. cit*., p. 143.

（11）Beer, *op. cit*., p. 616. 以下も参照。Canavan, *op. cit*., p. 148 ; “Speech to the Electors of Bristol”（1774）, *Burke's Politics*, p. 116, and “Appeal,” *ibid*., p. 392.

（12）“Speech to the Electors,” *ibid*., p. 115. 次も参照。Canavan, *op. cit*., p. 94.

（13）“Appeal,” *Burke's Politics*, p. 393.

（14）“Reflections,” cited in Barker, *Essays on Government*, p. 230. 次も参照。“Appeal,” *Burke's Politics*, p. 395 :「政治問題は一義的には真理か虚偽かではなく，善か悪かにかかわる。結果的に悪を生み出す危険性が多いものは政治上の誤謬であり，善を生むものが政治的に正しいものである」。そのうえ，統治を意思の問題に還元してしまうと，政治的安定性が損なわれる。つまり，「どんな共同体でも，意思が理性や正義よりも上に置かれるやいなや，真摯な人の心中には重大な疑問が浮かんでくる。意思による支配の危険性が可能な限り害をもたらさないようにするためには，その支配を共同体のどの要素，どの部分に配置すればよいのだろうか」。Cited in Barker, *Essays on Government*, p. 230.

（15）“Speech to the Electors,” *Burke's Politics*, p. 115.

（16）Cited in Canavan, *op. cit*., p. 156.

（17）“Speech to the Electors,” *Burke's Politics*, p. 115.

（18）Canavan, *op. cit*., p. 149 ; Barker, *Essays on Government*, p. 199.

（19）“Appeal,” *Burke's Politics*, p. 397.

（20）“Speech to the Electors,” *ibid*., p. 116.

（21）この見解の例として次を参照。Luce, *op. cit*., p. 438.

（22）“First Letter on a Regicide Peace”（1796）, cited in Canavan, *op. cit*., p. 144.「実質的代表者」[virtual representatives] については，以下本文の記述を参照。

（23）Edmund Burke, “Observations on the State of the Nation”（1769）, *Works*（New York, 1847）, I, 135.

（24）“Thoughts on the Cause of the Present Discontents”（1770）, *Burke's Politics*, pp. 27-28.

（25）Beer, *op. cit*., p. 616. 以下も参照。Hogan, *op. cit*., pp. 159-160 ; Alfred De Grazia, *Public and Republic*（New York, 1951）, p. 44 ; Terry Hoy, “Theories of the Exercise of Suffrage”（unpubl. diss., 1956）, p. 92 ; Harold Foote Gosnell, *Democracy*（New York, 1948）, p. 161. バークがこのように主張しているかどうかは別としても，バーク以前にも以後にも明らかにこのように論じている英国の保守主義者が他にも存在する。たとえば次を参照。George

Grenville, *Regulations Lately Made Concerning the Colonies* (1765), p. 109, cited in De Grazia, *Public and Republic*, p. 75. もっと後の時代の例としては，次を参照。George Corn [e] wall Lewis, *Remarks on the Use and Abuse of Some Political Terms* (Oxford, 1877), p. 105. ルイスは，大きな都市は「全国的な会議に良い代表者を送り出す可能性が他と比較して高い」，というたった一つの理由だけに依拠してではあるが，選挙権をもたない大きな都市への選挙権拡張を正当化している。しかし続けて，きわめてもっともながら，実質的代表と現実の代表との間にいかなる違いも認めない。なぜなら，投票権があろうとなかろうと，適切に統治されている限り，あらゆる地域は代表されているからである。

(26) Hogan, *op. cit.*, pp. 159-160. 強調は本書著者による。

(27) *Ibid.*, p. 161. 次も参照。William Ebenstein, *Great Political Thinkers* (New York, 1956), p. 448.

(28) Hogan, *op. cit.*, p. 161.

(29) "Speech on the State of the Representation" (1782), *Burke's Politics*, p. 230. 強調は本書著者による。

(30) Hutchins, *op. cit.*, p. 65.

(31) "Letter to Langriche" (1792), *Burke's Politics*, p. 495.

(32) Hogan, *op. cit.*, p. 160 ; Hutchins, *op. cit.*, p. 64.

(33) "Letter to Langriche," *Burke's Politics*, p. 495.

(34) Gibbons, *op. cit.*, p. 37 ; Beer, *op. cit.*, p. 618.

(35) Beer, *op. cit.*, p. 617.

(36) *lbid.*, p. 618.

(37) "Letter to Langriche," *Burke's Politics*, p. 495.

(38) この論点は，完全ではないが，マコーレー [Macaulay] による議会演説の中で発見されていると言ってもよく，それは以下に引用されている。Cecil S. Emden, *The People and the Constitution* (Oxford, 1956), p. 190 :「実質的代表者とは，私の考えでは，直接的な代表者であればそうするように行為する者のことである。なぜというに，マンチェスターの人びとを直接代表する者であれば賛成すると思われるところで，反対ばかり唱えている人がいたら，その人がマンチェスターの人びとを実質的に代表しているというのは馬鹿げたことだろう。実質的代表に，直接的な代表と同等であること以上を期待することはできないのだ。そうであるならば，何らかの方法で代表されるべきだとあらゆる人が認めている地域に，直接的な代表を認めてはどうだろうか」。(先に第 7 章で議論されたベスナル・グリーンに関する一節での言い回しとの，興味深い対応関係に注意すること。)

(39)『オックスフォード英語辞典』による。実質的代表の二つのまったく異なる定義については，次を参照。Harvey Walker, *The Legislative Process* (New York, 1948), p. 128 ; Gosnell, *op. cit.*, pp. 140-141.

(40) "Speech to the Electors," *Burke's Politics*, p. 115.

(41) バークにおける「意見」[opinion] については，次を参照。Canavan, *op. cit.*, p. 64.

(42) *Ibid.*, p. 155. 次も参照。Parkin, *op. cit.*, p. 43 ; Burke's "Speech at the Conclusion of the Poll" (1780), cited in Hogan, *op. cit.*, p. 189.

(43) "Speech at the Conclusion," *ibid.*

(44) 以下に引用されている。Parkin, *op. cit.*, pp. 41, 47-48.

(45) カノヴァンは以下のように指摘している。「バークの議会での経歴のほとんどは，指名選挙区 [nomination boroughs]［指名選挙区は，腐敗選挙区と同義。訳者注］選出の議員としてのものであり，有権者ではなく議会のパトロンに依拠していた。したがって彼の代表についての考えも，パトロンに対する彼の態度をある程度考慮に入れない限り，十分に理解することはできない」。さらにカノヴァンは，バークならば選挙区民の意見よりも議会のパトロンの意見により多く注意を向けるだろうと考えている。なぜなら，「パトロンは党首であり，国家の政治的中心にある公的な場にいたので，代表者が何か意味のある行為をしようとしたら，パトロンと行動をともにしなければならなかった」からである。*Op. cit.*, pp. 151, 155. この主張の通りなら，バークは選挙区民の意見を無知で誤りがちだと見なし拒絶していた，という見解が証明されるように思われる。もし選挙区民がパトロンたちと同じように十分な知識をもち，政治の場にかかわっていたのであれば，その意見は選挙区民自身の利益にとってもっと意義があると考えられていたかもしれず，また代表者にそれほど独立した役割が与えられることもなかったかもしれない。

(46) Hogan, *op. cit.*, p. 160.

(47) "Letter to Langriche," *Burke's Politics*, p. 495.

(48) "Speech on Conciliation with the Colonies" (1775), *ibid.*, p. 85. また次も参照。"Observations," *Works*, I, 135. 植民地も実質的に代表されているという点は，たとえば 1766 年議会での印紙税法に関するマンスフィールド [Mansfield] の発言でも示唆されている。発言は以下に引用されている。Emden, *op. cit.*, p. 189.

(49) "Letter to Langriche," *Burke's Politics*, p. 495.

(50) *Ibid.*, p. 482.

(51) "On the State of Ireland" (1792), cited in Canavan, *op. cit.*, p. 159. 強調は本書著者による。

(52) "Speech on the State of the Representation," *Burke's Politics*, p. 229.

(53) たとえば，次を参照。"Reflections," *ibid.*, pp. 285, 304–305. 以下も参照。Canavan, *op. cit.*, pp. 163, 165 ; Parkin, *op. cit.*, p. 52.

(54) Canavan, *op. cit.*, p. 158.

(55) "Speech on the State of the Representation," *Burke's Politics*, pp. 229–230. 天秤椅子 [a statical chair] は，ヴェネツィアの医学者であるサントリオ [Sanctorius] (1561–1636)［イタリアの医師。ポーランド宮廷医，パドヴァ大学教授などを務める。訳者注］によって，人間の体重を測るために発明された装置である。その用途は，何か食べ物を摂取した後などで，体から失われる「不感蒸散」[insensible perspiration] の量を測定することであった。

(56) Canavan, *op. cit.*, pp. 163–165 ; Parkin, *op. cit.*, p. 52.

(57) Canavan, *op. cit.*, pp. 159, 166–167. 以下も参照。Hutchins, *op. cit.*; and Gibbons, *op. cit.*, p. 38. バークは，そのような基準がどのように制度化されうるのかについては決して明らかにしない。それどころか，基準そのものすら決して明らかではない。ここでもまた彼は，道理をわきまえた人同士であれば事実について合意が得られるだろうと想定しているように思われる。

(58) それゆえバークは，選挙によって，人びとの「利益」[interest] と「心情」[sentiments] 両方との「繋がり」[connections] をもつ者たちが選び出される，と主張できるのである。"Thoughts on the Cause," *Burke's Politics*, p. 21.

(59) この相似については，バーカーの次の著作に引用されている一節が，決定的ではないにしても，興味深い傍証になるだろう。*Essays on Government*, pp. 230–231 :「人びとの多数が投票したとしても……物事の道徳的本質を変えることができないのは，物事の物理的本質も変えることができないのと同様である」。だが，私が本文で示唆している相似は，この引用で示されているよりもずっと範囲が広い。
(60) "Speech at the Conclusion," cited in Hogan, *op. cit.*, p. 189.
(61) "Reflections," *Burke's Politics*, p. 348.
(62) Parkin, *op. cit.*, p. 51.
(63) "Speech on the State of the Representation," *Burke's Politics*, p. 227. 強調は本書著者による。
(64) Barker, *Essays on Government*, p. 199.
(65) Canavan, *op. cit.*, pp. 141–142, 146–147.
(66) "Speech on the State of the Representation," *Burke's Politics*, p. 229.
(67) *Ibid.*, p. 226.
(68) Cited in Parkin, *op. cit.*, p. 53. 次も参照。Beer, *op. cit.*, pp. 616, 630.
(69) Gibbons, *op. cit.*, p. 36.
(70) Cited in Barker, *Essays on Government*, p. 194.
(71) "Thoughts on the Cause," *Burke's Politics*, p. 28. この一節から，編者たちは，庶民院は国民を「映し出すべきだ」[ought to mirror] とバークが論じている，と主張する (p. xxiii)。次を参照。"Reflections," *ibid.*, pp. 311, 333. ルースはこの「反映」[reflection] 概念を，バーク思想に見られるいくつかの矛盾のうちの一つにすぎない，と論じている。Luce, *op. cit.*, pp. 199, 313.
(72) "Letter to Langriche," *Burke's Politics*, pp. 492–493. 以下も参照。"Thoughts on the Cause," *ibid.*, p. 8 ; "Letter to a Member of the Bell Club" (1777), *ibid.*, p. 119 ; "Appeal," *ibid.*, p. 393 ; "Fragments of a Tract Relative to the Laws against Popery in Ireland" (1765), *Selected Writings and Speeches*, ed. Peter J. Stanlis (Garden City, 1963), p. 213 ; Gibbons, *op. cit.*, p. 36 ; Parkin, *op. cit.*, p. 39.
(73) "Speech on Economic Reform" (1780), cited in Barker, *Essays on Government*, p. 201.
(74) De Grazia, *Public and Republic*, p. 41 ; cf. p. 39.
(75) *Op. cit.*, p. 617.
(76) 次を参照。Parkin, *op. cit.*, p. 42.
(77) *Ibid.*, pp. 38, 50. しかしパーキンは，「個人の真の自己利益」と全体の善との間に自然な調和があると論じることで，バークの利益概念を歪めてしまっている。バークは，真にせよ真でないにせよ，「個人の自己利益」については何ら言及していない。次を参照。p. 43.
(78) "Speech on the State of the Representation," *Burke's Politics*, p. 229.
(79) "Speech on the Petition of the Unitarian Society" (1792), *Selected Writings*, p. 315.
(80) Cited in Beer, *op. cit.*, p. 617.
(81) "Speech to the Electors," *Burke's Politics*, p. 116. 以下も参照。Heinz Eulau *et al.*, "The Role of the Representative," *American Political Science Review*, LIII (September 1959), p. 744 ; Carl J. Friedrich, *Constitutional Government and Democracy* (Boston, 1950), pp. 260, 264–265.
(82) したがって，パーキンのように人びとの感情が「ある種の理性を体現」[embody a type of reason] していて政府を「義務づける」[binding] と論じるのは，誤解を招きかねない。

Parkin, *op. cit.*, p. 39. 人びとの感情は代表過程の出発点にすぎず，バークは感情のことを，肉体の痛みの意識のように，非常に原初的で，ほとんど言葉では言い表せないものと考えていたと思われる。何かもっと論証が可能なものであれば，それは「意見」[opinion]だということになるだろう。

(83) Eulau, *op. cit.*, pp. 744–745.

(84) *The True Theory of Representation in a State* (London, 1857), pp. 9–10.

第 **9** 章　利益を有する人びとを代表する

(1) Samuel H. Beer, "The Representation of Interests," *American Political Science Review*, LI (September, 1957), 629–631. 人間の合理性に対する自由主義者の信頼は，しばしば誇張されたものであった。次を参照。Sheldon S. Wolin, *Politics and Vision* (Boston, 1960), pp. 332–334.

(2) Sir William Blackstone, *Commentaries on the Laws of England*, I, 171, cited in Beer, *op. cit.*, p. 630.

(3) アレクサンダー・ハミルトンは，1787 年の憲法制定会議 [the Constitutional Convention] における演説で，バークとよく似た代表観を表明した。しかし彼は実質的代表については論じなかった。Max Farrand, ed., *The Records of the Federal Convention of 1787* (New Haven, 1927), I, 288–289.

(4) Alexander Hamilton, James Madison, and John Jay, *The Federalist*, no. 52. 私が本書で一貫して用いているのは，the Max Beloff edition (Oxford, 1948) であり，ここでの参照部分は次である。p. 270. もともとの諸論稿は 1787 年と 1788 年に発表された。いくつかの論文については誰が書いたのか論争になっているが，その点は次を参照。Beloff's Introduction, pp. lxvii–lxviii.

(5) *Federalist*, no. 10, p. 45.

(6) *Ibid.*

(7) Letter from Madison to Thomas Jefferson, October 24, 1787, cited in Saul K. Padover, *The Complete Madison* (New York, 1953), p. 42.

(8) *Ibid.*

(9) Speech on June 6, 1787, cited *ibid.*, p. 17.

(10) 『ザ・フェデラリスト』で「全員の利益」[the interest of all] が論じられる場合があっても，それは普通各個人が似たような利益を別々に有しているという意味である（たとえば，no. 60, p. 307）。そして「共通の利益」[common interest] とは，なんと派閥のことである（たとえば，no. 60, p. 308）。

(11) *Ibid.*, no. 6, p. 22 ; no. 42, p. 215.

(12) 次を参照。Maynard Smith, "Reason, Passion and Political Freedom in the *Federalist*," *Journal of Politics*, XXII (August, 1960), 525–544.

(13) *Federalist*, no. 10, p. 42.

(14) *Ibid.*, p. 45.

(15) たとえば次を参照。Beer, *op. cit.*, p. 629.

(16) *Federalist*, no. 10, p. 45.

(17) *Ibid.* 次も参照。no. 63, p. 324.

(18) *Ibid.*, no. 10, p. 44.

(19) *Ibid.*, p. 47. 同じ論点は，以下でも指摘されている。Nos. 51, 60, and 63, pp. 267, 307, 323 ; in a speech by Madison on June 6, 1787, cited in Padover, *op. cit.*, p. 18 ; and in Farrand, *op. cit.*, I, 136, 431. 以下も参照。Padover 自身の解釈（p. 17）；Neal Riemer, "James Madison's Theory of the Self-Destructive Features of Republican Government," *Ethics*, LXV（October, 1954）, 37.

(20) Beer, *op. cit.*, p. 629 ; Padover, *op. cit.*, p. 17 ; Alfred De Grazia, *Public and Republic*（New York, 1951）, pp. 96, 99-100.

(21) *Federalist*, no. 63, p. 324.

(22) この点で，『ザ・フェデラリスト』は，フランス革命当時にアベ・シィエスによって唱えられた代表理論に非常によく似ている。代表とは，政府の活動にかせをはめることによって，少数者の権利を保護するシステムである。Karl Loewenstein, *Volk und Parlament*（Munich, 1922）, pp. 36-37. 次も参照。John Stuart Mill, *Representative Government*, chap. 6, p. 255, in *Utilitarianism, Liberty, and Representative Government*（London, 1947）.

(23) *Federalist*, no. 42, p. 215.

(24) *Ibid.*, no. 63, p. 323. 強調は本書著者による。［しかし，原書本文対応箇所に，イタリック体による強調は見られない。訳者注］

(25) *Ibid.*

(26)「政治組織の目的は人間を教育することではなく，配置することである」。Wolin, *op. cit.*, p. 389.

(27) De Grazia, *Public and Republic*, p. 96.

(28) *Ibid.* 次も参照。pp. 98-99.

(29) 以下に引用されている。John A. Fairlie, "The Nature of Political Representation," *American Political Science Review*, XXXIV（April, 1940）, 244.

(30) *Federalist*, no. 10, p. 43.

(31) Wolin, *op. cit.*, pp. 388-390.

(32) Jeremy Bentham, "A Plan of Parliamentary Reform," *Works*, ed. John Bowring（Edinburgh, 1843）, III, 447, 526 ; "Constitutional Code," IX, 5, 8, 61 ; "Book of Fallacies," II, 482 ; "Principles of Judicial Procedure," II, 120 ; "The Psychology of Economic Man," *Jeremy Bentham's Economic Writings*, ed. W. Stark（London, 1954）, III, 421, 423, 429-430, 433. James Mill, *An Essay on Government*（New York, 1955）, p. 69 ; J. S. Mill, *Representative Government*, chap. 3, p. 208 ; Samuel Bailey, *The Rationale of Political Representation*（London, 1835）, p. 68.

(33) "Plan of Parliamentary Reform," *Works*, III, 33 ; "Psychology," *Economic Writings*, III, 438. 以下を参照。James Mill, *op. cit.*, p. 69 ; J. S. Mill, *Representative Government*, chap. 3, p. 208 ; *On Liberty*, p. 133 in *Utilitarianism, Liberty and Representative Government*（London, 1947）; Bailey, *op. cit.*, p. 68 ; Adam Smith, *An Inquiry into the Nature and Causes of the Wealth of Nations*（New York, 1937）, IV, 497 ; Elie Halévy, *The Growth of Philosophical Radicalism*（Boston, 1955）, p. 491 ; Harold W. Stoke, "The Paradox of Representative Government," *Essays in Political Science in Honor of W. W. Willoughby*, ed. John M. Mathews（Baltimore, 1937）, p. 80.

(34) Wolin, *op. cit.*, p. 341 ; Karl Loewenstein, *Beiträge zur Staatssoziologie*（Tübingen, 1961）, p. 149.

(35) *Op. cit.*, IV, 421–423, 497. ここでスミスが論じているのは，主に資本の配分についてである。

(36) “Plan of Parliamentary Reform,” *Works*, III, 33, 35. 近年の解釈では，ベンサムが後年の著作で，経済学の分野においてさえ，この考え方を相当程度放棄したのではないか，という点が次第に強調されるようになってきている。たとえば，次を参照。T. W. Hutchinson, “Bentham as an Economist,” *Economic Journal*, LXVI (June, 1956), 288–306.

(37) 非常に面白いことに，私たちは，政治的文脈から始めるのか経済的文脈から始めるのかにより，利益に対してかなり異なった考え方をする傾向がある。この違いから何かを得ようとする試みとしては次のものがある。Henry M. Oliver, Jr., “Attitudes toward Market and Political Self-Interest,” *Ethics*, LXV (April, 1955), 171–180. この点は，さらなる研究をおこなうのに有望な領域だと思われる。John P. Plamenatz, “Interests,” *Political Studies*, II (February, 1954) にもまた目が向けられるべきである。

(38) Bentham, “An Introduction to the Principles of Morals and Legislation,” *Works*, I, 2 ; “Leading Principles of a Constitutional Code,” II, 269 ; “Plan of Parliamentary Reform,” III, 446, 450–452 ; James Mill, cited in Henry J. Ford, *Representative Government* (New York, 1924), p. 145 ; J. S. Mill, *Representative Government*, chap. 6, pp. 248, 255. Bailey, *op. cit.*, pp. 69, 71, 137 ; Smith, *op. cit.*, IV, 421–423. 次も参照。A. J. Ayer, *Philosophical Essays* (London, 1954), p. 255.

(39) Halévy, *op. cit.*, pp. 15–17, 118–119, 405, 489–490.

(40) “Plan of Parliamentary Reform,” *Works*, III, 453–455 ; “Constitutional Code,” IX, 6, 53, 60–62, 67 ; “Book of Fallacies,” II, 475 ; “Psychology,” *Economic Writings*, III, 428–433. 以下も参照。Mill, *Representative Government*, chap. 6, pp. 248–255 ; Bailey, *op. cit.*, p. 137.

(41) Bentham, “Psychology,” *Economic Writings*, III, 432. 次も参照。“Constitutional Code,” *Works*, IX, 61.

(42) “Constitutional Code,” *Works*, IX, 61.

(43) Ayer, *op. cit.*, p. 261.

(44) *Federalist*, no. 51, p. 265.

(45) “Plan of Parliamentary Reform,” *Works*, III, 447. 次も参照。Bailey, *op. cit.*, p. 71.

(46) “Essay on Political Tactics,” *Works*, n, 301n. 以下も参照。“Constitutional Code,” IX, 4–7, 63 ; James Mill, *op. cit.*, p. 67.

(47) Cited in Ford, *op. cit.*, p. 146 ; James Mill, *op. cit.*, p. 69.

(48)「個人の観点からではなく，共同体の観点から考えられた場合……話は別である」。Ayer, *op. cit.*, p. 255.

(49) “Constitutional Code,” *Works*, IX, 63, 103, 118, 155.

(50) “Plan of Parliamentary Reform,” *ibid.*, III, 445–446.

(51) *Ibid.*, p. 451 ; also pp. 450–455 ; “Essay on Political Tactics,” *ibid.*, II, 301.

(52) “Plan of Parliamentary Reform,” *ibid.*, III, 455.

(53) たとえば次を参照。*Ibid.*, pp. 455–457. 次も参照。Halévy, *op. cit.*, p. 412.

(54) *Representative Government*, chap. 6, p. 252.

(55) John Stuart Mill, “Thoughts on Parliamentary Reform,” *Dissertations and Discussions* (New York, 1874), IV, 21. 次も参照。Loewenstein, *Beiträge*, p. 149.

(56) *Representative Government*, chap. 4, p. 219. ここでもバークとは対照的に，功利主義者ミ

ルは「利益」を何か人が「感じる」[feel]ものだと考えている。

(57) *Ibid*., chap. 6, pp. 254-255. ベンサムの「邪悪な利害」[sinister interests]については次を参照。"Plan of Parliamentary Reform," *Works*, III, 446, 450-451.

(58) *Representative Government*, chap. 6, p. 255.

(59) *Ibid*.

(60) Ayer, *op. cit*., pp. 258-259.

(61) たとえば，以下を参照。"Plan of Parliamentary Reform," *Works*, III, 446, 450-451, 527 ; "Papers Relative to Codification and Public Instruction," IV, 496 ; "Constitutional Code," IX, 138-139.

(62) エアによれば，ベンサムは邪悪な利害を追求する利己的行為を「行為の方針として意図的に生じるものではありえない」と考えていた，とされる。Ayer, *op. cit*., p. 251.

(63) *Representative Government*, chap. 6, pp. 250-253.

(64)「かれの能力から得る恩恵は確実であるが，これに反し……かれが誤っていてかれらが正しいという仮説は，大いに疑わしいからである」。*Ibid*., chap. 12, p. 232.

(65) *Op. cit*., p. 254.

(66) たとえば，以下を参照。Bentham, "Psychology," *Economic Writings*, III, 422, 438 ; John Stuart Mill, *Utilitarianism*, chap. 2, p. 10, in *Utilitarianism, Liberty, and Representative Government* (London, 1947).

(67) "Theory of Legislation," p. 77, cited in Robert Luce, *Legislative Principles* (Boston, 1930), p. 493.

(68) *Representative Government*, chap. 5, p. 239. 代表制統治の教育的役割に関する彼の見解については，以下を参照。chap. 3, pp. 211-218 ; "Thoughts on Parliamentary Reform," p. 21.

(69) Jean Jacques Rousseau, *Le Contrat Social*, in *Oeuvres Complètes* (Paris, 1905-1912), III, 318 :「主権者は，「わたしはこの人物が望んでいること，少なくともこの人物が望むと主張していることを，実際に望むものである」と言うことはできよう。しかし主権者は，「この人物が明日望むであろうことを，わたしも望むだろう」と言うことはできないのである。それはまず，意志が明日のことについてみずからを拘束するというのは道理にあわないことだからだ。さらに望んでいる当人の幸福に反することに同意するということは，意志の性質として考えられないことなのだ。だから人民が簡単に服従することを約束してしまったならば，その行為によって人民は解体してしまい，人民としての資格を喪失してしまうのである。支配者が登場した瞬間からもはや主権者はいなくなる。その瞬間に政治体は破壊されるのである」。

以下のベンサムの言葉を参照。「以下のように重大な愚挙を全国民が主張するように仕向けるなど，馬鹿げたことである——「これら 500 人の人びとは，今我々の信頼を得ているが，その人びとが残りの人生において何をしようともやはり同じように信頼を得ると断言しよう」」。"Essay on Political Tactics," *Works*, II, 301.

(70) これは，ルソーの有名な英国代表制統治批判の説明となっている。「イギリスの人民はみずからを自由だと考えているが，それは大きな思い違いである。自由なのは，議会の議員を選挙するあいだだけであり，議員の選挙が終われば人民はもはや奴隷であり，無にひとしいものになる。……いずれにしても，人民が代表者をもった瞬間から，人民は自由ではなくなる。人民は存在しなくなるのだ」。*Op. cit*., pp. 361-366. ［強調はピトキンによる。訳者注］

(71) G. D. H. Cole, *Social Theory* (London, 1920), p. 103.

(72) *Ibid.*, p. 104.

(73) Fairlie, *op. cit.*, p. 466.

(74) Robert E. Dowse, "Representation, General Elections and Democracy," *Parliamentary Affairs*, XV (Summer, 1962), 336.

第 10 章　政治的代表

(1) Carl J. Friedrich, "Representation and Constitutional Reform in Europe," *Western Political Quarterly*, I (June, 1948), 128–129.

(2) Lewis Anthony Dexter, "The Representative and His District," *Human Organization*, XVI (Spring, 1957), 3–4 ; George W. Hartmann, "Judgments," *Journal of Social Psychology*, XXI (February, 1945), 105, 113 ; Harold Foote Gosnell, *Democracy* (New York, 1948), p. 203.

(3) この点は以下の研究できわめて明瞭に現れている。Warren E. Miller and Donald E. Stokes, "Constituency Influence in Congress," *American Political Science Review*, LVII (March, 1963), 45–56, and by Dexter, "The Representative," pp. 3–4 ; but also by L. E. Gleeck, "96 Congressmen Make Up Their Minds," *Public Opinion Quarterly*, IV (March, 1940); Heinz Eulau *et al.*, "The Role of the Representative," *American Political Science Review*, LIII (September, 1959), 745, 749 ; and Julius Turner, *Party and Constituency* (Baltimore, 1951), pp. 70, 79. ワイルダー・W・クレイン等の研究では，単一の法案しか扱われておらず，この点が見過ごされている。クレインの知見では，当該争点の「是非について自分の判断で投票した」[deliberately voted on the merits]のは，「たった一人の」[only one]立法府議員だけだった［ピトキンは引用として示しているが，クレインの論文の中に引用符内そのままの表現は見当たらない。もっとも近い表現は以下のようなものである。"he was the only respondent who indicated that he had made his decision entirely on his own concepts of its merits and without regard to opinion in his district." 訳者注］。しかし，その争点とは何であったかと言えば，夏時間を設けるということにすぎなかった。Wilder W. Crane, "Do Representatives Represent ?" *Journal of Politics*, XXII (May, 1960).

(4) そこで米国下院議員は，地域の必要に留意することについて，時々次のように論じて自己弁護する。すなわち，国益は当然ながら上院や大統領にかかわる事柄である，と。「全体の動きを混乱させるのは，これらのいわゆる政治家らしい政治家[statesmen]である――つまり自分がもっとも国の利益になると考えていることに票を入れる下院議員である……それは上院議員たちにやらせればよい……上院議員が報酬を得ているのは，政治家らしい政治家としての仕事をするためだ。だが私たちはそうではない」という ある下院議員の言葉が，次の研究に引かれている。Dexter, "The Representative," p. 3. 次も参照。Gerhard Leibholz, *Das Wesen der Repräsentation* (Berlin, 1929), p. 188.

(5) ドイツ，ポルトガル，ベルギー，イタリアの各憲法は，以下に記載がある。Robert Luce, *Legislative Principles* (Boston, 1930), pp. 446–447. 次も参照。Carl Schmitt, *The Necessity of Politics* (London, 1931), p. 69. マーティン・ドラスの指摘では，そうした条項はもともと議員への教訓的な勧告として生まれてきたのではなく，現実に実践的な政治的意義を有していた。*Die Entwicklung der Volksrepräsentation* (Bad Homburg, 1954), pp. 7–10.

(6) シィエスは論を進めて，地域的に選出された議員でさえ本当は全国民によって選ばれ

たと言えるのであり，したがって代表するのは全国民である，とまで主張する。彼の1789年国民議会における演説は以下に引用されている。Karl Loewenstein, *Volk und Parlament* (Munich, 1922), p. 199. Samuel Bailey, *The Rationale of Political Representation* (London, 1835), p. 137 が主張するところでは，議員は，もし実際にそうすることが可能であるならば，全国大で選出されるべきである。

（7）この違いに関する誤解は代表に関する文献でよく見られる。たとえばルースは，1902年ニューハンプシャー州憲法改正会議で或る代議員がおこなった演説の一節を，人びとがいかにして国益より地域的利益の方を好むかを示す例として引いている。「その人の利益が他のタウンの利益であり，私たちのタウンを助けてくれない人によって代表されるくらいならば，私は代表されたくない」［ここでのピトキンの引用は完全に正確だというわけではない。ルースの原著も，ルースが引いているニューハンプシャー会議の会議録でも，正確な発言は以下のようになっている。"I had just as soon not be represented at all as to be represented by a man not from my town. What good does it do me to be represented by a man whose interests belong to another town, and who does not help our town ?" 訳としては，「私のタウンから選出されたのではない人に代表されるくらいならば，私は代表されたくはない。その人の利益が別のタウンの利益であり，私たちのタウンを助けてくれない人によって代表されることが，私にとって何の役に立つというのだろうか」。訳者注］。*Op. cit.*, pp. 506–507.

（8）Cited in Dexter, "The Representative," p. 3.

（9）Drath, *op. cit.*, p. 14. 次も参照。Sheldon S. Wolin［,］*Politics and Vision* (Boston, 1960), pp. 63–66.

（10）*Systematic Politics* (Chicago, 1945), p. 140 ; also p. 145 ; Leibholz, *Das Wesen der Repräsentation*, pp. 47–58 ; Rudolf Smend, *Verfassung und Verfassungsrecht* (Munich, 1928), pp. 39–40.

（11）投票行動については次の研究を参照。Joseph A［.］Schumpeter, *Capitalism, Socialism and Democracy* (New York, 1947), p. 261. また，以下の経験的研究も参照。Paul F. Lazarsfeld *et al.*, *The People's Choice* (New York, 1948); Bernard R. Berelson *et al.*, *Voting* (Chicago, 1954); Angus Campbell *et al.*, *The Voter Decides* (White Plains, N. Y., 1954); Eugene Burdick and Arthur J. Brodbeck, eds., *American Voting Behavior* (Glencoe, Ill., 1959); Angus Campbell *et al.*, *The American Voter* (New York, 1960).

（12）Dexter, "The Representative," p. 3 ; John C. Wahlke and Heinz Eulau, eds., *Legislative Behavior* (Glencoe, Ill., 1959), pp. 298–304 ; John C. Wahlke *et al.*, "American State Legislators' Role Orientation," *Journal of Politics*, XXII (May, 1960); Eulau, *op. cit.*; Charles O. Jones, "Representation in Congress," *American Political Science Review*, LV (December, 1961).

（13）Sabine, "What Is the Matter ?" in A. N. Christensen and E. M. Kirkpatrick, eds., *The People, Politics and the Politician* (New York, 1941); G. D. H. Cole, *Social Theory* (London, 1920), pp. 103–116 ; Dexter, "The Representative," pp. 4–5 ; Howard Lee McBain, *The Living Constitution* (New York, 1948), p. 233 ; Eulau, *op. cit.*, pp. 747, 751 ; Schumpeter, *op. cit.*, p. 261 ; Jones, *op. cit.*, pp. 358–359, 365.

（14）Dexter, "The Representative" ; and "What Do Congressmen Hear : The Mail," *Public Opinion Quarterly*, XX (Spring, 1956), 16–27 ; Eulau, *op. cit.*, p. 749 ; Frank Bonilla, "When Is Petition 'Pressure'?" *Public Opinion Quarterly*, XX (Spring, 1956), 39–48 ; David B. Truman, *The*

Governmental Process (New York, 1959), chap. 11 ; Jones, *op. cit.*, pp. 366–367.

(15) Henry B. Mayo, *An Introduction to Democratic Theory* (New York, 1960), p. 102 ; Wahlke and Eulau, *op. cit.*, p. 117 ; Jones, *op. cit.*, p. 359.

(16) Robert M. MacIver, *The Modern State* (Oxford, 1926), p. 196 ; Joseph Tussman, *Obligation and the Body Politic* (New York, 1960), pp. 69, 75 ; Wahlke, *op. cit.*; Wahlke and Eulau, *op. cit.*, pp. 179–189, 284–293.

(17) Dexter, "The Representative" ; Wahlke and Eulau, *op. cit.*, pp. 204–217.

(18) Gleeck, *op. cit.*, p. 7 ; Turner, *op. cit.*, p. 12 ; Dexter, "The Representative" ; Truman, *op. cit.*, chap. 11.

(19) Dexter, "The Representative," p. 5.

(20) Jones, *op. cit.*, pp. 363–364.

(21) Wahlke and Eulau, *op. cit.*, pp. 298–304.

(22)「明らかに重要な変化が生じて，代わりとなる集会は，人びとが直接集う会合とはまったく異なるものとなる」。Alfred De Grazia, *Public and Republic* (New York, 1951), p. 126.

「一人の人が或る集団を代表する場合，まして多くの人がそれぞれ異なる集団を代表する場合にはなおさらだが，問題ははるかに複雑になる」。John A. Fairlie, "The Nature of Political Representation," *American Political Science Review*, XXXIV (June, 1940), 466.

「私はこの議論から，個人個人による個人個人の代表ということに関係する諸概念は，単純には代表制政府に当てはまらない，という結論を得た」。A. Phillips Griffiths and Richard Wollheim, "How Can One Person Represent Another ?" Aristotelian Society, Suppl. Vol. XXXIV (1960), 207.

次も参照。Peter Laslett, "The Face to Face Society," *Philosophy, Politics and Society*, ed. Peter Laslett (New York, 1956).

(23) 最初の三つの文章は，ニューヨーク州議会議員によるもので，以下に引用されている。Hartmann, *op. cit.*, p. 111. 四番目の文章は次の上院議員の自伝からのものである。The autobiography of Senator George F. Hoar, pp. 112–113, cited in Luce, *op. cit.*, p. 496. 五番目の文章はある米国下院議員による発言で，以下でのインタビューにおけるものである。Dexter, "The Representative," p. 3. 六番目は，以下でインタビューされた下院議員によるものである。Bonilla, *op. cit.*, pp. 46–47. 最後のものは下院農業委員会のシニア・メンバーによるもので，以下でのインタビューによる。Jones, *op. cit.*, p. 365.

(24) Lazarsfeld, *op. cit.*, p. 137. 以下も参照。Elihu Katz and Paul F. Lazarsfeld, *Personal Influence* (Glencoe, Ill., 1955); Edward C. Banfield, *Political Influence* (Glencoe, Ill., 1961).

(25) Miller and Stokes, *op. cit.*, p. 55. 強調は本書著者による。

(26) たとえば以下を参照。Karl Loewenstein, *Political Power and the Governmental Process* (Chicago, 1957), pp. 38–39 ; Eric Voegelin, *The New Science of Politics* (Chicago, 1952), p. 37.

(27) たとえば次を参照。Georg Jellinek, *Allgemeine Staatslehre* (Berlin, 1905), chap. 17.

(28) たとえば以下を参照。James Hogan, *Election and Representation* (1945), p. 114 ; John P. Plamenatz, *Consent, Freedom and Political Obligation* (London, 1938), p. 12 ; Eulau, *op. cit.*, p. 743 ; Fairlie, *op. cit.*, p. 237 ; Avery Leiserson, *Administrative Regulation* (Chicago, 1942), pp. 3–9 ; Max Weber, *Wirtschaft und Gesellschaft* (Tübingen, 1956), I, 25, 171–176. 特にゲアハルト・ライプホルツの議論は，権威としての代表と実効的な権威としての代表の両義性を

もつ。Gerhard Leibholz, *Das Wesen der Repräsentation*, pp. 140–141, 163–164 ; *Strukturprobleme der modernen Demokratie* (Karlsruhe, 1958), pp. 10–12.

(29) MacIver, *op. cit.*, pp. 197–198.

(30) W. D. Handcock, "What Is Represented in Representative Government ?" *Philosophy*, XXII (July, 1947), p. 107. 次も参照。John Dewey, *The Public and Its Problems* (New York, 1927), p. 76.

(31) たとえば次を参照。Plamenatz, *Consent*, p. 16.

(32) Christian Bay, *The Structure of Freedom* (Stanford, 1958), p. 322.

(33) 代表制政府が存在するためには，「反対できる可能性[possibility]があれば十分だと見なされなければならない」。Charles William Cassinelli, Jr., "The Concept of Representative Government" (unpubl. thesis, 1950), p. 62.

(34) 選挙において「同意の過程」を「操作の過程」から区別する五つの基準が，以下で提起されている。Morris Janowitz and Dwaine Marvick, "Competitive Pressure and Democratic Consent," *Public Opinion Quarterly*, XIX (Winter, 1955–56), 381–400. その基準がどのように適用されるかについては，同著者の同じタイトルの本（Ann Arbor, 1956）も参照。「自由な」[free]選挙の基準に関する有益な議論が以下に見られる。W. J. M. Mackenzie, *Free Elections* (New York, 1958), esp. the introduction and Part IV.

(35) 近年の民主主義の「経済」[economic]理論には，注意しておかなければならない。シュンペーターをはじめとする多くの論者が，民主主義はある種の経済市場であり，票はその市場で貨幣の役割を果たしていて，議員になることを望む者は買い手に対して自らを売り込もうと競争していると考えてもよいのではないか，と論じてきた。シュンペーターは民主主義を「政治決定に到達するために，個々人が人民の投票を獲得するための競争的闘争をおこなうことにより決定力を得るような制度的装置」と定義する。*Op. cit.*, p. 269. したがって，争点について決定を下すのは投票者ではなく，投票者はただ「決定をおこなうべき人たち」を選ぶだけなのである。マーヴィックとヤノヴィッツ[Marvick and Janowitz]の論文は，選挙は争点に対して一定の行為をするように委任を与えるものではなく，「公職をめぐって競争する……候補者を，選んだり拒んだりする過程」と見なされるべきではないか，と論じる。"Competitive Pressure," p. 382.

このモデルはごく最近，アンソニー・ダウンズによって，余すところなく理論的に展開された。彼にとっても「民主主義における選挙の主要な目的は，政府の選択にある」。Anthony Downs, *An Economic Theory of Democracy* (New York, 1957), p. 24. 政策決定やイデオロギーは，この種の理論にとって二義的な意味をもつ概念でしかありえない。ダウンズが述べるように，彼のモデルにおける政治家は「特定の政策を遂行する手段として公職を求めるのではない。政治家の唯一の目的は公職を占めることから得られる報酬を獲得することそれ自体である。政治家は，政策のことを，私的な目的を実現するための手段としてしか見ておらず，その目的に到達するには選挙に勝たなければならない……政党は政策を定めることを目的として選挙に勝つのではなく，選挙に勝つことを目的として政策を定めるのである」。*Ibid.*, p. 28.

この考え方はシュンペーターに由来するもので，彼は政党間競争を戦争になぞらえている。つまり，政治的争点に関する決定は戦略的な立場をとることと似ていて，目的ではなく手段である。「敵[opponent]に対する勝利」が「どちらのゲームにおいても本質」である。*Op. cit.*, p. 279. 投票者は，政党が綱領や候補者の形で提供するものに身を委ね

るしかないと見なされる。「もし選択肢のいずれもが煽動者[demagogues]ならば，有権者は損害を被る。もし選択肢のいずれもが政治家らしい政治家[statesmen]ならば，有権者は利得を得る。結果の質は，競争が存在するというだけで保証されるわけではない」。Janowitz and Marvick, "Competitive Pressure," p. 382.

しかしこのように定義された政治システムが，必ずしも代表制の政治システムになるというわけではない。仮に私たちの政治が実際にこのモデルに当てはまったとしても，私たちはそれを代表とは呼ばないだろう。有権者がかなり明確ではっきりした要望を有しているのにもかかわらず，いずれの政党もそれを立法化しようとしないという状況を想像してみれば，それでもう十分である。そのような状況の一例として，たとえば，階級が非常にはっきりと分断されていて，少数の政党，それもそのいずれもが単一の階級から生じてきた諸政党しか立法府の議席を占めていないという社会を想像することができる。あるいは，非白人にも投票の権利は認められているが，立法府の議席を得ることは白人だけにしか許されていないという植民地社会を想像することもできる。これらの状況下では，支配者を競争によって選んだとしても，多くの人が望む法案の立法化に結びつかないということが繰り返し起こるかもしれない。そのようなシステムを代表制統治と呼ぶことは，ためらわれるだろう。

さて，ダウンズとシュンペーターに対して公平を期するために，やはり彼らもこのような事例を除きたいと考えていた，と付言しておかなければならない。彼らは，公職を求める候補者や政党は経済的な意味での自由競争に参加しなければならない，と論じた。Schumpeter, *op. cit.*, p. 272.（ヤノヴィッツとマーヴィックの論文は，明らかにシュンペーターが「自由競争」[free competition]という言葉を用いた意味を理解していない。なぜなら，この二人は，競争があるからといって政治的に良い結果が生じると保証されるわけではない，と論じているからだ。この二人自体は，選挙キャンペーンの中で争点に関する有効な討議がおこなわれなければならないと論じるのだが，それが代表［そのもの］の必要条件になるという意味なのか，それともただ望ましく良い代表の必要条件になるという意味にすぎないのかについては，はっきりしない。次も参照。George Corn[e]-wall Lewis, *Remarks on the Use and Abuse of Some Political Terms* (Oxford, 1877), pp. 98–99. [)］ダウンズは，彼のモデルにおいて，古い政党が人びとの望むものを提供していない場合には，常に新しい政党が生じなければならない，と明確に論じている。したがってこの概念は経済的な自由競争に相当するものであって，経済的な自由競争では，消費者の望みによりよく応える競争相手によって追いやられないように，生産者は消費者の望むものを供給しなければならない。しかし，政治的な場でそのような自由競争を想定するのはかなり無理があり，このモデルの有用性を疑わせるものであるように思われる。第二の反論は，私たちの関心にもっと近いものだ。これらのモデルは，民主主義が現実にどのように作動しているかを説明しようとしている。だがその説明の成否はともかく，これらモデルが代表や代表制政府の意味として当てはめられるならば，それは誤解のもととなる。統治者を選択する権限は結果として代表をもたらすかもしれないが，代表とは統治者を選択する権限のことではない（ただし，形式的な意味では代表と言えるかもしれないが)。代表を構成するのはまさしく争点に対する応答性であり，その応答性こそこれらモデルによって第二義的な位置へと退けられたものである。ある人が他の人びとによってある職務のために選択されるというだけで，その人が人びとの代表者になるわけではないのである。

(36) Cassinelli, "The Concept of Representative Government," and "Representative Government" (unpubl. diss., 1953). 以下も参照。Bay, *op. cit.*; Mackenzie, *Free Elections* ; Janowitz and Marvick, "Competitive Pressure."

(37)「さて，より慣例的なこの意味では，君主は代表者ではない。彼は支配者である。大統領は代表者ではない。……私たちの言う代表者とは何かを理解するためには，形式的なものにせよ本質的なものにせよある人間集団が，何らかの共同の団体に一人の構成員を有し，他の集団はまた別の構成員を有する，という場合に目を向けなければならない」。Arthur F. Bentley, *The Process of Government* (Evanston, Ill., 1949), p. 450. 次も参照。Friedrich Glum, *Der deutsche und der französische Reichswirtschaftsrat* (Berlin, 1929), p. 33.

(38) 刑罰の問題に対する最近の鋭敏な哲学的検討としては，以下を参照。John Rawls, "Two Concepts of Rules," *Philosophical Review*, LXIV (January, 1955), 3–32 ; Quinton, "On Punishment," in Laslett, *op. cit.*; J. D. Mabbott, "Punishment," *Mind*, XLVIII (1939), 152–167.

(39) Jean Piaget, *The Moral Judgment of the Child* (New York, 1962).

(40) *Ibid.*, pp. 42, 65–76, 98. よって，ピアジェ自身の知見が，「手続きのみが拘束力をもつ」[procedure alone is obligatory] という彼の断定的主張を疑わしいものとしている。*Ibid.*, p. 71.

(41) この点は以下ではっきりと論じられている。Drath, *op. cit.*, pp. 3, 15, 19–21.

(42) *Obligation*, p. 86. タスマンはそれらを「熟慮して日々を送る際の二つの重要な叙法」[the two great moods of deliberative life] と称している。

(43) 自由主義と立憲主義への同じような批判として次を参照。Wolin, *op. cit.*, esp. chap. 9.

(44) *The Federalist*, No. 51, p. 265 ; Tussman, *Obligation*, p. 108.

(45) ハンス・J・ウォルフによれば，代表とは「互いに向かって」[zueinander] でも「互いに力を合わせて」[miteinander] でもなく，「互いのために」[für einander] という意味であり，「つまり，被代表者のための代表者であるだけではなく，それに応じて同じように代表者のための被代表者でもある。その点に代表の深い倫理的かつ社会的内容が込められているのであって，代表は原則的に利己心に勝り，約束や合意よりも深く相互の誠実さに根拠をもつものである」。*Organschaft und juristische Person* (Berlin, 1934), pp. 5–6.

(46) Drath, *op. cit.*, p. 24. ドラスの洞察の説得力は，代表の実体をデ・グラツィア－ゴスネル流の「人民による政府の承認」[acceptance-of-the-government-by-the-people] や「人民自身の政府との一体化」[the-people's-identifying-themselves-with-the-government] と混同することによって，損なわれてしまっている。*Ibid.*, pp. 24–27.

(47) この点がもっとも適切に述べられているのは，以下の著作においてである。Michael Oakeshott, *Rationalism in Politics* (New York, 1962), esp. pp. 118–126. しかし，それは真理の半面でしかない。オークショットは私たちの制度から抽象された理念によって制度を批判し変更するという可能性を奪ってしまっている。

(48) Drath, *op. cit.*, p. 13 ; Weber, *Wirtschaft*, II, 675 ; Merriam, *op. cit.*, p. 139 ; Harold D. Lasswell and Abraham Kaplan, *Power and Society* (New Haven, 1950), p. 165 ; Glum, *op. cit.*, p. 25 ; Leibholz, *Das Wesen der Repräsentation*, pp. 157–158.

(49) Drath, *op. cit.*, pp. 7, 27–28. この観点からのアメリカ独立革命論については，以下を参照。Leibholz, *Das Wesen der Repräsentation*, pp. 157–158 ; De Grazia, *Public and Republic*, pp. 14, 22. 同様の対立は，以下に論じられているように中世思想においても見られる。Georges de Lagarde, "L'Ide[é. アクサンが抜けている。訳者注] e de Représentation,"

International Committee of the Historical Sciences, *Bulletin*, IX（December, 1937）, 426, 435. イングランドの重大な大内乱期における議論は，以下の研究がたどっている。Louise Fargo Brown, "Ideas of Representation from Elizabeth to Charles II," *Journal of Modern History*, XI（March, 1939）, 23–40. また本書末の補遺も参照。より最近の例としては，次を参照。Mackenzie, *Free Elections*, p. 175.

（50）Henry J. Ford, *Representative Government*（New York, 1924）, pp. 145–146. フォードはこの見解をジョン・スチュアート・ミルに帰している。

補　遺　語源について

（1）Georges de Lagarde, "L'Idée de Représentation," International Committee of the Historical Sciences, *Bulletin*, IX（December, 1937）, 425–451 ; Albert Hauck, "Die Rezeption und Umbildung der allgemeinen Synode im Mittelalter," *Historische Vierteljahrschrift*, X（1907）, 479.

（2）Lagarde, p. 429n. 英訳は本書著者による。次も参照。Brian Tierney, *Foundations of the Conciliar Theory*（1955）, pp. 4, 34–36, 45.

（3）本段落および次の段落については，ラガルドの知見に基づいている。

（4）Roffredus, *Quaestiones Sabbathinae*, cited in Lagarde, p. 429n.

（5）*Ibid*., p. 433 and n. ティアニー[Tierney]によれば，代弁人[proctor]の概念が，イメージや具現化から権威に基づいた行為へと代表の意味が変遷する際に，非常に重要な役割を果たしたのではないか，とされる。*Op. cit*., p. 126.

（6）E. Littré, *Dictionnaire de la Langue Française*（Paris, 1875）. ラテン語で見られた展開は，おそらく英語よりもフランス語の方に大きな影響を与えた。C・H・マッキルウェインは，14 世紀の初期にフランス国王からトゥールの聖職者宛に送られ，聖職者たちに自分自身での，あるいは以下のような人による出頭を命じた召喚状を引証している。「そなたたちの中から一人を選んで私たちのもとへ送り参加させ，皆の代わりに代表させるとともに全権を与えよ」。"ex vobis unum nobis ad premissa mittatis, qui vicem omnium representet et omnium habeat plenariam potestatem." イングランドでこれに相当するような文書では，*repraesentare* という言葉は用いられていないようだ。C. H. MacIlwain, "Medieval Estates," *Cambridge Medieval History*, VII : *The Decline of Empire and Papacy*（Cambridge, England, 1932）, 689.

（7）ラテン語起源の言葉が，古フランス語を経由してかなり遅くなってから英語に導入された場合，特に公式の文脈において用いられることがしばしばであった。とりわけ，新しく導入された言葉に相当するアングロ・サクソンの言葉がすでに以前から使われていて，両者がほとんど同じ意味である場合に，そうしたことが生じた。したがって，［ラテン語起源の］"liberty" と［アングロ・サクソンの］"freedom"，［ラテン語起源の］"commence" と［アングロ・サクソンの］"begin"，［ラテン語起源の］"initiate" と［アングロ・サクソンの］"start" などの組み合わせで，そうしたことが見られた。次を参照。Paul Ziff, *Semantic Analysis*（Ithaca, 1960）, p. 190.

（8）この法律は以下に収録されている。Eleanor C. Lodge and Gladys A. Thornton, eds., *English Constitutional Documents 1307–1485*（1935）, p. 268. スタンリー・ベルトラム・クライムズは 15 世紀を通じての『判例年鑑』[*Year Book Cases*]からの抜粋を示しているが，それらはまだすべてフランス語で記されている。Stanley Bertram Chrimes, *English Consti-*

tutional Ideas (Cambridge, England, 1936).

(9) たとえば以下に引用されている例を参照。Lodge and Thornton.

(10) Chrimes, *op. cit.*, p. 132.

(11) 競合する諸理論については，以下で明晰に議論されている。MacIlwain, *op. cit.*, and Helen M. Cam, *Liberties and Communities* (Cambridge, England, 1944), chap. 15. この事実については，初期の州選出者や都市選出者が喜んで英国議会での役を務めていたわけではないということによって実証される。A. F. Pollard, *The Evolution of Parliament* (London, 1926), pp. 109, 158–159 ; Charles A. Beard and John D. Lewis, "Representative Government in Evolution," *American Political Science Review*, XXVI (April, 1932), 230–233 ; Henry J. Ford, *Representative Government* (New York, 1924), p. 101n ; James Hogan, *Election and Representation* (1945), pp. 142–143.

(12) Cam, *Liberties and Communities*, chap. 15 ; MacIlwain, *op. cit.*, p. 669 ; Chrimes, *op. cit.*, pp. 142–145.

(13) Cam, *Liberties and Communities*, chap. 15 ; Pollard, *op. cit.*, pp. 158–159.

(14) Cam, *Liberties and Communities*, chaps. 15 and 16, esp. pp. 230–232 ; May McKisack, *Representation of the English Boroughs during the Middle Ages* (London, 1932), pp. 82–99 ; Louise Fargo Brown, "Ideas of Representation," *Journal of Modern History*, XI (March, 1939), 23–24 ; Cecil S. Emden, *The People and the Constitution* (Oxford, 1956), p. 12.

(15) McKisack, *op. cit.*, p. 130.

(16) この展開については，以下を参照。MacIlwain, *op. cit.*, pp. 671–673 ; Brown, *op. cit.*, pp. 25, 32, 36 ; Alfred De Grazia, *Public and Republic* (New York, 1951), pp. 14–18 ; Chrimes, *op. cit.*, p. 131 ; Samuel Bailey, *The Rationale of Political Representation* (London, 1835), p. 3 ; Gerhard Leibholz, *Das Wesen der Repräsentation* (Berlin, 1929), pp. 54–55 ; T. C. Pease, *The Leveller Movement* (Washington, D. C., 1916), pp. 25–26 ; Julius Hatschek, *Englisches Staatsrecht* (Tübingen, 1905), I, 241.

(17) Cam, *Liberties and Communities*, chaps. 15, 16 ; Chrimes, *op. cit.*, pp. 131–133 ; Robert Luce, *Legislative Principles* (Boston, 1930), p. 434.

(18) Chrimes, *op. cit.*, p. 131. 引用は 1407 年のものである。

(19) *Ibid.*, p. 132. 引用は 1470 年頃のものである。

(20) Sir Edward Coke, *The Fourth Part of the Institutes of the Laws of England* (London, 1809), chap. 1, p. 14. この説がいったいいつ出現したかについては，（もっともなことだが）かなり意見の相違がみられる。ハチェクには 1415 年以降の議会の歴史を語る一節があるが，そこでこの説の出現が説明されているように思われる。Hatschek, *op. cit.*, I, 238. ヘンリー・ハラムは 1571 年の議会審議に起源を見出している。Henry Hallam, *Constitutional History of England* (New York, 1871), I, 265. これという特定の事例を挙げていない論者たちもいるが，それでもやはり，英国議会議員たち自身がいつからそれぞれに全国民のために行為していると考え始めたのかについては相当に意見が異なっている。クライムズは 15 世紀ではないかと主張する（*op. cit.*, p. 131）。ブラウン [Brown] によれば 17 世紀である（*op. cit.*, pp. 24–25）。エムデン [Emden] は 18 世紀とする（*op. cit.*, p. 5）。この考え方が徐々に現れてきたことは間違いないだろうから，その例を見つけたとしても，まったく主流の憲法理論ではなかった，ということも考えられる。ハチェクとハラムが挙げている初期の例は，どれも非常に特殊な状況において用いられているものだから，控

えめに受け取っておかなければならないだろう。私が見た中では，コークの著作においてはじめて，この説がはっきりと一般的な憲法原理として表現されている。

(21) 本書第 4 章，特に注(89)を参照。

(22) 本書第 4 章，注(90).

(23) Otto von Gierke, *Johannes Althusius* (Breslau, 1913), Part II, chap. 4. もっと一般的に論じられているものとしては，同著者の次の著作その他を参照。*Das deutsche Genossenschaftsrecht* (Berlin, 1881), Vol. III ; Fritz Kern, *Kingship and Law in the Middle Ages*, trans. S. B. Chrimes (Oxford, 1939), Part I ; Hauck, *op. cit.*; Otto Hintze, "Typologie der ständischen Verfassungen," *Historische Zeitschrift*, CXLI (1929-1930), 230 ; Lagarde, *op. cit.*, Ewart Lewis, *Medieval Political Ideas* (New York, 1954), I, 195, 242, 263-264 ; II, 415 ; Ernst Kantorowicz, *The King's Two Bodies* (Princeton, 1957).

(24) Kern, *op. cit.*, p. 141. 次も参照。Maude V. Clarke, *Medieval Representation and Consent* (London, 1936), p. 290. そこでは，この考え方は「分析を阻む」[resist analysis] と述べられている。また次も参照。Hans J. Wolff, *Organschaft und juristische Person* (Berlin, 1934), II, 13-16.

(25) B. Wilkinson, "The Political Revolution of the Thirteenth and Fourteenth Centuries in England," *Speculum*, XXIV (October, 1949), 502-509 ; Brown, *op. cit.*, p. 29 ; Hatschek, *op. cit.*, I, 239.

(26) Chrimes, *op. cit.*, pp. 81-126.

(27) この著作が実際に完成したのは 1565 年である。

(28) Sir Thomas Smith, *De Republica Anglorum* (1906), p. 49.

(29) *Ibid.* [この注はおそらく誤記で，指示された文献にこの文は見当たらない。実際の引用元は『オックスフォード英語辞典』であろう。1989 年出版の第 2 版には掲載されており，それ以前から収録されていたと思われる。訳者注]

(30) Sir Edward Coke, *The Fourth Part of the Institutes of the Laws of England* (London, 1809), chap. 1, p. 1. 強調は本書著者による。

(31) *Ibid.*, p. 26.

(32) G. P. Gooch, *English Democratic Ideas in the Seventeenth Century*, ed. Harold J. Laski (1954), p. 91 から引用。だがグーチの記述は以下の通りである。「委員会への指示の中には，上院議員たちに対するものも含まれ，そこでは庶民院議員たちは「全王国の代表者たち」[representatives of the whole Kingdom] であるが，上院議員たちはただ「特別な人びと」[particular persons] でしかないと主張されている」。ここで引用されている部分が正しいということならば，私の主張に対する反証となり，この言葉が議会議員を示すために用いられた例ということになるだろう。しかし実際には *Journals of the House of Commons* (II, 330) に以下のように記されている。「この院は全王国の代表団体 [the Representative Body of the whole Kingdom] であり，他方で上院議員たちは特別な人びとにすぎず，その特別な資格で議会に集まっている……」。

(33) Brown, *op. cit.*, p. 34. 強調は本書著者による。

(34) 以下に引用されている。John A. Fairlie, "The Nature of Political Representation," *American Political Science Review*, XXXIV (April, 1940), 239. だが，チャールズ 1 世は処刑台の上で自身のことを臣民の代表者であると言った，と考えられている。Pollard, *op. cit.*, p. 151.

(35) 以下に引用されている。Hugh Chisholm, “Representation,” *Encyclopaedia Britannica*, XXIII, 109. 次の研究に引用されている，1648 年 9 月の水平派による請願も参照。A. S. P. Woodhouse, *Puritanism and Liberty* (London, 1951), pp. 338–339. また，1647 年 6 月に創設された総評議会である「軍の代表集会」[Representative of the Army] への言及が以下に見られる。Charles F. Firth, ed., *The Clarke Papers* (1891), I, 293–294.

(36) Chisholm, *op. cit.*, p. 109 ; Hintze, *op. cit.*, p. 235. だが，本補遺の注(43)を参照。

(37) “representator” という言葉もあったが，明らかにこの言葉は，政治に当てはめられることも，誰か「のために行為する」という意味に用いられることもまったくなかった。

(38) Firth, *op. cit.*, I, 293, 300–303, 317, 324, 351 ; III, 6–7. I, 324 において，ファースは “s” を付け加えていて，そうなると私の主張とは矛盾することになる。だが，以下に示すその一節に “s” を付け加えなくてもおそらくそのままで正しかったのではないか，と私は考えている。“if all the people in this Kingdome, or (the) Representative(s) of them all together, should meete...”

(39) Cited in Chisholm, *op. cit.*, p. 109. 強調は本書著者による。

(40)『オックスフォード英語辞典』によれば，いずれも 17 世紀中には消滅している。護国卿時代の議会，またその後の時代における新たな用法の例については，以下を参照。Brown, *op. cit.*; Emden, *op. cit.*, p. 15.

(41) English Works［イタリック体になっていないが，そうであるべきだと思われる。訳者注］, ed. Sir William Molesworth (London, 1839–1845), III, 149, 151.

(42) *Ibid.*, p. 151.

(43) しかし，“representation” という言葉はまず弁護士 [attorneys] や代理人 [agents] の活動を指すものとして用いられたものであって，それゆえに英国議会の各議員に対して議員たちが弁護士や代理人と見なされる限りにおいて適用され，そこから派生的に英国議会全体に当てはめられるようになったにすぎない，と主張する論者も存在する。特に以下を参照。F. A. Hermens, *Democracy or Anarchy?* (Notre Dame, Ind., 1941), p. 5 ; George Corn[e]wall Lewis, *Remarks on the Use and Abuse of Some Political Terms* (Oxford, 1877), pp. 97–98. おそらくこうした意見の相違は，この言葉のラテン語での用法と英語での用法がイングランドに併存していた時代に，両者がどのように使われていたのかということに関して混乱がある，ということと関連している。

(44) *Op. cit.*, pp. 426, 435. 次も参照。Tierney, *op. cit.*, pp. 47, 53, 176, 235.

(45) Brown, *op. cit.*, p. 27 ; Leibholz, *Das Wesen der Repräsentation*, p. 147.

(46) “An Appeal,” cited in Woodhouse, *op. cit.*, p. 329.

(47) *Ibid.*, p. 330.